全国高等院校旅游管理教材

保继刚 ◎ 主编

Human Resource Management of Tourism Enterprises

旅游企业人力资源管理

杨云　朱宏 ◎ 编著

· 广州 ·

版权所有　翻印必究

图书在版编目（CIP）数据

旅游企业人力资源管理/杨云，朱宏编著. —广州：中山大学出版社，2022.3

（全国高等院校旅游管理教材/保继刚主编）

ISBN 978 - 7 - 306 - 07454 - 6

Ⅰ. ①旅… Ⅱ. ①杨… ②朱… Ⅲ. ①旅游企业—人力资源管理—高等学校—教材 Ⅳ. ①F590.6

中国版本图书馆 CIP 数据核字（2022）第 030218 号

出 版 人：	王天琪
策划编辑：	徐诗荣
责任编辑：	徐诗荣
封面设计：	曾　斌
责任校对：	邱紫妍
责任技编：	靳晓虹
出版发行：	中山大学出版社
电　　话：	编辑部 020 - 84110283，84113349，84111997，84110779，84110776
	发行部 020 - 84111998，84111981，84111160
地　　址：	广州市新港西路 135 号
邮　　编：	510275　　　　　传　真：020 - 84036565
网　　址：	http://www.zsup.com.cn　　E-mail: zdcbs@mail.sysu.edu.cn
印 刷 者：	佛山市浩文彩色印刷有限公司
规　　格：	787mm×1092mm　1/16　27.5 印张　573 千字
版次印次：	2022 年 3 月第 1 版　2022 年 3 月第 1 次印刷
定　　价：	56.00 元

如发现本书因印装质量影响阅读，请与出版社发行部联系调换

《全国高等院校旅游管理教材》

编委会

主　编：保继刚

委　员（按姓氏音序排列）：

　　罗秋菊　　彭　青　　孙九霞

　　徐红罡　　曾国军　　张朝枝

本书作者简介

杨云 中山大学旅游学院酒店管理系副主任，管理学博士，副教授。主要研究领域为旅游企业人力资源管理、酒店管理和女性研究，主讲中山大学旅游管理专业本科生的人力资源管理、住宿管理和旅游管理专业硕士（MTA）的人力资源管理等课程。主持完成国家社会科学基金项目"女性主体地位凸显的旅游业人力资源管理模式创新研究"1项、原国家旅游局科研项目"基于员工价值创造的旅游从业人员薪酬体系研究"1项。作为主要成员参与完成国家级和省部级科研项目6项。在《旅游学刊》《经济管理》《中国人力资源开发》和 Journal of China Tourism Research 等学术期刊发表旅游企业人力资源管理方面的论文约20篇。参与黄山市、张家界市、桂林市，以及湖南省和广东省惠州市、茂名市等地旅游发展规划项目中的旅游人力资源和旅游企业规划专题。其中，湖南省、黄山市、惠州市等地的旅游发展规划已经出版。出版学术专著《酒店高管团队与企业绩效关系》（科学出版社2009年版）。

朱宏 中山大学旅游学院副教授，管理学博士。主讲组织行为学、领导力与招聘甄选等课程。主持及参与国家自然科学基金的多项课题，如"中国服务业情境下的顾客无礼行为的内涵、影响后果及作用机制""新员工在团队中的组织社会化互动机制：基于组织和员工两层面领导的视角"等。在《南开管理评论》和 Journal of Business Ethics、Asia Pacific Journal of Management、International Journal of Hospitality Management、Journal of World Business、International Journal of Human Resource Management 等国内外管理学期刊上发表多篇学术论文，其中 SSCI 检索论文近20篇。主要研究领域包括两个方面，一是组织行为和人力资源管理：领导力、员工创造力、组织负面行为等；二是战略管理：组织创新、企业文化、企业可持续发展及企业社会责任。

《全国高等院校旅游管理教材》

出 版 说 明

中国旅游教育三十多年来，教材从无到有，从有到多甚至泛滥，已经颇有一段时间了。客观上讲，这些教材的出版的确对中国旅游教育的发展起到了一定的推动作用，但随着旅游发展的理论与实践不断深入，这些以"借鉴西方理论""引入传统学科""介绍现实应用"为特色的旅游教材的局限性日益显现。

这种局限性主要表现在缺乏学科理性思考、缺少研究基础、缺乏编写规范。一方面，有的教材生搬硬套、堆积罗列西方理论或者现实案例，而面对中国越来越丰富的旅游现象时，却无法解释；有的教材编写者不遵循编写规范，抄袭现象严重，影响到学生的治学态度……因此，从本科教学的角度来讲，现行旅游管理相关教材应该加快改革的步伐。

另一方面，随着信息社会的到来，互联网开始与教师在课堂上争夺学生的注意力，老师在课堂上讲授"专业知识"时，学生往往更喜欢自己通过网络由点及面地很快掌握相关知识，而对老师传统的根据教材上课的方式提出质疑与挑战。因此，通过知识传播来训练学生的能力变得更加重要，相应的内容与结构、作业与参考文献资料等也因此成为教材的必要部分。

中山大学旅游学院成立十年来，一直在探索如何教授学生通过学习知识来获得批判性思考能力和利用研究工具来进行问题分析的能力，不断强调通过现实案例解剖来让学生理解专业知识，但一直苦于没有合适的教材。经过学院老师多次讨论，决定趁二〇一四年学院建院十周年之际，陆续推出一批旅游管理相关专业教材，包括旅游管理、酒店管理、会展经济与管理相关专业的核心课程与专业课程教材。这些教材编写的基本要求是：教材的作者在该领域至少要有五年以上的研究经验，并有相当分量的相关成果发表；这些教材都必须有严谨的知识体系、训练内容及编写规范，能够为本科教育形成规范做出贡献。尽管各位作者已经尽了最大的努力，但这些教材也难免存在一定的缺陷，我们把它作为一种新的尝试与起步，以期能抛砖引玉，推动中国旅游教育的健康发展。

保继刚

二〇一四年五月

本教材获"中山大学本科教学改革与教学质量工程项目'重点教材建设'项目"资助

前　言

党的十八大提出"推动实现更高质量就业",党的十九大再次提出"实现更高质量和更充分就业",高质量就业是新时代实现高质量发展的现实需求,对全面建成小康社会具有重要意义。旅游业是一个劳动密集型产业,为了促进高质量就业,旅游企业更应该重视人力资源管理。2018年3月,习近平总书记在参加全国人民代表大会广东代表团审议时强调:"发展是第一要务,人才是第一资源,创新是第一动力。"现在,"人力资源是旅游企业的第一要素资源"业已成为旅游企业管理领域的学者与实践者的共识。

本教材的编写思路是:以国内外旅游企业人力资源管理的经典理论和前沿理论为基础,结合国内外人力资源管理最新研究动态及旅游企业人力资源管理的实践活动,以培养有理想、有道德、有技能、高素质的应用型复合人才为目标,全面、系统地介绍旅游企业人力资源管理的理论、政策、制度、流程、方法和策略,力求在结构上体现系统性和新颖性,在内容上突出可读性、思辨性、实用性和中国经验。

本教材分为四篇,共十一章。第一篇为旅游企业人力资源管理理论及环境分析篇,包括第一、二、三章,介绍旅游企业人力资源管理的相关概念、基础理论和研究方法,旅游企业战略人力资源管理的内外部环境分析、与企业经营战略的协同及其实施策略,以及旅游企业全球人力资源管理的特点和管理模式;第二篇为旅游企业人力资源获取篇,包括第四、五、六章,介绍旅游企业人力资源规划与设计、工作分析与工作设计,以及人力资源的招聘和甄选;第三篇为旅游企业人力资源开发篇,包括第七、八章,介绍旅游企业员工培训和职业生涯规划与发展;第四篇为旅游企业人力资源利用篇,包括第九、十、十一章,介绍旅游企业的绩效评估和管理、薪酬设计和管理、劳资关系和健康安全管理。

本教材力图在全面反映旅游企业人力资源管理理论前沿和管理实践最新进展的基础上,体现以下四个特点:

(1)注重知识结构体系的合理性和完整性。本教材的章节安排符合旅游企业人力资源管理教学大纲的要求,体系规范、内容完整、结构严谨;从理论和实践等多个层面构建旅游企业人力资源管理的知识结构体系,在包含了现有旅游企业人力资源管理课程的绝大部分内容的同时,突出旅游企业人力资源管理的特点、重点和难点。

（2）重视最新的学术研究成果，强调教材的前瞻性。笔者梳理了国内外人力资源管理理论研究的最新动态、旅游企业人力资源管理研究的热点和趋势以及旅游企业人力资源管理的实践创新等，并将这些新知识有选择地纳入本教材。与以往的教材相比，本教材成系统地增加的新知识包括：高绩效工作系统及其在旅游企业中的实施、共享经济及其对旅游企业人力资源管理的影响、国际旅游集团人力资源本土化管理、工作—生活平衡对旅游企业人力资源管理的影响、国内外旅游企业的小费管理、旅游企业员工偏差行为管理等。本教材是在广泛收集各位专家和学者对这些新主题的阐述、讨论和实证检验结果的基础上再进行归纳和总结的，希望能够引领读者更全面地学习这些新知识，推动这些前沿理论知识在实践中的应用，并进一步促进相关理论的发展。

（3）注重启发性，满足读者自我学习的需要。根据教学规律和大学生学习的特点，笔者在每章中均加入了学习目标、前期思考、重点和难点、引导案例、知识拓展、本章小节、实务案例和复习思考题等栏目，以调动读者的阅读兴趣和学习的主动性，提高读者运用知识分析问题和解决问题的能力。

（4）注重实用性，以发现问题和解决问题为出发点。本教材引用了大量的中外旅游企业实例、学者研究成果、行业最新现象、政策制度、管理方案和操作表格，以帮助读者更好地掌握旅游企业人力资源管理的相关知识，引导读者独立思考，力求培养读者发现问题和帮助企业解决实际管理问题的能力。

总之，本教材将理论与实践相结合，在全面、系统地介绍旅游企业人力资源管理相关理论知识的基础上，注重问题导向，以期能让读者较全面地掌握相关知识并在实践中加以运用。本教材可作为普通高等学校旅游管理类专业本科生、研究生和旅游管理专业硕士（MTA）的教学用书，也可作为其他管理类专业和企业培训的教材和参考书，还可作为旅游企业管理者进行人力资源管理实践的参考书。

本教材由中山大学旅游学院的杨云副教授和朱宏副教授编著。编写的具体分工是：杨云承担第一、二、三、四、五、六、十章的撰写工作，以及全书的统稿、审定工作；朱宏负责第八、九、十一章的撰写工作和部分章节的文字校对工作；江汉大学的吴卫东副教授负责第七章的撰写工作。另外，吴艾佳、杨婉心和詹若茵等同学参与了本教材的文字校对工作。

本教材参考和引用了大量国内外学者的学术文献和案例资料，限于篇幅，未能一一列举，在此谨向这些作者表示真诚的感谢和敬意！中山大学出版社的徐诗荣编辑为本书的顺利出版付出了大量的劳动，在此表示衷心的感谢！

受笔者知识所限，本教材难免存在疏漏和不足之处，恳请各位专家和读者批评指正。如果您对本教材有任何建议，请发送电子邮件至 yangyunzsu@126.com，我们将认真倾听您的意见，并酌情在以后的版本中加以改进，以不断完善本书。

杨 云

2021 年 11 月

目 录

第一篇 旅游企业人力资源管理理论及环境分析

第一章 旅游企业人力资源管理概论 (3)
第一节 旅游企业人力资源的概念与特点 (5)
一、人力资源的概念与特点 (6)
二、旅游企业人力资源的概念 (7)
三、旅游企业人力资源的特点 (9)
第二节 旅游企业人力资源管理的概念和内容 (11)
一、旅游企业人力资源管理的概念和范畴 (11)
二、旅游企业人力资源管理的内容和意义 (15)
第三节 旅游企业人力资源管理的历史演变 (19)
一、人力资源管理的历史演变 (19)
二、旅游企业人力资源管理的发展过程 (26)
第四节 旅游企业人力资源管理的基础理论和研究方法 (28)
一、旅游企业人力资源管理的基础理论 (28)
二、旅游企业人力资源管理的研究视角 (31)
三、旅游人力资源管理的研究方法 (32)

第二章 旅游企业战略人力资源管理 (41)
第一节 旅游企业内外部环境分析 (43)
一、外部环境分析 (43)
二、内部环境分析 (50)
第二节 旅游企业经营战略 (54)
一、旅游企业经营战略的概念 (54)
二、旅游企业经营战略的层次 (55)
三、旅游企业经营战略的类型 (55)

第三节　旅游企业战略人力资源管理 ………………………………… (58)
　　一、人力资源战略 ………………………………………………… (58)
　　二、战略人力资源管理的内涵和分析框架 ……………………… (63)
　　三、战略人力资源管理的成功要素 ……………………………… (65)
第四节　旅游企业战略人力资源管理面临的挑战 …………………… (69)
　　一、旅游企业战略人力资源管理面临的新环境 ………………… (69)
　　二、旅游企业战略人力资源管理的发展策略 …………………… (72)
第五节　共享经济与旅游企业人力资源管理 ………………………… (76)
　　一、共享经济的发展 ……………………………………………… (76)
　　二、共享经济背景下的旅游企业人力资源管理 ………………… (80)

第三章　旅游企业全球人力资源管理 ……………………………… (91)
第一节　全球化和国际旅游集团 ……………………………………… (96)
　　一、全球化 ………………………………………………………… (96)
　　二、国际旅游集团和跨国经营 …………………………………… (100)
第二节　国际旅游集团的外派人员 …………………………………… (103)
　　一、外派人员的选拔 ……………………………………………… (104)
　　二、外派人员的培训 ……………………………………………… (106)
　　三、外派人员的跨文化适应 ……………………………………… (107)
　　四、外派人员的薪酬管理 ………………………………………… (109)
　　五、外派人员的回任 ……………………………………………… (110)
第三节　东道国员工的管理 …………………………………………… (112)
　　一、国际旅游集团人力资源管理模式 …………………………… (112)
　　二、对东道国员工的聘用与管理 ………………………………… (114)

第二篇　旅游企业人力资源获取

第四章　旅游企业人力资源规划与设计 …………………………… (127)
第一节　人力资源规划 ………………………………………………… (128)
　　一、人力资源规划的概念 ………………………………………… (128)
　　二、人力资源规划的基本类型与内容 …………………………… (129)
　　三、人力资源规划的程序 ………………………………………… (132)
第二节　旅游企业人力资源需求预测 ………………………………… (135)
　　一、人力资源需求预测的内容和步骤 …………………………… (135)

二、人力资源需求预测的具体方法 …………………………………… (136)
　　三、旅游企业人力资源需求特征分析 ………………………………… (142)
　第三节　旅游企业人力资源供给预测 …………………………………… (144)
　　一、人力资源供给预测的内容和方法 ………………………………… (144)
　　二、旅游企业人力资源供给特征分析 ………………………………… (150)
　第四节　旅游企业人力资源供需平衡策略 ……………………………… (150)
　　一、解决员工短缺的政策 ……………………………………………… (150)
　　二、解决员工过剩的政策 ……………………………………………… (152)
　　三、解决总量平衡但结构不平衡的政策 ……………………………… (152)

第五章　旅游企业工作分析与工作设计 …………………………………… (157)
　第一节　旅游企业工作分析 ……………………………………………… (158)
　　一、工作分析的相关术语 ……………………………………………… (158)
　　二、工作分析的内容 …………………………………………………… (159)
　　三、工作分析的作用 …………………………………………………… (160)
　第二节　旅游企业工作分析的流程和方法 ……………………………… (163)
　　一、工作分析的流程 …………………………………………………… (163)
　　二、工作分析的方法 …………………………………………………… (166)
　第三节　工作说明书和工作规范的编写与管理 ………………………… (180)
　　一、工作说明书 ………………………………………………………… (180)
　　二、工作规范 …………………………………………………………… (184)
　　三、工作说明书和工作规范的编写 …………………………………… (185)
　第四节　旅游企业工作再设计 …………………………………………… (187)
　　一、旅游企业工作再设计的目的 ……………………………………… (187)
　　二、旅游企业工作再设计的方法 ……………………………………… (188)
　　三、工作—生活平衡与工作设计 ……………………………………… (191)

第六章　旅游企业人力资源招聘和甄选 …………………………………… (197)
　第一节　旅游企业的招聘 ………………………………………………… (200)
　　一、招聘的概念、意义和原则 ………………………………………… (200)
　　二、招聘的程序 ………………………………………………………… (203)
　　三、招聘计划的制订 …………………………………………………… (204)
　第二节　旅游企业员工招聘渠道的选择 ………………………………… (206)
　　一、内部招聘 …………………………………………………………… (206)
　　二、外部招聘 …………………………………………………………… (210)
　第三节　旅游企业员工的甄选和录用 …………………………………… (215)

一、人员甄选的程序 …………………………………………（215）
　　二、甄选方法 ………………………………………………（219）
　　三、录用与员工入职 ………………………………………（228）
第四节　员工招聘效果评估 ………………………………………（229）
　　一、招聘结果的成效评估 …………………………………（229）
　　二、甄选方法的成效评估 …………………………………（231）

第三篇　旅游企业人力资源开发

第七章　旅游企业员工培训 ……………………………………（243）
　第一节　旅游企业员工培训和开发 …………………………（245）
　　一、员工培训和开发概述 …………………………………（245）
　　二、旅游企业员工培训的分类 ……………………………（250）
　　三、新员工入职导向培训 …………………………………（252）
　第二节　旅游企业员工培训流程 ………………………………（254）
　　一、培训需求分析 …………………………………………（254）
　　二、制订培训计划 …………………………………………（261）
　　三、实施培训计划 …………………………………………（262）
　　四、评估培训效果 …………………………………………（263）
　第三节　旅游企业培训方法 ……………………………………（266）
　　一、两种学习方式 …………………………………………（266）
　　二、三维学习立方体模型 …………………………………（267）
　　三、旅游企业员工培训的方法 ……………………………（268）
　　四、影响培训方法选择的主要因素 ………………………（278）

第八章　职业生涯规划与发展 …………………………………（285）
　第一节　职业生涯的概念和理论 ………………………………（287）
　　一、职业生涯的概念 ………………………………………（287）
　　二、职业发展阶段 …………………………………………（290）
　　三、职业选择的相关理论 …………………………………（293）
　　四、职业发展通道模式 ……………………………………（297）
　第二节　各阶段的职业生涯规划 ………………………………（299）
　　一、新员工的职业生涯规划 ………………………………（299）
　　二、职业生涯中期的职业发展规划 ………………………（300）

三、退休前期的职业发展 ………………………………………… (303)
　第三节　旅游企业员工的职业生涯规划 …………………………… (304)
　　一、旅行社员工的职业生涯规划 ………………………………… (304)
　　二、酒店员工的职业生涯规划 …………………………………… (307)
　　三、旅游企业员工职业生涯规划和管理的焦点问题与解决策略 … (310)

第四篇　旅游企业人力资源利用

第九章　旅游企业绩效管理 …………………………………………… (319)
　第一节　绩效管理概述 ……………………………………………… (321)
　　一、绩效管理的概念 ……………………………………………… (321)
　　二、绩效管理的内容 ……………………………………………… (322)
　　三、绩效管理的意义 ……………………………………………… (323)
　　四、绩效管理的原则 ……………………………………………… (324)
　第二节　绩效计划 …………………………………………………… (325)
　　一、绩效计划的定义 ……………………………………………… (325)
　　二、绩效计划的主要内容 ………………………………………… (325)
　　三、绩效计划的工具 ……………………………………………… (328)
　第三节　绩效监控与绩效考核 ……………………………………… (334)
　　一、绩效监控 ……………………………………………………… (334)
　　二、绩效考核 ……………………………………………………… (335)
　第四节　绩效反馈 …………………………………………………… (340)
　　一、绩效面谈 ……………………………………………………… (341)
　　二、绩效结果应用 ………………………………………………… (341)
　第五节　旅游企业的绩效管理 ……………………………………… (343)
　　一、旅游企业绩效管理的现状 …………………………………… (343)
　　二、旅游企业绩效管理中存在的问题 …………………………… (343)
　　三、旅游企业绩效评估改善策略 ………………………………… (345)

第十章　薪酬设计和管理 ……………………………………………… (351)
　第一节　薪酬和薪酬管理概念 ……………………………………… (354)
　　一、薪酬 …………………………………………………………… (354)
　　二、薪酬管理的原则 ……………………………………………… (357)
　　三、影响薪酬管理的因素 ………………………………………… (358)

  四、薪酬管理的理论 …………………………………………… (361)
 第二节　薪酬体系设计 …………………………………………… (362)
  一、职位薪酬体系 ……………………………………………… (362)
  二、绩效薪酬体系 ……………………………………………… (367)
  三、能力薪酬体系 ……………………………………………… (371)
  四、基于员工价值创造的薪酬体系 …………………………… (374)
 第三节　薪酬管理 ………………………………………………… (376)
  一、薪酬战略的制定 …………………………………………… (376)
  二、薪酬水平的确定 …………………………………………… (377)
  三、薪酬结构管理 ……………………………………………… (380)
  四、薪酬调整 …………………………………………………… (381)
  五、薪酬支付管理 ……………………………………………… (382)
  六、薪酬沟通管理 ……………………………………………… (382)
 第四节　员工福利管理 …………………………………………… (383)
  一、员工福利的类型 …………………………………………… (383)
  二、自助餐式福利计划 ………………………………………… (387)
  三、员工福利管理的内容 ……………………………………… (388)
 第五节　小费管理 ………………………………………………… (389)
  一、小费的特点和作用 ………………………………………… (389)
  二、旅游小费在中国的发展 …………………………………… (391)

第十一章　劳资关系和健康安全管理 ………………………………… (401)
 第一节　劳工立法和工会组织 …………………………………… (403)
  一、劳工立法回顾 ……………………………………………… (403)
  二、工会的组织机构及其管理 ………………………………… (406)
  三、集体谈判 …………………………………………………… (407)
 第二节　旅游企业安全和健康管理 ……………………………… (409)
  一、旅游企业的安全问题及管理 ……………………………… (409)
  二、旅游企业的健康问题及管理 ……………………………… (413)
 第三节　旅游企业员工偏差行为管理 …………………………… (415)
  一、员工偏差行为概述 ………………………………………… (415)
  二、员工偏差行为的管理 ……………………………………… (417)
  三、管理者负面行为的管理 …………………………………… (418)
  四、员工纪律管理 ……………………………………………… (420)

第一篇

旅游企业人力资源管理理论及环境分析

　　本部分包括第一至三章。第一章介绍旅游企业人力资源管理的概念、特点、历史演变、基础理论和研究方法。第二章介绍旅游企业战略人力资源管理，内容包括旅游企业内外部环境分析、旅游企业经营战略、旅游企业战略人力资源管理、共享经济与人力资源管理等。第三章讨论全球化对旅游企业人力资源管理的影响，内容包括全球化和国际旅游企业、外派人员的管理、本土化管理等。

第一章　旅游企业人力资源管理概论

【学习目标】人力资源是生产活动中最活跃的因素,被经济学家称为第一资源。旅游企业人力资源管理是对旅游企业最活跃的要素——人进行管理。通过本章的学习,你应该能够:

(1) 掌握人力资源的概念和特征。
(2) 掌握人力资源管理和旅游企业人力资源管理的概念。
(3) 掌握旅游企业人力资源管理的基础理论。
(4) 了解旅游企业人力资源管理的发展与演变历程。
(5) 掌握旅游企业人力资源管理的研究方法。

【前期思考】旅游企业人力资源管理包括哪些内容?它对企业发展有何作用和意义?

【重点和难点】重点掌握旅游企业人力资源管理的概念、特点,以及旅游企业人力资源管理的方法;难点是人力资源管理的基本理论。

引导案例

九成兼职员工打造最优质服务

东京迪士尼乐园占地面积不大,但每年接待游客人数高达1500万人次。不管你何时来玩,乐园里的玻璃窗上都没有一点尘埃和水渍,地上没有凌乱的垃圾,厕所总是能保持干净而亮洁。即使是寒冬,草坪也依然绿意盎然。即使在雨天,员工也一定要擦拭户外舞台前让观众安坐的椅子。丛林探险节目中的"船长",明明总是每天都在说相同的对白,却依然每一次都那么投入。乐园的任何一位员工,都会蹲下身子来认真地跟孩子们讲话。客人在游览过程中如果不小心将隐形眼镜丢失,员工竟然也可以找到。

东京迪士尼乐园的顾客满意度极高。"只要进入东京迪士尼乐园,就能听到员工非常热情而亲切的问候""员工们总是用笑容相迎,让我非常舒服"……诸如此类的赞扬声总是不绝于耳。高满意度带来游客的高回头率。统计数据表明,东京迪士尼乐园的顾客回头率在98%左右。

那么,东京迪士尼乐园的员工提供让游客赞叹的高品质服务的秘诀究竟是什么呢？

1. 每一位员工都拥有领导能力

在东京迪士尼乐园，工作中的上司或前辈们，会经常监督后辈们，但是，一天之中总有他们注意不到的时候，所以，员工若想偷懒怠工，也不是没有机会。但是，在东京迪士尼乐园，实际上却很少有人会偷懒，每位员工都以客人的安全为第一考虑，都在为了把最棒的表演带给大家而努力。这是为什么呢？这就是由于乐园中的每一位员工都拥有领导能力。

直截了当地讲，就是每位员工都要拥有一颗"体谅之心"，行动时以身作则。在东京迪士尼乐园，上司或前辈平日都是以这种领导者的态度来与后辈接触交流的。这样做，能够使后辈产生"好想变得跟那个上司或前辈一样"的想法，从而以上司或前辈为榜样来完善自己。也就是说，每个员工都是像上司或前辈一般以领导者的态度和能力来进行工作。正因为如此，在日常工作方面，他们自然不会懈怠偷懒，相反，还会努力以积极的态度去了解和满足顾客的需求。

简单地说，乐园的员工都拥有并坚持着一种"对工作自主而积极"的信条。这也是历经数十年，无论顾客何时光顾东京迪士尼乐园，它依然散发着如初的热情与活力的原因。

2. 招聘——采取"欢迎"理念

丽思卡尔顿是世界闻名的奢华酒店，以提供高品质服务而为大家所熟知。这个酒店聘用员工的两大特点是：第一，与公司理念不一致的人不会被录用；第二，被判断为不适合于服务行业的人，也绝对不会被录用。即使是兼职员工，也要经过系统的选拔测试。

与此不同，东京迪士尼乐园采用的是"欢迎"的理念，即对员工的选用不设太多硬性的门槛。在东京迪士尼乐园，维护日常运作的兼职人员大概有18000人，虽然根据每年的具体情况会有些微变化，但因为兼职的特殊性质，一年之中也会有近9000名兼职人员离职。因此，东京迪士尼乐园每年都会举行3次大型招聘会，每次招聘3000人左右。由于每次的应聘者都有50000人以上，因名额有限，东京迪士尼乐园自然不可能录用所有的应聘者。不过，来者不拒的"欢迎"态度的确是乐园的基本姿态。

当然，东京迪士尼乐园在招聘时也会注重一些规则。比如，因为"不能微笑"会令客人感到不满，所以在面试时，被要求"请您微笑"却无论如何也笑不出来的应聘者是不会被录用的；不能进行人际的基本问候、不能很好地遵守东京迪士尼乐园的礼节规定的应聘者也不会被录用。

3. 育人——用经验来改变和培养

主题公园在经营上需要聘用大量的人员，想要管理教育好这么庞大的员工队伍实在不易，可是，东京迪士尼乐园却信奉"人可以用经验来改变和培养"的理念。

人拥有被改变、被教育成才的可能性，而把这种可能性变为现实，就是东京迪士尼乐园能够维持高品质服务的秘籍。

举个例子，乐园非常强调员工要"问候"和"微笑"，不仅要对访问乐园的客人如此，就连兼职人员和正式员工之间也同样被要求如此。这看似只是人与人之间最基本的礼貌，实际上却发挥着重要的作用。这能使职场的人际关系变得和谐，使兼职者和正式员工处于良好的、向上的工作氛围，还可以带给客人感动。东京迪士尼乐园的教育培训、组织结构、文化环境，都是为了建立和巩固员工、顾客与企业之间的信赖关系。

（资料来源：福岛文二郎. 经营快乐：迪士尼的卓越人才养成法［M］. 胡小颖，译. 北京：中国华侨出版社，2012：序言.）

从以上案例中，你认为旅游企业的人力资源有哪些特征？旅游企业人力资源管理的核心职能有哪些？

第一节 旅游企业人力资源的概念与特点

第二次世界大战后，世界各国纷纷大力发展经济，劳动生产效率大幅度提高，人们可自由支配的收入增加，闲暇时间增多，消费能力增强，这些为旅游业的快速发展奠定了良好基础。国内外游客量迅猛增长，各类旅游企业对旅游人才的需求不断扩大。为了解决人力资源供给不足的问题，旅游企业开辟了新的人才来源，如临时工、实习生、女性就业和下岗职工再就业等。进入21世纪后，旅游经济全球一体化加速，跨国旅游企业全球扩张，使得旅游企业的人才竞争国际化，对旅游人才的管理也提出了新的要求。不论是国家之间的旅游产业竞争，还是旅游企业之间的竞争，最终都表现为旅游人力资源的竞争。所以，如何理解人力资源，如何开展人力资源管理以帮助旅游企业吸引、使用、培育和保留最优秀的员工，就更加值得我们深入探讨。

一、人力资源的概念与特点

在企业生产过程中能创造出财富的生产要素通常被统称为资源，如设施资源、资金资源、信息资源、人力资源等。在所有资源中，人力资源是第一资源，它是指全部人口中具有劳动能力的人。

"人力资源"一词是由美国管理学大师彼得·德鲁克（Peter Druck）于1954年在《管理的实践》一书中首次提出来的。他认为，人力资源和其他所有资源相比较，唯一的区别就是它是"人"，并且是管理者们必须考虑的具有"特殊资产"性质的资源。德鲁克认为，人力资源拥有其他资源所没有的素质，即协调能力、融合能力、判断力和想象力，管理者可以利用其他资源，但是人力资源只能自我利用。

随后，"人力资源"概念开始引起学者和企业管理者的注意。雷蒙德·迈尔斯（Raymond Miles）于1965年建议在管理中用"人力资源"来替代"员工"的概念。学者们也对"人力资源"概念进行了更为深入和具体的阐释。例如，美国的伊万·伯格（Ivan Berg）认为，人力资源是人类可用于生产产品或提供各种服务的活力、技能和知识。内贝尔·埃利斯（Nabil Eias）指出，人力资源是企业内部成员及外部与企业相关的人，即总经理、雇员、合作伙伴和顾客等可提供潜在合作或服务并有利于企业预期经营活动的人力的总和。苏珊·E. 杰克逊（Susan E. Jackson）等认为，人力资源是组织可以将其看作能够为创建和实现组织的使命、愿景、战略与目标做出潜在贡献的人所具备的可被利用的能力与才干。我国有的学者也从整个社会经济发展的宏观角度来界定人力资源，如有人认为，所谓人力资源，就是指人所具有的对价值创造有贡献作用并且能够被组织利用的体力和脑力的总和。

由以上内容可以看出，人力资源概念既强调拥有劳动能力的人口数量，又强调人口质量，也就是人在生产过程中创造产品或提供服务、创造价值的能力。因此，我们将人力资源界定为人所具有的对价值创造起决定作用并且能够被组织利用的劳动能力。这里的"组织"既可以大到为一个国家或地区，也可以小到为一个企业或单位；"劳动能力"是体力和脑力的总和。

与其他物质资源相比，人力资源具有以下特征。

（1）生物性。人力资源的载体是人，从而决定了它是有生命的、"活"的资源，与人的自然生理特征息息相关。

（2）能动性。这是人力资源最重要的特征，是人力资源与其他资源之间最根本的区别。人是有思想、有感情的，能够主动学习，有目的、有意识地进行活动，认识自然和改造自然，并能有意识地对所采取的行动、手段及结果进行分析、判断和预测。

（3）时效性。人力资源的形成、开发和利用都会受到时间因素的限制。从发展视角看,人力资源存在培养期、成长期、成熟期和老化期等生命周期。因此,企业要研究人力资源变化的内在规律,使人力资源的形成、开发、配置和使用等处于动态平衡中,从而更好地发挥人力资源的效用。

(4)智力性。人力资源通过开发智力,充分挖掘人的劳动能力潜能,而人的智力具有继承性,人的劳动能力会随着时间的推移而得以积累、延续和增强。

(5)社会性。从人类社会活动的角度看,任何人都生活在一定的群体之中。人力资源总是与一定的社会环境相联系,它的形成、开发、配置和使用都离不开社会环境和社会实践。而且,人类的劳动多是群体劳动,劳动者一般都在一定的组织内与其他人共同工作,所以,社会文化环境、组织环境都会对劳动者的价值观和行为方式产生影响。

一、旅游企业人力资源的概念

旅游业已经取代石油工业、汽车工业,成为世界上最大的创汇产业以及雇用人数最多的产业。世界旅游与观光理事会指出,旅游业是促进经济发展的主要动力,已成为世界上最大的就业部门,也是各国财政中主要的纳税产业之一。旅游业对世界经济的贡献,不仅是产生经济产值和提供就业岗位,而且它还带动了农业和制造业等其他产业的发展,带来一系列的经济效益。因此,许多国家和地区都把旅游业列为支柱产业。

旅游业主要由旅游景区、旅行社、酒店、餐饮企业、旅游交通企业和旅游商店等向游客提供旅行游览服务的企业组成。旅游已成为人们的日常生活方式,许多新型旅游企业也随之产生,如在线旅行社(online travel agency,OTA)、民宿,以及从事自驾车和旅居车、游艇邮轮、低空旅游等新型旅游服务的企业。新型旅游企业的进入使得旅游企业的市场竞争更加激烈,而所有的市场竞争最后都表现为人才竞争。因此,旅游企业非常重视人力资源。所有能够推动旅游经济和社会发展的并且能够被旅游企业利用其劳动能力的人,都被认为是旅游企业的人力资源。从数量上看,旅游企业人力资源是指旅游企业现有的从业者与潜在的就业者;从质量上看,旅游企业人力资源是指旅游企业中具有相应的体力、智力、知识、技能和工作态度的从业者。

知识拓展 1-1　　　　　旅游业的范围及旅游业人才的界定

什么是旅游业①? 根据世界旅游组织的"旅游卫星账户（TSA）"分类方法，我们可以将旅游业界定为下列 9 种类型：①住宿业；②餐饮业；③旅游、旅行中介；④旅游吸引物；⑤客运交通；⑥商业零售业；⑦文化、体育、娱乐业；⑧旅游咨询业；⑨旅游装备制造业。

这样的分类表明，旅游业从业人员主要包括在这些行业工作的人员。但是，由于旅游行业的庞大以及与其他行业相互交织的原因，这些行业中的旅游从业人员实际上应该被分成两类。

第一类：旅游通用职业人才。通用职业的出现，是因为在社会转型过程中，社会分工趋向庞杂和交融，职业边界变得模糊，一些职业所需要的专业技能扩散演变为一般或者通用的工作技能。一些旅游通用职业人才，如工程设备、会计、计算机网络、美工、采购等专业技术人才，他们既可归属于旅游行业，也可分属于社会其他行业。

第二类：旅游特有职业人才。旅游特有职业人才是指具备较高的旅游行业的专业知识技能和专业职业素质的人才，并且主要是在旅游行业就业的，如酒店职业经理人、计调、导游、餐厅服务人员等。

旅游通用职业人才可以由社会其他机构培养，而旅游职业教育体系应该关注的是旅游特有职业人才的培养。

基于《旅游行业发展与人才需求调研报告》《中国旅游教育年度报告（2012）》等，目前，与自中职、高职（专科）、本科到专业硕士等各层次的旅游特有职业人才培养相衔接的职业岗位主要有：旅游接待业类服务与管理岗位群，该类岗位分布于酒店、餐饮、交通、景区、各类旅游服务综合体等多种旅游服务与管理机构中，也是旅游管理专业学生最普遍的就业岗位，如酒店、餐饮等机构的接待人员、服务员等。根据问卷调研，现代旅游业核心人才的学历结构如表 1-1 所示。

表 1-1　旅游业人才与学历结构

（单位:%）

学历	住宿业	餐饮业	旅游会展业	旅行社业	休闲游憩业	旅游智力行业
研究生及以上	2	0.5	8	3	5	36
本科	16	9	23	20	21	41
大专	59	36	43	45	46	13

---

① 旅游业是旅游行业的简称，国外通常还包括接待业。

续表 1-1

学历	住宿业	餐饮业	旅游会展业	旅行社业	休闲游憩业	旅游智力行业
中专及以下	23	54.5	26	32	28	10

[资料来源：杨卫武. 不断完善中国旅游职业教育体系[J]. 旅游学刊，2015，30（10）：11-13.]

三、旅游企业人力资源的特点

旅游企业人力资源除了具有人力资源的一般特征外，还具有以下特点：

（1）女性员工占多数。在女权主义以及男女平等思潮的影响下，女性走出家庭，到企业去工作。大量女性凭借性别优势进入服务业，大大提高了女性整体的就业率。旅游企业作为典型的劳动密集型服务业，其女性从业者占企业员工总数的比例超过60%。表1-2反映了男、女性员工在旅游企业中就业量最大的酒店业中某几家企业的岗位分布情况。

表 1-2 员工性别、在岗情况与部门特征

部门	在岗男性		在岗女性	
	样本数	所占比例（%）	样本数	所占比例（%）
保安部	51	16.8	3	0.8
财务部	9	3.0	31	8.7
采购部	5	1.7	4	1.1
餐饮部	117	38.6	128	36.1
大堂副理	3	10.0	2	0.6
客房部	25	8.3	108	30.4
工程部	50	16.5	4	1.1
前厅部	25	8.3	32	9.0
人力资源部	3	1.0	17	4.8
市场营销部	5	1.7	18	5.1
总经理办公室	9	3.0	6	1.7
未填部门	1	0.3	2	0.6
总数	303	100	355	100

[资料来源：杨云. 酒店员工性别、薪酬差异对离职行为影响研究[J]. 旅游学刊，2014，29（4）：38-47.]

（2）临时用工量大。旅游业存在季节性和周期性特征，相应地，旅游淡、旺季决定了旅游企业就业亦存在季节性特征。在旅游旺季时，旅游企业大量雇用兼职人员和实习生以应对人力资源的不足；在旅游淡季时，有的旅游企业则会解雇临时员工，以节省人力资源成本。因此，旅游企业的临时工雇用比例较高。在欧美的酒店业，每十名女性员工中，就有四人签订的是短期雇用合同；每十名男性员工中，就有三人签订的是短期雇用合同。国内的一些酒店聘用的实习生占其总员工数的25%以上。表1-3反映了西班牙安达卢西亚酒店业按性别就业的临时性特点。

表1-3 西班牙安达鲁西亚酒店业按性别就业的临时性特点

（单位：%）

类别		2006年		2010年	
		男性	女性	男性	女性
年龄	16～24岁	19.78	27.18	7.94	9.74
	25～54岁	73.99	71.14	81.59	85.25
	大于54岁	6.23	1.68	10.47	5.01
雇用期限	长期雇用	75.09	65.77	81.95	82.10
	短期雇用	24.91	34.23	18.05	17.90
是否全职	全职工作	83.15	58.72	87.36	81.12
	兼职工作	16.85	41.28	12.64	18.88

（资料来源：Campos J A, García-Pozo A, Sánchez-Ollero J L. Gender wage inequality and labor mobility in the hospitality sector [J]. International Journal of Hospitality Management, 2015, 49: 73-82.）

（3）情绪劳动特征明显。情绪劳动是指要求员工在工作时展现某种特定情绪以达到其所在职位工作目标的劳动形式。比如，旅游从业者在提供服务时需表达企业所期望的情感，如"微笑服务"。旅游服务是生产与消费同时进行的，即整个服务过程是一个由旅游企业提供服务并与消费者有情感交流的互动过程。互动过程要求旅游从业者遵守组织的情绪调节规则，当旅游从业者产生了冷漠、愤怒和失意等不良情绪时，则必须对其加以抑制，放下自己真实的情绪，将企业所需要的包括温暖、开心和友好等积极情绪传递给消费者。旅游企业提供的情绪劳动包括无论在什么地方都要微笑地面对顾客，耐心且有礼貌地倾听顾客的投诉，在顾客处于困境时表达同情，等等。

（4）员工离职率高。众多学者一致认为旅游企业存在员工流动率高的特征，实证研究也验证了旅游企业人力资源这一特征。一般行业的从业者流失率在5%～10%，而旅游企业的人员流失率在20%以上，并且资质越高的人才流失率越高。

在酒店业内，一些国际著名酒店的人员流失率在10%～15%之间，而中国旅游协会人力资源开发培训中心（1999）的调查统计发现，1994年、1995年、1996年、1997年、1998年的酒店业员工流失率分别为25.64%、23.92%、24.2%、22.56%和23.41%，平均流失率高达23.95%。全球著名的人力资源咨询公司怡安翰威特于2017年公布的《中国人力资本调研结果》显示，中国酒店业的员工离职率在所有行业中排名最高，达到了39%。2017年，迈点研究院发布的数据称，国内酒店的员工离职率普遍在20%～40%之间，其中以一线员工和中层管理者的离职率最高，超过八成的员工离职是因为薪酬的原因。旅游企业人员流失率高，反映出旅游企业员工职业变动频繁，这与旅游就业低门槛、低技能要求相关。

第二节 旅游企业人力资源管理的概念和内容

一、旅游企业人力资源管理的概念和范畴

（一）人力资源管理的概念

1954年，德鲁克提出"人力资源"的概念以后，研究培训和工业关系的社会学家怀特·巴克（Wight Bakke）于1958年第一次提出了"人力资源管理"的概念，并详细阐述了有关管理人力资源的问题。他认为，人力资源的管理职能与会计、生产、金融、营销等其他管理职能一样，对于组织的成功来讲是至关重要的。巴克主要从7个方面说明了人力资源管理职能超出了人事经理或工业关系经理的工作范围。

（1）人力资源管理职能必须适应一定的标准，即"理解、保持、开发、雇用或有效地利用以及使这些资源成为整个工作的一个整体"。

（2）人力资源管理必须在任何组织活动的开始就要加以实施。

（3）人力资源管理职能的目标是使企业所有员工有效地工作和取得最大的发展机会，并利用他们所有的与工作相关的技能从而使工作达到最高的效率。

（4）人力资源管理职能不仅包括和人事劳动相关的薪酬和福利，还包括企业中人与人之间的工作关系。

（5）人力资源管理职能和组织中各个层次的人员都息息相关，甚至包括CEO（首席执行官）。

（6）人力资源管理职能必须通过组织中负责监督他人的每一个成员来实现，直线管理者在期望、控制和协调等其他活动方面承担着基本的人力资源职能。

(7) 所有人力资源管理的结果所关注的一定是企业和员工根本利益的同时实现。

随着人力资源管理理论和实践的不断发展,学者们对人力资源管理概念进行了各种界定,本书在此介绍人力资源管理学界一些具有代表性的人力资源管理定义。

美国著名的人力资源管理专家雷蒙德·A. 诺伊(Raymond A. Noe)等在《人力资源管理：赢得竞争优势》一书中指出：人力资源管理是指影响雇员的行为、态度及绩效的各种政策、管理实践及制度。

兰德尔·S. 舒勒(Randall S. Schuler)在《管理人力资源》一书中对人力资源管理做了如下的定义：人力资源管理是采用一系列管理活动来保证对人力资源进行有效的管理,其目的是实现个人、社会和企业的利益。

加里·德斯勒(Gary Dessler)在《人力资源管理》一书中指出,人力资源管理是一个处于管理职位的人在完成管理工作时所涉及的与人有关的政策和实践,包括招聘、甄选、培训、报酬和评估等活动。

约翰·布拉顿(John Bratton)认为,人力资源管理是一种管理员工关系的战略方法,它强调开发人的潜力对企业获取持续竞争优势至关重要。

迈克·比尔(Michael Beer)指出,人力资源管理包括会影响到公司和雇员之间关系的人力资源性质的所有管理决策和行为。

我国台湾地区人力资源管理专家黄英忠提出,人力资源管理是将组织所有人力资源做最适当的确保(acquisition)、开发(development)、维持(maintenance)和使用(utilization),以及为此所进行的规划、执行和控制的过程。

国内著名学者赵曙明将人力资源管理界定为：对人力这一特殊的资源进行有效开发、合理利用与科学管理。

(二) 旅游企业人力资源管理的概念

自 20 世纪 80 年代开始,旅游企业由于其独特的服务特征,吸引了国内外学者对其人力资源管理进行专门的研究,主流的人力资源管理的理论和方法被大量应用于旅游企业人力资源管理实践活动,使得旅游企业人力资源管理成为一个较成熟的学科领域。但是,对旅游企业人力资源管理的定义,如同人力资源管理概念一样,尚未达到共识。

古芮亚(Guerrier)等(1998)提出广义的旅游企业人力资源管理概念,即旅游企业中关于工作、就业、工作组织和人力资源管理的实践。

玛丽·L. 谭克(Mary L. Tanke)在《接待业人力资源管理》一书中指出：旅游企业人力资源管理是为吸引、激励、开发、奖励和保留最好的雇员,以满足旅游企业组织目标和经营目标所需要的战略、计划和方案的实施。

综合国外学者对旅游企业人力资源管理概念的界定,本书认为：旅游企业人力资源管理是旅游企业依据组织和个人发展的需要，通过建立高效的人力资源管理机制，采用先进的技术和方法，对组织中的人力这一特殊的战略性资源进行有效开发、合理利用与科学管理的过程。

（三）旅游企业人力资源管理的范畴

旅游企业人力资源管理的本质是以激发人的价值创造为核心，对人与人、人与服务工作、人与组织以及人与环境和技术的互动关系采取的一系列开发与管理活动。如图 1-1 所示。

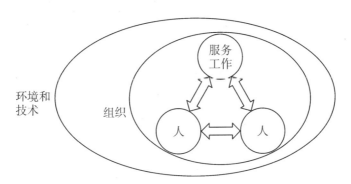

图 1-1　旅游企业人力资源管理的本质

旅游企业人力资源管理的结果，就旅游企业而言，是生产效率的提高和竞争力的增强；就旅游从业者而言，则是工作生活质量的提高与工作满意度的增加。生产效率反映了产出的旅游产品或提供的旅游服务与投入的人力、财力、物力的关系，工作生活质量则反映了旅游从业者在工作中所表现出的生理和心理健康程度。在旅游企业中，人力资源管理需要处理好以下管理范畴。

1. "人"的个人特征和行为

以提供面对面的无形服务为主的旅游企业是劳动力密集型企业，人力资源管理要进行以人为中心的管理。而人是具有思想、情感和意识的，其心理状态和情绪的变化往往是复杂的，而且人的行为往往受其情感的支配。在情绪高涨时，人的生活质量和工作效率很高；在情绪低落时，则往往相反。这种情感以及思想的复杂性往往会给旅游企业人力资源管理带来较大的困难。同样的管理方法对于不同的人，或在不同的时间对于同一个人，所产生的管理效果可能大不一样，所以，我们要重视"人"的个人特征和行为的管理。

2. 人与服务工作的匹配

游客外出旅行涉及吃、住、行、游、购、娱等诸多环节，为了让游客满意，旅游企业必须谋求人与服务工作的适当匹配，确保人能完全胜任工作，发挥人的最大潜能。胜任特征（又称为胜任力）已经成为研究人与工作匹配的重要指标。胜任特征是工作绩效表现优秀的人拥有的特质，这些特质包括知识、技能、禀赋、人格、自我意识、价值观等。旅游企业通过寻找具有与服务工作要求相匹配的胜任特征的人来实现人与服务工作的匹配。

3. 人与人的协调合作

旅游企业要建立合理的群体结构，强调团队精神，使得群体内成员互相之间能补短取长，分工合作，共享资源和信息。许多旅游企业在旅游旺季没有增加人手，却保证了服务质量不下降，其秘诀就是通过不同职位的人来协助配合，完成顾客最急需的服务工作。

4. 人与组织的协调配合

人与组织的协调配合能使人力资源得到充分发挥和有效配置，促进员工成长和组织发展，最终提高组织效能。组织的基本特征主要包括组织文化、组织价值观、组织目标和规范，个人的基本特征包括个性、个体价值观、个人目标和态度等。个人和组织在这些方面相似的基础上可能实现协调配合。因此，旅游企业要制定有效的工作规范与组织制度，促进个人发展目标与组织发展目标相一致。

5. 人与环境的和谐共处

基于相互作用理论，人的行为结果是个人与环境之间相互作用的函数，人与环境的和谐共处会使得人遵循客观规律，按照客观规律去把握和改造世界，并在改善环境的过程中实现人的自身价值，获得劳动的快乐和享受。

6. 人对技术的合理使用

当今世界技术变革的速度空前迅猛，技术的发展不仅改变了人力资源管理职能，也对人力资源管理人员施加了更多压力以适应技术的发展。网络招聘和选拔人才已经成为人力资源管理的重要职能，员工自助服务和管理自助服务等自动化系统对人力资源管理人员的职责提出新的挑战。例如，旅游达人和网络直播带货主播等利用互联网技术产生的新职业，对其道德情操管理还需规范。

二、旅游企业人力资源管理的内容和意义

(一) 旅游企业人力资源管理的主要内容

旅游企业人力资源管理涉及诸多方面，班姆（Baum）指出，旅游企业人力资源管理包括选拔和流失、职业发展、报酬、教育/培训和发展、管理文化、人力资源规划等诸多内容。本书借鉴该学者关于人力资源管理的内容分类，并从我国旅游企业管理的角度出发，将旅游企业人力资源管理的主要内容归纳为以下几个方面。

1. 战略人力资源管理

战略人力资源管理是旅游企业人力资源研究中的重点。战略人力资源管理强调人力资源管理必须同企业的战略和目标相一致，为实现企业的目标而做出贡献。从20世纪90年代开始，各国劳动力市场相继出现短缺，战略人力资源管理、人力资源规划和预测引起越来越多的旅游企业的重视。

战略人力资源管理包括以下四个方面：一是从宏观的视角分析环境，判断机遇和威胁，制定满足旅游企业发展需要的人力资源管理战略目标；二是从宏观层面对旅游企业人力资源管理系统进行规划，并制定相关的人力资源管理决策；三是确定人力资源管理战略实施的步骤、模式和调整预案；四是为各部门确定分阶段的人力资源管理工作目标和标准。

2. 工作设计和职位分析

伴随着技术革新、标准化过程与个性化服务结合等工作本身的变化以及生活观念的变革，旅游企业的工作需要重新设计。人力资源管理者需要调查员工的工作感受、工作态度和工作满意度，研究新的工作方案，进而设计出相关的工作职位，确定这些职位的职责、任务、工作环境、任职人员的胜任特质等，最后制定出职位说明书和工作规范。

3. 招聘和选拔

旅游企业是劳动密集型企业，对劳动力的需求量较大。因此，招聘和选拔员工成为旅游企业人力资源管理的一项重要工作。旅游企业应利用各种选拔方法，如面试、测评、顶岗实习等来挑选合适的员工。管理者要注意各种选拔员工方法的可靠性和有效性。

4. 培训和开发

知识经济时代，学习已成为员工的终身行为，因此，人力资源的培训和开发变

得相当重要。培训能提高员工当前的工作技能以及为员工晋升、变换工作等职业发展做准备，因此，旅游企业一直都非常重视员工培训。

此外，人力资源管理部门和管理人员应协助员工制订个人职业发展规划，并使它与组织的发展相协调。

5. 绩效管理

旅游企业要定期对员工的工作绩效进行评估，通过定期评估，使管理者和员工摸清工作中存在的问题，然后寻求最佳的解决方法。好的绩效管理能够对员工的贡献进行客观评价，对员工的工作进行肯定，并为员工进一步提高工作绩效制定出相关标准。因此，旅游企业的绩效管理不仅仅是探讨合适的评估方法，还需要不断地调整评估内容和标准。

6. 薪酬和激励管理

薪酬激励是激发人力资源潜能的主要手段或工具，是企业治理机制的核心内容。在旅游企业劳动力严重短缺的情境下，体现公平性，激励员工价值创造的高绩效、低成本的薪酬模式成为旅游企业保持竞争优势的关键。

社会发展到现今阶段，人们的需求变得越来越多样，员工在满足基本的物质层面的需求后，更多地转向追求精神上的愉悦，追求工作的成就感，以实现自我价值。这使得旅游企业不仅要重视薪酬的激励作用，还要重视心理激励和精神激励的作用。

7. 员工关系管理

这里的员工关系，既包括传统意义上的劳资关系，也包括心理契约（psychological contract）、组织承诺（organizational commitment）、组织公民行为（organizational citizenship behavior，OCB）、工作敬业度等联系员工和组织的隐性纽带。只有拥有和谐的、发展的员工关系才能使旅游企业得到稳定的发展。

此外，员工安全和健康管理也是旅游企业管理的重要组成部分。对性骚扰、工作倦怠和焦虑等问题的处理成为管理者，特别是人力资源管理者的重要职责。旅游企业中有一部分员工的工作流动性大，经常乘坐各种交通工具来往于世界各地，如领队、导游人员、旅游营销人员，对其安全与健康，人力资源管理者也应给予足够的重视。

（二）旅游企业人力资源管理的意义

旅游企业提供的旅游服务具有异质性的特点，往往受到游客自身的个性、情绪以及服务人员的情绪、态度、行为等因素的影响，这使得旅游服务具有很大的易变性。尽管旅游企业各个部门制定了严格的管理制度以及对相关职位制定了服务规范和标准，但在实际操作过程中，仍然难以保证旅游从业者按照服务质量标准将服务传递给需求多样化的游客。因此，加强旅游企业人力资源管理是非常必要的。

1. 保障旅游企业经营活动顺利进行，获取经济利益

旅游企业通过提供让游客满意的服务来获取经济利益。旅游从业者的服务水平（包括工作态度、效率、服务标准和技巧等）是游客评价旅游企业产品质量的重要因素。要保证旅游企业经营活动的顺利进行，企业必须招聘一定数量和质量的员工和管理者，通过合理配置、科学开发来提高员工的综合素质和工作能力并激发员工的工作热情，使员工始终提供优质服务，不断满足游客多样化的需求。

2. 吸引优秀人才，优化配置旅游企业发展的战略资源

人力资源被认为是旅游企业中最有价值的资源之一。旅游企业的竞争力越来越依赖于旅游产品以及旅游服务的不断创新，而旅游产品和服务的创新取决于人力资源的创新意识和能力。因此，旅游企业人力资源管理更应该吸引和开发具有创造性和能动性的人力资源。另外，在旅游市场竞争日益激烈之际，旅游企业必须注重员工的专业特长，尊重员工的个性发展，加强人力资源的优化配置，将旅游企业中的人力资源变为企业的核心竞争力。

3. 提高人的综合素质，培养高素质和全面发展的人

提供让游客满意的优质服务，离不开具有高素质的员工。为了开发和培养具有高素质的员工，旅游企业必须非常重视人力资源管理。旅游企业在招聘和培训新员工时，应该强调包括工作态度、执行力、细心、诚信、热心等在内的综合素质，而非仅仅因为其某单项能力最优秀或最突出。欧美国家许多年轻人以旅游业为职业起点，通过在旅游企业的工作和学习，成为具有高素质和全面发展的人才，然后再跳槽到其他行业，从而被其他行业认可和接受。

4. 重视人才保留，应对旅游产品的季节性特征

旅游企业的产品具有典型的季节性和波动性的特征，因而在企业员工的使用方面，也存在较为明显的季节性特征。旅游产品的季节性特征给企业的人力资源管理带来麻烦，会导致旅游企业员工离职率高、人才储备不足、员工满意度较低等问题。为此，旅游企业更应该重视人力资源管理，通过各种人力资源实践活动，关爱员工，提升员工对组织的忠诚度，从而帮助企业积极应对旅游季节性波动，降低企业成本，为企业的长远发展做好准备。

知识拓展1-2　　关于新冠肺炎疫情后酒店用工需求变化的思考

新冠肺炎疫情的传播使我国酒店业的生产经营受到巨大损失，为了预防和降低重大突发性灾害对酒店业可持续发展的影响，笔者对酒店用工需求变化有三点思考：

1. 探索员工共享的方式，降低用工成本

疫情防控期间，"盒马鲜生"提议共享员工。在用工成本占比居高不下的酒店业，用工方式一直是酒店人力资源部苦苦探索的问题，从单一的自有员工用工模式到采用小时工、实习生、外包员工等多元用工模式，都是酒店业在降低用工成本方面的实践。此次疫情使得酒店企业用工成本过高的问题再次凸显，用工模式创新迫在眉睫。"盒马鲜生"的做法，为酒店业实施员工共享提供了参考。如果要对其进行大范围推广，还需要思考平台搭建、员工信息上线安全等很多问题。但是，这种用工模式开启了酒店业用工新模式改革之路。

2. 培养一专多能员工，提高工作绩效

酒店业岗位群已重构。作为酒店价值创造和价值传递的产业链发展过程，酒店产业链中后端（产品设计和生产、产品销售和服务）的岗位功能发生了变化。原来是产品设计、销售、服务相对独立，现在这三个岗位均需关心产品消费过程中的体验和需求变化。为提供精准和个性化服务，产业链中后端的岗位高度融合，成为一条完整的服务链条。岗位职能的变化必然会带来对员工能力需求的变化，只有一专多能和善于学习的员工才能胜任新的岗位要求。同时，这样做还能降低用工成本，提高工作效率。

3. 提升员工自媒体营销水平，实现全员营销

酒店停业，供给与需求信息失联，疫情后市场恢复困难。依托企业推动的营销活动在应对危机中存在短板。探索新的营销方式，建立企业和员工营销命运共同体，是疫情后酒店业的工作重点。

自媒体营销已经非常流行，在微信、微博、抖音等这些自媒体平台上形成的"带货"方式、产品或品牌IP的故事营销等，都是当今受大众喜爱的信息传播方式。自媒体营销传播简易、影响范围广、制作成本低、员工参与度高，表现出强大的营销能力。酒店业在这方面的实践还不多，而疫情促使酒店业对全员营销重新认知，寻找全员营销的升级策略，提出员工参与全员营销的新要求，降低营销成本，帮助企业疫情后复振。

疫情加速了酒店业人力资源管理改革，除了科技手段的采用，更重要的是开发人力资源潜能，提升效率。

［资料来源：刘萍. 新冠肺炎疫情后酒店业人力资源需求升级对院校人才培养的启示［N］. 中国旅游报，2020-05-18（24）.］

第三节　旅游企业人力资源管理的历史演变

一、人力资源管理的历史演变

国外学者对人力资源管理的发展过程进行了深入的研究，形成了多种观点，其中具有代表性的观点有：费伦奇（French，1998）提出的"六阶段论"（即科学管理运动阶段、工业福利运动阶段、早期工业心理学阶段、人际关系运动时代、劳工运动时代和行为科学与组织理论时代），以罗兰和费里斯（Rowland & Ferris，1982）为代表提出的"五阶段论"（即工业革命时代、科学管理时代、工业心理时代、人际关系时代和工作生活质量时代），韦恩·F.卡肖（W. F. Cascio，1995）提出的"四阶段论"（即档案保管阶段、政府职责阶段、组织职责阶段和战略伙伴阶段），以福姆布龙、蒂奇和德兰纳（Fombrun, Tichy & Dernna，1984）为代表提出的"三阶段论"（即操作性角色时代、管理性角色时代和战略性角色时代）。

国内学者赵曙明等根据人事管理和现代人力资源管理之间的差异性，将人力资源管理的发展历史划分为人事管理、人力资源管理和战略人力资源管理三个阶段。

本书借鉴国内外学者已有的研究观点，将人力资源管理的发展历史划分为五个阶段。

（一）人事管理的产生和科学管理运动阶段

在工业革命开始之前，经济活动中的主要组织形式是家庭手工作坊，没有明显的员工管理。18世纪末，工业革命开始在英国出现，随后向其他国家蔓延。机器大生产使得工人的生产效率和劳动专业化水平大幅度提高，工厂开始重视生产过程的管理，随之出现了专门的管理人员，主要负责对员工的生产进行监督和对与员工有关的事务进行管理。19世纪末到20世纪初，人事管理作为一种管理活动而正式进入企业的管理活动范畴，主要包括人员招聘、工资和福利等事务性管理。例如，1900年，美国的古德里奇（B. F. Goodrich）公司建立了人事部门，雇用了福利秘书或社会秘书来处理包括住房、工资、医疗和娱乐等方面的事务。许多学者把这一时期看作现代人事管理的开端。

20世纪20年代，泰勒（Taylor）的科学管理理论在美国被广泛地采用，它对人事管理产生了重大的影响，引起了人事管理理论和实践上的一次革命。泰勒提出了科学管理的四个原则：

（1）对员工工作的每一个要素开发出科学方法，用以代替老的经验和方法。

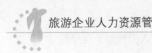

（2）科学地挑选员工，对他们进行培训、教育并使之拥有工作所需的技能；而在过去，则是由员工自己挑选工作，并尽自己的可能进行自我培训。

（3）与员工齐心合作，以保证一切工作按已形成的科学原则去做。

（4）管理者与员工在工作和职责的划分上几乎是相等的，管理者把自己比员工更胜任的各种工作都承揽过来；而在过去，几乎所有的工作和大部分责任都被推到了员工身上。

泰勒认为，企业如果遵循这些原则，会实现雇主和雇员共同富裕。同时，泰勒还提出了"工作定额""差异计件工资制"[①] 以及标准化管理等科学管理理论。

随后，莉莉安·吉尔布雷斯（Lillian Gilbreth）夫妇、亨利·L. 甘特（Henry L. Gantt）、卡尔·巴斯（Carl Bass）等学者对雇员生产率的提高进行了专门研究。这些研究指出了正确的甄选程序、培训内容的针对性、合适的工资体系的重要性。但是，科学管理理论由于没有考虑到员工的感受，仅仅把员工作为和机器设备一样的生产资料来对待，使员工对工作产生不满，从而影响了其激励效果的发挥。尽管科学管理及其相关理论在今天看来存在许多相当不合理的成分，但是，它第一次将科学管理的观念引入人事管理中，揭示了通过有效的人事管理能提高员工的劳动生产率和工作绩效，进而达到提高企业绩效的目的。

（二）人事管理的发展和多种理论的影响

20世纪30年代至40年代，人际关系、行为主义等理论出现，工业心理学、社会学和人类学开始关注工作情境中人们的行为动机，以求在企业内部妥善处理人群关系，减少冲突，发挥人的积极性。

1924年到1932年，哈佛商学院的梅奥（Mayo）等人在美国西方电器公司霍桑工厂进行了著名的霍桑实验，发现影响生产效率的最重要因素是管理者对工人的关注和兴趣。霍桑实验证明了员工的生产力不仅受到工作方式设计和员工报酬的影响，而且受到某些社会和心理因素的影响。这一研究成果导致了人际关系运动，人事管理开始从以工作为中心转变为以人为中心。对管理人员的培训开始强调对员工的关心和支持，协调员工和管理人员关系的方法被许多企业的人事管理所采用。人事管理人员除了负责员工选拔、培训、报酬福利制度的制定和实施外，还开始负责设计和实施对组织内管理人员的培训，人事管理的职能被极大地丰富了。从20世纪50年代开始，强调人际关系的人事管理方法逐渐衰落。然而，追求良好的人际关系仍然是组织的一个重要目标，只是这种管理方法不再成为组织中的主要管理风格。

---

① 差异计件工资制，即工人在完成每天规定的产出标准后，每增加一件产出就将获得更高的额外奖金，工资和奖金的获得与工作绩效挂钩。

行为科学对员工行为的研究发现，组织中的员工行为是多种多样、复杂多变的，组织对员工的表现具有塑造、协调和控制作用，而员工的行为还要受到员工所处的职位、工作和技术要求的影响（罗宾斯，1997）。组织行为学探讨个体、群体以及群体结构对组织内部行为的影响，组织行为学的发展使人事管理中对个体的管理扩展到了对群体与组织的整体管理，人事管理的实践也由此发生了改变。组织行为学对形成个体、群体行为的动机和原因的研究促进了员工激励理论的完善和应用。20世纪50年代，多种激励理论被相继提出，包括马斯洛（Maslow）的需要层次理论、麦格雷戈（McGregor）的X理论和Y理论以及赫茨伯格（Herzberg）的激励-保健双因素理论，它们对人事管理理论和实践产生了不同程度的影响。

（三）人力资源管理的产生

20世纪50年代后，组织中员工的素质和需求发生了变化，具有相当基础知识和技能的员工大量出现，经济需求不再成为人们的唯一需求，员工在组织中的人性地位发生了变化，曾经作为组织生产资料的劳动力即员工开始成为组织的一种资源。人事管理开始向人力资源管理转变，但是，这种转变经历了一个相当长的时间。

彼得·德鲁克于1954年提出"人力资源"的概念，要求组织管理人员在设计工作时要考虑到人的精神和社会需求，要采取积极的行动来增进员工激励，为员工创造具有挑战性的工作以及对员工进行开发。德鲁克还指出当时人事管理中的三个基本的错误观念：①认为员工不想工作的假设；②忽视对员工及其工作的管理，把人事管理作为专业人员的工作而不是经理的工作；③把人事管理活动看成是"救火队的工作"，是"消除麻烦的工作"，而不是积极的和具有建设性的活动。

随后，怀特·巴克于1958年提出人力资源管理的职能，指出人力资源管理的职能包括人事行政管理、劳工关系、人际关系以及行政人员的开发等多个方面。

雷蒙德·迈尔斯于1965年提出人力资源模式理论。该理论认为，员工的经验和知识对组织具有很大的价值，员工参与、人力资源的充分利用都能达到改进决策和自我控制的目的，从而实现提高员工生产力和工作满意度的目标。管理人员应把员工作为一个单个的人，要关心员工的福利和幸福。简单地讲，就是通过沟通，使员工确信对组织来说他们是非常重要的。

彼得·德鲁克、怀特·巴克等关于人力资源管理的早期理论，使得在20世纪50年代初至60年代，人事管理开始向人力资源管理转变。这些早期的人力资源管理理论虽然仅仅只是从人事管理职能和管理活动的变化来阐述人力资源管理，但是，它们毕竟将人事管理理论推到了一个全新的发展阶段——人力资源管理。

（四）人力资源管理的发展

20世纪70—80年代是人力资源管理大发展阶段。1972年，美国管理协会（AMA）出版了由达萨特尼克（Desatnik）编著的《改革人力资源管理》一书。在书中，达萨特尼克强调了员工的需求、兴趣、期望与组织目标之间的一致性，以及"在组织中，人是最重要的资源"的观点。20世纪70年代中后期至80年代早期，这一时期的人力资源管理理论主要集中在讨论如何实施有效的人力资源管理活动，以及通过对员工行为和心理的分析来确定其对生产力和工作满意度的影响，使得人力资源管理更加关注员工的安全与健康。其后，随着人力资源管理研究和实践活动的不断丰富和深入，人力资源管理被认为是关系到企业组织效率的一项极为重要的管理工作。人力资源部门不只是负责招聘或解雇员工，人力资源管理者开始注意到雇员们的需求并将满足这些需求视为重要的工作目标。人力资源管理职责被当作所有一线管理者的工作职责。

在这一阶段，"人力资源管理"一词虽然已为企业所熟知，但是在大多数的教科书里，对人力资源管理的定义与人事管理的内涵非常接近。例如，维特（Weither，1990）将人力资源管理定义为：人力资源管理也称人事管理，主要是研究管理人员尤其是人力资源管理人员所从事的工作或应该承担的工作。1992年，斯托瑞（Storey）对人事管理与人力资源管理的差异进行了总结，认为它们在信念与假设、战略领域、直线管理和关键杠杆4个基本要点上存在27个不同点（见表1-4）。

表1-4 人事管理与人力资源管理的差异

	维 度	人事管理	人力资源管理
信念与假设	1. 合同	仔细确定书面的合同	目标是"超越合同"
	2. 规则	重视设计清楚的规则	主要看"能做什么"
	3. 管理行动指南	程序性/一致性/控制	业务需要/灵活性/忠诚
	4. 行为参考	规范/习俗和实践	价值观/使命
	5. 对员工的管理	监督	培养
	6. 关系的本质	多元化	单一化
	7. 冲突	制度化	淡化

续表1-4

维　度		人事管理	人力资源管理
战略领域	8. 关键关系	劳工管理	客户
	9. 行动	分散的	整合的
	10. 公司人力资源计划	处于边缘	处于核心
	11. 决策的速度	慢	快
直线管理	12. 管理原则	事务处理式领导	变革的领导者
	13. 关键的管理者	人事管理专家	领导者/业务经理/直线管理者
	14. 鼓励的管理技巧	协商	协助
	15. 标准化	高	低
	16. 重要的管理技能	谈判	沟通
关键杠杆	17. 筛选	单独的，不受重视的工作	整合的，关键任务
	18. 薪酬	职位分析（固定的等级）	与业绩相关
	19. 雇用条件	单独协调	一致的
	20. 劳工管理	集体谈判的合同	倾向与个人签订合同
	21. 与管理者的信任关系	通过培训和提供便利条件使关系制度化	忽视（除了为改变模式而进行某些谈判的时候）
	22. 岗位类别和等级	多	少
	23. 沟通	受限制的信息流/间接的	增加的信息流/直接的
	24. 岗位设计	劳动分工	团队合作
	25. 冲突管理	暂时消除冲突	管理文化和控制氛围来结束冲突
	26. 培训和发展	参与培训的机会非常有限	学习型公司
	27. 工作的关注点	人事管理制度	广泛的文化、结构和人事战略

（资料来源：Beadwell I, Holden L, Claydon T. Human resources management: a contemporary approach [M]. 4th ed. London: FT Prentice Hall, 2004.）

组织行为学对人力资源管理理论与实践的影响在20世纪60年代至70年代达到了顶峰。主要表现是产生了一些当代的激励理论，如奥德佛（Alderfer）的ERG理论、麦克利兰（McClelland）的成就动机理论、洛克（Locke）的目标设定理论、德西和莱恩（Deci & Ryan）的认知评价理论、斯金纳（Skinner）的强化理论、亚当斯（Adams）的公平理论和弗鲁姆（Vroom）的期望理论等。与早期的激励理论

不同,这一时期的激励理论都有相当确凿的支持性材料,并对人力资源管理产生多方面的影响,被广泛应用到人力资源管理理论和实践中。

(五)战略人力资源管理的形成和发展

从20世纪90年代开始,人力资源管理中一个最重要的变化是把人力资源看成组织战略的贡献者。人力资源管理已经从行政管理、事务管理向战略管理方向发展,它在组织战略管理中的作用取代了原有的行政性和事务性管理的作用,人力资源管理职能从分散性、辅助性职能向整体性、主导性职能转变。从某种程度上讲,人力资源管理已经转变为战略人力资源管理。

1981年,戴万纳(Devanna)等在《人力资源管理:一个战略观》一文中提出了"战略人力资源管理"的概念。1984年,比尔等在《管理人力资本》一书中提出战略人力资源管理理论。但是,直到20世纪90年代初美国管理学界对战略管理进行重点研究时,人们才开始对人力资源管理在战略管理中的角色问题产生浓厚兴趣。当前,国内外学者对战略人力资源管理的内涵和外延还未达成一致。一些学者认为,战略人力资源管理是一种"关系",即人力资源管理与组织绩效之间的关系;还有一些学者认为,战略人力资源管理的本质是一种"适应性",主要包括内部适应性(内部契合)和外部适应性(外部契合),即人力资源管理与组织战略之间的适应性。其中,内部适应性是指各项人力资源管理实践活动之间的契合或横向匹配,外部适应性是指人力资源管理实践活动和其他活动与战略目标之间的契合或纵向匹配。另外,还有一些学者认为,战略人力资源管理的"关系"观念和"适应性"观念其实并不对立,而是互补的,是不同的分析层次。

学者们对战略人力资源管理的研究分为以下三种方法体系:

(1) 关注人力资源管理对组织绩效的贡献或对企业财务行为的影响。即将战略人力资源管理与组织财务绩效联系起来加以考虑,德莱利(Delaney)、莱文(Lewin)、奥斯特曼(Osterman)、伯菲(Pfeffer)、休斯里德(Huselid)等学者认为,战略人力资源管理能够深度影响组织绩效,因此,组织必须确定战略人力资源管理的实践范围,并保证能够得以贯彻实施。组织在人力资源管理的实施过程中,实践活动必须和组织的战略需求紧密相连,同时保证战略导向的一致性。休斯里德(Huselid,1995)提出组织存在"最好"的非常成功的人力资源管理实践[①],它对组织在财务方面的贡献不断增加。目前,对"最好"的人力资源管理实践体系中应包括哪些实践活动,还没有取得较为一致的意见。例如,德莱利等人(1989)

---

① "最好"的非常成功的人力资源管理实践也被有些学者概括为高绩效工作系统(high-performance work system,HPWS)或高绩效人力资源管理系统(high-performance HR system)两个概念,两个概念的核心内容基本上是一致的。本书第二章第三节对其详细介绍。

认为人力资源管理实践包括 8 个方面，即甄选、绩效评估、激励性薪酬、职务设计、投诉处理程序、信息共享、态度评估和劳资关系。德莱利和道梯（1996）指出，具有"战略"特性的人力资源管理实践活动包括 7 个方面，即内部职业机会、正规培训体系、绩效测评、利益共享、就业安全、员工意见投诉机制和工作设计。加斯里（Guthrie，2001）则认为最佳人力资源管理实践系统包括 12 个方面：内部晋升、与资历相对的基于业绩的晋升、基于技能的工资制度、基于团队的薪酬、员工持股、跨部门培训、提供培训的平均次数、配合未来发展方向的技能培训、员工参与计划、信息共享、员工满意度调查，以及团队建设。梅斯（Mess，2004）将大量支持最佳人力资源管理实践系统的研究成果总结为 5 个关键领域：培训和发展、团队、员工选择、绩效评估和沟通。

（2）关注企业在所处竞争性环境中采用的战略选择以及这些战略选择在企业人力资源管理中的运用。例如，赫托格（Hertog，2010）等对参与 1990 年欧洲钢铁工业联盟交换项目的 10 家欧洲钢铁企业进行的跟踪研究发现，欧洲钢铁企业的战略类型对人力资源管理战略伙伴角色的实现具有重要影响。在那些采用快速变革模式的公司里，人力资源管理战略角色体现得更为充分，而采用"长征型／缓慢型"变革模式的公司更偏好于将人力资源管理和职能管理进行整合。

（3）考察企业战略与企业人力资源管理政策和实践之间的匹配程度。该研究方法假定"外部契合"和"内部契合"都对企业绩效有着深刻的影响，人力资源管理的精髓是：将互补的人力资源管理实践整合在一起（内部契合），并将这些实践活动与公司战略和目标有机地结合在一起（外部契合）。人力资源管理实践活动的内部契合意味着将不同的人力资源管理实践活动有机地组合在一起，通过相互契合的人力资源管理实践之间的相互作用，发挥人力资源管理系统的协同效果。人力资源管理实践活动与企业战略的外部契合，意味着人力资源管理系统扎根于企业运营系统，并在配合产品开发速度、顾客服务质量和产品质量提升等企业目标方面发挥着重要作用，是企业个性化的、竞争企业难以模仿的因素。高绩效工作系统的外部契合，不是关注实践之间，而是关注人力资源管理实践与其所追求的组织目标的一致性。

在这一时期，随着经济全球化，许多企业开始跨国经营，国际人力资源管理成为新的研究议题。在全球环境下的人力资源管理，尤其是在跨国组织中的人力资源管理问题已经引起了研究人员越来越大的兴趣。学者们对国际人力资源管理的研究主要有两种思路：一种是将在美国开发并得到成功应用的人力资源管理观念推广应用到国际范围，试图构建国际人力资源统一开发和管理模式；另一种是针对不同国家的文化开发不同的管理方法。瑞克斯（Ricks）等人在 1990 年就指出，在国际人力资源管理中必须考虑和国内人力资源管理不尽相同的方面，包括不同文化观念和社会价值观之间的相互影响、从一种文化到另一种文化的管理方法的适应性问题、现存的法律和经济差异，以及由于社会文化差异产生的不同的学习风格和应变方式。跨国公司在国际化运营过程中，雇用不同国籍的员工是非常必要的，而要管理好国际人力资源，更应该考虑文化差异，进行跨文化管理。

进入 21 世纪后，逆全球化思潮开始出现。2016 年，两个标志性的事件成为逆全球化潮流最重要的表征：一个是英国脱欧公投成功，及其后的"脱钩"谈判；另一个是美国的新一届政府奉行"美国优先"原则，设置贸易保护主义壁垒，推动反移民政策的实施，等等。"逆全球化"可以定义为全球化的反转，表现为全球贸易、投资和移民流动规模的缩小，或国家之间经济相互依存和融合程度的不断降低，对产品和要素的跨境流动设置各种显性或隐性障碍。"逆全球化"意味着全球经济从围绕跨国公司的需求整合变为围绕民族、国家和社区的需求整合。这必然会限制全球人力资源的跨区域流动，逆全球化对人力资源管理的影响亟须研究。

二、旅游企业人力资源管理的发展过程

20 世纪 80 年代以前，旅游企业的人事管理职能和研究都不受重视。许多旅游企业没有人事部门。即使有，该部门在企业中也处于次要地位。酒店的人事部主管通常负责招聘和筛选新的员工，处理失业保险及索赔等事务，并承担不适合其他任何部门的各种任务。因此，人事部似乎更像一名办事员，而不是像其他部门那样拥有专业身份（谭克，2001）。英国劳资关系委员会（1971）发现，很少酒店企业有劳资关系或人事政策。约翰逊（Johnson，1978）通过调查发现，酒店和餐饮业忽视人事职能。当时，对旅游业人事管理的研究也不受重视。不过，还是有旅游企业作为案例出现在主流的人力资源研究之中。这一时期最早的经典研究是 1946 年怀特（Whyte）对员工工作和顾客需求关系所进行的研究。

从 20 世纪 80 年代开始，旅游业开始重视人事管理。旅游业普遍设置人事部门，其职能开始增多，地位也开始上升。这一时期的人事部门不只是负责招聘或解雇员工，而且还要合理地配置员工、培训和开发，以及建立友好的劳资关系等。旅游业的无形服务特性引起了学者和管理者的注意，选拔适合旅游企业文化的员工变得非常重要。乌姆布雷特（Umbreit，1987）乐观地认为，随着旅游接待业对保持服务质量的重视，人们将会更加重视人力资源实践（人事管理）的研究。人事管理工作首先在较大规模的旅游企业得到重视，例如，规模越大的酒店越有专业性的人员负责酒店人事管理。普瑞斯（Price，1993，1994）对英国的酒店和餐饮业进行调查发现，酒店的规模与酒店人力资源管理的范围存在较强的关系。

20 世纪 90 年代初，旅游业的人事管理逐步过渡到人力资源管理。乌姆布雷特（1987）最早提出了"旅游企业人力资源管理"的概念，但艾斯克和穆瑞玛那（Ishak & Murrmanna，1990）才较清晰地界定了餐饮业人力资源管理职能。后者将

员工看作企业的资源，而不仅仅是雇员，并发现餐饮业在制定企业战略时仅考虑人力资源管理实践中的人力资源规划、员工评价、培训和开发4个方面，而未考虑薪酬管理。在这个时期，旅游企业关于人力资源管理和人事管理的界定还比较模糊，许多企业仅用人力资源管理的术语描述其人事管理的实践，而实际上并未将"人"作为资源对待，以充分发挥人力资源管理的作用。鲍姆（Baum，1995）对许多国家的旅游企业进行了关于人力资源管理与企业长期发展关系的研究，发现人力资源管理能促进企业的长期发展，但往往被实践管理者所忽视。

20世纪90年代中期以后，人力资源管理成为旅游企业重要的职能之一。美国等发达国家劳动力市场出现了明显的短缺，而旅游业通常被认为是服侍人的行业，很难吸引和留住优秀人员。"员工保留"成为发达国家旅游业20世纪90年代末的时髦词。为了有效地招聘和留住员工，旅游企业开始重视人力资源管理。许多旅游企业纷纷提供比以往更多的福利，增加的福利包括从股票期权到灵活的工作时间、免费工作餐和带薪假期等。大量人力资源学科和其他主流学科的理论和研究方法被应用到旅游企业人力资源研究中的各个方面，如用领导者角色理论探讨旅游企业管理者的行为，工作路径分析管理者的职业生涯，心理测试技术应用于员工招聘，计算机技术实现管理者和员工的有效沟通，等等。另外，旅游企业也试图从其独特的服务特性出发，发展出新的理念和理论，如员工满意、情绪智力和情绪劳动等。此外，研究内容和研究方法也进一步多样化。研究内容由最初着重于人力管理实践研究，转向员工发展、员工关系、组织结构和文化等多方面的研究。研究方法既有概念性的研究、定性研究，又有定量研究、定性与定量相结合的混合研究，还有案例研究、社会网络分析、实验研究等。

在这一时期，旅游企业人力资源管理还跟随主流人力资源管理研究趋势，开展企业发展战略框架内人力资源实践战略定位的研究，以及跨文化背景下管理者的研究。例如，运用战略管理中的五力模型分析了旅游业人力资源的核心竞争力，认为最重要的竞争力是管理者的自我管理能力（包括职业道德、正直、柔性、时间管理和适应能力等）和战略决策能力（包括了解顾客需求、重视质量承诺、建立客户关系和关心社会等），而管理者的知识、领导力和沟通能力的重要性相对较低。在酒店中，亚太地区和非洲撒哈拉沙漠以南的地区有较高比例的西方外籍管理者。但是，由于感知差异、语言、文化背景等多方面因素的影响，部分外籍管理者并不胜任其管理工作。国外学者还探讨了外籍管理者须具备的知识和能力以及选聘的标准。

从21世纪开始，战略人力资源管理贯穿于旅游企业管理的每一个环节。战略人力资源管理成为旅游企业的战略合作伙伴，与旅游企业的战略实现系统的整合，成为提升旅游企业核心竞争优势的主要来源。战略人力资源管理从单纯着眼于绩效、结果，开始走向重视人力资源的素质特征，寻求更高效率地使用人力资源，获得更大价值的产出。人力资源管理除了提供有效的薪资以外，更多地追求让员工有成就感、幸福感和满足感，从而激发员工的潜能和创造力。

第四节　旅游企业人力资源管理的基础理论和研究方法

一、旅游企业人力资源管理的基础理论

（一）资源基础理论

20世纪50年代，潘罗斯（Penrose）在其著作《企业增长理论》中提出企业资源理论。该理论认为，有价值的、稀缺的、不可模仿的、独特的资源是企业获取持续竞争优势的源泉，企业通过获取和留住稀缺的、有价值的和不可模仿的资源从而取得成功。资源基础理论（resource-based view，RBV）认为人力资源系统具有难以交易、难以模仿、稀缺、独特等特点，是企业内部可以提供持续竞争优势的战略性资源，所以必定会通过影响产品或服务的市场竞争力而影响到企业绩效。许多学者的研究也证明，人力资源管理能够为企业创造持续的竞争优势，并提升组织的绩效。尤里奇（Ulrich，1991）等根据资源基础理论的观点，具体探讨了人力资源管理、企业竞争优势和企业战略之间的关系。赵曙明（2004）利用资源基础理论的观点阐述了人力资源具有价值性、专用性、嵌入性、因果模糊性和路径依赖性等基本特征，并按照这些特征区分了不同的人力资源系统。

资源基础理论的人力资源管理，侧重于研究人力资源管理系统成为企业竞争优势的原因，以及对企业战略的制定和实施具有怎样的影响。但是，该理论并不能对人力资源管理体系的动态运作过程做出有力的解释，而只能阐释人力资源管理的静态层面，即局限于固定不变的人力资源管理体系和人力资本。因此，资源基础理论不能全面解释企业的人力资源管理。

（二）人力资本理论

舒尔茨（Schultz，1960）首先提出了人力资本理论。他认为，人力资本体现在人的身上，表现为人的知识、技能、资历、经验和熟练程度等，综合起来，表现为人的素质。人力资本理论认为，企业员工所具备的技能、知识和能力等是具有经济价值的，而人力资源管理活动对人力资本的提升具有正向作用。卡西奥（Cascio，1991）等人的研究认为，对员工严格甄选、广泛训练和提供具有竞争力的薪酬等人力资源管理活动，可代表企业直接的人力资本投资活动，而这些提升人力资本的

人力资源管理活动对组织绩效的发挥是最有利的。休斯里德（Huselid，1992）认为，高绩效的人力资源活动可通过三个方面达到增进企业绩效的效果：①在员工技能的提升方面，通过培训和开发来增进员工技能；②在激励方面，人力资源管理活动可鼓励员工更努力且更有效率地工作；③在工作组织方面，通过鼓励员工参与、内部升迁以及职业生涯规划等活动来改善组织与工作结构。这些做法除了可激发员工学习知识和技能的动机外，还可维持组织与员工之间长期合作的关系，避免员工离职所造成的企业绩效损失。

基于人力资本理论的人力资源管理研究过于强调员工所拥有的知识与技能，而没有考虑到在企业持续竞争优势的获得过程中员工如何获取知识和技能。

（三）行为角色理论

行为角色理论（behavior view）源于权变理论。社会心理学者将角色行为定义为：一个人的行为与他人的行动发生适当关联时，能产生可预期的结果。战略人力资源管理的行为角色理论把员工行为作为组织战略和组织绩效的调节变量，并认为人力资源管理的目的是引导和控制员工的态度和行为。由于企业特征和企业战略不同，员工的态度和行为对企业绩效的影响也会有所差异，因此，有的学者认为人力资源管理应该强调人力资源管理体系与企业战略的匹配，从而促成适应组织战略发展需要的员工态度和行为。舒勒和杰克逊（Schuler & Jackson，1987）运用行为理论论证了这一观点，同时提出，除了人力资源管理体系要与员工的态度和行为进行横向匹配以外，还要实现人力资源管理体系同组织过程的纵向匹配，即人力资源管理必须与组织其他资源实现整合。

行为角色理论的研究强调人力资源管理实践通过诱导或控制员工的态度与行为以获得令人满意的结果，最终实现企业绩效（如图1-2所示），但过于关注人力资源管理实践对企业绩效的影响。

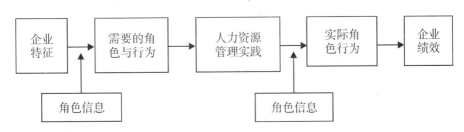

图1-2　基于行为角色理论的人力资源管理概念模型

（资料来源：Wright P，McMahan G C. Theoretical perspectives for strategic human resource management ［J］. Journal of management，1992，18：304.）

（四）制度理论

制度理论的基本观点强调组织中的许多管理结构和管理实践并不是由组织内部的因素决定的，而是由外部社会因素和组织管理的惯性导致的。人力资源管理活动和人力资源管理体系可能并没有反映组织的战略目标，而是外界社会因素和组织管理因素影响的结果。人力资源管理体系可能不会采取理想的结构类型，而是按照既有方式或者在组织外部因素的影响下运行。因此，企业要持续地对战略人力资源管理的有效性进行评估，避免人力资源管理所强调的组织战略、人力资源管理体系与组织绩效三者之间出现不一致。

（五）交易成本理论

交易成本理论从财务或经济学的观点来分析企业中人力资源的交换过程。该理论认为，企业会选择适当的管理形式和组织结构，使它在执行、监督和评价等人力资源管理过程中发生的交易成本最低。人力资源管理可以作为衡量员工绩效的方法，使交易成本和代理成本降低，从而促进企业效益的提升。有限理性和机会主义是造成人力资源交换的障碍。战略人力资源管理如人员规划、绩效评估、激励性薪酬等各项活动能有效管理雇主与员工的关系，使员工个人的贡献能被清楚地显示出来，实现员工行为与企业战略目标趋于一致。

（六）控制理论

控制理论把人力资源管理体系视为一个由投入到产出的过程。人力资源管理的投入是员工的知识、技能和能力（即胜任力），而产出则是组织的生产率、满意度和员工流失率等。该理论把员工行为视为通过投入实现产出的手段（如图1-3所示）。莱特和斯奈尔（Wright & Snell，1991）认为，战略人力资源管理必须实现对员工胜任力和员工行为的控制，才能实现所需的人力资源绩效。对员工胜任力的控制包括获取、运用、保留和弃除四个阶段；而对员工行为的控制包括对员工行为的约束（如利用绩效考核与薪酬系统来约束员工的行为）和协调（如运用绩效考核与组织开发活动来促进人力资源的行为支持企业的战略）两个方面。

在人力资源管理这个开放的系统里，人力资源管理政策是控制员工胜任力和员工行为的工具。但是，应该控制某项具体的人力资源管理活动，还是强调对不同的人力资源管理活动进行协调，哪一种方式能够更有效地实现组织绩效？控制理论没有回答这一问题。

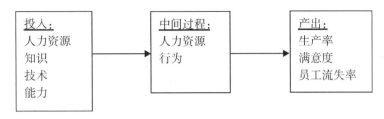

图1-3 以控制理论为基础的战略人力资源管理概念模型

(资料来源：Wright P M, Snell S A. Toward an integrative view of strategic human resource management [J]. Human resource management review, 1991, 2: 209.)

二、旅游企业人力资源管理的研究视角

人力资源管理是一个复杂的综合性管理学科，涉及许多学科和领域。目前主要是从三个方面进行研究：一是从管理学视角展开研究，二是从心理学视角展开研究，三是从经济学视角展开研究。

(一) 管理学视角

旅游企业人力资源管理可以被认为是人力资源管理的理论和实践在旅游企业中的运用和发展，其本身也属于管理学研究的一个领域，是管理学关于人的研究方面的重要内容，因此，可以认为管理学视角是人力资源管理研究的第一视角。20世纪早期，法国企业家亨利·法约尔（Henri Fayol, 1916）提出了管理者的五大功能：计划、组织、指挥、协调和控制。随着管理学研究的丰富和发展，五大功能被浓缩为四个基本的职能，即计划、组织、领导、控制。而人力资源的主要工作，从人力资源规划、组织员工培训到绩效考核控制，都反映了这些管理的基本职能。同时，管理学的众多流派，如管理过程派、管理科学派、组织管理流派等，均将组织作为研究对象，基于组织的研究和理论成为管理学理论重要的组成部分。与之相对应的，人力资源管理中的管理学视角研究也是以组织的角度来看待人力资源问题。

(二) 心理学视角

心理学在企业中的应用最早可以追溯到心理学家梅奥及其合作者们共同完成的"霍桑试验"。而人力资源管理的心理学问题主要属于管理心理学范畴，其研究内容也在不断演化。心理学对人力资源管理问题的研究是利用心理学理论和方法从组织、群体和个人等不同层次和角度，通过分析组织中人力资源的管理过程，研究如何科学地选拔、评价、激励、培训员工，使员工的心理和行为实现组织化。心理学在旅游企业人力资源管理中的应用主要集中在以下四个方面：①员工职业压力、心

理健康和情感劳动及其对组织的影响，这方面受到越来越多的关注；②职位测评和人才测评是人力资源管理的两项基础技术，心理学通过不同工作职位对员工人格类型、认知特点的要求和人员与职位如何匹配的研究来开发和完善人才测评工具；③心理学对绩效管理的研究，主要是探讨影响员工工作绩效的因素，如员工个人特质、环境因素、人际互动因素等；④激励也是心理学视角研究的重点。心理学正是通过研究员工工作满意度、职业压力、行为动机、报酬与动机、奖惩与行为的关系等方面入手，探索激励的心理机制。

（三）经济学视角

早在1776年，亚当·斯密在《国富论》中就讨论了工资的性质、工资决定与工资差别、劳动力分工、政府为劳动者提供教育便利等问题。大卫·李嘉图在1817年出版的《政治经济学及赋税原理》中阐述了工资的性质和工资决定问题。此后，配第、马克思等均对劳动力价值等问题进行了研究。可以看出，经济学家对人力资源的研究主要集中在人力资本以及劳动力市场的经济价值研究，利润分享理论、效率工资理论、内部劳动力市场理论以及契约和激励理论等理论在人力资源管理上有着广泛应用。目前，从经济学视角研究人力资源管理大概可以分为两类：专门研究人力资源管理问题的经济学分支，以及借助经济学方法和工具对人力资源管理的某一专门问题进行研究。其中，劳动经济学可以被认为是专门研究人力资源管理问题的经济学分支，而人力资源管理经济学则是借助经济学方法和工具来解决某一专门问题的典型代表。

三、旅游人力资源管理的研究方法

经过长期的发展，人力资源管理研究已经形成了案例分析法、调查法和实验研究法三种核心研究方法，以及内容分析法、社会网络分析法等其他研究方法。旅游人力资源管理研究大致采用的也是这些方法。

（一）案例分析法

案例分析法，也称案例研究、个案调查法，是针对某一特定个体、单位、现象或主题的研究。这类研究广泛搜集有关案例的资料，详细了解、整理和分析研究对象产生与发展的过程、内在与外在因素及其相互关系，以形成对有关问题深入全面的认识并形成结论。

目前，案例分析法的运用模式可以划分为三类：验证性、探索性以及描述性。

（1）验证性案例研究的目的在于验证、补充或者修正理论命题。验证性案例研究通常是先提出新颖的理论框架或建构具有一定创新性的理论模型，之后再选取与理论框架等相匹配的案例进行验证。

（2）探索性案例研究的目的则是对企业的新实践和客观事实进行探索，以挖掘出创新性理论。探索性案例研究通常有两种模式：一种是围绕研究问题进行相关的文献和理论的搜集和整理，以提出分析思路或找到切入点，在此基础上选取和收集案例进行探索性分析，并基于探索性发现再进行理论的升华；另一种则是在文献分析的基础上，通过典型案例的理论探索，构建创新性概念模型和提出理论假设，并在此基础上设计新量表，通过数据收集和统计分析验证模型和假设。

（3）描述性案例研究的目的在于对人、事件或情景的概况做出准确的描述，以期望揭示新问题和新现象。通常而言，描述性案例研究的重点在于基于扎根理论，通过描述经典案例揭示新的问题和新的现象。

运用案例分析法进行研究有以下步骤：①研究设计，包括定义研究问题、确定先验的理论假设（少数情况下，一些研究没有任何理论假设）、定义主要的分析单位、确定诠释研究结果的标准。②详细地获取有关材料，做到精密、周详、准确。③对材料进行客观的分析，包括对过程要素和结构要素及各种要素之间关系的分析，避免从先验的理论框架出发对材料进行主观分析。④归纳出一般的结论，概括出具有普遍意义的理论、方法和模式。

案例分析法立足于典型的具体事例，更易于揭示现象背后隐藏的深层次原因。采用案例分析法收集的资料含有翔实的细节数据，各种细节数据甚至会互相冲突，这将有利于研究者突破惯性思维，产生新的视角、理论和范式。再者，这些研究提出的理论假设通过具体案例得到了验证，为未来更成熟的研究提供了一定的基础条件。但是，采用这种方法进行研究必须考虑案例的典型性和代表性，研究结果应该有助于进一步证明和加强某种具有普遍性意义的结论，以便更充分地说明同一类问题或事件的本质。在新情况中发现研究问题，要求研究者对新事物要敏锐、收集的资料要详尽。另外，案例分析法并不适合探究变量间的因果关系，它的外部效度较低，研究结果难以广泛外推，所以在运用案例分析法时，要特别注意其方法的适用性。

（二）调查法

调查法就是通过访谈、问卷等方式获得数据资料，再利用数理统计分析和质性分析归纳和检验其中的理论，用于指导企业人力资源管理实践。

访谈法是人力资源管理研究中最常用的方法之一，也是收集资料数据的一种有效方法。访谈，就是研究性交谈，是以口头交谈的形式，根据被询问者的答复收集客观的、不带偏见的事实材料，以准确地了解调查对象的观点、态度、看法和感觉等信息。按照不同标准，可将访谈法分为不同的类别。从研究者对访谈结构的控制程度而言，访谈法可分为结构型、半结构型、非结构型三类；按正式程度可分为正规型和非正规型；按人数可分为个别访谈和小组访谈；按访谈内容可分为事实调查、意见征询、个体心理世界等。访谈法具有许多优点。首先，访谈法可以搜集更为丰富的、广泛的资料，有助于对人的心理活动等进行多维度、多层次的探索；其次，访谈法可以灵活地、有针对性地开展资料的搜集，可以根据访谈过程灵活调整；最后，访谈法可以保证搜集到的研究资料具有较高的可靠性。但是，访谈法亦有缺点，例如，访谈结果的准确性可能受到研究者素质的影响；并且，由于访谈法是面对面地进行，不具有匿名性，所以，某些敏感问题不方便涉及或者会被回避。

问卷法则是通过书面问卷的形式收集数据。问卷法能够收集大量样本的数据，便于定量分析，也是人力资源管理研究中常用的方法。使用问卷法的步骤是：①确定调查的目的、对象、内容和范围。②设计问卷。一份完整的问卷大致包括标题、卷首语、填写说明、问题和答案、编码等部分。③分发问卷，并保证问卷能够收回。当调查规模小且样本比较集中时，可当面将问卷发给被调查者，等他们填完后直接收回。这种方式的回收率一般比较高。当样本量比较大且很分散时，通常将问卷邮寄出去或利用"问卷星"等进行网络问卷调查。邮寄问卷需要被调查者填完后再寄回。这种方式的回收率一般比较低。网络问卷由于很难核实被调查者的填写态度，因此，用这种方式收集的问卷可能信度或效度不高。④对问卷调查结果进行统计分析和归纳整理。问卷法的优点在于可以进行大规模的调查，能以较少的人力和时间获得多方面的信息。同时，由于问卷的结构性，研究者和调研者都难以将其主观态度代入调查研究之中，具有较好的客观性。问卷调查的结构容易量化，便于统计分析。但是，问卷法也存在一定的局限，因为问卷法只强调了调查对象的共性特征而忽略了其差异性，调查面广但不够深入，回复率较低，填写者可能隐瞒和改变其真正的想法，或做出一般性的回答，这些因素都容易使结果产生误差。

（三）实验研究法

很多人力资源管理理论直接来源于实验研究结果，如梅奥的霍桑实验、费斯廷格（1956）的认知失调实验，因此，在人力资源研究中，实验法起着重要的作用。实验法是在现场或者实验室等被严格控制条件的环境下，有目的地引发某种行为，通过比较实验组和控制组的行为差异寻求导致各种行为的影响因素，从而得到一般性的原理，以指导企业人力资源管理实践。

人力资源管理实验研究包括现场实验和实验室实验。现场实验指在实际工作场地进行，通过实验设计有意识地控制某些因素，分析影响行为和绩效的具体因素。实验室实验则在实验室进行，以角色扮演为主要形式，通过比较实验组和控制组的不同表现来分析影响行为和绩效的各种因素。无论是现场实验还是实验室实验均属于人群实验，这是人力资源管理实验研究的显著特征之一。

通常而言，实验法包含以下步骤：提出问题与假设、选择实验对象、选择实验方式、设计实验方案、进行实验操作（前测、改变自变量、实验组激发、后测）、收集实验数据、实验结果分析等。其中，在设计实验方案时，研究者需要充分考虑实验可能遇到的干扰，如环境因素、干扰变量、随机因素等，以保证实验的信度和效度。而在选择被试者时，由于实验法不可能涵盖大量样本，因而只能选取具有代表性、典型性的样本，同时在样本分组过程中，尽量将具有一个或多个相似特征的被试者随机分配到各个组别中进行测试。

实验法具有较明显的优势，它能够同时满足人及其行为的权变性和复杂性，而且由于实验的可重复性，使得实验结论可重复验证而具有较高的可信度。实验法中控制其他因素保持不变，而单独测量一个具体因素对行为的影响，能够有效地解释变量之间的关系，是测量因果关系的最佳方法，这也正是实验法的最大特点和优势。但是，实验法也有其缺点，一个突出的问题就是人在实验中的行为选择与实际表现可能出现差异；同时，研究者无法控制所有的影响因素，因此，应通过科学的实验设计和重复实验来保证实验法具有足够高的信度和效度。

（四）内容分析法

内容分析法最早萌生于"二战"时期的新闻界，主要运用于传播学和政治学领域。随着学术研究的发展以及计算机的引入，内容分析法逐渐扩展到整个社会科学领域。1980年后，内容分析法在管理研究的众多领域都发挥了重要的作用，如创业研究、企业发展、战略管理以及人力资源管理领域。在人力资源管理研究中，内容分析法在"什么人""什么事""在哪里""怎么样"这四类问题研究中运用得较多，原因是基于结构化的资料分析，可以清晰描述或揭示现象本身及其特征、过程本身及其特征和过程的发展趋势。同时，内容分析法也适用于描述性研究、探索性研究以及解释性研究。

具体而言，内容分析法一般包括识别研究问题、获取研究资料、确立编码方案、正式进行编码、信度效度评估和分析数据等步骤。其中，关键环节是获取研究资料、确立编码方案、信度效度评估。在获取研究资料方面，内容分析的资料往往为二手资料，主要包括人力资源相关文件和相关报道、决策者演讲、管理者信件、人力资源相关书籍、网页、杂志、展览图片、已有的研究文献、相关案例、访谈资料，等等。同时，在研究资料收集方面涉及抽样问题，在确定抽样策略之前必须明确分析单位，因为分析单位在一定程度上会影响抽样策略。基于文本材料的内容分析法的分析单位可能是字词、短语、句子、段落、章节、书、作者、概念、语意、主题以及以上的集合。在明确分析单位和观察单位后，根据研究需要可以采用目标抽样、配额抽样、滚雪球抽样等非概率抽样方式和简单随机抽样、分层抽样、系统抽样、整群抽样和多阶段抽样等概率抽样方式。

确立编码方案的关键是确立识别规则和编码内容特征的明晰规则，要考虑测量层次、分析对象的内容特征、确立编码方案规则等问题。编码方案可以使用不同测量层次，例如定类的、定序的、定距的或者定比的多种层次。编码方案在类目开发上要有充分的依据，遵守详尽无遗又互相排斥的原则。

内容分析法的第一个优势在于其既可以作为一种独立研究方法，又可以作为一种辅助的研究技术，成为调查法等其他研究方法的补充。当内容分析法作为一种独立研究方法时，其突出优势是非介入性，其次还存在安全性和经济性等优势。内容分析法的局限在于作为一种独立研究方法，其研究资料往往局限于已记录的内容，难以直接用于检验变量间的因果关系（Berg，2001）。

（五）社会网络分析法

20世纪70年代，提奇（Tichy，1979）等将社会网络分析法引入管理学语境。此后，从社会网络角度研究组织与管理问题成为管理学研究中发展得最快的领域之一。社会网络分析范式与传统研究范式的最大不同在于社会网络分析研究将研究的重点集中在行动者（个人、群体、组织）之间的关系及其嵌入其中的网络，而非仅仅关注行动者的属性。对于管理研究所关注的组织而言，社会网络分析法有着高度的适用性，因为组织本身就是一个包含多种行为主体以及他们之间各种关系的网络。

社会网络分析法强调行动者之间的社会关系，而非行动者的基本属性，所以，社会网络分析法研究的层面包括个人网络、群体网络或组织网络，以及上述三个层面的交叉。凯迪夫（Kidduff，2003）等总结了社会网络分析法有三个不同于社会科学中传统研究方法的显著特征：①社会网络分析法的聚焦点是关系和关系模式，而不是行动者的属性，并且社会网络分析法可以对各种关系进行精确的量化分析，从而为某种理论的构建和实证命题的检验提供量化的工具。②社会网络分析法可以进行多层次的分析，从而可以在微观、宏观之间建立连接，甚至成为"宏观和微观"之间的桥梁。③社会网络分析法可以将定量资料、定性资料与图表数据整合起来，既弥补了定量数据过于抽象的缺点，也避免了定性资料过于具体而导致外延性不足的问题。

本章小结

与其他物质资源相比，人力资源具有生物性、能动性、时效性、智力性和社会性等特征。旅游企业的人力资源除了具有人力资源的一般特征外，还具有以女性员工占多数、临时用工量大、情绪劳动特征明显、员工离职率高等特征。

旅游企业人力资源管理是旅游企业依据组织和个人发展的需要，通过建立高效的人力资源管理机制，采用先进的技术和方法，对组织中的人力这一特殊的战略性资源进行有效开发、合理利用与科学管理的过程。

旅游业人力资源管理主要包括以下几个部分：战略人力资源管理、工作设计和职位分析、招聘和选拔、培训和开发、绩效管理、薪酬和激励管理、员工关系管理。

人力资源管理是一个复杂的综合性管理学科，涉及管理学、心理学、经济学等多个学科。其理论基础包括资源基础理论、人力资本理论、行为角色理论、制度理论、交易成本理论、控制理论等多种理论。

实务案例

"幸福员工"工程

当美国费城罗森布鲁斯国际公司创始人的曾孙亨利·罗森布鲁斯于1974年加入罗森布鲁斯国际公司的时候，这是一家有着83年历史、2500万美元资产的小型旅游公司。亨利·罗森布鲁斯在其事业的初期就意识到，为了迎接由于票务管制的放松而产生的机票竞争及其对公司旅游部门所带来的挑战，公司需要引进顶尖的人才并找到办法来释放他们的创造性和热情。他认为，恰到好处地为客户服务，是一项挑战性很高的工作。如果从事服务的人萎靡不振，服务将大打折扣。因此，"使员工幸福"成为亨利·罗森布鲁斯的首要任务。一方面，罗森布鲁斯在雇用员工时很在意员工的精神风貌，总是寻找心地善良、风趣、具有亲和力的雇员；另一方面，他出台了一系列公正、富有弹性且贴近实际的政策。罗森布鲁斯奖励团队精神，注重管理者与员工建立一种协商的、信任的同事关系。

罗森布鲁斯国际公司非常重视信息反馈，一些信息是预先知会的，如大多数会议是面向员工开放并事先通知的。一些信息则是非常规的。罗森布鲁斯鼓励员工向他发送电子邮件，并亲自回复。公司创建了一个名为"360度"的评议过程，即评议由领导者、同事、下属或客户主持，让每一位员工都参与进来，发表意见和看法。

罗森布鲁斯推崇"一幅画纸、1000个字"的表达方式。画笔、白纸与"不超过1000字"的明确要求一道被定期送给员工，员工可以通过画画来表达他们对公司的感受（这一新奇的方式在揭示难以言喻的问题方面一直格外有效）。另外，名为"角色转换"的活动使管理者和员工得以定期换个位置，让管理者和员工都能设身处地地站在对方的位置进行思考。许多有意义的点子由此得以产生，管理者与员工之间的沟通也得到加强。

罗森布鲁斯致力于这样善待员工有什么结果吗？罗森布鲁斯国际公司的资产在

2000年增长到近50亿美元；公司的旅行管理业务遍布全球，其利润水平远超过其他同类型旅行社。公司每年会接到3.5万份申请者主动提交的求职信。作为雇主，罗森布鲁斯国际公司以给优秀员工高额奖金而闻名，在今天这种雇员难求的经济中，这是一个吸引优秀人才的巨大优势。

[资料来源：王治河. 幸福员工·分享财富·家庭文化：解读美国三家成功企业的员工管理[J]. 合作经济与科技，2003（S2）：16－17.]

案例分析题：
1. 概括罗森布鲁斯国际公司的人力资源管理的主要特点。
2. 罗森布鲁斯国际公司的人力资源管理体现了哪些管理思想？
3. 其他旅游企业可以借鉴罗森布鲁斯国际公司哪些人力资源管理策略？

复习思考题

1. 人力资源管理的概念和特征是什么？
2. 什么是旅游企业人力资源管理？
3. 旅游企业人力资源管理的发展经历了哪些阶段，各有什么特点？
4. 人力资源管理在旅游企业中扮演怎样的角色？
5. 请访谈两家旅游企业，了解他们的组织架构与人员配置情况，运用你所学的知识，解释这两家企业人员配置差异的原因。
6. 人力资源管理的职能有哪些？
7. 人力资源管理的研究方法有哪些？简要介绍这些研究方法。

知识链接

访问 http://www.hci.org（美国人力资源认证协会官方网站），了解人力资源专业人士标准、高级标准和全球化标准。

本章参考文献

[1] 比奇. 人力资源管理[M]. 丁凡，译. 北京：中信出版社，1998.
[2] 布里顿，高德. 人力资源管理：理论和实践[M]. 徐芬丽，等译. 3版. 北京：经济管理出版社，2011.
[3] 陈辉. 酒店员工高流失率成因分析与对策研究[D]. 成都：西南交通大学，2007.

[4] 陈维政，余凯成，陈文文．人力资源管理［M］．北京：高等教育出版社，2011．
[5] 德鲁克．管理的实践［M］．齐若兰，译．北京：机械工业出版社，2009．
[6] 高明．论心理学理论在人力资源开发与管理中的应用［D］．哈尔滨：哈尔滨工程大学，2006．
[7] 郭镇之．逆全球化背景下的跨文化传播：困境与对策［J］．对外传播，2020（8）：4－6．
[8] 华国栋．教育研究方法［M］．南京：南京大学出版社，2005．
[9] 杰克逊，舒勒．管理人力资源：合作伙伴的责任、定位与分工［M］．欧阳袖，等译．7版．北京：中信出版社，2006．
[10] 李怀祖．管理研究方法论［M］．西安：西安交通大学出版社，2004．
[11] 厉新建，可妍．国外旅游就业研究综述［J］．北京第二外国语学院学报，2006（1）：32－37．
[12] 廖昌荫．人力资源管理研究视点分析［J］．广西师范大学学报（哲学社会科学版），2004，40（2）：75－81．
[13] 刘军．整体网分析讲义：UCINET软件实用指南［M］．上海：上海人民出版社，2009．
[14] 龙良富．家庭旅馆经营中的情感劳动研究：以云南丽江客栈为例［J］．中南林业科技大学学报（社会科学版），2013（4）：15－19．
[15] 罗殿军，付朝庆．战略人力资源管理维度特征分析［J］．外国经济与管理，2006，28（9）：45－51．
[16] 明茨伯格．战略历程：纵览战略管理学派［M］．刘瑞红，等译．北京：机械工业出版社，2002．
[17] 诺伊，霍伦贝克，格哈特．人力资源管理：赢得竞争优势［M］．刘昕，译．7版．北京：中国人民大学出版社，2013．
[18] 彭剑锋．人力资源管理［M］．上海：复旦大学出版社，2011．
[19] 舒尔茨．人力资本投资：交易和研究的作用［M］．北京：商务印书馆，1990．
[20] 苏敬勤，李召敏．案例研究方法的运用模式及其关键指标［J］．管理学报，2011，8：340－347．
[21] 唐欢．基于情绪劳动的导游员人力资源管理刍议［J］．社会心理科学，2014（4）：25－29．
[22] 万广华，朱美华．"逆全球化"：特征、起因与前瞻［J］．学术月刊，2020，52（7）：33－47．
[23] 王兴琼．酒店实习生工作满意度及其影响因素研究［J］．旅游学科，2008，23（7）：48－55．
[24] 魏光兴，谢安石．人力资源管理研究的实验方法［J］．科技进步与对策，2008，25（9）：135－139．
[25] 吴玉．管理行为的调查与度量［M］．北京：中国经济出版社，1987：6－37．
[26] 项保华，张建东．案例研究方法和战略管理研究［J］．自然辩证法通讯，2005，27（5）：62－111．
[27] 徐光华，暴丽艳，张晔林，等．人力资源管理实务［M］．北京：北京交通大学出版社，2005．
[28] 颜士梅．内容分析方法及在人力资源管理研究中的运用［J］．软科学，2008，22（9）：

133-139.

[29] 杨婧,杨河清. 人力资源管理与组织绩效关系的实践：国外四大理论的阐释[J]. 首都经济贸易大学学报, 2020, 22 (1): 103-112.

[30] 杨云. 国外接待业人力资源管理研究评述[J]. 旅游学刊, 2006, 21 (2): 82-88.

[31] 杨云. 近期国外旅游业人力资源管理研究进展[J]. 旅游科学, 2005, 19 (6): 11-20.

[32] 张小利. 基于旅游业增加值测度的我国旅游就业弹性分析[J]. 经济经纬, 2014, 31 (3): 72-77.

[33] Arthur J B. Effects of human resource systems on manufacturing performance and turnover [J]. Academy of management journal, 1994, 37: 670-687.

[34] Bakke E W. The human resource function [M]. New York: Harcourt Brace, 1958.

[35] Boulding K E. General systems theory: the skeleton of science [J]. Management science, 1956, 2: 197-208.

[36] Chadwick C, Cappelli D. Alternatives to generic strategy typologies in strategic human resource management [M]. Greenwich, C. T.: JAI Press, 1999.

[37] Colbert B A. The complex resource based view: implications for theory and practice in strategic human resource management [J]. Academy of management review, 2004, 29: 341-358.

[38] O'Reilly C A. Organizational behavior: where we've been, where we're going [J]. Annual review of psychology, 1991, 42: 427-458.

[39] Olive R C. Sustainable competitive advantage: combining institutional and resource-based views [J]. Strategic management journal, 1997, 18 (9): 697-713.

[40] Postelnicu G, Postelnicu C. Globalizarea economies [M]. București: Editura Economică, 2000.

[41] Robbins S P. Personnel: the management or human resources [M]. Englewood Cliffs, N. J.: Prentice-Hall, 1978.

[42] Schuler R S, Jackson S E. Linking competitive strategies with human resource management practices [J]. The academy of management executive, 1987, 1 (3): 207-219.

[43] Schuler R S, Jackson S E. Organizational strategy & organization level as determinants of human resource management practices [J]. Human resource planning, 1987, 10: 124-142.

[44] Schuler R S. Managing human resource [M]. 5th ed. St Paul: West Publishing Co., 1995.

[45] Szivas E, Riley M. Tourism employment during economic transition [J]. Annals of tourism research, 1999, 26 (4): 747-771.

[46] Tsui A S. Defining the activities and effectiveness of the human resource department: a multiple constituency approach [J]. Human resource management, 1987, 26 (1): 35-69.

[47] Ulrich D, Beatty D. From partners to players: extending the HR playing field [J]. Human resource management, 2001, 40 (4): 293-307.

[48] Ulrich D, Lake D. Organization capability: creating competitive advantage [J]. Academy of management executive, 1991, 5: 77-92.

第二章　旅游企业战略人力资源管理

【学习目标】战略人力资源是企业获取竞争优势的源泉。通过本章的学习，你应该能够：

(1) 理解战略人力资源的作用。
(2) 掌握战略人力资源管理的特征。
(3) 掌握旅游企业战略人力资源管理的发展趋势。
(4) 了解战略人力资源管理与企业经营战略的关系。
(5) 了解影响战略人力资源管理的内外部环境因素。

【前期思考】旅游企业战略人力资源管理是什么？它对企业的发展起着怎样的作用？

【重点和难点】重点掌握旅游企业战略人力资源管理的概念、特点，战略人力资源管理与企业战略的关系，以及高绩效工作系统的构成和作用。难点是共享经济对战略人力资源管理的影响。

引导案例

16种提高竞争优势的人力资源管理实践

(1) 就业保障。就业保障意为任何一名员工都不会因为开工不足而被解雇，组织对员工表达长期信任。这种实践能够带来员工的忠诚、承诺以及愿意为组织利益付出额外努力。

(2) 招聘时的挑选。企业要仔细地以正确方式挑选合适的员工。一般情况下，一个高素质的员工比不合格的员工的劳动生产率要高出两倍。此外，通过在招聘实践中精挑细选，组织向求职者发出的信息是：他们加入的是一个杰出企业，它对员工的绩效有高度期望。

(3) 高工资。高工资意为企业所支付的工资高于市场所要求的工资（也就是说，比竞争者所付的工资还要高）。高工资能够吸引更多优秀的求职者，降低员工流动率，并且表明公司珍视它的员工。

(4) 激励性的薪酬。企业要允许那些提升了绩效和盈利水平的员工分享利润。员工会认为这样一种实践是既公平又公正的。如果由员工的才智和努力所创造的收益都归高层管理者所有,员工将会感到不公平,变得气馁,并放弃努力。

(5)员工持股。企业可以通过向员工提供诸如公司股票和利润分享计划等的方式,把组织中的部分股权利益给予员工。如果恰当地加以实施,员工持股可以让员工的利益与股东的利益密切地结合起来。如此,员工将会对组织、组织战略以及投资政策保持长期期望。

(6)信息分享。企业要向员工提供有关生产运作、生产率、利润率等的信息。信息分享为员工提供了一个信息基础,用以正确评价他们自身的利益是如何与企业的利益联系在一起的;企业应为他们提供更多其所需要的信息,以便他们能够更好地去完成为了获得成功所必须做的工作。

(7)参与和授权。组织应鼓励决策的分权化,扩大员工的参与面,以及在控制其工作过程方面进行授权。组织应当从一种层级控制和协调工作的系统转变为这样一种系统:在此系统中,较低层次的员工被允许做那些能提高绩效的事情。研究已经表明,员工参与既能提高其满意度,又能提高其生产力。

(8)团队和工作再设计。组织应使用能够协调和管理自身工作的自我管理团队。通过对恰当的工作数量和工作质量设定相关的规范,团队对个体施加强有力的影响。当团队努力能够获得奖励,或者当团队对工作环境拥有自主权和控制权,以及当团队受到组织重视时,团队更有可能产生正面的绩效结果。

(9)培训和技能开发。企业应为员工提供完成其工作所必需的技能培训。培训不仅保证员工和管理者能胜任他们的工作,而且也显示了企业对员工的信任。

(10)轮换工作岗位和交叉培训。企业应培训员工去从事几项不同的工作。让员工从事多样化的工作能增强工作的趣味性,并为经理们在安排工作时提供更大的弹性。例如,管理者能用一个受过培训的员工替代一名缺勤的员工去履行某些职责。

(11)平等对待员工,取消象征地位的标志。企业可以通过诸如取消经理餐厅和专用泊车位之类的行动来推动企业平等地对待所有员工。缩小待遇差别可以减少员工和管理者之间互相对立的情绪,并且会让员工感到所有人都是在为同一目标而工作的。

(12)工资浓缩。即缩小员工间的薪酬差别的程度。当工作任务相互依赖以及完成工作需要合作时,工资浓缩可以通过减少人际竞争和促进合作带来生产力的提高。

(13)内部晋升。即将处于较低组织层次上的员工加以晋升去填补职位空缺。晋升增加了培训和技能开发的机会,给员工们一个"好好干"的激励,并且能提供一种工作场所的公平感和正义感。

（14）长期视角。组织必须意识到，通过劳动力去获取竞争优势需要时间和长远规划。在短期内，解雇员工也许比尝试维持就业保障更加有利可图，减少培训经费也是保持短期利润的一种快捷方式，但是，一旦通过使用那些有长远规划的人力资源管理实践来获取竞争优势，那么这种竞争优势就有可能更为持久。

（15）行为测评。组织应当对诸如员工态度、各种计划和创新方案的成效以及员工的绩效水平等进行测评。测评能够通过指明"何者重要"来指引员工的行为，而且它能告诉员工，按照测评标准他们表现得如何。

（16）贯穿性的哲学。企业要把各种单独的实践连接成一个贯通的整体。第1项到第15项中的各项实践要想取得成功，一定程度上取决于企业形成了一个关于成功的哲学，以及如何管理人的价值和信念的系统。

（资料来源：Pfeffer J. Competitive advantage through people [M]. Boston: Havard Business School Press, 1994. 转引自：克雷曼. 人力资源管理：获取竞争优势的工具 [M]. 吴培冠，译. 4版. 北京：机械工业出版社，2010：11-12.）

以上是16种提高竞争优势的人力资源管理实践，请分析这些人力资源管理实践的作用机制，并评价这些实践活动会对企业的竞争力带来怎样的影响。

第一节　旅游企业内外部环境分析

战略人力资源管理要求人力资源管理与企业经营战略适当匹配。旅游企业的高层管理者必须认识到人力资源管理从一开始就是战略计划的一部分，可以对组织产生好的结果起到推动作用。为了能使组织获得所预期的好结果，旅游企业必须首先分析组织的所有资源和企业的内外部环境，选择优先的发展战略和目标，然后根据发展战略和目标确定战略人力资源管理的运作机制。战略人力资源管理是对人力资源战略进行全方位的指挥、监督、协调和控制的过程，如图2—1所示。

一、外部环境分析

旅游企业极易受外部环境的影响。对外部环境的未来变化做出正确的预见，是旅游企业获得成功的前提。影响旅游企业的外部环境因素主要有：法律和法规、经

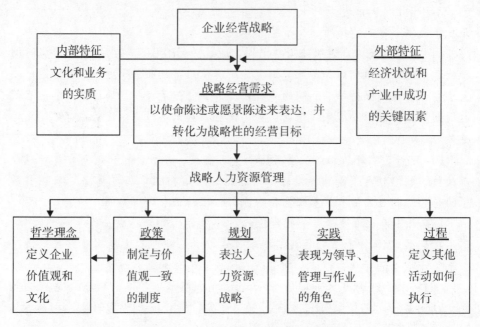

图 2-1 战略人力资源管理的 5P 模型

(资料来源:Schuler R. Strategic human resource management:linking the people with the strategic needs of the business [J]. Organizational dynamics,1992,21:18-31.)

济条件、地理和竞争、劳动力市场、技术创新、社会规范等。

(一) 法律和法规

法律和法规对人力资源管理的影响较其他因素更加直接和重要。法律和法规影响旅游企业的人力资源管理活动、政策和计划。旅游企业制定的有关招聘、解聘、晋升、多样化管理、绩效评估、薪酬制度、奖励和惩罚的各项人力资源决策,都必须遵守法律和法规。

与旅游企业人力资源管理相关的法律和法规及其主要内容列举如下。

1994 年 7 月 5 日,第八届全国人民代表大会常务委员会第八次会议通过《中华人民共和国劳动法》;根据 2009 年 8 月 27 日第十一届全国人民代表大会常务委员会第十次会议《关于修改部分法律的决定》第一次修正;根据 2018 年 12 月 29 日第十三届全国人民代表大会常务委员会第七次会议《关于修改〈中华人民共和国劳动法〉等七部法律的决定》第二次修正。该法指出,劳动者享有平等就业和选择职业的权利、取得劳动报酬的权利、休息休假的权利、获得劳动安全卫生保护的权利、接受职业技能培训的权利、享受社会保险和福利的权利、提请劳动争议处理的权利以及法律规定的其他劳动权利。

1992年4月3日，第七届全国人民代表大会第五次会议通过《中华人民共和国妇女权益保障法》；根据2005年8月28日第十届全国人民代表大会常务委员会第十七次会议《关于修改〈中华人民共和国妇女权益保障法〉的决定》第一次修正；根据2018年10月26日第十三届全国人民代表大会常务委员会第六次会议《关于修改〈中华人民共和国野生动物保护法〉等十五部法律的决定》第二次修正。《中华人民共和国妇女权益保障法》第一章"总则"的第二条指出："妇女在政治的、经济的、文化的、社会的和家庭的生活等各方面享有同男子平等的权利。实行男女平等是国家的基本国策。国家采取必要措施，逐步完善保障妇女权益的各项制度，消除对妇女一切形式的歧视。国家保护妇女依法享有的特殊权益。禁止歧视、虐待、遗弃、残害妇女。"

自2007年5月1日起施行的《残疾人就业条例》指出，用人单位安排残疾人就业的比例不得低于本单位在职职工总数的1.5%。

自2008年1月1日起施行的《中华人民共和国劳动合同法》和自2013年7月1日起施行的修正后的《中华人民共和国劳动合同法》，明确了劳动合同双方当事人的权利和义务，保护劳动者的合法权益，并指出，劳动合同用工是我国企业的基本用工形式；劳务派遣用工是补充形式，只能在临时性、辅助性或者替代性的工作岗位上实施。

2013年4月25日，第十二届全国人民代表大会常务委员会第二次会议通过《中华人民共和国旅游法》；根据2016年11月7日第十二届全国人民代表大会常务委员会第二十四次会议《关于修改〈中华人民共和国对外贸易法〉等十二部法律的决定》第一次修正；根据2018年10月26日第十三届全国人民代表大会常务委员会第六次会议《关于修改〈中华人民共和国野生动物保护法〉等十五部法律的决定》第二次修正。《中华人民共和国旅游法》第一章"总则"的第六条指出："国家建立健全旅游服务标准和市场规则，禁止行业垄断和地区垄断。旅游经营者应当诚信经营，公平竞争，承担社会责任，为旅游者提供安全、健康、卫生、方便的旅游服务。"第八条指出："依法成立的旅游行业组织，实行自律管理。"

2009年2月20日，国务院发布《旅行社条例》（国务院令第550号）；根据2016年2月6日发布的《国务院关于修改部分行政法规的决定》（国务院令第666号）第一次修订；根据2017年3月1日发布的《国务院关于修改和废止部分行政法规的决定》（国务院令第676号）第二次修订；根据2020年11月29日发布的《国务院关于修改和废止部分行政法规的决定》（国务院令第732号）第三次修订。《旅行社条例》第一章"总则"的第一条指出："为了加强对旅行社的管理，保障旅游者和旅行社的合法权益，维护旅游市场秩序，促进旅游业的健康发展，制定本条例。"

这些法律和法规，保护了企业的合法经营，对旅游企业的人力资源管理也产生了影响。比如，《中华人民共和国劳动法》中对员工权益保护以及最低工资标准进行了规定；《中华人民共和国旅游法》的颁布，为旅游业的发展，以及旅行社、酒店业和旅游行政主管部门的行为提供了法律依据，为行业的健康发展提供了法律保障。

另外，一些政府规定也会对旅游业的发展产生很大的影响。比如，2012年12月中共中央政治局审议通过的"八项规定"就对高档酒店消费市场产生了巨大影响，一定程度上改变了整个旅游市场的消费趋势。

（二）经济条件

经济的繁荣和萧条的商业周期都会影响旅游企业的战略人力资源管理。这些经济因素包括利率、通货膨胀、经济增长、汇率、物价指数等，它们决定了旅游企业的发展规模，进而决定了旅游企业人力资源的招聘难易、工资高低、加班决策以及兼职人员的雇用等。例如，当经济快速增长时，市场失业率就会下降，旅游企业将面临招工难的情况；而当经济增长放缓时，失业率就会上升，劳动力市场上具备一定素质且寻找工作的员工会增加，旅游企业此时招聘新员工会相对容易些。

旅游行业的发展除了受上述宏观经济因素的影响外，还需考虑居民的收入水平、消费偏好、储蓄情况、就业程度等微观经济因素。

知识拓展 2-1 　　　　　经济持续稳定发展对我国社会就业的影响

经济发展是稳定和扩大就业的源泉所在。2012—2016年，我国国内生产总值增速分别为7.9%、7.8%、7.3%、6.9%、6.7%，经济发展由高速增长转为中高速增长。同期，我国16～59岁的劳动年龄人口分别为92198万人、91954万人、91583万人、91096万人、90747万人。在经济增速换挡、劳动年龄人口总量依然庞大的大背景下，我国就业依然风景这边独好，全国就业人员总量保持了平稳增长，分别达到了76704万人、76977万人、77253万人、77451万人和77603万人，年均增长225万人。经济发展与扩大就业有效联动，经济增长的就业弹性增强。2012—2016年，我国国内生产总值每增长1个百分点，平均吸纳非农就业172万人，比2009—2011年多吸纳30万人。

经济转型助推就业。2012—2016年，我国城镇化率分别为52.57%、53.73%、54.77%、56.10%和57.35%，年均增长1.2个百分点。随着城镇化进程进一步加快，城镇就业人员继续保持高速增长态势。同期，全国城镇就业人员从37102万人上升至41428万人，年均增加1082万人，年均增长2.8%；乡村就业人员从39602万人下降至36175万人，年均减少857万人；城镇就业人员占总就业人口的比例由48.4%提高到53.4%，年均提高1个百分点；乡村就业人员比例降为46.6%。

2014年，城镇的就业人员数量首次超过乡村，我国城乡就业格局发生了历史性转变。2018年，城镇就业人员比例达56.0%，比2012年提高了7.6个百分点。

第三产业就业主体地位更加巩固。第三产业的蓬勃发展，为就业提供了广阔的增长和提升空间，带动和助推就业人员快速增加，服务业成为吸纳就业的主体。2016年，第三产业就业人员达到33757万人，比2012年增加6067万人，而第一产业、第二产业就业人员分别减少4277万人、891万人。2012—2016年，第三产业就业人员占全部就业人员的比例从36.1%升至43.5%，增加7.4个百分点，成为吸纳就业最多的产业；第一产业、第二产业就业人员的比例分别从33.6%和30.3%降至27.7%和28.8%。三次产业就业结构的高低排序从"三、一、二"的发展型模式提升到"三、二、一"的现代模式，三次产业的就业结构与产值结构的协调性明显提高，初步改变了三次产业就业结构长期滞后于产值结构的局面。第三产业中的现代服务业就业人员大幅增长。2012—2016年，城镇非私营单位的保险业、其他金融业、物业管理、房地产中介服务、租赁业、商务服务业、科技推广和应用服务业、娱乐业的就业人员数量均实现了年均10%以上的高速增长，分别为11.1%、16.9%、18.6%、20.8%、16.9%、13.6%、10.8%和15%。

就业结构持续优化。三次产业就业人数占比从2013年的31.4∶30.1∶38.5，继续调整为2018年的26.1∶27.6∶46.3，"倒金字塔型"就业结构形成。

重点群体就业保持稳定。应届高校毕业生就业和创业人数连年实现双增长，2019年年底总体就业率始终保持在90%以上。截至2019年11月底，全国累计帮扶1192万个建档立卡贫困劳动力实现就业增收，121万个因去产能下岗的职工得到妥善安置。

[资料来源：①统计局. 就业形势持续向好民生之本亮点纷呈［EB/OL］. （2017-08-02）［2021-07-28］. http://www. gov. cn/guowuyuan/2017-08/02/content_ 5215505. htm. ②人力资源和社会保障部党组. 如何看待就业形势［EB/OL］. （2020-01-02）［2021-07-28］. http://www. mohrss. gov. cn/SYrlzyhshbzb/dongtaixinwen/buneiyaowen/202001/t20200102_ 350530. html. ］

（三）地理和竞争

旅游企业在进行战略人力资源管理时必须对地理和竞争因素加以考虑：该地区其他企业的人力资源需求、员工对工作地理区域的看法、该地区的直接竞争对手情况、该地区受国际竞争的影响程度等。一个地区的净人口流入量是十分重要的。例如，在中国的海南省，因为净劳动人口流入量不多，劳动力市场潜在员工供应有限，所以，当一家或多家五星级酒店准备开业时，其他酒店的人力资源也将随之发生变动，即人力资源在旅游企业之间流动。

在过去的20多年里，旅游企业相对于其他行业的竞争优势不断减弱，人力资源不断地从旅游企业流失。这种流动提高了旅游企业招聘录用、培养员工的成本，阻碍了服务质量的可持续性提升，进而影响了旅游企业的整体绩效。当整体绩效下降，旅游企业就很难采用高薪、高福利、高激励等策略来吸引和留住高素质的人才，旅游企业也就很难走出招工难、留人难的怪圈。

随着社会的进步，人们对工作和生活品质提出了更高要求，越来越多的年轻员工向往去大城市工作。而许多旅游企业远离城市，位于风景秀丽的边远区域，年轻员工很难长期留下，所以，旅游企业很难招聘到年轻员工。这种趋势使得旅游企业不得不改变他们的员工发展计划和人力资源规划。

（四）劳动力市场

中国是人口大国，劳动年龄人口总量约为9亿。2014年，城镇就业人员数量首次超过乡村；2018年，城镇就业人员比例达到了56.0%。目前，服务业劳动力市场的就业岗位供大于求。2012年年末至2016年年末，公共就业服务机构市场的求人倍率（招聘人数与求职人数之比）分别为1.08、1.10、1.15、1.10和1.13，持续平稳在1以上运行，岗位需求人数始终略大于求职人数，就业市场整体活跃，人力资源供求关系基本平衡。第三产业的快速发展和新产业、新业态、新就业方式的出现，也增强了经济增长对就业的拉动能力。2013—2016年，服务业就业累计增加6067万人，年均增长5.1%，高出全国就业人员年均增速的4.8%。

中国劳动力市场仍然以全日制就业模式为主导，但是非全职就业、兼职就业、阶段性就业等就业形态蓬勃兴起。

知识拓展2-2　　　"全面二孩"政策或对女性就业产生负面影响

《2016年中国劳动力市场发展报告》指出，近十年来，我国劳动力市场变革的一大特征是劳动参与率稳步下降，女性劳动参与率相对于男性下降更快，但与世界平均水平相比，中国女性劳动参与率仍相对较高。2014年，与世界女性劳动参与率平均水平50.3%相比，中国女性的劳动参与率依然要高出约14个百分点。中国女性劳动参与率低于男性，但该差距远小于世界平均水平。

"全面二孩"政策或对女性就业产生负面影响。在劳动力市场竞争激烈、生育成本单位化的情况下，"全面二孩"政策的实施，将使生育对妇女劳动参与职业发展的影响越来越凸显。有些用人单位为避免孕产期用工成本增加，在招聘时"限男性"或"男性优先"，有些单位甚至不愿意招聘已婚已育、可能生育两孩的求职妇女。有些单位在妇女怀孕、生育的期间，减少其职业培训和晋升的机会，限制其职业发展；也有些单位在女性怀孕时，不是劝诱流产，就是通过各种方式迫使怀孕女性辞职。此外，对于部分因生育中断工作时间较长的妇女，其职业培训需求得不到满足，返回劳动力市场时难以再就业。

女性工资水平普遍低于男性，但差距呈缩小趋势。研究人员使用中国居民收入调查（CHIP）1995年、2002年、2007年、2013年的数据，采用衡量性别工资差距较常用的指标"女性收入占男性收入的比例"（即性别收入比）进行比较时发现，1995年，我国的性别收入比为85.9%；2002年略有下降，达到84.5%；2007年，性别工资差距进一步扩大，性别收入比下降到73.9%；到2013年，性别收入比上升到78.2%。这就说明，虽然性别收入比在这些年有些波动，但总体而言，女性收入低于男性收入的状况并未得到改变，而且最近十年与过去相比还有扩大趋势。

报告还显示，城乡差异、户籍差异和学历差异的扩大，使得就业女性内部呈现"两极化"倾向：一方面，以知识女性、女企业家、女领导干部等高素质女性群体为代表的知识女性在各行各业的发展过程中发挥着重要的作用；另一方面，越来越多的女性集中在技术含量较低、收入水平较低的服务行业和劳动密集型行业，很多行业出现了较为严重的性别隔离问题。

［资料来源：叶雨婷. 调查显示："全面二孩"政策对女性就业带来负面影响［EB/OL］. (2016 – 11 – 24)［2021 – 07 – 28］. http://news.china.com.cn/2016 – 11/24/content_ 39778010.htm.］

（五）技术创新

当下的世界处在一个技术知识爆炸的时代，互联网技术让各种交互成为现实，大数据和人工智能技术的发展，改变了人们的生活方式，也逐渐改变了未来旅游业的业态发展方向。移动支付、无现金社会促进了社会消费并且降低了交易成本。在线旅行社利用大数据平台，给游客设计"私人订制"的旅游产品；人工智能在酒店行业的应用，如以亚朵酒店为代表的新型精品酒店改变了酒店业的经营和设计理念。再如，国内的华住酒店集团利用各种技术进行收益管理，建设直接渠道，推出网上自助选房，提高顾客预订效率并节省了酒店经营成本。这些新技术的运用，一方面减少了旅游企业对人力资源的需求，另一方面也对旅游企业战略人力资源管理提出了更高的要求。

（六）社会规范

任何一个人都不是孤立的存在，而是嵌入于一定的社会关系中，所以，每一个人在社会交往中都必须遵从一定的社会规范。社会规范是人们社会行为的规矩、社会活动的准则，也是个体社会行为的价值标准。它可以用来衡量个体行为的社会意义并做出判断。当个体的社会行为符合社会规范时，便会得到社会的肯定及赞许；当个体的社会行为背离社会规范时，就会受到社会的否定及指责。因此，旅游企业在进行战略人力资源管理时必须考虑社会规范的影响。

通常来说,成文的社会规范衍生形成法令、条例、规章和大部分法律,不成文的社会规范则表现为风俗习惯、道德规范、宗教规范等。

二、内部环境分析

旅游企业内部环境因素包括经营战略、目标、组织文化、工作性质、工作群体和领导者的风格与经验等,这些内部环境因素同样影响着旅游企业进行战略人力资源管理。

(一)经营战略

经营战略是企业为实现其经营目标,谋求长期发展而做出的具有全局性的经营管理计划。企业处于不同的发展阶段,会有不同的定位和战略决策。为了实现不同发展阶段的经营目标,人力资源管理就必须适应企业经营战略的要求。企业的经营管理要获得成功,生产的产品和提供的服务就必须保持竞争优势,以确保自身的核心竞争力。本章第二节将专门介绍旅游企业经营战略。

(二)目标

旅游企业在制定经营战略时,往往会确定发展目标,如营业收入、利润、市场份额增长率、服务质量评价、顾客满意度、员工满意度、投诉率、员工离职率、员工忠诚度等。这些发展目标也会相应地被分解到旅游企业的各个部门,形成各个部门的发展目标。不同的旅游企业往往会制定不同的发展目标。如采取成本领先战略的旅游企业会非常重视利润、营业收入等经济指标方面的目标,而不太重视像员工满意度、员工离职率这些员工感知方面的目标。如果旅游企业长期忽视员工感知方面的目标,那么这些企业最终将出现绩效下降、高投诉率等问题。

旅游企业各个部门内部或部门之间经常存在目标不一致或与企业发展目标不一致的现象。例如,旅游企业采用轮岗制快速培养优秀的管理培训生,而当管理培训生轮岗到某一部门,该部门突然出现员工离职造成人手不足时,部门经理往往会试图留下管理培训生并安排他们顶岗到空缺职位上,这会使得许多管理培训生不满,甚至离职。因此,旅游企业要高度重视人力资源管理的相关目标,分析这些目标对人力资源管理活动的影响。

(三)组织文化

组织文化又称为企业文化,是一个组织由其价值观、信念、仪式、符号、处事方式等组成的其特有的文化形象。旅游企业的组织文化可以表现为企业的处事方式、对待顾客和员工的行为、部门或员工的自主程度、员工的忠诚度和员工的价值观等。其中，价值观是组织文化的核心，统一的价值观使旅游企业内员工在判断自己的行为时具有统一的标准，并以此来决定自己的行为。

知识拓展 2-3　　　　　　　　　丽思卡尔顿酒店金牌标准

丽思卡尔顿（Ritz-Carlton）作为全球首屈一指的奢华酒店品牌，从19世纪创建以来，一直遵从着经典的奢华风格，成为名门、政要下榻的必选酒店。因为极其高贵奢华，它一向被称为"全世界的屋顶"，它的座右铭"我们以绅士淑女的态度为绅士淑女们忠诚服务"更是在业界被传为经典。

对丽思卡尔顿酒店（下称"丽思"）的领导者而言，其成功的根基就是藏在定义明确的金牌标准中，并将这些标准融入员工的日常工作中，变成难能可贵的规章制度。丽思能使其员工将酒店的流程图和文化理念牢记心头，相比之下，很少有公司能够超过他们。

每个传奇都有精彩的开端，而丽思的精彩开端，是其一直引以为傲的一套独特的领导理念——"黄金标准"，该标准由丽思的初期创始人设定，作为永恒的遗产流传给后人，成为丽思不断发展的基础。

将这些标准精炼易懂地传递给员工，竟然仅仅是一张小小的三折卡，被丽思人称为"信条卡"。在丽思，无论是总经理、高管还是普通员工，每个人都会随身携带一张这样的信条卡，上面明确写有"黄金标准"的全部内容，包括信条、员工承诺、座右铭、优质服务三步骤和十二条服务信念。

北京华贸丽思总经理塔利克（Tarik）介绍说，信条卡是丽思制度的一部分，所有的绅士淑女（即酒店员工）除了随身携带，还要不断消化和理解上面的内容，"当你能够发自内心地认同并坚信这些标准，就能自然而然把这些标准融入日常工作中。通过这样的方式，我们的文化得以被激活，并被有效传承"。

"黄金标准"的五项内容之间不是彼此独立的，而是紧密关联、互为支撑的。以信条为例，丽思在卡片上这样描述："以宾客获得真诚关怀和舒适款待为最高使命；承诺为客人提供最完善的服务及设施；甚至还能满足客人内心的需求和愿望。"短短三句话，员工的角色定位和服务标准被清晰快速地传递出来。透过这些简练的话语，公司愿景得以进入员工践行的环节。

员工与客户之间是服务与被服务的关系吗？多数人会认为答案是肯定的，但丽思信条卡上的座右铭——"我们以绅士淑女的态度为绅士淑女们忠诚服务"——给出了截然相反的回答，这句座右铭在业界被传为经典。在丽思，员工与客人都是值得尊敬的，一旦客人言行粗鲁，酒店会首先保护自己的员工，将客人拒之门外。丽思的领导者深知，要营造恭敬且有温度的服务文化，就必须在公司内部营造一种相互尊重的氛围，只有经历过这种环境的熏陶，员工才能亲切自然地为客人提供优质服务，而非挂着机械的笑容，表达着礼貌却生疏的问候。

在全球每一家丽思酒店，每天开始迎接客人之前，管理层都会带领员工对袖珍信条卡进行学习，为员工示范关键的动作要领和肢体语言，彼此交流心得，以便为客人提供更优质的服务。在这种长久而强化性的学习氛围下，丽思成功将日常运营和企业文化进行了关联，同时也将企业的愿景、使命和价值观，快速持久地传递给每一位员工。"你在丽思酒店遇到的每一位员工都可以清晰明确地说出丽思的信条、座右铭和优质服务三步骤。对于酒店的领导者而言，其成功的秘诀就藏在定义明确的'黄金标准'中，并将这些标准以潜移默化的方式，变成难能可贵的纪律。"曾长期研究丽思服务体系的专家、《金牌标准》一书的作者约瑟夫·米歇利博士这样评价道。

丽思卡尔顿"黄金标准"如下。

1. 信条

（1）我们的最高使命是令Ritz-arlton成为一个让宾客获得真诚关怀和舒适款待的地方。

（2）我们承诺为客人提供最完善的个人服务及设施，让客人时刻享受温馨、舒适又优美的环境。

（3）Ritz-Carlton体验除可让宾客身心舒畅、幸福快乐，甚至可以满足客人内心的需求与愿望。

2. 员工承诺

（1）在Ritz-Carlton，我们的绅士和淑女们是对客服务承诺中最重要的资源。通过实施信任、诚实、尊重、正直和承诺的原则，我们培养并充分发挥员工的天分以达到个人和公司的互利。

（2）Ritz-Carlton致力于创造一个尊重差异化、提高生活质量、实现个人抱负、巩固Ritz-Carlton成功秘诀的工作环境。

3. 座右铭

我们以绅士淑女的态度为绅士淑女们忠诚服务。

4. 优质服务三步骤

（1）热情和真诚地问候，称呼客人的姓名。

（2）预见和满足每一位客人的需求。

（3）告别。向客人热情地说再见，并称呼客人的名字。

5. 服务信念

我为加入Ritz-Carlton而自豪。

（1）我与他人建立良好的关系并为Ritz-Carlton创造终生客人。

（2）我能及时对客人表达和未表达的愿望和需求做出反应。

（3）我得到授权为我们的客人提供独特、难忘和个人化的体验。

（4）我了解在实现"关键成功因素"、参与社区活动和创造"Ritz-Carlton 成功秘诀"的过程中我所承担的职责。

（5）我不断地寻求机会去改革和改进我们提供给客人的 Ritz-Carlton 体验。

（6）我为客人所遇到的问题负责并立刻解决。

（7）我致力于创造团队合作和互相支持的工作环境以满足客人和同事的需求。

（8）我有不断学习和成长的机会。

（9）我参与制订与我相关的工作计划。

（10）我为自己的专业形象、语言和行为而自豪。

（11）我致力于保护客人、同事和公司的机密信息和财产的隐私和安全。

（12）我有责任坚持清洁标准并创造安全无事故的环境。

[资料来源：宋一平. 酒店业的传奇"丽思卡尔顿"是如何炼成的 [EB/OL]. (2016 - 03 - 18) [2021 - 07 - 28]. https://www.sohu.com/a/64186018_395910.]

（四）工作性质

由于人岗匹配是企业配置人力资源的重要原则，因此，许多专家认为工作性质是影响企业人力资源管理的重要因素之一。工作性质通常是指该工作职位所需要的知识与技能，以及工作的难易程度。由于工作性质对员工行为有较大的影响，学者们对工作性质特征的分析指标进行了归纳，提出了可以从工作需要掌握的知识程度、运用信息技术的能力、对体力的要求程度、授权程度、工作的自然位置、工作安全条件和工作环境、工作的时间长度和波动性、工作的多样性、工作的自主性、工作的完整性、工作中的人际互动、任务的多样性和工作设计等多种特征指标来对其进行分析。

顾客的需求和行为具有多元性，使得旅游企业的工作性质具有以提供让顾客满意的无形服务为主，对知识、信息技术、能力和体力都有一定的素质要求，工作时长具有不确定性，工作季节性波动明显，工作的自主性强，工作中的授权很重要，工作中的人际互动频率高等特征。这些工作性质将影响到旅游企业人员的招聘、选拔以及职位确定。

（五）工作群体

罗宾斯（Robbins，2004）认为，群体是为了实现特定的目标，由两个或两个以上相互作用、相互依赖的个体组合而成的集合体。在企业中，大家往往会因为工作关系而形成工作群体。施恩（Schein，1982）认为，工作群体是一系列小群的个体（3～25人），他们彼此意识到对方的存在并相互沟通，组合成一个集体。卡岑巴赫和史密斯（Katzenbach & Smith，1993）认为，有效的工作群体在一起共享信息、观点和实践经验，共同制定决策以帮助每个成员更好地完成工作，并强化个人的绩效标准。

有效的工作群体能起到稳定员工、实现企业目标的作用。但是，当群体成员认为企业的目标与他个人的目标相冲突时，这时就需要群体的领导者运用领导力和权力并通过奖惩方式来引导群体调整个人目标，实现企业目标。

（六）领导者的风格与经验

领导者的风格与经验对工作群体与企业绩效之间的关系起中介作用，决定着群体内部的顺利运作和群体效能的发挥。弗劳尔斯（Flowers，1977）发现，与命令式领导风格相比，非命令式领导风格使群体成员相互之间交换更多的信息和提出更多的解决办法。迈尔和索利姆（Maier & Solem，1952）认为，非命令式领导风格或参与式领导风格将导致更好的决策过程。

旅游企业的领导必须重视自己的领导风格，调整个人的管理技能、经验、个性和动机，领导员工努力去实现企业目标。领导者是企业目标、工作任务、人力资源管理政策和企业发展规划的重要决策者，对人力资源管理职能的实施起着关键作用。

第二节 旅游企业经营战略

一、旅游企业经营战略的概念

企业战略思想的萌芽产生于20世纪初。从那时起，已经有人开始从企业高层以及企业与环境的关系等角度来考虑企业的发展问题。但是至今为止，管理学家们对企业经营战略的看法并不一致。一些管理学者认为企业经营战略包括三个方面，即企业宗旨、企业目标和实现目标的行动方案。钱特勒在其《经营战略与结构》（1962）一书中提到，企业经营战略由三个部分构成：①企业长远目标；②实现目标的行动方案；③资源分配。安索夫（Ansoff）在其《公司战略》（1965）一书中指出，企业经营战略实际上是企业产品、企业活动与市场的组合。

近年来，学者们对旅游企业经营战略的理解渐趋一致，即认为旅游企业经营战略是企业为求得生存和发展而制订的总体性、长远性计划，旨在确立旅游企业的发展方向和目标、业务范围，以及实现目标的资源配置方案。

二、旅游企业经营战略的层次

旅游企业经营战略一般分为三个层次：公司层战略、业务层战略和职能层战略，如图 2-2 所示。

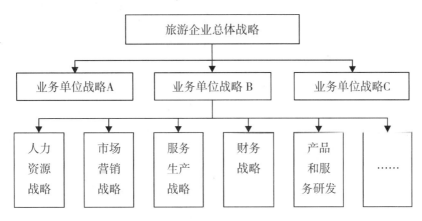

图 2-2 旅游企业经营战略层次

公司层战略是旅游企业的长远发展方向，它决定着企业所需经营的产品或服务范畴，以及企业资源的分配和整合。通常表现为组织理念或哲学，它回答的是"我们现在处于哪个行业"这一问题。公司层战略决定了旅游企业将进入的行业类别，以及哪些业务部门应该新建、调整或出售。公司层战略的制定至少包含以下四个方面：一是确定投资重点，把企业资源投放到最有吸引力的经营部门中去；二是采取行动，提高上述经营部门的综合业绩；三是搜寻方案，提升相关经营部门的协同效应；四是制定决策，处理多元化问题。

业务层战略是指与各个业务部门相关的决策和行动，目的是使各个部门在各自的市场中更加富有竞争力，该层战略解决的是"我们怎样竞争"的问题，所以业务层战略也被称为竞争战略。虽然业务层战略被公司层战略所主导，业务部门的管理人员也需制定与业务部门自身经营状况相符合的战略。

职能层战略指的是调整各职能单位内的活动，使其发挥最大的效力。这层战略与资源的使用效率最大化相关，解决的是"我们如何支持业务层战略"这一问题。

三、旅游企业经营战略的类型

旅游企业经营战略多种多样，千差万别，这里主要分析与战略人力资源管理有

密切关系的竞争战略和发展战略。

(一) 竞争战略

在众多的企业经营战略研究中,战略管理专家哈佛大学的波特教授提出的竞争战略很有影响力。波特认为,在不同的市场环境中,企业为了获取竞争优势,从竞争内容上看,可以采取成本领先战略、差异化战略和目标聚集战略。企业可以根据自己的情况采取竞争战略中的一种,作为其主导战略。

1. 成本领先战略

成本领先战略是指企业在提供相同的产品或服务时,通过加强内部成本控制,在研发、技术、营销、生产、人力资源等领域把成本降低到最低程度,使成本或费用明显低于行业平均水平或主要竞争对手,从而获得更高的市场占有率或者更高的利润,成为行业成本的领先者。

2. 差异化战略

差异化战略是企业向消费者提供多种类型的产品或服务,其中有一些产品或服务是独具特色的,在全产业范围内具有独特性。这些特色通常表现在产品设计、产品品牌、服务方式、人力资源、促销手段、财务策略等方面。企业通过产品差异化策略、服务差异化策略、人力资源差异化策略和形象差异化策略等策略实现自己与竞争对手的差异性。

3. 目标聚集战略

目标聚集战略也称为目标集中战略。企业把经营管理的重点放在一个特定的目标市场上,为特定区域、特定的顾客群提供特定的产品或服务。企业的战略人力资源管理也是针对特定市场或者顾客群来设计的。

(二) 发展战略

企业的发展战略主要分为以下四种:成长战略、维持战略、收缩战略和重组战略。

1. 成长战略

企业在市场不断扩大、业务不断增长时通常采用成长战略。

(1) 发展方式的选择。根据发展方式的差异,成长战略可分为内部成长战略与外部成长战略。内部成长战略是指企业通过自有资金的积累,自己从事产品研发和市场开发而获得发展的战略。内部成长战略的优点是企业的核心专长由自己掌握,并与企业文化基本保持一致,企业人员易于管理,其缺点是存在资源获取瓶颈,成长速度较慢。外部成长战略是指企业通过并购或战略联盟等方式来实现发展的战略。外部成长战略的优点是获得规模效益、扩大市场份额、获取战略性资源等,但是存在交易成本高,并购方或联盟方与本企业在文化、能力等方面存在差异,难以在管理、业务及人力资源等方面得到很好的整合的问题。

(2)进入业务模式的选择。根据进入业务模式的差异,成长战略可分为相关多元化战略与非相关多元化战略。美国最早研究多元化的学者戈特(Gort,1962)认为,多元化是指企业产品的市场异质性的增强,这里的产品的市场异质性不是指同种产品的细微差别,而是指跨产业的产品或服务的经营方式或成长行为之间的差别。因此,多元化可以被定义为企业的产品或服务跨越一个以上产业的经营方式或成长行为。鲁梅尔特(Rumelt,1974)利用相关性来衡量企业的产品组合、技术和市场的相似程度,将企业分为单一业务公司、主导业务公司、相关业务公司、不相关业务公司四种类型。单一业务公司是指95%以上的年收入来自单一活动或行业业务的企业。主导业务公司是指70%~95%的年收入来自一种活动或行业业务的企业。相关业务公司是指主导行业的收入占总收入的比例低于70%,同时主导业务与其他业务或活动相关的公司。不相关业务公司是指主导行业的收入占总收入的比例低于70%,同时主导业务与其他业务或活动相关性很低的公司。根据鲁梅尔特对企业类型的划分,相关业务公司和不相关业务公司的业务单元战略可以分别定义为相关多元化战略和非相关多元化战略。相关多元化战略的业务在技术、市场方面存在高度的相关性,战略风险较低;非相关多元化战略的业务在技术、市场方面关联程度很低,战略风险较高。

2. 维持战略

当市场相对稳定,且被几家相互竞争的旅游企业分割经营时,处于竞争中的旅游企业常常采取维持战略,即坚守自己现有的市场份额、客户群和经营区域,防止企业利益被竞争对手蚕食,同时保持警惕,防止新的竞争对手进入市场。采用这种战略的企业,经营目标不再是高速发展,而是维持已有的市场份额,尽可能多地获取收益和投资回报。常用的维持方式包括:培养客户的忠诚度、维护品牌的知名度、开发产品的独特功能、挖掘潜在的客户等。

3. 收缩战略

当旅游企业的产品或服务进入衰退期或因经营环境变化而陷入危机时,企业可以采用收缩战略以扭转颓势,克服危机,走出困境。常见的收缩战略方法包括:

(1)转向。即放弃当前经营的产品或服务而转入其他产品或服务领域。

(2)转移。即将已呈颓势的产品产业转移到其他发展相对落后的区域。

（3）破产。通过清算破产彻底退出某一产品或产业的经营，避免进一步损失。

（4）移交。即将企业的经营管理权交给其他企业，经营管理权的移交常通过兼并、合资、托管、租赁等方式完成。

4. 重组战略

这是指旅游企业通过资产重组的方式寻求发展的战略。常见的资产重组方式有兼并、联合和收购。

（1）兼并。即一家旅游企业收购另一家企业，被收购企业的法人主体被撤销，整体并入收购企业。

（2）联合。即两家以上的企业合并在一起，组成新的企业，原企业法人主体撤销，并入新的企业。

（3）收购。即一家企业对另一家企业的股权进行购买，直至达到控股，从而控制被收购企业。这既可以通过股市对上市公司进行收购，也可以通过接触和说服大股东出让股权从而控制非上市公司。

第三节　旅游企业战略人力资源管理

一个与战略人力资源管理密切相关的概念是人力资源战略，但二者是两个不完全相同的概念。战略人力资源管理是将人力资源管理提升到战略的高度来对待，或者说将人力资源管理纳入企业战略的制定过程中，强调人力资源管理的战略性地位和作用。战略人力资源管理的目的是通过管理人来实现组织目标，出发点是强调人力资源管理在组织经营战略中的作用。人力资源战略是一种职能战略，即依据企业总体战略，为促进企业持续发展，而进行关于人力资源以及人力资源管理的长远战略决策。制定人力资源战略的目的是明确如何使用人力资源来为企业的持续经营获得竞争优势。

一、人力资源战略

（一）人力资源战略的概念

舒勒和沃克（Schuler & Walker, 1990）认为，人力资源战略是结合了人力资源和直线管理部门的努力以达成企业的战略性目标，借以提高目前和未来绩效及维持企业竞争优势的一种职能战略。库克（Cook, 1992）将人力资源战略定义为：

进行对员工具有重要和长期影响的人员发展决策。他指出，人力资源战略的要素为：①根据企业总体战略来形成；②富有想象力及创新性；③清晰及可行性；④可选择性及具有优先性和弹性。企业在战略方面的研究提高了人力资源在形成竞争优势方面的显著地位。巴尼（Barney，1991）认为，企业可以仅仅以一种少见且竞争者难以模仿的方式来创造价值，进而发展竞争优势。由于有形资源、技术、规模经济等传统竞争优势来源越来越容易被竞争对手模仿，一个发展良好的、渗透到企业运作系统中、增强企业实力的人力资源战略就很可能成为支持企业竞争优势的一个重要来源。

（二）人力资源战略的分类

1. 康奈尔大学的分类

根据美国康奈尔大学的研究，人力资源战略可分为三种类型：投资人力资源战略、诱引人力资源战略和参与人力资源战略（见表2-1）。

表2-1 康奈尔大学提出的人力资源战略类型及其职能

职能	投资人力资源战略	诱引人力资源战略	参与人力资源战略
招聘	强调应聘者的特质、发展潜能和文化适应性	强调应聘者的技能胜任力	关注技能、解决问题的能力和沟通能力
培训	广泛的知识和技能培训，培训方式多样化	有限的工作程序和工作技能培训	适中的知识和技能培训
绩效评估	行为与结果导向，关注员工发展，以团队为基础	结果导向，强调对员工的控制	行为与结果导向，关注员工发展，以团队为基础
薪酬	对内公平，权变，强调工作绩效或技能	对外公平，固定，强调工作绩效或年资	对内公平，权变，注重团队绩效
晋升	内部劳动力市场，广泛，灵活	外部劳动力市场，狭窄，不易转换	内外部劳动力市场相结合，灵活
工作保障	高工作保障	低工作保障	高工作保障
工作组织	宽广的工作定义，自我管理型团队，高度参与	狭义的工作定义，个人工作，低度参与	灵活的工作描述，团队管理，高度参与

［资料来源：刘善仕，刘辉健. 人力资源管理系统与企业竞争战略匹配模式研究［J］. 外国经济与管理，2005，27（8）：41-46.］

（1）投资人力资源战略。采取投资人力资源战略的旅游企业通常以创新性产品取胜。该类旅游企业通常聘用较多的员工，以提高企业的弹性和储备具有多样专业技能的员工；与员工常常建立长期工作关系，注重员工培训与素质的提高；重视员工，视员工为主要的投资对象，使员工感受到有较高的工作保障。

（2）诱引人力资源战略。采取诱引人力资源战略的旅游企业通常以低成本经营来取得竞争优势。为控制人工成本，员工人数以最低限度为目标。由于工作的高度分化，员工招聘和录用都较简单，培训费用亦较低，企业与员工的关系纯粹是直接和简单的利益交换关系。

（3）参与人力资源战略。采取参与人力资源战略的旅游企业通常以高品质产品或服务来取得竞争优势，特点是企业决策权力下放到基层，使大多数员工能参与决策，从而提高员工对产品或服务管理的参与性、主动性和创新性，增强员工的责任感和归属感。采用这种人力资源战略的旅游企业比较注重团队建设、自我管理和授权管理。

2. 按在企业发展中的时效分类

舒勒（Schuler，1998）将人力资源战略划分为三种类型：累积型人力资源战略、效用型人力资源战略和协助型人力资源战略。

（1）累积型人力资源战略。这种战略具备以下特点：以长期的观点来考量人力资源管理，较注重员工培训，通过甄选以获取合适人才，以终身雇用为人才聘用原则，同时亦以公平原则来对待员工，员工晋升速度慢。

（2）效用型人力资源战略。这种战略具备以下特点：以短期的观点来考量人力资源管理，提供较少的培训，企业职位一有空缺随时可以进行填补，非终身雇用制，员工晋升速度快。

（3）协助型人力资源战略。这种战略介于累积型和效用型两种人力资源战略之间，它具有以下特点：员工不仅需具备技术能力，同时在同事之间也要有良好的互动；在培训方面，员工富有自主学习的责任。

3. 组织不同变革程度下的人力资源战略

根据史戴斯和顿菲（Stace & Dunphy，1994）的研究，人力资源战略可能因企业变革的程度不同而采取以下四种战略：家长式人力资源战略、发展式人力资源战略、任务式人力资源战略和转型式人力资源战略，如表2-2所示。

表 2-2　史密斯和顿菲的人力资源战略分类

人力资源战略	变革程度	管理方式
家长式人力资源战略	基本稳定，微小调整	以指令式管理为主
发展式人力资源战略	循序渐进，不断变革	以咨询式管理为主、指令式管理为辅
任务式人力资源战略	局部变革	以指令式管理为主、咨询式管理为辅
转型式人力资源战略	总体变革	指令式管理与高压管理并用

（资料来源：陈维政，余凯成，程文文. 人力资源管理［M］. 4 版. 北京：高等教育出版社，2016：29. ）

（1）家长式人力资源战略。它主要运用于避免变革、寻求稳定的企业。家长式人力资源战略强调组织集中各种资源确保达成特定目标。在具体的人力资源管理上，它采取集中控制的人力资源管理和硬性的内部任免制度，强调程序和良好的执行力，重视监督，注重规范的组织结构和管理方法。

（2）发展式人力资源战略。当企业处于一个不断变化和发展的经营环境时，为适应环境的变化，企业适合采取发展式人力资源战略，也可称其为渐进变革式人力资源战略。这种战略的主要特点是：注重发展个人潜能和培养团队协作精神，多采用内部招聘方式，高度重视员工培训和职业生涯发展，重视绩效管理，运用内部激励多于外部激励，通过组织整体文化建设来实现企业的战略发展目标。

（3）任务式人力资源战略。企业面临局部性变革时，多采用任务式人力资源战略。实行这种人力资源战略时，战略的制定采取自上而下的指令方式，并依赖有效的制度管理来保证实施。在具体的人力资源管理上，它强调人力资源规划、工作再设计和工作常规检查，非常重视业绩和绩效管理，注重物质奖励，开展正规的技能培训，处理劳动关系有正规的程序和方法，非常强调组织文化建设。

（4）转型式人力资源战略。当企业已经完全不能再适应经营环境而陷入危机时，企业会进行彻底的变革，而这种变革可能因触及很大一部分员工的利益而很难得到员工的普遍支持，企业只能采取强制高压式和指令式的管理，包括企业战略、文化和组织机构的调整，人力资源管理机制和系统的改变等。实行这种人力资源战略的主要措施包括：调整员工的构成，如进行裁员或缩减人工开支，从外部招聘新的领导者和技术人员；打破企业的传统习惯，塑造新的企业文化；建立适应经营环境的新的人力资源管理系统和人力资源管理运行机制。

（三）企业经营战略与人力资源战略的匹配

为了保证企业经营战略的顺利实施，人力资源战略必须和企业经营战略保持一致。表 2-3 为波特的竞争战略及相应的人力资源战略。

表2-3　不同竞争战略下的人力资源战略

竞争战略	经营重点	达成途径	人力资源措施	人力资源战略
成本领先战略	1. 降低成本 2. 提高劳动生产率	1. 质量监控 2. 技术改进 3. 流程再造	1. 相对固定且明确的工作描述，无法容忍模糊 2. 工作设计和职业路径设计均很狭窄 3. 鼓励专业化和高效率 4. 短期、结果导向的绩效评价 5. 制定薪酬政策时密切关注市场工资水平 6. 极低水平的员工培训与开发活动	诱引人力资源战略
差异化战略	1. 新产品开发 2. 新市场开发 3. 创新 4. 兼并 5. 收购 6. 多元化	1. 现有产品营销 2. 增加销售渠道 3. 现有产品改进 4. 全新产品 5. 收购上下游企业 6. 全球市场扩展	1. 工作设计要求个体间的紧密合作与相互作用 2. 绩效评价更多地反映长期业绩和群体业绩 3. 工作设计要求员工开发多种技能以便能够在企业中的其他职位上使用 4. 报酬系统强调内部公平而不是外部公平或市场公平，工资水平不高，但鼓励员工持股，允许员工对工资组成有更多的自由选择权 5. 宽泛的职业路径设计，注重员工多种技能的开发	投资人力资源战略
目标聚集战略	1. 增加市场份额 2. 降低运作成本 3. 建立和维护市场地位	1. 改进产品质量 2. 技术流程创新 3. 产品客户化	1. 相对固定且明确的工作描述 2. 在工作条件中等的环境下，员工参与决策的水平高 3. 绩效评价以短期和结果导向为主，评价指标既包含个人绩效指标，也包含团队合作指标 4. 平等对待员工，员工安全有保障 5. 向员工提供密集的、持续不断的培训与开发活动 6. 重视员工的归属感和合作参与精神	参与人力资源战略

［资料来源：Schuler R S, Jackson S E. Linking competitive strategies with human resource management practices［J］. Academy of management executive, 1987, 1 (3): 207-219.］

（1）采用成本领先战略的企业多为集权式管理，市场比较成熟，生产技术较稳定，工作通常是高度分工和严格控制的。因此，企业采用诱引人力资源战略，主要考虑员工的可靠性和稳定性。

（2）采用差异化战略的企业主要以创新性产品和独特性产品去战胜竞争对手，其生产技术一般比较复杂，企业处于不断成长和创新的过程中。这种企业的经营成败取决于员工的创造性，注重培养员工的独立思考和创新工作的能力。企业的人力资源战略主要采取投资人力资源战略。

（3）采取目标聚焦战略的企业依赖员工的主动参与来保证高质量的产品。这种企业重视培养员工的归属感和合作参与精神，通过授权来鼓励员工参与决策，或通过团队建设让员工自主决策。企业的人力资源战略主要采取参与人力资源战略。

二、战略人力资源管理的内涵和分析框架

（一）战略人力资源管理的内涵

战略人力资源管理是企业具有战略性意义的人力资源实践活动和管理行为。它具有四个基本内涵：

（1）人力资源的战略性。战略人力资源是指在企业的人力资源系统中，具有某些或某种特别知识（包括能力和技能），或者拥有某些核心知识或关键知识，处于企业经营管理系统的重要或关键职位上的那些人力资源。相对于一般性人力资源而言，这些具有战略性的人力资源有着某种程度的专用性和不可替代性。

（2）人力资源管理的系统性。战略人力资源管理是由企业为了获得可持续竞争优势而部署的人力资源管理政策、实践以及方法、手段等构成的一种战略系统。

（3）人力资源管理的战略性。战略性也即"契合性"，不仅包括"外部契合"，即人力资源管理要与企业的发展战略契合；还包括"内部契合"，即整个人力资源管理系统各组成部分或要素相互之间的契合。

（4）人力资源管理的目标导向性。战略人力资源管理通过组织建构，将人力资源管理置于组织经营系统之中，以促进组织绩效的最大化。

（二）战略人力资源管理的分析框架

战略人力资源管理关注人力资源管理各个功能的整合以及与企业经营战略的匹配，支持企业经营战略中的人力资源管理的作用和职能，强调人力资源的价值创造过程。

战略人力资源管理包括人力资源哲学理念、人力资源政策、人力资源规划、人力资源实践和人力资源实践过程，它们相互之间通过企业的层级而联系，成为一个

整体。

人力资源哲学理念对组织价值与文化进行了定义，表达了企业应该如何对待和评价员工。旅游企业的人力资源哲学理念通常认为"员工第一"，因为只有满意的员工才能提供让顾客满意的服务。

人力资源政策是对企业共享的价值观进行制度建设。人力资源政策涉及建立与人相关的工作问题的解决方案，以及人力资源规划的行动准则。

人力资源规划是对人力资源战略的清晰表达。人力资源规划是企业经营战略与人力资源管理相连接的关键点。人力资源规划将根据企业经营战略规划，通过分析人力资源的供给和需求状况，决定如何获取、开发、培训和使用人力资源。人力资源规划能够保证企业的人力资源政策顺利实施。

人力资源实践涉及企业领导力、管理和运营的作用，目的是让各级管理者认可和接纳人力资源政策和规划，激励他们在战略人力资源管理中去主动承担所需的角色职能。

人力资源实践过程的主要内容是关于如何通过激发人力资源潜能来辨识、形成和实施其他企业活动，如开发新产品战略、开拓新市场战略、维持企业竞争能力等活动。

成功的战略人力资源管理涉及企业各个层次的员工。企业经营战略一般包括公司层面的战略决策、职能部门层面的战略决策和业务层面的战略决策三种类型。与此相对应的战略人力资源管理也应该包括公司层、管理层、业务层三个层次，表2-4列出了三个层次的人力资源管理实践活动，用于达到最终期望的结果，例如高质量的产品及有社会责任感的行为。战略人力资源管理的核心目的在于实现企业的生存、成长和利润。

表2-4　不同层次的人力资源管理实践活动

层次	员工的选拔和配置	薪酬（工资和福利）	绩效评估	员工发展
公司层（长期）	1. 明确在长时期内经营业务需要具备的个人特征 2. 预测劳动力供给趋势 3. 分析员工流动态势	1. 制定薪酬决策，使其与竞争者相比更具有竞争力 2. 设立与战略目标相适应的薪酬体系	1. 确定对企业成长起至关重要作用的绩效评估系统 2. 建立合理的绩效标准 3. 把评估与长期目标的实现相联系	1. 规划员工发展路径 2. 以弹性原则规划发展项目，为企业战略提供支持

续表 2-4

层次	员工的选拔和配置	薪酬（工资和福利）	绩效评估	员工发展
业务层（中期）	1. 制定人员选拔的纵向标准 2. 制订开拓市场的招聘计划 3. 尝试建立人力资源储备库	1. 为每名员工建立五年期的薪酬增长计划 2. 建立员工的福利单	1. 保证与当前状况和未来需要相联系的年度绩效评估体系 2. 设立发展评估中心 3. 使用年度或更频繁的评估系统	1. 设立总的管理发展项目 2. 为组织发展提供支持 3. 鼓励个人发展
职能层（短期）	1. 制订员工需求计划 2. 展开员工招聘 3. 人岗匹配	1. 管理工资和薪酬项目 2. 管理者福利解决方案	1. 使用年度或更频繁的评估系统 2. 使用每日绩效检查系统	1. 使用特殊工作技能培训 2. 使用在职培训和网络培训

（资料来源：伊万切维奇，科诺帕斯克. 人力资源管理 [M]. 赵曙明，程德俊，译. 12 版. 北京：机械工业出版社，2016.）

三、战略人力资源管理的成功要素

战略人力资源管理成功的关键是要适应企业内外部环境的变化，采用有效的人力资源管理政策来发挥员工的竞争优势，实现企业预期的最终目标——提供具有竞争力的产品和服务。人力资源管理涉及员工选拔与培训、绩效评估、薪酬管理、奖励制度、员工发展等多种管理活动。许多学者认为，配套性的人力资源管理实践活动能创造出更好的企业绩效。因此，我们将能够提升企业绩效的一整套人力资源管理政策和实践称为高绩效工作系统或高绩效人力资源管理系统。

（一）高绩效工作系统的概念

高绩效工作系统因其涉及内容广泛，所以在目前还没有形成严格的定义，但存在一些得到普遍认可的定义。其中，较早的定义是纳德勒（Nadler）等人（1992）提出的，即"高绩效工作系统是一种能充分配置组织的各种资源，有效地满足市场和顾客需求，并实现高绩效的组织系统"。具体到人力资源管理层面上，休斯里德（Huselid）等人（1997）将高绩效工作系统定义为"企业内部高度一致的确保人力资源服务于企业经营战略目标的系列政策和活动"。其蕴含的理论假设是：企业善待自己的员工，员工就会改进工作态度，并不断增加对企业的满意感和承诺度；员工的工作态度会不断影响到其提高工作绩效的行为，进而促进企业绩效的改善。科慕斯（Combs）等人（2006）将高绩效工作系统定义为"能够提升企业绩效的一系列人力资源管理实践，这些人力资源管理实践能够提升员工的知识、技能与能力，同时通过对员工的授权使他们能够利用这些知识、技能和能力为企业获取效益"。

国内学者李传昭教授认为，高绩效工作系统是一个以提高员工对企业的投入为核心，以提高企业绩效为最终目的，以工作结构设计、人力资源管理实践、组织文化建设及其他提供技术和管理支持的子系统等为手段的一个综合的复杂系统。殷赣新（2002）认为，高绩效工作系统的概念强调的是体系，它不是只盯着某些重要的人力资源管理实践和政策，而是把人力资源管理活动作为系统的一部分，旨在配合其他管理行动，形成高绩效工作系统机制，以应对管理变革、技术更新等内外部环境变化对企业经营活动形成的挑战。张正堂和李瑞（2015）进一步将高绩效工作系统的界定分为广义和狭义两种。广义的界定强调高绩效工作系统是运用多种手段，通过综合有效地利用以人力资源为主的各种资源来实现企业绩效；狭义的界定强调企业通过人力资源实践活动来确保实现企业的战略目标。

上述学者皆以存在人力资源管理系统的最佳实践为前提，从不同角度对高绩效工作系统进行概念界定。这些概念界定在三个方面存在共同点：①高绩效工作系统是一组系统的、相互协调的人力资源管理实践的集合；②高绩效工作系统的作用体现在提高企业的整体绩效与竞争力之上，而非只提高单个员工的绩效，并与企业的战略目标保持一致；③高绩效工作系统的实践对象为员工，通过激励员工、鼓励员工参与等策略，有效发挥员工的价值。

（二）高绩效工作系统的构成

根据贝利和梅里特（Bailey & Merritt，1992）的观点，高绩效工作系统由员工能力、员工激励和员工参与决策的机会三部分组成。麦克杜菲（MacDuffie，1995）也提出，人力资源管理实践系统要能改善企业绩效，必须具备三个要素：①员工必须具备相当的知识和技能；②人力资源管理实践活动必须能激励员工充分发挥他们的知识和技能；③必须能让员工自主地帮助企业实现目标。阿佩尔鲍姆（Appelbaum）等人（2000）在此基础上提出了著名的高绩效工作系统"AOM"模型，把企业绩效看作组织核心要素结构的派生功能，而该组织结构则是由员工能力（ability）、动机（motivation）和参与机会（opportunity to participate）三个要素构成。因此，高绩效工作系统主要有三个特征：员工具有一定的能力；员工工作有激情；员工有更多的参与机会。

由这三个特征可以进一步得出高绩效工作系统的要求：企业基于提高员工能力

的目的，采取高标准的员工甄选、绩效考核机制，以及提供最新、最实用的技能培训以提高员工能力；为了激励员工，企业采取基于贡献的分配方式，关注员工在企业内的职业发展，关注员工的职业稳定和安全；在工作中为员工创造更多的参与机会，企业致力于组织结构、业务流程和工作设计方面的改善，快速提供工作反馈，调动员工的积极性，完善不同层级之间的沟通和信息共享机制，吸引员工主动参与企业有关决策。

总之，高绩效工作系统通过提升员工能力、激励员工工作动机、增加员工参与机会来对员工的工作态度和行为动机产生积极影响，而员工积极的工作态度和行为会提升其工作绩效，进而提升企业绩效（如图2-3所示）。

图2-3 高绩效工作系统模型

（三）高绩效工作系统的作用

高绩效工作系统对企业与人力资源都会产生显著的影响。

1. 高绩效工作系统为企业提供了持续竞争优势

高绩效工作系统具有整合性强、特质化、高复杂性、难模仿和路径依赖等特点。企业通过对人力资源管理实践进行匹配，促使人力资源管理实践与企业目标相契合，从而获得高附加值、稀缺性强以及不可替代的竞争优势。高绩效工作系统具有高度的内部契合性和外部契合性。内部契合的人力资源管理实践活动促进不同人力资源实践活动的互补整合，发挥人力资源管理系统的协同效果，进而促进高绩效工作系统的实施。人力资源管理实践活动与企业经营战略的外部契合，意味着人力资源管理系统牢牢扎根于企业的运营系统之中，并在配合产品开发速度、对客服务质量和产品质量的提升等企业目标方面发挥着重要作用，这是区别于竞争对手的重要因素，使竞争对手企业无法移植、难以模仿。

2. 提高员工的工作质量

高绩效工作系统从员工能力、动机、参与机会三个方面来提高员工的工作质量。高绩效工作系统对员工进行了严格的甄选和有效的培训，保证了员工具有较多的专业知识和技能储备，使员工有能力完成工作任务，为企业做贡献。高绩效工作系统采用的分权管理和团队管理，能够有效增强员工的内在动机，使员工更愿意"沉浸"于本职工作，投入更多的时间和精力到工作中，员工从工作中获得乐趣，工作也更能满足员工获得发展的需求。高绩效工作系统充分的授权，使员工积极参与决策过程，员工拥有更多的自主权，能够将自己的意见和专长转化为企业价值，实现企业持久的高绩效运转。

（四）高绩效工作系统在旅游企业的实施

在战略人力资源管理中，高绩效工作系统对促进员工更加积极地参与企业的团体建设起着积极的正向作用，能有效提升员工的工作满意度，促进企业内部整体运行效率的提升。但是，如果不能合理控制高绩效工作系统的运作程度，将会产生"过犹不及"的问题，对员工抱有过高的工作期望，在一定程度上会加大企业员工的工作压力，导致员工满意度降低、工作热情不升反降的后果。因此，旅游企业在实施高绩效工作系统时，要重点做好以下工作：

1. 与企业的战略目标相契合

旅游企业的战略人力资源管理要重视与内外部环境的互补与协同。一方面，应该把高绩效工作系统放在公司层面来考虑，并且和企业的战略目标相结合，使企业的战略人力资源管理与其他战略做到外部契合。另一方面，要将高绩效工作系统的构成要素有机结合在一起，协同发挥作用，形成战略人力资源管理的内部契合。

2. 形成严格的招聘体系和完善的培训制度

旅游企业对具体的招聘流程要建立统一的标准，不仅要重视应聘人员的基本知识和技能，应聘人员的价值观和综合素质也是考核的重要依据。对于人员培训，采用高绩效工作系统能建立健全的人员培训体系，提高员工的整体素质和工作能力。企业可以把思维活跃的员工聚集在一起，让员工充分参与管理。作为与顾客直接交流的员工，他们会更清楚顾客所需要的产品和服务，进而在产品和服务质量改善的过程中提出有价值的建议。

3. 建立科学合理的绩效管理系统

高绩效工作系统关注员工工作动机的增强，因此，旅游企业应该重视绩效考核体系的建设。绩效考核不仅是管理人员对员工进行薪酬或职位调整的依据，科学的绩效考核还可以激发员工工作的积极性。旅游企业应该设计严格的绩效考核管理体系，运用高绩效工作系统的理论，把薪酬和奖励与员工的绩效考核等级相联系，这样才能够使员工真正地认为考核是公平的，从而使员工最大程度地发挥自己的潜力。

4. 强化团队的自我管理

高绩效工作系统重视员工的自我管理，提升员工的参与意识。因此，旅游企业可以建立自我管理型团队，通过团队内工作任务的分配、团队内进行自我培训、自我控制并调节工作的进度、团队成员进行自我评估与相互评估来提升整个团队的工作绩效。除此之外，旅游企业还可以授予管理团队决策权，赋予员工工作的自主权，使团队里的全体员工参与计划、决策和方案的制订与实施，激发他们工作的积极主动性。

第四节 旅游企业战略人力资源管理面临的挑战

一、旅游企业战略人力资源管理面临的新环境

随着全球化的迅速发展，世界各国之间的经济和社会联系越来越密切，给旅游企业带来了巨大的机遇。而全球化的市场竞争也增加了旅游企业生存和发展的不确定性，使旅游企业面对着更加复杂多变的宏观环境。当前，旅游企业的人力资源管理除了受当地经济的影响，还面临着以下新的环境变化。

（一）经济全球化和逆全球化

经济全球化是指世界经济活动超越国界，通过贸易、资本流动、技术转移、提供服务而形成一个不可分割的有机经济整体。经济全球化加快了跨国公司的产生和发展，跨国公司在不同的地区开设分公司将受到不同国家或地区的法律、法规和风俗的制约，这对跨国公司的人力资源管理模式提出了巨大挑战。包括人力资源管理者在内的企业管理者，都必须采取全球化的思维和策略来解决遇到的问题，在坚持跨国公司的集团文化和制度的同时，尊重分公司所在国的文化、经营理念和价值观。由此，建设一种新的人力资源管理模式来实现人力资源管理国际化与本土化的有机结合是非常有必要的。

经济全球化提高了资源配置和使用的效率，但是在一定程度上也拉大了国家之间的收入差距；减少了发达国家"蓝领"工人的工作机会，也拉大了发达国家内部的收入差距。于是，"全球南方焦点"（Focus on the Global South）的创始人贝洛（Bello）在2001年提出了"逆全球化"的概念。他认为，逆全球化不是全球经济的倒退，而是世界经济和国际政治体系的重建；逆全球化意味着全球经济从围绕跨国公司的需求整合变为围绕民族、国家和社区的需求整合。英国脱欧、中美之间的

贸易和非贸易摩擦表明逆全球化来势凶猛，贸易保护主义、本土主义和排外主义盛行，全球贸易、投资和移民的趋势将随之减弱。

（二）企业的并购、重组、联盟和收缩

关于企业并购、重组、联盟和收缩的新闻不胜枚举。近年来，一些重要的旅游企业的相关行动如下：

（1）作为世界上规模最大的豪华酒店管理集团，万豪国际集团目前已经在全球130个国家和地区共管理运营6900多家酒店。2016年9月，万豪国际集团完成对喜达屋酒店与度假村国际集团的并购。

（2）2017年7月19日，万达商业、融创集团、富力地产三方正式签约。万达商业将北京万达嘉华酒店等77家酒店，以199.06亿元的价格转让给富力地产；将西双版纳万达文旅项目、南昌万达文旅项目等13个文旅项目91%的股权，以438.44亿元的价格转让给融创集团。

（3）海航集团收购和出售国际酒店。2013—2014年，海航集团陆续收购了西班牙NH酒店集团的股份；2015年，收购了美国红狮酒店集团15%的股份；2016年4月，全资收购卡尔森酒店集团（后更名为丽笙酒店集团）；此外，海航集团还参股了南非Tsogo Sun酒店集团等，运营和投资近2000家酒店，超过30万间客房；2016年10月，从黑石集团的关联公司收购了希尔顿酒店集团约25%的股权，海航集团代替其成为希尔顿酒店集团的最大股东。2018年3—4月，海航集团陆续出售了其所持有的希尔顿分时度假俱乐部和希尔顿全球控股有限公司等股权。2018年8月，海航集团出售丽笙酒店集团100%的股权给锦江国际集团。

（4）2014年12月15日，华住酒店集团与法国雅高酒店集团宣布签署长期战略同盟协议，将携手拓展在华酒店业务，整合旗下超过2000家的酒店。2018年8月，华住酒店集团完成对国内精品度假酒店品牌"花间堂"的战略收购。2019年11月4日，华住酒店集团在新加坡的全资子公司China Lodging Holding Singapore完成了对德意志酒店集团（Deutsche Hospitality）100%股权收购协议的签署。

企业的并购、重组意味着企业的所有权和权力关系发生改变，企业的组织架构和企业文化也会随之发生一定的变化。企业联盟意味着企业的经营策略发生了改变，会对一些部门的职责和权力进行调整。采取收缩战略的企业通常会削减员工，通过解聘员工来降低企业成本。企业的并购、重组、联盟和收缩的大调整，需要人力资源管理制度和政策来配合，对人力资源管理提出了新要求。

（三）价值多元化

价值多元化是指不同的人由于其出身背景、教育程度、宗教信仰和人生经历等的不同，而持有各种不同的价值观念。经济全球化，一方面使得不同国籍、不同文

化背景和不同语言的员工在一起工作和生活，而不同国籍的员工往往有着各自的价值观和行动方式，增加了管理者对员工进行管理的难度；另一方面使得旅游企业的顾客由单一的国内客源，变为具有不同价值观的全球客源，增加了员工为顾客服务的难度，也使得人力资源管理更加复杂。

（四）劳动力市场需求的多样性

21世纪是服务经济的时代，包括旅游企业在内的服务性企业快速发展。随着旅游企业数量的增多，竞争更加激烈，旅游企业对人才的管理更强调专业化，即根据岗位需求来决定人才需求。当前，旅游企业对人力资源的需求呈现出多样性，既需要掌握管理技能的高素质人才，如高薪聘请专业技术人员和管理者，又需要具有服务意识的只需要掌握低技能、拿较低薪酬的员工、实习生和部分职位的外包员工，还需要在旅游旺季能快速胜任旅游企业工作的临时工（Guerrier & Deery，1998；Annette，2002）。

在劳动力普遍短缺、人才流动的全球化背景下，旅游企业对人才需求的多样性，使得其招聘甄选、培训、绩效评估、薪酬管理、激励等人力资源管理实践更加复杂。另外，旅游行业中小企业居多，自我雇用现象也比较普遍（Bah & Goodwin，2003）。

（五）家庭与工作难以平衡

旅游企业以女性劳动力为主。以酒店为例，在中国，女性劳动力占酒店从业者的60%以上。工作和家庭是人们日常生活的两个主要组成部分，由于人们的精力和时间总是有限的，对就业的女性员工以及男女双方都就业的双职工家庭来讲，平衡家庭和工作的关系是一大挑战。由于工作的不确定性，旅游企业的员工经常会超时工作，或在节假日加班，这样很容易引起家庭不和谐等问题。旅游企业为了留住员工，必须积极应对员工家庭与工作的冲突。

（六）技术变革带来新机遇和挑战

随着旅游者经济收入的增加、闲暇时间的增多、生活质量的提高，以及对外出旅游需求的增强、对优质服务的期望，旅游企业需要不断地更新观念、运用新技术，向顾客提供新的体验。新技术更新频率的加快要求从业人员不断地更新其知识结构，这就对旅游企业的员工培训和人才培养提出了更高的要求。

技术变革改变了人力资源管理活动。现在，很多企业运用计算机软件来进行员工招聘和管理。以酒店培训为例，互联网的发展使得培训方式可由定时定点的课程教学转变为随时随地皆可进行的网络教学。酒店只要将培训内容做成网络课件或视频放在互联网上，员工就可根据自己的时间安排自行上网学习。

技术进步也创造了管理中新的关注点，如员工隐私权、智力资本的保护等。随着黑客事件、客户信息的泄露在世界各地不断发生，确保员工资料的保密是一个备受关注的问题。

（七）管理柔性化

在 20 世纪八九十年代出生的员工，目前已成为旅游企业人力资源的中坚力量。他们更喜欢具有一定风险的自我成长方式，要求企业在人力资源管理上更具有柔性化。"柔性管理"的概念来自丰田公司，是指在企业员工素质日益提高、管理者与员工能力差距日渐缩小的情况下，管理者应在不违背企业整体利益的原则下去适应员工的个体特征和工作方式，使管理更贴近人性，从而达到合理、有效地提升员工的工作潜能和提高员工的工作效率的管理要求。提供无形服务的旅游企业要想使员工表现出最佳的工作状态，就必须更多地采取柔性化管理方式，中高层管理者要主动向基层授权，给予一线员工更大的经营决策权，促使督导层与执行层合并。

二、旅游企业战略人力资源管理的发展策略

（一）人力资源管理的全球化和本土化

旅游企业的全球化，必然要求人力资源管理的全球化，也就是要求企业的管理者和员工拥有全球视野和战略眼光，以及开放的心态和学习力；要求企业致力于构建国际化和本土化相结合的人力资源管理制度体系。旅游企业人力资源管理的全球化要重点做好以下工作：

（1）管理者与员工的全球观念的系统整合和管理。旅游企业通过人力资源的开发和培训，使管理者和员工具有全球化的概念，按照全球化的思维来思考问题，了解多元文化差异和多元价值观。比如，旅游企业在人才招聘和选拔时强调海外经历和经验。

（2）人力资源管理的对象全球化。旅游企业的全球化布局要有全球范围内的人力资源作为支撑，人力资源管理对象也由一国为主扩展到全球。全球化的人力资源管理涉及不同文化背景、不同种族、不同地域、不同发展水平、不同信仰的员工的协调管理，以及企业并购过程中不同的人力资源管理制度、不同的企业文化、不同的企业治理体系的整合管理。

（3）解决全球化员工的伦理冲突。不同国家的法律、政治、文化价值和实践的差异，会使全球化管理者之间产生伦理冲突。例如，美国的《反海外腐败法》禁止美国企业在其他国家从事贿赂及相关活动，违者违法；然而，有的亚洲国家通常会区分企业的贿赂和送礼行为，这样使得全球化管理者必须寻求相关指导，以免

出现违法行为。

受逆全球化浪潮的影响，人才的全球流动将受到诸多限制。为了避免企业人力资源的不足，充分开发本土人力资源是企业的重要策略。许多旅游企业为了加快对本土高素质人才的培养，纷纷推出了管理培训生项目。

（二）人力资源管理的多元化

不同成长背景、学历、年龄和能力的员工，在价值观和需求动机上各不相同。学者们研究发现，在一个企业或工作群体中，员工背景越多元化，越有利于企业保持活力和激发创新思维。但是，价值多元化也带来了员工在思想观念、行为和利益上的冲突。因此，旅游企业要尊重员工的价值取向，实行价值观的多元化管理，通过培育企业文化，引导员工的价值追求尽可能与组织的发展目标相一致。

（三）人力资源价值链管理

人力资源管理由过去的价值分配转向价值创造，其功能由成本导向转向利润导向。价值链管理成为未来人力资源管理的趋势。所谓人力资源价值链管理，是指通过对企业人力资源的价值创造、价值评估和价值分配三个环节的一体化管理，来实现人力资本价值的发挥及其价值的增值。人力资源价值链管理也是对人才进行激励和鼓励创新的过程。价值创造要肯定核心员工的主导作用。旅游企业人力资源管理的重心也遵循"二八定律"，即为旅游企业创造80%左右价值的核心员工，在数量上约占员工总数的20%。这些员工不仅自己创造价值，而且还能带动其他员工一起为企业创造更多价值。价值评估是人力资源价值链管理的重点。旅游企业需要建立完善的价值评估体系，尽可能准确地衡量员工的贡献与价值，让企业所需要的优秀人才能够脱颖而出。价值分配是指通过建立价值分配体系，满足员工的需求，达到有效地激励员工的目的。

（四）人力资源管理的职业化

人力资源管理已经成为一种职业，并朝着职业化和专业化的方向发展。在美国，人力资源认证协会（HRCI）作为人力资源管理协会（SHRM）的附属机构，已认证了60000余名人力资管理专业人员。康奈尔大学、明尼苏达大学、密歇根州立大学等许多大学专门开设了人力资源管理专业。在中国，已经推出了注册人力资源管理师（CHRP）和企业人力资源管理人员国家职业标准；国家和地方旅游主管部门会定期组织人力资源管理方面的培训。这些定期的、专业化的培训和教育，使得未来旅游企业人力资源管理的专业化和职业化发展成为可能。

(五) 人力资源管理的客户导向

旅游企业的无形服务性、劳动密集性、生产和消费的同时性、季节性和脆弱性等特征，使得旅游企业对人力资源管理有着特殊的要求，需要将员工视为客户，主动向员工持续提供客户化的人力资源产品和服务。

旅游企业人力资源管理者要做好客户经理的角色，向员工提供的"服务"主要包括：①共同愿景。通过提供共同愿景，将旅游企业的发展目标与员工的期望结合在一起，满足员工对事业发展的期望。②价值分享。通过提供富有竞争力的薪酬体系及价值分享系统来满足员工的多元化需求。③人力资本增值服务。通过提供持续的人力资源开发、培训，提升员工的人力资本价值。④授权赋能。通过让员工参与管理、授权员工自主工作，让员工发挥更大的潜能和承担更多的责任。⑤支持与援助。通过建立支持和求助工作系统，为员工实现个人与组织发展目标提供条件。

(六) 人力资源管理的网络化、信息化

旅游企业应运用先进的信息技术和大数据分析技术来建立网络平台，对人力资源进行集中管理。网络平台能够承担旅游企业的部分人力资源管理职能，可以大大提高人力资源管理工作的效率。与此同时，要建立旅游人才信息平台，建设旅游人才数据库，强化旅游人才信息共享。网络化和信息化促进旅游人才市场的日趋繁荣，工作经验交流得以更快地有序开展，旅游企业的人才管理优势将得到极大的发展。（其详细内容见本章第五节第二部分内容）

(七) 创建学习型组织

知识经济时代需要组织学习，即创建学习型组织。学习型企业强调组织成员的"不断学习"，通过持续有效的组织学习获得生存与发展的机会。学习型组织是21世纪最具有竞争优势和最具有适应能力的组织形态，其组织结构和管理形式完全不同于传统的组织形态。1990年，彼得·圣吉在《第五项修炼：学习型组织的艺术实践》一书中提出，企业可以通过建立共同愿景、自我超越、团队学习、改善心智模式和系统思考五项修炼，来构建一个相互关联、彼此融通的学习型企业组织，并保证企业形成"学习—持续改进—建立持续竞争优势"的良性循环。为了更好地创建学习型组织，旅游企业的人力资源管理部门必须有效地组织系统学习，培养员工建立系统学习观，激发个人和团队持续学习的意愿，将组织学习的效果作为衡量人力资源管理工作的重要标准。

(八) 战略劳动关系管理

旅游企业与员工的关系需要由过去的资本与劳动的不对等雇用模式，转为以劳

动契约和心理契约为双重纽带的战略合作伙伴关系。其中，劳动契约（亦称为劳动合同或劳动协议），是指企业与员工确立劳动关系、明确双方权利和义务的协议；心理契约是指企业与员工双方基于各种形式的（例如，书面的、口头的、企业制度和企业惯例约定的等）承诺，对交换关系中彼此义务的感知或主观理解。战略劳动关系管理，一方面，要求以劳动契约和心理契约作为调节员工与企业之间关系的纽带，即依照劳动契约确定员工与旅游企业双方的权利、义务和利益关系，旅游企业关注员工对企业的心理期望，通过与员工一起建立共同愿景，使企业对员工的心理期望与员工对企业的心理期望达成一致，在企业和员工之间建立信任与承诺关系；另一方面，要求旅游企业与员工建立双赢的战略合作伙伴关系，使员工和企业可以共同成长和发展。

（九）高绩效工作系统的构建和完善

当前的旅游企业人力资源管理更偏重员工选拔与培训、绩效评估、薪酬管理、员工职业发展等单个人力资源管理活动的作用，却忽视了其他关联人力资源管理活动的影响。然而，企业层面的人力资源管理是一个系统的概念，人力资源管理的各个管理活动是相互关联的。冈萨勒斯（Gonzalez，2004）认为，旅游企业应重视就业安全、人员挑选、广泛的培训、绩效评估、风险 - 信息共享、激励系统、内部晋升和员工发展等人力资源管理实践活动的最佳组合，也就是"最佳实践"/"高绩效工作系统"。一系列人力资源管理活动的有效整合才能产生协同效应，为企业创造良好的绩效。旅游企业管理者和研究者已经对"高绩效工作系统"的概念进行了探讨，但是，人力资源管理的各个管理活动之间存在哪些潜在的冲突或者相互补充，采取何种协调机制，还需要进一步做系统分析和实践检验。

近年来，随着业务外包、战略联盟、虚拟企业等多种形式的网络组织，以及共享经济的出现和迅猛发展，人力资源管理不再仅仅局限于企业内部的管理事务。人力资源的泛化，以及人力资源管理的边界更加模糊，对高绩效工作系统提出了新的挑战。旅游企业需要对高绩效工作系统不断进行调整和完善。

（十）积极平衡员工的工作和家庭

员工工作和家庭的冲突在旅游企业很难避免，为了降低其对工作的消极影响，可以从两方面着手。一方面，要减少工作和家庭之间的矛盾冲突源，即减少工作妨碍家庭和家庭妨碍工作的现象，可行的方法如实行弹性工作制，按工作小时付薪酬。另一方面，企业要协助员工实现家庭和工作两者之间的平衡，诸如创造家庭友好型工作环境，让员工家属了解员工的工作性质和特点；提高管理者对下属员工工作和家庭生活的支持，在不影响工作的情况下尽量给员工的家庭生活提供方便；提供家庭友好型福利，如带薪产假（陪产假）、抚养援助等；鼓励同事之间相互帮助,共同探讨对工作和家庭冲突问题的处理。另外,在跨国旅游企业,跨文化视角的工作和家庭的冲突也是未来旅游企业需要重点注意的。

第五节 共享经济与旅游企业人力资源管理

由于移动互联网、第三方支付、大数据、云计算等技术的快速发展,越来越多的游客在网上预订旅游产品和服务,如订机票、订酒店、预订门票、租车等。国外学者发现,80%的休闲游客是利用网络工具来搜寻酒店信息的,而且超过50%的游客会通过酒店的官方网站或第三方网站(如在线旅行社)来预订房间。在线营销渠道成为旅游企业吸引顾客的重点途径。当前,在线对等网络市场(Peer-to-Peer,P2P)也正在快速增长,买家直接在互联网平台上与卖家交易,而平台本身为第三方所有并维护。这种早期的网络平台如 eBay 和 Craigslist 与传统的零售商品相关联,而现在出现了一种新型的 P2P 商业模式,主要是与向顾客提供服务的企业相关,被称为"共享经济"。

一、共享经济的发展

(一)共享经济的定义和特征

共享经济(sharing economy)是实现闲置资源共享的一种经济模式。它借助网络等第三方平台,将供给方的闲置资源使用权暂时性转移,实现生产要素的社会化,提高存量资产的使用效率并为需求方创造价值,促进社会经济的可持续发展。

共享经济的模式运作有三个关键点。一是整合利用闲置资源,使闲置资源再利用。它强调"我的就是我们的""我帮助别人,别人帮助我""你能使用的就是你的"的价值观,通过重复利用产品,充分利用每件产品的价值,减少对新产品的消费。二是通过互联网共享平台进行供需匹配和监管。互联网共享经济平台将线下零散的闲置资源的信息进行共享,应用大数据算法精准匹配供需双方、在线用户反馈和评价等技术手段来实现供给方与需求方的透明交易,从而降低交易成本和监管成本。三是个人或企业参与共享合作。每个个体或企业都可以成为资源供给方,只要这些个体或企业拥有闲置资源且愿意暂时转移产品使用权来获利。每个个体或企业也可以成为资源需求方,不直接拥有物品的所有权,通过租、借等共享方式满足对产品和服务的需求。在互联网共享经济平台上,资源需求方还可主动参与供给方提供的闲置资源的开发和生产,实现深度合作。

共享经济是一种"合作消费"的租赁经济模式，与传统经济模式相比，共享经济表现出以下典型特征：

（1）存量闲置资源效率提升。在共同享有的理念下，供给方在特定时间内通过让渡存量闲置资源的使用权来获得一定的金钱回报，需求方通过租、借等共享方式使用物品而不拥有物品的所有权，从而体现"物尽其用"的资源再配置原则。共享经济依靠存量闲置资源市场化配置，提升投资效率，实现了降低资源投入并保持经济增长的目的。

（2）多层次、全方位的消费需求。不同于传统经济提供标准化产品和服务的商业模式，共享经济由于供给方提供大量非标产品和服务满足了消费者（特别是"长尾用户"）定制化、个性化的产品和服务需求，从而满足了消费者多层次、全方位的消费需求。

（3）基于互联网共享平台完成交易。互联网平台并不直接提供产品或服务，而是将海量的供给方与需求方连接起来，通过共享平台的品牌信任建立供给方和需求方之间的信任，并提供即时、便捷、高效的技术支持、信息服务和信用保障。

（4）陌生人信任机制的建立。资源共享是建立在信任基础上的，在熟人之间很容易实现，但在陌生的世界里却有困难。共享经济模式下，陌生人之间的信任，主要转化为对共享平台的信任，即对品牌的信任和数据共享平台的信任。为了建立陌生人之间的信任，需要一个采用公平、公开、透明机制高效运行的共享平台，包括支付、评估、客户沟通、保险索赔和信用体系，从而保护参与人的利益。

（5）用户体验更佳。共享经济极大地降低了交易成本，能够以快速、便捷、低成本、多样化的方式满足消费者的个性化需求。用户评价能够得到及时、公开、透明的反馈，并会对其他消费者的选择产生直接影响。这将推动平台与供给方努力改进产品和服务，更加注重提升用户的体验。

（6）可持续的绿色生态型消费模式。共享经济以科技创新为依托，以存量资源为配置对象，对环境的破坏最小。共享经济发生在消费领域，对闲置资源的再利用不需要生产成本，只需要交易成本，没有生产损耗和环境污染，因而节约资源，减少浪费，是一种最理想的生态型消费模式。

知识拓展2-4　　旅游共享经济的十大特征

（1）重使用。旅游共享经济的产权理念基础是使用权共享，游客秉持"不求拥有、但求使用""拥有不如善用"的理念。2012年，日本学者三浦展在被誉为"21世纪消费圣经"的《第4消费时代》一书中指出，第4消费时代将实现"从私有主义到分享意识"的转变，人们将"告别购物使人幸福的时代，开始迎接共享社会"。这被视为新的时代背景下人们对物质主义、过度消费、能源危机等现象进行不断反思的结果，在"占有式生存"之后，有人开始倡导并实践"减法生活""简约生活"，从自身的"需要"（而不是"想要"）出发，寻找生命的真正意义。"重使用"的理念促使变"闲"为"宝"，促进"人"与"物"之间关系的改变，也将推进"人"与"人"之间关系的改善。

（2）去中心。旅游共享经济借助网络平台减少了旅游服务供需信息传递、搜索和交易的中间环节，将旅游地的碎片化闲置资源进行整合后供旅游者选择和消费，实现了旅游产品的大规模业余化生产和服务的高效率多样化供给。这种商业模式被称为 P2P 或者 C2C①，是社会生产关系的巨大变革。这打破了原来由某些在线旅游企业、旅游代理商、旅游景区（点）等企业对相关"内容"（旅游信息、游览方案或其他相关内容）的垄断，标志着消费者主权时代的真正到来。同时，这也给旅游景区（点）等企业带来了挑战。

（3）轻资产。Uber（优步）没有一辆汽车，却是世界上最大的出租车公司；Airbnb（爱彼迎）没有一处房产，却成为世界上最大的旅行房屋租赁服务商。这体现了旅游共享经济的一大特征：轻资产运营和低成本供给。共享经济模式下的旅游企业不需要建设酒店、购置汽车、雇用大量员工，不会产生大量的沉没成本，而是通过互联网整合社会闲置资源，实现大规模业余化生产，产品或服务生产的边际成本很低，在物联网和大数据时代甚至几乎为零，这种公司就是"轻公司"（即轻资产公司）。

（4）非标准。在共享经济产生之前，旅游企业提供的是标准化的专业旅游接待服务。共享经济改变了这种"千房一面"的格局。在新模式下，共享的对象是旅游地居民或其他组织的各类闲置资源，这些资源并非专门为接待游客设计和准备的，因此类型多样、形态各异、分布广泛、使用年限不同，有些还具有较为鲜明的个人或家庭化色彩。

（5）跨文化。社交化、体验化是 21 世纪商业的重要特征，也体现在旅游消费上。共享经济时代的旅游者更加重视与旅游地社区居民（自由从业人员）的交往，在交通、住宿、导游陪同甚至是餐饮、购物、休闲娱乐等环节与社区居民进行全面接触，获得比传统旅游者更加深入的体验。在 Airbnb 的创始人看来，Airbnb 并不仅仅意味着"酒店和住宿"，而是提供了一种文化交流的机会，并且是"完全当地化的体验"。

（6）强渗透。作为互联网时代的一种新型商业模式，共享经济具有灵活、高效、投资少、扩张快等优势，迅速渗透到生活性服务业的各个领域，表现出强大的

---

① C2C 是电子商务的专业用语，意思是个人与个人之间的电子商务，其中 C 指的是消费者，因为消费者的英文单词是 Customer，所以简写为 C，又因为英文中的 2 的发音同 to，所以 C to C 简写为 C2C，C2C 即 Customer to Customer。

黏性。目前，共享经济已经与交通出行、住宅地产、导游陪同、旅游咨询、餐饮服务、健康娱乐、物流配送、教育培训、家政服务等产业实现了深度融合。

（7）"微就业"。旅游共享经济可以帮助大量"草根"人群规避旅游常规性就业所需克服的知识、技能、经验甚至年龄等方面的障碍，碎片化地解决了部分闲置劳动力的就业问题。旅游共享经济从业人员多是"自我雇用"的自由职业者，由于工作时间、地点、方式具有较强的自控性，可以从事大量短时间能够完成的付费差事，因此可称其为"微就业"，在此基础上孕育、孵化起来的创业行为则是"草根创业"。这有利于扩大社区居民参与旅游服务的范围，丰富社区参与的层次，提高旅游地社区居民的收入，也能够起到丰富阅历、开阔视野、平衡工作和生活的作用，唤醒人们的创业意识。

（8）大数据。虽然像"沙发客"、换房旅游、搭车旅行等具有共享理念的旅游消费早已存在，但尚不能称之为旅游共享经济。旅游共享经济的产生和发展得益于信息基础设施的完善和信息传播技术的进步，是移动互联网时代和信息经济的产物。

（9）高估值。在世界范围内，共享经济的龙头企业 Uber 和 Airbnb 一度分别成为全球估值第一和第三的创业公司。2015 年 8 月，Airbnb 的估值突破 250 亿美元，Uber 估值则超过 400 亿美元。

（10）可持续。共享经济因为对存量资源的充分利用、减少资源能源新消耗而受到环保机构和人士的赞赏。

[资料来源：李庆雷，娄阳. 旅游共享经济的十大特征 [N]. 中国旅游报，2016 - 05 - 04 (14).]

（二）共享经济的未来发展前景

共享经济是互联网时代社会资源高效配置与利用的一种新兴模式，具有环保、高效等优点。这种模式可以解放大量的社会生产力，节约资源，顺应经济可持续发展的趋势。

1. 共享经济仍将保持高速增长

共享经济本身的低成本、低消耗等特点，成为扩大共享经济规模的必要条件。因此，共享经济必将成为未来发展的主流趋势。有学者预计，未来几年，共享经济的规模仍将保持高速增长，到 2025 年，共享经济规模占我国 GDP 的比重将攀升到 20% 左右；未来十年，我国共享经济领域有望出现 5～10 家巨型平台企业。越来越多的企业与个人将成为共享经济的参与者和受益者。

2. 共享经济将重塑企业管理模式

共享经济的发展带来了消费模式与企业经营管理模式的变革。在消费模式上，参与者广泛接受"使用权"消费的观念，所有权和物质主义将逐渐被弱化。在企业经营管理模式上，"公司+员工"将在越来越多的领域被"平台+个人"所替代。共享经济的发展激发了个人的创新创业潜力，推动产业分工更加细化深入，减轻个人对组织的依赖程度，让个人比较自由地进入或退出组织。同时，既有的行业管理体制也不适应共享经济的发展需求。共享经济作为一种新兴模式，需要更少但更广泛的规则。新的行业管理体制需要既不扼杀创新，同时也提供最低限度的法律要求和监管需求，为共享经济的未来发展提供更开放的规则，协调管理好既有产业与提供类似产品和服务的共享模式。

3. 共享经济将"去组织边界"

组织边界通常包括组织与组织之间，以及组织内部各部门之间的边界。在传统的企业形态下，组织边界分明，各组织、部门之间职责分明，层层划分，等级结构森严。共享经济模式则是要求"模糊组织边界""去组织边界"，强调各组织和部门之间的资源整合和职能互补，打破科层制度，减少沟通成本，增强企业竞争力。

二、共享经济背景下的旅游企业人力资源管理

在共享经济的时代背景下，与旅游相关的共享经济快速增长。2008年成立的Airbnb，在短短的6年内，就在全球超过3.4万个城市拥有110万个可提供给用户的房间，房源数超过了世界著名的希尔顿酒店集团。

共享经济已经与交通出行、住宅地产、导游陪同、旅游咨询、餐饮服务、健康娱乐、物流配送、教育培训、家政服务等业态实现了深度融合。例如，旅游者可以通过"最会游""哈达旅行""Dream Scanner"这样的共享平台咨询相关信息、设计出游线路，租用"滴滴""Uber""Onboat"等平台提供的车辆或游艇，使用"丸子地球""收留我""鲜旅行"等平台提供的导游陪同服务，品尝"Eatwith""我有饭""回家吃饭""妈妈的菜"等私厨平台提供的家常菜，入住"途家""Tripping""小猪短租"等短租平台提供的度假公寓或家庭公寓，登录"Yplan""Willcall""Boxed"等平台以较低价格购买演唱会、音乐会、品酒会、露天电影、拳击等娱乐活动的门票等。

旅游共享经济的快速发展，使得旅游企业人力资源以及人力资源管理发生了一些变化。具体表现在：

1. 人力资源的泛化

在共享经济的模式下，旅游企业的人力资源不再单指与企业建立和发生劳动关系的员工，而是扩大到为旅游企业的经营贡献分享自身知识、劳动和经验的个人。例如，与旅游相关的共享经济业务中表现最突出的 Airbnb 平台上的房主，与 Airbnb 并没有建立劳动合同关系。有的房主平时也有自己的本职工作，然而他们可以利用闲散时间贡献自己的价值，出租和管理闲置的房间，从而获取一定的劳动报酬。旅游企业在进行人力资源管理的实践与探索时，也必须充分考虑到这部分人群的情况，从而泛化人力资源的概念。

2. 工作众包模式的产生

工作众包模式是指一个公司或机构把过去由员工执行的工作任务，以自由、自愿的形式外包给非特定的网络大众。工作众包通过人才共享来完成工作任务，而不是独占人才，大大降低了人工成本，因而降低了企业成本，提高了企业的工作效率。由此，企业不需要聘用一个固定员工，而是任何愿意为企业服务的人，都有可能成为企业的"员工"。另外，一个人可以为多个组织服务，并获得多份收益，而不是只能为一个组织服务，获取单份工资。

目前，旅游企业可以共享员工的岗位有两类：一类是高端技术人才或比较稀缺的人才，他们是按成果的级别来领取酬劳；另一类是计件工（如客房服务员、司机、保洁人员、导游员、讲解员等），他们可以通过劳动时长或件数来获得报酬。众包的工作任务通常由个人来承担，但如果涉及需要多人协作完成的任务，也有可能依靠网络平台来协调。

3. 人力资本的价值优化

劳动者自身技能水平、整体素质、知识经验等人力资本在共享经济时代将创造出最大价值。基于互联网平台的资源共享模式，能实现一个人利用多维技能创造价值的可能以及产生新的综合价值，实现人力资本的价值优化，扩大整个社会人力资源的总量。

旅游共享经济为旅游地居民提供了更多"自我雇用"的机会，提升了人力资本价值。以导游讲解人员为例，在共享经济场景中，通过认证的旅游地居民可以兼职陪同和提供讲解服务，让居民的能力得到充分发挥。通过共享平台，游客可以了解这类导游服务人员的相关信息，浏览游客的评分和评语，进行在线交流，并预约其服务。

劳动者价值的提升，会在劳动力市场上形成劳动者的"个人品牌"，这种品牌效应会给劳动者带来更多的自由、满意感和自我价值感，也会激发劳动者的积极

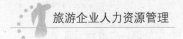

性,从而激发更多人投入到共享活动中。

4. 旅游就业形态重塑

共享经济的高速增长将创造大量灵活的就业岗位,孕育形成自由灵活的新型就业形态,从而有效缓冲全球经济增速放缓、技术进步带来的就业挤压效应和结构性失业问题。据估计,2020 年全球共享经济领域提供的服务者人数超过 1 亿人,其中全职参与人员约 2000 万人。

共享经济将重新定义工作和就业。越来越多的人将不再依附于某个特定的旅游企业或机构,降低对组织的依赖程度。个人能比较自由地进入或退出组织,从原有的劳动雇用关系走向劳务合同关系,从雇用式就业走向创业式就业,从全职、全时工作走向兼职、分时工作。共享经济平台将成为灵活就业、个人创业、社会交往的空间。

5. 平台承担部分人力资源管理职能

在共享经济时代,信息技术的应用更加普及化,各种办公软件和网络平台的开发,使得员工工作更加高效。移动互联网平台将与工作相关的信息整合,改变以往碎片化的信息获取模式。以导游为例,每个导游员的网上注册、审核、网上培训、接单、实地导游、获取报酬等一系列工作环节,都可通过 App 软件进行。除了遇到相关问题会与平台客服人员进行沟通之外,其余环节基本上都是在移动客户端中进行自助操作。从这个角度上来说,移动互联网平台承担了一定的人力资源管理职能。平台的人力资源管理职能主要表现在招聘与选拔、培训与开发、绩效管理和劳动关系管理四个方面。

(1)在招聘与选拔方面,平台要按照各类需求集聚人才,以保证人力资源的供给;同时,平台根据准确的劳动者信息,分析其擅长的工作,以帮助企业快速准确地与自己所需要的人才建立联系。

(2)在培训与开发方面,参与人力资源共享的劳动者本质上共享的是他们闲置的知识和经验,因此,平台对劳动者的培训主要包括两个方面:一是对劳动者在平台上进行交易活动(如平台入驻、接单、售后服务等)的指导,这种指导多通过发布公告、网站流程引导来进行;二是对劳动者技术与能力的提升,这可以通过建立网络社区、QQ 群、线上/线下交流小组来进行。

(3)在绩效管理方面,平台主要通过需求方对劳动者服务的评价来实现。这种评价并不是只给一个总评,而是分多个模块来进行,如态度、效率、最终完成质量等。劳动者所获评分的高低会直接影响其接单的机会,如果评分过低甚至有可能会被平台剔除。

(4)在劳动关系管理方面,平台主要是劳动者和需求方的桥梁。当需求方权益受损时可以向平台投诉,平台将依据相关规定予以处理。同时,劳动者也可以借助平台的力量,通过平台沟通来解决争议。这对于构建良好的用工关系和人力资源市场环境是非常有益的。由以上分析可以看出,平台对人力资源管理职能的承担与企业的人力资源管理活动既有重合又有区别,二者实际上是互为补充的。

本章小结

在制定战略人力资源管理政策时,要分析外部环境和内部环境对企业的影响因素,这些因素对人力资源管理决策具有约束性。旅游企业的外部环境因素主要有:法律和法规、经济条件、地理和竞争、劳动力市场、技术创新、社会规范等。内部环境因素包括经营战略、目标、组织文化、工作性质、工作群体和领导者风格与经验等。这些因素都会影响旅游企业战略人力资源管理政策的制定。

战略人力资源管理与人力资源战略是两个密切相关的概念。战略人力资源管理强调人力资源管理在组织战略中的作用。战略人力资源管理包括人力资源哲学理念、人力资源政策、人力资源规划和人力资源管理实践,它们之间通过组织的层级而相互联系,成为一个整体。人力资源战略是依据企业总体战略所制定的人力资源长远发展的战略决策。

共享经济是互联网时代社会资源高效配置与利用的一种新兴模式,具有环保、高效等优点。这种模式可以解放大量的社会生产力,节约资源,顺应经济可持续发展的发展趋势。受共享经济的影响,旅游企业人力资源管理呈现出人力资源泛化、工作众包模式的产生、人力资本的价值优化、旅游就业形态重塑、平台承担部分人力资源管理职能等趋势。

实务案例

美国西南航空公司"以人为先"的经营战略

一、西南航空经营模式:无法复制的成功经验

许多成功公司的共同点是:建立一套"以人为先"的企业价值观,激发员工隐藏的能力,使其成为竞争者无法模仿的优势。美国西南航空公司(South West Airlines,简称为"西南航空")就是一个很好的例子。自罗林·金与赫伯·克莱尔于1971年创建美国西南航空公司以来,最为媒体与企业界人士称颂的是,它从初期仅有3架飞机的地方性小公司,发展至美国前五大航空公司之一。西南航空不仅击败了美国联合航空公司与美国大陆航空公司这两家短程航空市场中的劲敌,还进一步向美国达美航空公司提出挑战。更令人称奇的是,在竞争激烈的航空业中,每

位竞争对手都对对方的经营策略、营运成本了如指掌的情况下，西南航空却能将其成本维持在业界最低水准，并创下34年连续获利的纪录！而在追求低成本的同时，西南航空也没有降低服务的品质，无论从航班是否准点起降还是从托运行李遗失率和旅客抱怨申诉情况的评比结果来看，西南航空的服务品质均居领先地位，2018年更是荣获"美国最佳航空公司"第二名。

公司要提高收益，不外乎增加收入与降低成本两种方法。基于这个观念，西南航空选择飞航的地点大多是位于邻近大都市地区但尚未充分利用的机场，例如达拉斯的拉菲尔德机场、休斯敦的霍比机场、奥克兰的圣何塞机场等。另外，西南航空采取低票价、多班次的方式来增加旅客的载运量。其他航空公司采取不同舱位不同票价的定价策略，必须依赖电脑程序协助设计来使公司航班实现收入最大化。而西南航空只有两种票价，一种是不分头等舱或经济舱的一般票价，另一种则为高峰时段的票价。西南航空还试图让同一州内的票价能够统一。在服务品质方面，西南航空主要提供的是短程飞航服务，为了简化作业，西南航空在飞行中不提供餐点服务，只供应饮料与花生；较长一点的旅程，则多提供饼干之类的点心。另外，西南航空不指定座位，采用先到先上制。登机前一小时开始报到，报到手续完成后，每位旅客会拿到一张可重复使用的塑胶登机证，上面只有1至137（波音737客机最大的载客量）的序号。然后，乘客以每30人为一组，号码较小的旅客先登机。

西南航空采取的商业模式并非复杂难懂，但一些后进者先锋航空公司（Vanguard Airlines）、美西航空公司（America West）等，试图复制西南航空的经营策略，却没有成功。例如，美西航空公司于1981年成立，短短4年间即成为美国第十大航空公司；不过2年后，却又落到需要向法院申请破产法保护的境地，更别提飞机能否准时以及对旅客服务的品质保证了。为什么西南航空在业务不断扩大的同时，还能长期维持良好的服务品质呢？其实，西南航空的经营目标与一般企业相同，就是要增加公司的收益。不过在1978年美国航空管制放开后，许多公司误以为谁能先拿到最大的市场占有率，谁就是赢家。西南航空执行长凯勒赫（Herbert Kelleher）则明确指出："市场占有率与公司获利并无直接关系，想想如果为了增加5%的市场占有率，要多花25%的成本，值得吗？"20世纪80年代中期，美国航空公司（American Airline）与全美航空公司（US Airways）为了进军加利福尼亚州的市场，大举买下当地运营状况不错的航空公司，最后却以亏损收场。而在1989年触角尚未伸入加利福尼亚州的西南航空，则选择在此时乘虚而入，在1993年时成为当地短程航空服务的领导企业。

二、竞争优势的背后：别人偷不走的无形资产

西南航空的竞争优势到底在哪儿呢？节约成本可能是最显而易见的执行项目。短程飞航服务因为起降次数频繁，在登机门上下旅客的次数与花费的时间较多，运营成本自然要比提供长途飞航服务高。在这种情况下，谁能提供成本最低的短程服

务，谁就占有优势。西南航空在1994年时，以可载量座位里程为单位计算的成本约为7.1美分，1998年时为23美分；而在同期，行业的平均成本水平较西南航空高出15%～40%，由此可见西南航空在成本方面的优势。

成本优势背后的功臣，则非西南航空飞航团队惊人的生产力与团队精神莫属。西南航空班机从抵达目的地机场，开放登机门上下旅客至关上登机门再度准备起飞的作业时间，平均为15分钟。短短的15分钟内，要更换全部机组人员，卸下近百袋的邮件，再装上数量相近的邮件，并为飞机加满约2000千克的油料。一样的作业内容，美国大陆航空公司与美国联合航空公司则平均需要35分钟才能完成。

西南航空的团队精神是特别值得一提的。为了在短时间内完成换班归航工作，西南航空的飞行机组人员，不论是空服员还是飞行员，大家一起协助清理飞机，或是在登机门处协助旅客上下飞机。1998年，西南航空每位员工服务的旅客数超过2500人次，而美国联合航空公司与美国航空公司则与业界的平均水准相当，均未超过1000人次的水准。飞机迅速归航，利用邻近都市区较不拥塞的机场搭载旅客，这些做法皆提高了西南航空飞机在空中飞行的时数，进而得到可观的营业收入。另外，西南航空采用单一机型（波音737客机）提供服务，也大大降低了维修飞机与训练飞行人员的成本。

然而，有趣的是，西南航空的飞行员每月平均飞行70小时，年薪为10万美元；其他如美国联合航空公司、美国航空公司及美国达美航空公司的飞行员每月平均飞行50小时，年薪为20万美元。在平均每人的工作量更多，薪水又不比其他同业高的情况下，为什么西南航空仍能维持良好的服务品质，且想加入西南航空的人还不在少数呢？这必须从西南航空的企业价值观中寻找答案。西南航空内部有三项基本的企业价值观（或经营哲学）：第一，工作应该是愉快的，可以尽情享受；第二，工作是重要的，可别把它搞砸了；第三，人是很重要的，每个人都应受到尊重。这三项价值观使得西南航空成为一家"以人为先"的企业。

一位曾在美国电子数据系统公司（EDS）任职的西南航空主管，当初准备跳槽时，公司开出比他刚进EDS时还要高出两倍半的薪水条件，希望他能留下。不过，最后他还是决定投向西南航空。为什么呢？他的答案很简单：因为在西南航空，他觉得工作"很快乐"。基于对个人的尊重，西南航空不曾解雇过员工，对于员工基于好意而无心犯下的过失，也没有采取特别的惩罚措施。凯勒赫曾经表示："无形资产是竞争对手最难剽窃的东西，因此我最关心的就是员工的团队精神、企业的文化与价值观，因为一旦丧失了这些无形资产，也就断送了可贵的竞争优势。"而建构并维系西南航空愉快的工作环境、高度的团队精神，又能激励员工在维持服务品质的同时降低成本，为公司谋取最大利益的幕后舵手，则是西南航空的"员工部"（The People Department）。

三、员工部:"以人为先"战略的舵手

西南航空在很多年前就将传统上所谓的"人力资源部"更名为"员工部",并网罗具有营销背景的人员担任部门员工。更名主要是为了摆脱传统的人力资源部门给人"治安警察"的印象,而引进有营销经验的人员,则是要摆脱一般人力资源部门人员没有魄力、缺乏决策勇气、暮气沉沉的状况。在主事者大力变革的领导下,西南航空的员工部摇身一变成了"火炬的看守者",主要任务就是要营造一个符合公司企业价值观的工作环境,让员工能够愉快地为公司效力,为顾客提供高品质的服务。

基于这个理念和定位,西南航空的员工部确实也规划出了一套符合西南航空强调的"以人为先"精神的管理规章制度。例如,在招聘人员方面,为了找到公司真正需要的人,他们采取同行招聘的方式:飞行员面试飞行员、行李处理人员面试行李处理人员,让公司的员工自己挑选可以愉快合作的工作伙伴。同时,西南航空也非常重视对人员的训练。公司员工每年都要参加一次训练课程,除了强调如何把工作做得更好、更快并使得成本更低外,公司也利用此课程机会增加部门之间的彼此了解,当然也会再次宣扬公司的价值观和企业文化,并借机收集员工对公司的建议。西南航空的训练课程,主要在于协助员工学会如何将每天的工作做得更好,而不是要大家整天心系着美国航空公司或美国达美航空公司又如何如何。在激励方面,西南航空所设计的薪资与奖金制度并不复杂,但与其他看重个人表现的公司不同的是,西南航空偏向采取集体奖励的方式,以维护并提升团队精神。西南航空的飞行员与空服员是按航次计薪的,而这也反映出执行长凯勒赫经常提到的理念——"飞机停在停机坪,是赚不了钱的"。西南航空设置了各种各样的奖项,如"社区关系特别奖""好邻居奖"和"幽默奖"等。每隔两个月,公司会表扬 10~12 名优秀员工,这些员工是由各个部门的员工或旅客提出的。获得表扬的员工,将会受邀前往位于总部的总裁办公室,总裁将当众念出对获奖者的表扬内容,并赠送一枚奖章和两张免费的机票,然后与总裁合影留念,西南航空的自办杂志将全面刊登相关内容。另外,西南航空会对工作一年以上的员工实施分红制度,并要求员工将 1/4 的所得红利投资到公司的股票上。目前,90% 的西南航空员工持有公司的股票,约占西南航空流通在外股数的 10%。

从 1979 年开始,每年冬季,西南航空会为一些老人提供免费机票以方便他们能够探视亲人,此举称为"回家过节"。2004 年,西南航空向上千位老人赠送了免费机票。这些人性化的慈善行为使员工感受到西南航空像家一样的温暖,用实际行动营造企业文化。西南航空公司的员工们还积极参与大量的社区公共服务计划。一个由西南航空员工们发起的灾难基金,就是为了给公司里那些面临个人危机的人提供支持用的。

西南航空的成功,并不在于它掌握了特殊的关键技术,或是网罗了管理、营销

的高手。其实，西南航空只是一个平凡的公司，它能有今日的卓越表现，要归功于其"以人为先"的企业价值观、管理规章的落实，以及营造出可以激发员工潜力的工作环境，进而达到公司的经营目标。从诸多类似西南航空的个案研究中会发现：传统上先设定企业最高经营战略，然后设定各部门战略目标，找出执行计划成败的关键因素，并据此设计公司人员的招聘与奖励办法，由管理者监督执行的"公司利益优先"程序，似乎并非成功企业所采取的决策过程；恰恰相反，以"以人为先"的企业价值观为基础设定的经营战略与组织体系，才是可持久的成功企业的秘诀。这类企业决策程序的特色，在于先把一个企业的价值信念找出来，并设计一个能够彰显此价值理念的管理体系，继而建构并培育出企业的核心能力与竞争优势，然后再据此设定经营策略，以应付瞬息万变的市场状况。管理者在这个过程中，主要扮演的是公司价值观与文化的维护者，而非传统模式中对每位员工进行管控的监督者角色。

企业成功的途径只有一个，那就是所有人员与各项运营条件都能相互配合；而企业失败的方式却可能有很多种，因为只要企业运作中的某个环节出错，就可能导致失败。据观察，这些"以人为先"的成功企业，至少有三项共同特质：第一，公司有非常明确的文化价值观；第二，将这个价值观落实在公司每天的运作当中，包括组织管理与公司经营策略的拟定等；第三，重引导而非管理。这是一个知识经济的时代，人才决定一切。但在不断寻寻觅觅，以高薪礼聘顶尖人才以维持公司成功地位的同时，不知管理者是否曾经想过，维持公司优势的人才可能早已进了公司，只是其潜力尚未被激发出来而已。或许，对一个眼光长远的企业而言，如何激发员工的隐藏价值并加以利用，可能要比想尽办法高薪挖角来得更为重要。

（资料来源：林丽，张健民，陶小龙. 现代人力资源管理［M］. 北京：机械工业出版社，2018.）

案例分析题：
1. 结合案例分析，企业获取竞争优势的来源有哪些？
2. 西南航空的人力资源管理与其持续的竞争优势具有怎样的内在关系？
3. 西南航空的人力资源管理政策具有哪些特征？
4. 企业应该从哪些方面塑造"以人为本"的竞争优势？

复习思考题

1. 在制定人力资源管理战略时，为什么要考虑外部环境的影响？外部环境的影响表现在哪些方面？
2. 什么是战略人力资源管理？战略人力资源管理具有哪些基本的特征？

3. 旅游企业经营战略有哪些主要类型？它对人力资源战略有怎样的影响？

4. 什么是高绩效工作系统？战略人力资源管理为什么要重视高绩效工作系统？

5. 人力资源管理战略有哪些常见的类型？人力资源管理战略与企业经营战略应如何匹配？

6. 目前，旅游企业人力资源管理面临哪些发展趋势？

7. 为什么管理者需要学习如何有效地领导多样化的员工？

8. 共享经济对旅游企业人力资源管理有哪些影响？

【实践练习】

由3～4人组成一个小组，选定一家旅游企业作为分析对象，利用本章所学知识或相关分析工具对其企业战略和人力资源战略进行分析与归纳。

本章参考文献

[1] 白西艳. 人力资源管理理论研究新进展及其评析与展望 [J]. 企业改革和管理, 2019 (10): 79, 84.

[2] 曹丹. 论共享经济对旅游业发展的影响及其应对 [J]. 四川师范大学学报, 2017, 44 (1): 56-66.

[3] 常凯. 雇用还是合作: 共享经济依赖何种用工关系 [J]. 人力资源, 2016 (11): 38-39.

[4] 陈凤琦. 共享经济时代人力资源管理的趋势 [J]. 市场周刊, 2016 (10): 134-136.

[5] 陈维政, 余凯成, 程文文. 人力资源管理 [M]. 4版. 北京: 高等教育出版社, 2016.

[6] 陈志红. 企业高绩效工作系统研究演进 [J]. 山东社会科学, 2010 (7): 97-100.

[7] 程熙镕, 李朋波, 梁晗. 共享经济与新兴人力资源管理模式: 以Airbnb为例 [J]. 中国人力资源开发, 2016 (6): 20-25.

[8] 丁茜. 房屋在线短租企业商业模式研究 [D]. 北京: 北京交通大学, 2015.

[9] 葛小云, 高涛. 高绩效工作系统研究述评 [J]. 人力资源管理, 2015 (10): 43-46.

[10] 葛玉辉. 人力资源管理 [M]. 2版. 北京: 清华大学出版社, 2010.

[11] 郭镇之. 逆全球化背景下的跨文化传播: 困境与对策 [J]. 对外传播, 2020 (8): 4-6.

[12] 胡敏华. 大数据时代企业人力资源管理变革的思考 [J]. 中国管理信息化, 2019, 22 (1): 80-81.

[13] 黄骏. 对我国共享经济发展的研究 [J]. 经营管理者, 2016 (2): 245.

[14] 解轶鹏, 石玉. 共享经济的发展现状和未来趋势 [J]. 国家治理, 2017 (17): 29-37.

[15] 靳娜. 共享经济趋势下人力资源外包模式创新 [J]. 现代营销旬刊, 2016 (12): 100-101.

[16] 李华, 李传昭, 陈杨. 基于高绩效工作系统的组织人力资源管理实践 [J]. 生产力研究, 2005 (5): 74-75.

[17] 李庆雷, 蒋冰. 国外旅游共享经济的发展及其启示 [N]. 中国旅游报, 2016-04-13 (C2).

[18] 李瑞, 张正堂. 服务业高绩效工作系统研究述评 [J]. 管理学报, 2014, 11 (5): 772-779.

[19] 丽思卡尔顿: 书写绅士与淑女的传奇 [J]. 饭店现代化, 2007 (5): 37-39.

[20] 廖辉尧. 高绩效工作系统研究综述 [J]. 管理观察, 2012 (13): 179-180.

[21] 林丽, 张健民, 陶小龙. 现代人力资源管理 [M]. 北京: 机械工业出版社, 2018.

[22] 凌超, 张赞. "分享经济"在中国的发展路径研究: 以在线短租为例 [J]. 现代管理科学, 2014 (10): 36-38.

[23] 刘善仕, 刘辉健. 人力资源管理系统与企业竞争战略匹配模式研究 [J]. 外国经济与管理, 2005, 27 (8): 41-46.

[24] 刘善仕, 彭娟, 邝颂文. 人力资源管理系统、组织文化与组织绩效的关系研究 [J]. 管理学报, 2010, 7 (9): 1282-1289.

[25] 刘善仕, 周巧笑, 晁罡. 高绩效工作系统与组织绩效: 中国连锁行业的实证研究 [J]. 中国管理科学, 2005 (1): 141-148.

[26] 刘善仕, 周巧笑. 高绩效工作系统与绩效关系研究 [J]. 外国经济与管理, 2004, 26 (7): 19-23.

[27] 刘善仕. 人力资源管理模式与组织绩效关系研究评述 [J]. 华南理工大学学报 (社会科学版), 2005, 7 (1): 38-41.

[28] 罗云丽. 旅游共享经济的基本特征、运行机制与发展对策 [J]. 商业经济研究, 2016, (14): 175-176.

[29] 聂琳琳. 沙发客的共享经济特征及启示 [J]. 企业导报, 2016 (12): 13-14.

[30] 戚聿东, 朱正浩. 逆全球化背景下全球生产性服务业 FDI 新趋势及动力机制分析 [J]. 经济管理, 2020 (7): 56-74.

[31] 阮晓东. 共享经济时代来临 [J]. 新经济导刊, 2015 (4): 54-59.

[32] 孙俊伟, 惠青山. 高绩效工作系统研究现状分析 [J]. 社会工作与管理, 2016, 16 (6): 92-99.

[33] 佟家栋, 刘程. "逆全球化"浪潮的源起及其走向: 基于历史比较的视角 [J]. 中国工业经济, 2017 (6): 5-13.

[34] 万广华, 朱美华. "逆全球化": 特征、起因与前瞻 [J]. 学术月刊, 2020, 52 (7): 33-47.

[35] 王操红, 邹湘湘. 高绩效工作系统内涵及组成研究述评与展望 [J]. 统计与决策, 2009 (9): 151-153.

[36] 王虹. 中国企业背景下高绩效工作系统的结构维度研究 [J]. 科学学与科学技术管理, 2010, 31 (9): 178-183.

[37] 王政军, 崔永聪, 刘真. 基于共享经济下的短租住宿产品问题研究 [J]. 酒店管理研究, 2016, 1 (2): 78-80.

[38] 吴冰, 王重鸣, 唐宁玉. 高绩效工作实践及系统研究述评 [J]. 中国人力资源开发, 2008

(11): 13-18.

[39] 吴慈生, 孙薇. 高绩效工作系统与组织绩效研究述评 [J]. 现代管理科学, 2007 (11): 84-86.

[40] 吴东晓. 饭店企业人力资源战略模式探析 [J]. 旅游科学, 2003 (3): 5-8.

[41] 吴光菊. 基于共享经济与社交网络的 Airbnb 与 Uber 模式研究综述 [J]. 产业经济评论, 2016 (2): 103-112.

[42] 吴泽福, 吴捷. 中国企业创建高绩效工作系统的研究 [J]. 区域经济评论, 2002 (7): 54-56.

[43] 杨婧, 杨河清. 人力资源管理与组织绩效关系的实践: 国外四大理论的阐释 [J]. 首都经济贸易大学学报, 2020, 22 (1): 103-112.

[44] 伊万切维奇, 科诺帕斯克. 人力资源管理 [M]. 赵曙明, 程德俊, 译. 12版. 北京: 机械工业出版社, 2016.

[45] 曾雨琪, 顾佳雯, 钱雯怡, 等. 共享经济现状及存在问题 [J]. 电子商务评论, 2018, 7 (3): 25-31.

[46] 张徽燕, 李端凤, 姚秦. 中国情境下高绩效工作系统与企业绩效关系的元分析 [J]. 南开管理评论, 2012, 15 (3): 139-149.

[47] 张正堂, 李瑞. 企业高绩效工作系统的内容结构与测量 [J]. 管理世界, 2015 (5): 100-116.

[48] 赵浩泽. 共享经济背景下的人力资源管理 [J]. 经贸实践, 2017 (1): 17.

[49] 郑志来. 共享经济的成因、内涵与商业模式研究 [J]. 现代经济探讨, 2016 (3): 32-36.

[50] Combs J, Liu Y, Hall A, et al. How much do high: performance work practices matter? a meta-analysis of their effects on organizational performance [J]. Personnel psychology, 2006, 59 (3): 501-528.

[51] Delery J E, Doty D H. Modes of theorizing in strategic human resource management: tests of universalistic, contingency, and configurations performance predictions [J]. Academy of management journal, 1996, 39 (4): 802-835.

[52] Huselid M A, Becker B E. Methodological issues in cross-sectional and panel estimates of the human resource-firm performance link [J]. Industrial relations: a journal of economy & society, 2010, 35 (3): 400-422.

[53] Huselid M A. The impact of human resource management practices on turnover, productivity, and corporate financial performance [J]. Academy of management journal, 1995, 38 (3): 635-672.

[54] Ichniowski C, Shaw K, Prennushi G. The effects of human resource management practices on productivity: a study of steel finishing lines [J]. American economic review, 1997, 87 (3): 291-313.

[55] Nadler D A, Gerstein M S, Shaw R B. Organizational architecture [M]. San Francisco: Jossey-Bass, 1992.

第三章　旅游企业全球人力资源管理

【学习目标】全球化发展成为世界经济的主流。企业要想在全球化竞争中保持优势，必须重视全球性的人力资源管理。通过本章的学习，你应该能够：

（1）描述旅游企业全球化的驱动因素。

（2）举例说明文化在决定国际旅游集团人力资源管理实践有效性中所起的作用。

（3）列出影响招聘、培训外派人员的因素。

（4）了解东道国在旅游企业跨国经营中的重要作用。

【前期思考】企业进入国际市场，在人力资源管理上应进行哪些方面的变革？

【重点和难点】重点掌握全球人力资源管理的特征，特别是外派人员的管理；难点是国家层面的文化属性对全球人力资源管理的影响。

引导案例

海底捞全球市场分化：生意火爆和"水土不服"

"海底捞"创建于1994年，是一家以经营川味火锅为主的餐饮类直营连锁企业。20多年来，它一直倡导"服务至上，顾客至上"的经营理念，通过为顾客提供周到、贴心和个性化的服务，由一家小规模火锅店发展成了一家大型的民营企业。截至2019年6月30日，海底捞已在中国（含香港、台湾地区）118个城市，以及新加坡、韩国、日本、美国、加拿大、英国、越南、马来西亚、澳大利亚等国家经营593家直营门店，拥有4380万名会员和88378名员工。

服务是餐饮企业的核心领域之一，它对企业的本土经营和国际化经营都非常重要。学者在对海底捞进行调研的过程中发现，海底捞在中国市场的成功经营很大程度上取决于其员工提供的一系列独特的"特色增值服务"，这些服务甚至被视为其品牌的象征。例如，顾客在等候餐位时，可以享受小吃、按摩、上网、擦鞋、美甲和手机美容等免费服务项目，小孩有专门的玩具或活动区，顾客还可以折纸抵用餐费。在进入座位后，顾客更可以享受服务人员细致入微的服务。他们首先会得到服务员为其准备好的各种物品（如眼镜布、橡皮筋、发卡、手机套等）以保证其用餐时衣物的整洁，在用餐过程中也会得到服务员随时为其更换热毛巾、添加饮料和其他无微不至甚至是出人意料的体贴的关怀服务；此外，还可以观赏服务员现场表演的"面条舞"等。可以说，海底捞的服务已经超越了传统的餐饮行业的范畴。然而，这些在国内备受欢迎的"特色增值服务"能否被其他国家的顾客所理解和接受呢？

　　从表3-1和表3-2可见，海底捞仍然以中国内地市场为主，但海外市场逐年扩大。目前，来自中国内地市场的营业收入占整个海底捞总营业收入的比重为91%以上，但总体呈现下降趋势。2015年，来自中国内地市场的营业收入占比为95.2%，2017年降为93.2%，2018年再降为92%，2019年继续下降为91.1%。海底捞的海外市场扩张迅速，在新加坡、韩国、美国等国家，分店数量由2015年的5家增长到2018年的24家，以及2019年的30家以上。从营业收入看，新加坡海底捞单个门店的收入远远高于美国海底捞单个门店的收入。从成本看，美国和英国的海底捞门店以分餐制的小火锅为主，其成本投入远高于亚洲区域。

表3-1　海底捞2015—2018年全球营业额分析

地域	2015年		2016年		2017年		2018年		2018年营业收入比重（%）
	门店数量（家）	年收入（万元）	门店数量（家）	年收入（万元）	门店数量（家）	年收入（万元）	门店数量（家）	年收入（万元）	
中国内地市场（以城市为统计单位）									
一线城市	50	231680	55	271375	65	295922	106	403565	24.4
二线城市	71	287956	83	377636	120	523098	207	779485	47.2
其他城市	18	31018	29	73360	69	151837	117	337866	20.4
内地总计	139	550654	167	722371	254	970858	430	1520916	92.0

续表3-1

地域	2015年 门店数量（家）	2015年 年收入（万元）	2016年 门店数量（家）	2016年 年收入（万元）	2017年 门店数量（家）	2017年 年收入（万元）	2018年 门店数量（家）	2018年 年收入（万元）	2018年营业收入比重（%）
中国内地以外市场									
台湾	1	1374	1	5760	5	15845	10	30337	1.8
香港	—	—	—	—	1	1621	2	9548	0.6
国外市场									
新加坡	3	19355	4	25869	6	35399	10	55964	3.4
韩国	1	2645	2	4640	3	7250	6	11246	0.7
日本	1	1333	1	3806	2	5549	4	12450	0.7
美国	1	3000	1	3840	2	4674	3	12526	0.8
加拿大	—	—	—	—	—	—	1	184	0
国外总计	6	26334	8	38155	13	52872	24	92370	5.6

注：营业额即为年收入。因采用四舍五入的方式计数，有的总计数据与单项之和略有出入。资料来源：海底捞国际控股有限公司年度报告。

表3-2 海底捞2019年全球营业额分析

地域	中国内地			亚洲（除中国内地以外）	美洲	欧洲	大洋洲
	一线城市	二线城市	其他城市	新加坡、日本、韩国、越南、马来西亚、印度尼西亚、泰国，以及中国香港、台湾地区等	美国、加拿大	英国	澳大利亚
门店数量（家）	190	332	194	44	6	1	1

续表3-2

地域	中国内地			亚洲（除中国内地以外）	美洲	欧洲	大洋洲
	一线城市	二线城市	其他城市	新加坡、日本、韩国、越南、马来西亚、印度尼西亚、泰国，以及中国香港、台湾地区等	美国、加拿大	英国	澳大利亚
年收入（万元）	648160	1114270	577900	190410	26200	6100	4690
营业收入比重（%）	25.2	43.4	22.5	7.5	1.0	0.2	0.2

注：营业额即为年收入。资料来源：海底捞国际控股有限公司截至2019年12月31日的未经审核全年业绩公告，见海底捞官网（https://www.haidilao.com/zh/2020/03/20200325222381963757.pdf）。

一、亚洲市场生意火爆

新加坡是海底捞出海的第一站。2012年12月13日，海底捞在新加坡的第一家店正式开业。大众点评网的数据显示，新加坡海底捞的人均消费在250元人民币左右，跟国内一样经常出现排长队的情况。新加坡的卫生要求十分严格，海底捞曾因越过卫生监管红线而被新加坡执法部门处罚。2018年2月，海底捞位于新加坡的一家餐厅因为员工徒手处理食物，以及销售不洁食物被新加坡国家环境局停业两周。此事之后，新加坡海底捞厨房视频在网络传开，视频里干净规范的操作场景打消了消费者的顾虑，新加坡各店的运营依旧火爆。网友对新加坡海底捞的评价是："服务很好，跟国内没差别"，"经常要排队，需等一两个小时，最久等过三四个小时才吃上"。

韩国海底捞的价位相对便宜一些，大众点评网的数据显示，其人均消费在230元人民币左右。评论显示，韩国门店也要排队，国内有的美甲、擦皮鞋等服务在韩国也都一应俱全。韩国海底捞门店的顾客以中国人为主，但因中韩料理口味相似，很多韩国顾客觉得海底捞富有"中国味道"，也会光临。韩国店的绝大多数员工是中国人，但是许多土生土长的韩国人也到海底捞求职并得到聘用，这使得海底捞的服务更能满足韩国顾客的需要。

海底捞的日本首店在2015年开业，初开业时许多人认为"海底捞的逆天服务，到了服务突出的日本可能就没那么吃香了，海底捞可能会被'冷落'"。后来在运营中，日本网友在网上对其评价："很喜欢海底捞的口味、川剧变脸、自助小料台、特色舞面、四宫格火锅形式等，新奇有趣的食物以及服务形式",还有多名网友反映"每次都要排队1个小时以上"。

二、美国市场"水土不服"

相比在新加坡、韩国和日本的受欢迎程度,海底捞在美国显得"水土不服"。2013年,海底捞在美国的第一家门店开业,在满分为5分的美国餐饮点评网站Yelp中的评价得分平均只有2.5分。经历了两年的发展,直到2015年5月,其评价得分才上升到3.5分。而在新加坡点评网站HungryGoWhere上,顾客对新加坡海底捞门店的综合评分为91%。美国顾客对海底捞不满意的原因主要集中在"服务员不能很好地解释菜名的具体含义,等待就餐时间过长,服务员的服务过于周到等"方面,美国本地人也只占其顾客总数的10%左右。

在亚洲市场生意火爆的海底捞,为什么在美国市场被质疑"水土不服"呢?中美之间的文化差异可能是主要原因。在美国,"如果服务员听到顾客交谈什么就马上表示可以提供什么",服务员很有可能得不到小费并会遭受白眼,因为美国人会认为"你偷听了顾客的隐私"。美国顾客更关心的是服务员的服务态度,关心服务员是否面带微笑、是否能与顾客轻松自如地交流;而不喜欢服务员距离太近,认为距离太近是侵犯了其隐私空间。

海底捞在美国做了很多"入乡随俗"的调整——将中国常见的大火锅改成了分餐制的"小火锅";把地点选在近五成以上居民都是华人的地方,降低了顾客对中餐的接受门槛;而那些特色配菜如腰花、脑花、鸭肠、牛肚等并未被列入美国店的菜单中,也取消了在国内的特色服务如美甲、擦鞋等。也就是说,海底捞在中国的许多"服务优势"到了美国都被省略了。

哈佛大学商学院教授、康奈尔大学约翰逊管理学院教授马奎斯(Marquis),在谈及海底捞进入美国市场时曾提道,"最重要的是文化上的整合,进入一个新的市场时,要把品牌/产品文化渗透和融入当地的文化和习俗中去"。

[资料来源:①陆彤. 从中美文化差异看海底捞的"水土不服"[J]. 学术论坛,2015(3):181-184. ②孟蝶. 海底捞的全球野心:18个海外门店各有一套生意经,不服不行![EB/OL]. (2018-06-13) [2021-07-28]. http://www.canyin88.com/zixun/2018/06/13/64399.html.]

在这个案例中,你认为海底捞在全球化经营的过程中,要考虑哪些人力资源管理问题?

第一节　全球化和国际旅游集团

一、全球化

（一）全球化的视角

全球投资、生产和营销的兴起，通信技术和互联网的进步，世界旅游的繁荣和全球社交媒体的发展等诸多因素促使世界各国走向更加深入的全球化。基于国际市场的产品同质化和国际旅游者日益相似的需求和习惯，使用全球化战略的企业可以在全球范围内创造一致的品牌形象，并更有效地利用品牌资源获取利润。

全球化的概念建立在假设人们不管住在哪里都需要相同的产品和生活方式的基础上，因此，跨国公司可以对所有不同国家的子公司使用相似的经营管理策略。莱维特（Levitt，1983）最先提出"全球化"的概念，认为世界已经成为一个共同的市场。罗伯逊（Robertson，1987）将全球化界定为"结构化的世界变成一个单一的地方"和"全球人类环境的出现"。另外，罗伯逊（1992）解释说，全球化是一个反思的过程，它通过增加不同生活秩序之间的相互作用将世界编织在一起。新技术的发展使得更多的消费者能够接触到大众媒体，而这与跨境旅游和劳动力流动相结合起来，使所有文化可以在全球范围内流通，消费者的需求越来越同质化。营销的标准化、跨文化合作与协调、产业国际化、跨境竞争和全球市场参与的趋势，都促进了全球消费文化的产生。正如格玛沃特（Ghemawat，2007）所指出的，国际企业可以通过采用全球战略和全球产品的国际标准化方式而获得竞争优势。

互联网彻底改变了人们之间的信息流并加速了全球化的进程。全球化为国际旅游集团带来了许多机遇，例如销售额增加，在不同的地方经营时获得当地廉价的资源和劳动力，以及在全球范围内塑造品牌认知等。

然而，在国际市场同质化的背景下，各国独特的旅游资源或旅游现象向旅游者提供了独特的旅游体验，满足了国际旅游者求新、求异、求奇的需求，使得国际游客愿意进行远距离旅行，国际旅游集团也愿意进行跨国投资。国际旅游集团在跨国投资中希望聘用子公司所在地的员工以降低经营成本，但是很难找到足够多的具有全球视野、国际领导技能的高层管理者，以使集团在全球竞争格局中持续获得竞争优势。因此，实现全球化、本地化和本地全球化之间的平衡，对国际旅游集团来说是一项重要的任务。

(二) 全球人力资源管理的文化属性

全球人力资源管理（global human resource management，GHRM）是指在具有国际化导向的企业中与人力资源管理相关的政策与实践。尽管全球人力资源管理与国内人力资源管理的功能基本一样，但是全球人力资源管理也有其独特性，如国际旅游集团的员工需要更加关注与全球化相关的问题，如国际营销、法律、历史、社会、文化、地理和语言等。

在全球化的进程中，学者们已经达成共识，认为国家的重要文化差异会影响到人力资源管理的政策和实践。荷兰管理学者霍夫斯泰德（Hofstede，1980，1991）提出的文化维度理论从国家层面来衡量不同国家之间的文化差异、价值取向。该理论被广泛应用于市场营销、人力资源管理等国际商业领域。爱德华·霍尔（Hall，1976，1981）提出文化模式理论。该理论比较了不同国家的人们在情境、时间观和空间距离观三个维度上的文化差异。

霍夫斯泰德的文化维度理论是他在调查了70多个国家的 IBM（International Business Machines Corporation，国际商业机器公司）员工的基础上形成的。他认为，尽管某一社会中的个体的性格千差万别，但从国家层面而言，总有一些共同的、持久的性格特点。他从国家的层面将文化划分为以下五个维度：

（1）个人主义与集体主义。该维度反映了人们关心群体成员和群体目标或者自己和个人目标的程度。个人主义更关心自己和个人目标，集体主义则更加注重群体目标和人际关系的和谐。研究发现，美国在个人主义上得分最高，为91分，居全世界之首；而有儒家文化背景的群体，如新加坡人、中国香港人、中国台湾人在个人主义上得分较低（见表3-3）。

表3-3 霍夫斯泰德对主要国家或地区个人主义程度的排序

西方国家	美国	澳大利亚、英国	加拿大	意大利	瑞士	德国
个人主义指标得分	91	90、89	80	76	68	67
指标排序	1	2	4~5	7	14	15
亚洲国家和地区	印度	日本	中国香港	新加坡	韩国	中国台湾
个人主义指标得分	48	46	25	20	18	17
指标排序	21	22~23	37	39~41	43	44

受集体主义文化影响的服务员，会注重与顾客建立起一种亲情般的关系，让顾客在服务过程中能够感受到亲情般的关怀，并尽可能地满足顾客个性化的需求。同时，受集体主义文化影响的顾客也渴望得到这种关怀，人们对如何接受服务比接受

什么服务看得更重要。而受个人主义文化影响的顾客，更注重个人利益和目标的满足，他们非常重视自己的隐私空间，要求服务员必须尊重顾客的权力和隐私。

（2）权力距离。该维度反映人们对社会或组织中权力分配不平等这一事实的接受程度。接受程度高的国家，社会层级分明，权力距离大；接受程度低的国家和民族，人和人之间比较平等，权力距离就小。欧美人注重个人能力，不是很看重权力，权力距离小；而亚洲国家，如日本和韩国等，人们普遍接受人和人在地位、身份与地域上的差别，推崇依附、顺从和权威，权力距离大。

马蒂拉（Mattila，1999）曾分析亚洲和西方顾客在酒店服务感知方面的差异。他发现，在高权力距离的亚洲文化中，服务者被视作社会地位低的角色，顾客期待从他们那里得到高水平的服务。相反，在低权力距离的西方国家如美国、加拿大等，顾客不太关注或接受社会地位的差别，而更加期望平等的服务。沃登（Warden，2003）进一步分析了权力距离对服务期望的影响。具有高权力距离文化背景的顾客会期望酒店服务员能够严格遵从并满足其要求，讲究面子；而具有低权力距离文化背景的服务员则更期待与顾客之间的平等互动。

（3）不确定性回避。该维度反映人们对模糊和事情的不确定性或者感到模糊和不确定性的威胁的容忍程度。低不确定性规避文化中的人们敢于冒险，对未来充满信心；而高不确定性规避文化中的人们则相反。例如，日本和葡萄牙就属于高风险规避国家，人们倾向于预测、控制甚至影响未来发生的事情。

（4）男性化与女性化。该维度反映特定文化中代表男性的品质如竞争性、成就、物质主义、权力和决断性更多，还是代表女性的品质如注重生活质量、谦虚、关爱他人更多。弗里德曼（Friedman，2007）发现，在高男性化组织中，人力资源管理者参与战略管理时必须体现出具有独立性和成就感的个人风格；而在高女性化组织中，强调合作性和解决问题的态度更有利于战略决策的制定。

（5）长远导向与短期导向。该维度反映人们的思维模式是着眼于现在还是放眼于未来。长期导向高的国家，人们倾向于节俭、积累、容忍和传统，追求长期稳定和高水平的生活。

霍尔提出不同国家文化模式差异的三个维度，分别是影响感知和沟通方式的情境（高语境/低语境）、影响人们行为方式的时间观（直线式时间观/圆式时间观）和人际之间的空间距离观（亲密距离/人际距离/社交距离/公共距离），如表3-4所示。

表3-4 霍尔提出的文化模式差异的三个维度及特征

维　度		特　征
情境维度	高语境	人们的交流高度依赖沟通时的情境信息；强调含蓄的、非语言性的沟通（如中国、日本等）
	低语境	人际间的沟通取决于明确的语言沟通（如美国、加拿大等）
时间观维度	直线式时间观	认为时间是不可持续的有限资源。在时间的利用上，倾向于单项计时制，重视时间计划，珍惜时间，以很小的单位计量时间，一段时间内只集中精力做一件事
	圆式时间观	认为时间是轮回的，可重复的。在时间的利用上，倾向于多项计时制，即不喜欢制订计划，或计划执行较为灵活；重视人际关系，同一时间可以做多件事情
空间距离观维度	亲密距离	具有亲密关系的人进行亲密活动时彼此之间的空间距离
	人际距离	人们进行非正式谈话或其他非正式互动时的适宜距离
	社交距离	人们在正式的社交或业务交往场合所应保持的空间距离
	公共距离	在公共演讲或其他公众场合人们的空间距离

（资料来源：Sana Reynolds, Deborah Valentine. 跨文化沟通指南[M]. 张微，译. 北京：清华大学出版社，2004.）

对旅游企业而言，来自高语境背景国家的顾客更加注重服务接触过程中语言之外的隐形的话语情景，即细节上的沟通信息（如服务者的仪表、态度、语气等）；高语境背景国家的服务者也更善于揣摩、捕捉和满足顾客不曾用语言表达出来的潜在需求。这些细节上的沟通信息往往会与有形的物质产品一起成为被顾客感知和评价的服务质量的内容。但是，来自低语境背景国家的顾客和服务者则更注重服务过程中的直接交流和互动，以及服务目标本身的完成情况。

具有不同时间观和时间使用习惯的人们，对服务等待时间的接受程度有所不同。相对于持有圆式时间观和习惯使用多项计时制的顾客，具有直线式时间观和习惯使用单项计时制的顾客对服务等待更缺乏耐心，对同样长度的等待时间给予的服务评价更低。在时间观念上，相对来说，中国属于圆式时间观文化，认为时间是轮回的、可重复的；在时间的使用上，习惯弹性较大的多项计时制。在这种文化情境下，人们认为时间是可以随意支配的，因而没有严格的计划性，即使有计划也会较为灵活地执行。美国属于直线式时间观文化，认为时间是单向运动着的、不断流逝并不可重复的；在时间的使用上，更习惯于单向计时制。人们认为自己的时间是不可持续的有限资源，因而通过严格计划时间的使用来节约和控制它。

知识拓展 3-1　　　　不同国家的核心文化价值指标

托马斯（Thomas，2003）归纳出不同国家的核心文化价值指标。表 3-5 列举了中国、美国和德国的核心文化价值指标。

表 3-5　中国、美国、德国的核心文化价值指标

中国核心文化价值指标	美国核心文化价值指标	德国核心文化价值指标
社会和谐	个人主义	
保持面子	行动/目标导向	
爱国精神	成就导向	事实导向
关系	机会均等	规则导向
礼节	社会支持	直接的人际沟通
单位（生活与工作的单位）	实用主义	人际距离大
等级	人际距离最小化	等级/权威导向
官僚	爱国主义	时间计划
计谋策略	迁移	

二、国际旅游集团和跨国经营

由于旅游涉及吃、住、行、游、购、娱等多种活动类型，因此，经营旅游业的企业众多，其中，许多旅游企业为了更好地服务顾客，进行全球化经营。

酒店业的权威杂志——美国的 *Hotels* 杂志发布了以客房数排名的 2018 年度世界酒店 325 强，其中有 5 家排名前 10 的酒店集团在 100 多个国家或地区经营管理酒店，如表 3-6 所示，可见酒店集团在多个国家开展业务是非常普遍的现象。

表 3-6　全球 10 大酒店集团的全球化经营

世界排名	连锁酒店集团	客房数（间）	总门店数（座）	旗下品牌数量（个）	总部所在地	分布国家和地区数（个）
1	万豪国际酒店集团	1317368	6905	30	美国	130
2	锦江国际集团	941794	8715	40 多	中国	120 多
3	希尔顿酒店集团	912960	5685	17	美国	90
4	洲际酒店集团	836541	5603	15	英国	100 多

续表 3-6

世界排名	连锁酒店集团	客房数（间）	总门店数（座）	旗下品牌数量（个）	总部所在地	分布国家和地区数（个）
5	温德姆酒店及度假村	809900	9200	15	美国	71
6	雅高酒店	703806	4780	13	法国	100 多
7	精选国际酒店	569108	7021	11	美国	100 多
8	Oyo 酒店	515144	17344	—	印度	—
9	华住酒店集团	422747	4230	19	中国	—
10	首旅如家酒店集团	397561	4049	近 20 个	中国	1

［资料来源：各酒店集团官网和美国 *Hotels* 杂志官网（http://www.hotelsmag.com/）。］

表 3-6 中有 3 家中国企业，分别是锦江国际集团、华住酒店集团和首旅如家酒店集团，反映出中国酒店业发展迅速。中国的锦江国际集团近年来先后收购了丽笙酒店集团、卢浮酒店集团（Louvre Hotels Group），以及印度的塞洛瓦（Sarovar）酒店和度假村等国际酒店集团，使其排名升至全球第二。

在传统旅行社和在线旅行社中，全球市值最大的在线旅行社 Priceline 公司，于 1998 年在美国创建，该企业从 2004 年开始全球扩张。2004 年 9 月，该公司斥资 1.61 亿美元，收购了英国线上酒店预订服务公司 Active Hotels，进入欧洲市场。2005 年 7 月，Priceline 公司以 1.33 亿美元收购了荷兰的酒店预订网站 Bookings BV。随后，Priceline 公司将 Active Hotels 和 Bookings BV 进一步整合为 Booking（中文名为"缤客"）。目前，Booking 已发展成为欧洲最大的在线旅游网站。接着，Priceline 在 2007 年 11 月收购了位于曼谷和新加坡的在线酒店预订公司 Agoda，进入亚洲市场；2010 年 5 月，为了增强租车业务，收购了英国曼彻斯特的租车网站 Travel Jigsaw；2012 年 11 月，以 18 亿美元的价格收购了从事旅游搜索引擎业务的 Kayak 公司；2014 年 6 月，以 26 亿美元的价格收购了在线酒店预订服务商 OpenTable；2014 年 8 月投资和 2015 年 10 月增持中国在线旅行社携程旅行网。目前，Priceline 向全球顾客提供酒店、机票、租车、餐饮、度假产品、旅游包价产品等在线预订服务，海外订单已经超过 Priceline 公司订单总数的 60%，这一数字远高于其他在线旅行社。Priceline 公司在线旅游消费形成生态循环系统：旅游店铺、旅游激励、旅游计划、旅行搜索、旅行预定和旅游六个环节形成闭环。为了更好地服务全球消费者，该公司聘用全球各地员工 18500 人。

2000 年创建的 Tripadvisor 是全球最大、最受欢迎的旅游在线社区，也是全球第一的旅游评论网站。该企业为旅行者提供酒店评论、酒店受欢迎程度索引、高级酒店选择工具、酒店房价比价搜索、旅途图片分享、在线驴友交流等在线信息服务，以及酒店、餐饮、景点、交通等预订服务。Tripadvisor 在全世界 49 个国家开设站点，包括美国、英国、西班牙、印度、中国等地，已有全球员工 3000 多名。"猫途鹰"是其在中国的官方网站，于 2009 年正式上线。

在旅游景区中，迪士尼乐园是全球最著名的主题公园，自 1955 年由美国电影动画师沃尔特·迪士尼（Walt Disney）在加利福尼亚州创建以来，目前已在美国、法国、日本和中国建成开业了 6 个世界级度假区、12 个乐园，见表 3-7。

表 3-7 迪士尼乐园的全球布局

国家	城市	建成时间	占地面积（公顷）	相关乐园	每年游客量（万人次）
美国	洛杉矶	1955 年	207	洛杉矶迪士尼乐园、洛杉矶迪士尼-加州冒险乐园	2000
美国	奥兰多	1971 年	12228	奥兰多迪士尼-神奇王国、奥兰多迪士尼-艾波卡特中心、奥兰多迪士尼-迪士尼影城、奥兰多迪士尼-动物王国	1600
日本	东京	1983 年	780	东京迪士尼乐园、东京迪士尼海洋乐园	1730
法国	巴黎	1992 年	1951	巴黎迪士尼乐园、巴黎迪士尼影城	1200
中国	香港	2005 年	126	香港迪士尼乐园	450
中国	上海	2016 年	390	上海迪士尼乐园	1100

（资料来源：迪士尼美国官网、迪士尼中国官网、迪士尼日本官网和迪士尼法国官网。）

国际旅游集团在多个国家开展业务，为了降低成本，多采用多元化的经营管理模式，如特许经营、委托管理、直属经营和合资经营等，采用一种模式或多种模式同时采用。以迪士尼主题公园为例，迪士尼公司对日本迪士尼乐园采取了特许经营模式，设计和输出经营理念，保证产品原汁原味，并按提成收费，大约为门票和游乐设备收入的 10% 和饮料、纪念品收入的 5%；对法国迪士尼乐园采取了直接管理控制模式并分享利润的 70%；对香港迪士尼乐园和上海迪士尼乐园采取合资经营模式，当地政府和迪士尼公司双方共同投资建设，迪士尼公司负责经营管理，并收取经营管理费，利润按股份比例分配。

近年来，国际旅游集团在战略上重新定位，它们选择通过减少直接投资，增加特许经营、委托管理的模式以实施"轻资产"的增长战略。美国连锁酒店集团和欧洲的一些酒店集团已经实现了"从酒店资产投资转向委托管理业务"的模式转变。

国际旅游集团采用不同的经营管理模式,就意味着不同的战略人力资源管理。采取特许经营模式输出管理的国际旅游集团,一般仅委派具有核心竞争力的高层管理者,以保证管理的企业与国际旅游集团在品牌形象、文化价值理念和服务产品质量方面是一致的,其他中层、基层管理者和员工一般以当地人为主,以降低人力资源成本。采取直属经营模式的国际旅游集团,则考虑以人力资源最优模式来配置人员。也就是若当地劳动力政策允许,将在全球招聘最合适的人员。采取合资经营的公司,国际旅游集团与业主方将根据所有权或合同关系,共同协商确定人力资源管理制度和政策。

依据员工的来源国,旅游企业的员工有三种类型:①东道国公民,是指在企业所在国或地区的本土员工。②母国公民,是指来自国际旅游集团总部所在国的员工。例如,迪士尼公司在巴黎迪士尼乐园开业初派遣的管理团队全是美国人,这些管理团队成员就是母国公民。③第三国公民,是指来自除了国际旅游集团总部所在国和企业所在国之外任何其他国家的员工。例如,美国凯悦酒店集团在中国的君悦酒店聘用的一名德国总监就属于这种类型。

随着跨国企业越来越多,国际旅游集团意识到开拓东道国市场的重要性,但是在开拓国际市场的过程中,其面临着最大的人力资源挑战是寻找到能够胜任工作的外派人员,特别是外派管理者。

第二节 国际旅游集团的外派人员

外派人员的调配与管理是全球人力资源管理的焦点问题。近年来,对于国际旅游集团来说,这项任务的难度有所增加,其原因是多方面的。首先,劳动密集型的旅游集团需要外派的管理人员,不仅要传递和保持与集团形象和文化一致的管理理念,而且在工作中要考虑东道国社区和员工需求的特殊性。然而,能够有效协调好集团公司和东道国社区关系的外派管理人员很难招聘和培养。其次,许多东道国倡导本土化管理政策,对聘用其他国家的员工有严格的制度限制。许多学者研究发现,外派前对外派者的培训非常重要,它能使外派者更加胜任外派工作,但是在实践运营的过程中,外派人员的失败率依然很高。因此,国际旅游集团应该加强对外派人员的管理。表3-8是由国际酒店集团外派到中国的管理者对他们外派工作出现失败最可能的原因的总结。

表 3-8　外派管理者最可能的失败原因

原　因	平均值	原　因	平均值
外派人员不适应	1.84	配偶不能适应	3.07
外派人员的个性原因	2.63	外派人员处理大事的能力不够	3.16
外派人员缺乏海外工作的激励	2.66	外派人员缺乏技术性能力	3.17

注：原始调查表为7分量表，1表示为最可能，7表示为最不可能。
[资料来源：邓桂枝. 饭店外派管理人员所需技能分析 [J]. 北京第二外国语学院学报，2001 (5)：71-75.]

一、外派人员的选拔

外派人员的选拔是一个极其复杂和敏感的过程。外派人员在一国胜任业务并获得成功，并不能保证他在其他国家同样能成功。一次成功的人员外派，受到很多因素的影响。在一项研究中，研究人员要求来自各个国际公司或组织的338名外派管理者来回答哪些个人特征对其完成海外工作任务非常重要。结果显示，有助于外派人员成功完成海外任务的因素主要是：工作知识和动机、灵活性/适应性、人际关系能力、外部文化开放性以及家庭状况（配偶的积极态度、配偶到国外生活的意愿等）。图3-1展示了这五种因素及其包括的一些具体项目。其中，家庭状况被学者们认为是影响外派管理者取得成功的最为重要的因素。一些研究甚至表明，配偶未能适应海外派遣，是外派人员工作失败的最普遍原因。对于有小孩的外派人员来说，小孩的上学和课外活动等问题如果不能如其所愿地得到解决，将增加其外派的压力。当压力没有办法缓解时，外派人员可能会提前回到母国，意味着这次外派的失败和结束。许多跨国公司或国际集团公司已经意识到家庭因素的重要性，尝试着通过让家庭成员参与到外派人员的选拔决策过程，与外派人员一起参加外派前的培训，来提高外派人员取得成功的可能性。

国际旅游集团在选拔外派人员时，专业技术能力是一个最重要的甄选标准。除此之外，外派人员的自我形象、与他人的沟通能力和对不确定性风险的管控能力也是国际旅游集团甄选的标准。外向、善于社交和情绪稳定的员工更胜任外派工作。

外派人员的个人动机是非常重要的。那些渴望得到外派机会的员工会更加努力地适应国外的工作环境。近年来，中国经济稳定发展，吸引了许多外籍人员来中国工作，中国酒店业的外籍人员普遍认为获得在中国的工作机会对其未来的职业发展非常重要，在中国工作非常有自豪感。

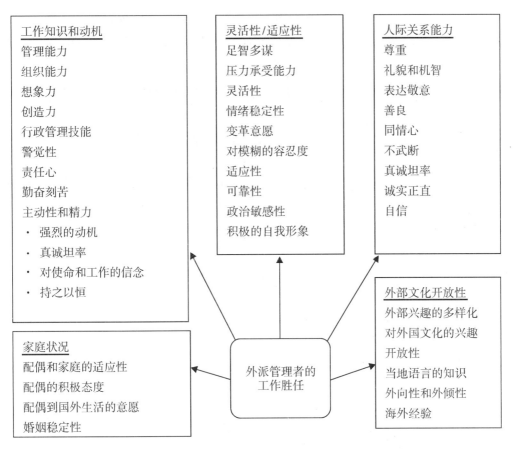

图 3-1　外派管理者取得成功的因素及其组成

(资料来源：德斯勒. 人力资源管理[M]. 刘昕，译. 12版. 北京：中国人民大学出版社，2016.)

知识拓展 3-2　　酒店集团外派管理者国际化管理技能

对国际旅游集团来说，为外派管理人员支付的薪金甚至会超过该分公司其他员工的薪金总和。一旦外派人员在管理上出现了漏洞，国际旅游集团承受的损失可能无法估计。所以说，如何选择外派管理人员对国际旅游集团的国际化经营是至关重要的。那么，一个成功的外派管理者需要具备哪些重要的条件呢？

赫巴德（Hebard）认为，一个成功的外派管理者需要有国际化管理的经验、跨文化的知识、人际交往的技巧、较强的领导能力、灵活的管理风格、对当地文化较好的适应能力以及对下级适当的激励能力。康奈尔大学的克里格（Kriegl）教授针对酒店业的特点，对世界各地的酒店业管理者做了一次调查，结果如表 3-9 所示。文化的敏感性、人际交往能力等是非常重要的管理技能，外派管理者的自身素质也是非常重要的。

表3-9　酒店业外派管理者国际化管理技能的重要性

国际化管理技能	重要性得分	国际化管理技能	重要性得分
对不同文化的敏感性	4.59	对不同文化的办事方式的理解	4.16
人际交往能力	4.53	对国际化经营的兴趣	4.02
灵活的管理	4.47	对不同国家礼仪的了解	4.00
灵活可变的领导	4.41	缓解压力的能力	3.92
对国际化经营的学习兴趣的激发	4.31	功能性技能	3.71
在不同文化背景下保持竞争能力	4.29	技术性技能	3.55
利用有限的资源进行经营的能力	4.18		

注：原始调查表为5分量表，1分表示非常不重要，5分表示非常重要。

[资料来源：邓桂枝. 饭店外派管理人员所需技能分析［J］. 北京第二外国语学院学报，2001（5）：71-75.]

二、外派人员的培训

严格的甄选仅仅是确保外派人员到海外取得工作成功的第一步。接下来，国际旅游集团还要向外派人员提供培训、支付薪酬并提供一些其他支持，才能使外派者更胜任工作。谢伊（Shay）和特蕾西（Tracey）表示，跨文化培训能在以下几个方面促进国际酒店集团的绩效：①提高员工的工作满意度和留住海外工作人员；②在快速变化的商业环境中提高工作效率；③给酒店提供超越其他酒店的核心竞争能力；④减少国际酒店集团因文化差异导致的损失；⑤帮助酒店避免因战略错误导致的浪费；⑥提高酒店辨别商业机会的能力。

（一）外派人员的岗前引导和培训

外派人员在被派遣到海外工作前会参与语言和文化方面的培训，但是，仅仅有这些培训是不够的。那么，怎样的专门培训才是有效的呢？

一家专门从事外派人员培训的企业提出了四步骤培训法。

第一步培训的重点是了解国家之间的文化差异会带来何种影响。这类培训是为了提高受训者对国家之间文化差异的认知，了解这些差异会对自己的经营管理造成怎样的影响。

第二步培训的重点是让受训者理解人的态度是如何形成的，以及态度对人的行为将产生怎样的影响。例如，一家位于伦敦的五星级酒店，其顾客对外派人员的不满意，不是因为对其提供的卓越服务不认可，而是文化上的误解和刻板印象造成的。

第三步培训的内容是向受训者提供有关拟派驻国家的一些实际情况的知识。讲授内容包括派驻国的文化传统、生活条件、服饰与住房情况、健康要求、安全状况、就医和签证的申请办法等。这部分的培训将帮助派遣人员更好地适应新环境，减轻外派人员对适应新环境的焦虑。

第四步培训是提供语言学习以及适应能力的技能培训。语言学习主要是加强口语和听力训练。适应能力培训的内容包括处理突发事件的应变能力、压力训练、理性和感性分析能力等。

在开展这些培训时，最好让那些刚刚从国外回来的外派人员将他们的知识和经验传授给即将外派的人员及其家属。若外派人员与其配偶是双职工身份，还需对外派人员的配偶提供职业培训，让其也能胜任海外工作。

为了使跨文化培训具有可持续性，有的国际旅游集团还开发了软件和网络课程，如凯悦酒店集团与美国高校合作开发网络课程，以便管理者能随时上网学习。

（二）在东道国的持续培训

外派人员抵达东道国后，国际旅游集团应帮助外派员工尽快熟悉将要工作和生活的环境，详细介绍分公司的基本情况，减少外派员工处于异地的陌生感。如果员工带着配偶和小孩，还要让他们了解当地的学校情况，解决工作的后顾之忧。此外，"指导者计划"被证明是非常有效的。国际旅游集团可以通过为外派管理者配备助手，让助手协助其熟悉工作，了解当地员工的需求以及熟悉当地的政策和法规。

在旅游企业，与东道国的员工和顾客面对面的沟通是不可避免的。为了提高沟通的效率和效果，对外派管理者加强东道国的语言培训将是持续培训的一个重点。

另外，国际旅游集团定期开展企业全员培训，可以使外派人员和其他员工在决策执行、操作技能和服务传递上保持一致。

三、外派人员的跨文化适应

精心挑选的外派人员在派驻的企业正式工作后，在新的文化环境下，外派人员首先会对异国文化充满兴趣，感到好奇和欣喜，接着文化冲突（culture shock，又称文化休克）就会产生。所谓文化冲突，是指由于人们突然失去了所熟悉的社会交往符号和象征，对对方的社会符号不熟悉，而在心理上产生的深度焦虑症。在这个阶段，外派人员对新环境有一定的认知偏见，表现为将母国的企业文化和价值观强加到东道国的员工身上。这种做法极易引发文化冲突和误解，也会导致外派人员对自己的管理能力产生困惑。若困惑或挫折感不能有效消除，外派人员就会变得消极，不想继续在东道国工作。国际旅游集团的外派工作也就失败了。

那么，人力资源管理人员如何帮助外派人员更好地处理这些不可避免的冲突的呢？首先，应挑选具有较高文化适应性和会说当地语言的员工，这些人更能避免文化冲突。其次，选派更有沟通意识和协作精神的当地员工和外派人员一起工作，减少因相互不熟悉而引发的冲突。最后，组织企业内的外派人员一起交流，共同商讨，找到解决文化冲突的方法。

当外派人员尝试着找到解决文化冲突的方法时，外派人员就进入了适应阶段。在这一阶段，外派人员对东道国的文化产生一定程度的认同，能有效地管理东道国员工的工作态度和行为，对东道国产生了较强的归属感，这通常是跨文化适应最理想的状态。

外派人员的跨文化适应表现为多个方面。布莱克和门登霍尔（Black & Mendenhall, 1989）将外派适应分为心理适应、社会文化适应和工作适应三种类型。心理适应是在跨文化接触过程中以情感反应为基础的心理健康和生活满意度。在跨文化接触的过程中，如果没有或较少产生抑郁、焦虑、孤独、失望、想家等负面情绪，就是达到了心理适应状态。社会文化适应是指适应当地的社会文化环境，能够与当地居民进行有效接触，包括与当地居民进行有效交际、建立和维持社会关系及处理心理压力。工作适应是指在新的工作角色中表现出积极的工作态度，并用行为证明自己能有效地完成工作任务。

刘俊振（2008）将外派适应划分为四类：工作适应、生活适应、互动适应和心理（文化）适应。其中，工作适应是指外派人员在对东道国工作任务方面，如新的工作要求、上下级与同事关系、海外子公司文化与领导风格等的适应程度；生活适应是指外派人员在基本生活方面，如气候、饮食、交通、医疗、教育、娱乐等的适应程度；互动适应是指外派人员在东道国与上下级、同事、东道国居民交流沟通的适应程度；心理适应是指外派人员在东道国对其风俗习惯、价值观、禁忌等文化内涵的认可和适应程度。

知识拓展 3-3　　　　　　　　将女性管理者派往国外

根据最近的一项调查，外派员工中 40 岁以下的员工约占 56%，未婚约占 43%，女性约占 21%。女性外派者占比相比 20 世纪 80 年代女性占比的 3% 和 2005 年女性占比的 15% 来说，已经有了很大的提高。但为什么很多公司不愿意将女性管理人员派往国外工作呢？

事实上，近年来，阻碍女性员工从事外派工作的刻板印象依然存在，一般的外派任务都是由直线管理者指派的,而他们中的大部分人都认为女性不想到国外工作,也不愿意把家搬到国外,或者是不能让其配偶一同搬到国外。但事实上,这项调查发现,女性也想获得外派的机会,她们并没有那么不乐意搬家到国外,她们的配偶也没有那么不乐意跟随她们搬到国外。

安全则是另一个方面的问题,企业倾向于认为,女性外派员工更有可能成为犯罪受害者。但大部分受访的女性员工却说,与男性相比,女性的安全问题并没有严重多少。有人说过:"其实,外派人员是男性还是女性并不重要,只要是个危险的地方,对任何人来说那个地方都是危险的。"

对某些文化存在的女性偏见的恐惧,也是另一个常见的问题。在某些文化中,女性必须遵循一些特殊的规则,例如在着装上的要求等,但正如一位外派员工所说,即使是在那些严苛的文化背景下,一旦他们意识到女性能把工作做好,而且表现出她们的胜任力,这个问题就不会那么严重了。

企业采取了很多方法来消除上述这些误解,并且派遣更多的女性到国外任职。例如,设定一个程序来识别那些愿意被外派到国外的女性员工;通过培训经理了解员工对从事外派工作的真实感受以及他们担心的安排和文化问题是什么;让成功的女性外派员工帮助企业招募潜在的外派女员工,并和她们一起讨论外派的好处和问题;为外派员工的配偶提供到国外工作的支持;等等。

(资料来源:德斯勒. 人力资源管理 [M]. 刘昕,译. 12版. 北京:中国人民大学出版社,2016.)

四、外派人员的薪酬管理

外派人员的薪酬设定是国际旅游集团比较棘手的问题,因为外派人员的薪酬管理不仅要考虑东道国劳动力市场的薪资水平、竞争对手的薪资水平,还要考虑母国的薪资水平、母国和东道国政府的薪酬政策等。国际旅游集团有必要维护薪酬水平和薪酬政策在整个集团范围内的一致性。但是,由于各国的经济水平存在显著差异,派遣到一些国家(如日本、瑞典)的管理者的生活成本远远高于其他一些国家(如越南、印度)。如果不考虑生活成本的差异,集团很难找到愿意接受且承担"高成本"的外派人员。为了更好地解决这些问题,绝大多数跨国公司采取通过资产负债表(或资金平衡表)的方法来确定外派人员的报酬组合总水平,在保证外派人员所获得的报酬与集团同岗位的其他员工所获得的报酬具有同等购买力的基础上,根据各地的市场情况增加各种补贴和津贴,如额外的激励、外派搬家费用、回国探亲费、住房补贴或提供免费住房、外派管理者子女的教育补贴等。根据米尔科维奇和纽曼的分类方式,额外的补贴和津贴有以下三类:

（1）财务方面。主要指驻外津贴（有时被称为国外服务补贴）、出差补助、任务完成的奖金、孩子的公费教育津贴等。驻外津贴是在正常的基本薪酬基础之上额外增加的一部分经济补偿，其金额一般在基本薪酬的10%～30%之间，一般以周薪或月薪补贴的方式表现。

（2）社会调整。主要指出差休息及疗养、语言和跨文化培训、俱乐部会员身份、驻外安家协助等。为了鼓励管理者外派，国际酒店集团往往把对外销售的客房免费提供给外派管理者入住。

（3）家庭支持。主要指提供儿童保姆，协助解决配偶的工作安置、孩子入学的问题等。

薪酬管理强调公平性。外派人员薪酬管理的公平性，涉及与东道国同事之间的薪酬公平、与母国同事之间的薪酬公平，以及母国外派人员与第三国外派人员之间的薪酬公平等多个层面。因此，国际旅游集团对外派人员的薪酬设计除了采用绝大多数跨国企业采用的全球统一模式，即在全球范围内采取统一的绩效评估方法，制定统一的基本薪酬政策，然后根据生活费用、税收、住房等方面的差别来进行津贴和补贴的必要调整外，还可以采用以下方式来设计外派人员的薪酬。

（1）东道国水平法。东道国水平法强调外派人员的基本薪酬要与东道国的薪酬结构相结合，以当地员工、同国籍已派驻人员或各国派驻人员的薪酬作为派驻当地人员薪酬的参考标准。

（2）母国水平法。外派人员的薪酬水平参考母国的情况。外派人员的海外薪酬是其在母国同职位的薪酬加上生活、住房津贴和其他福利。外派人员薪酬随母国的薪酬变动情况而调整，这样使得外派人员的权益不会因为外派而受到影响，有助于减轻外派人员日后回国时的经济冲击。

（3）尽高法。考虑东道国和母国薪酬水平以及汇率的差异，尽可能根据二者的更高工资水平进行设定。

五、外派人员的回任

尽管外派人员的成本和风险都比较高，但是国际旅游集团仍然鼓励外派管理者，因为管理者通过海外派遣，可以积累全球经营的知识和技能，并提升管理水平和综合素质，更具有国际视野。许多全球化的企业认为国际化的外派经历能将管理者塑造成为全球领导者。

许多外派人员希望经过一段时间的外派，最后能回到母国或母公司工作。然而他们回任时，仍然面临着很多困难。20%～40%的外派人员归来后，很快就离开了原来的组织。许多研究者认为外派人员回国后必须再适应。虽然外派时，外派人员仍然会保留他们原来的文化和价值观，并受到东道国的文化和价值观的影响，但当他们回国时,他们并没有预知到环境变化了,实际上母国的政治、经济、社会和文化已经发生了改变,这促使他们必须再适应。

外派人员回任面临着的困难表现为:

(1) 母公司变革创新对外派人员的知识结构提出了挑战。任何组织都是动态变化的,母公司不断变革创新,如果在技术上领先的优势明显,可能会使外派者认为自己的知识和技术陈旧落伍了。外派者积累了跨国工作的经验和能力,但回国后,这些能力和经验并不能在母公司起到重要作用。因而外派人员回国后,可能会感到自己不能胜任相关职位。于是,许多归国人员宁愿另择新主,并接受新的海外任务,而不愿回母公司。

(2) 职业焦虑和自主权丧失。外派人员回国后在经济、社会地位、工作地位与生活上都有变化。海外工作的各类补贴,在回国后会被取消,回国人员面临着生活水平的下滑和财务的压力,造成其心理压力,影响其对组织的适应。工作职权的改变是回国人员常遇到的状况,尤其是职权范围和工作自主性的降低。与海外派遣时相比,即使回国后职位升迁,但其工作自主性仍然会有所降低。另外,许多外派人员回国后,对新的职位安排感到较高的不确定性也会使他们异常焦虑。

(3) 逆向文化冲突。在某一种文化下生活工作久了,人都会接受和适应这种文化下的风俗习惯。外派人员很难意识到自己这种隐性的改变。当回国后,差不多80%的外派人员将经历逆向文化冲突,感到与原来熟悉的文化的疏远,且不能完全适应。

为了避免外派人员回国后出现以上困境,国外学者总结了跨国公司解决这些问题的一些实际方法。拥有相对较低的回国失败率的公司,成功的原因可归结为,在人员外派之前及回国后,公司与外派人员及其家属保持良好的互动。在保持良好互动的基础上,还具体采用了以下做法:

(1) 建立职业生涯规划,让外派人员知道回国后他们将受到怎样的待遇。在外派人员出国前,管理层、人力资源专家和外派人员一起协商,共同建立外派人员的职业生涯规划。

(2) 让外派人员知道他们对组织而言是非常重要的。总部的高层管理者经常与外派人员沟通,定期联系。

(3) 开放式的沟通渠道,确保外派人员及时了解组织的发展情况。如简报、短信、微信等,可以确保外派人员与公司总部保持及时的联系。

(4) 承认外派人员对海外子公司的贡献。成功完成工作任务的外派人员得到集团总部的承认,更有助于他们留在本集团。

(5) 重视回国人员的财务压力,集团仍然给予合适的福利补贴和合理的薪酬,提高回国人员的经济上的再适应能力。

第三节 东道国员工的管理

一、国际旅游集团人力资源管理模式

霍华德·伯尔姆特（Perlmutter，1969）对跨国公司的人力资源管理模式进行了研究，提出跨国公司国际人力资源管理模式分为民族中心模式（ethnocentric approach）、多中心模式（polycentric approach）和全球中心模式（geocentric approach）。希南和伯尔姆特（Heenan & Perlmutter，1979）在此基础上增加了一种新的模式——区域中心模式（region centric approach），形成了EPRG模型。国际旅游集团可以采用这四种模式进行国际人力资源管理。

（一）民族中心模式

在这种管理模式中，国际旅游集团直接将母国公司中的管理政策、管理知识、管理风格、评价标准和工作方法移植到海外子公司，由母公司派出管理人员和关键职位人员到海外子公司；同时，海外子公司一般遵循母公司的人力资源管理政策，高层管理者只有母国公司派遣的人员才能胜任。子公司所在国的员工普遍从事基层工作或辅助性管理工作。

对于母公司而言，民族中心模式有利于经营活动过程中关键技术的保密，以及母公司的核心价值观和企业文化在海外子公司的传承。母公司制定战略性的决策，海外子公司遵照执行，子公司几乎没有自主决策权。

在母公司和子公司所在国文化背景差异小的情况下，民族中心模式是非常适合的。因为母公司外派管理者和子公司本地员工在沟通上不存在显著的文化差异，母公司制定的人力资源管理政策能在子公司顺利实施。

民族中心模式具有以下局限性：一是由于母公司掌控着重要的决策权，海外子公司的管理人员难以就当地管理的需要成功地与总部进行沟通；二是晋升通道狭窄，子公司本地员工在职业生涯发展中常常受限，很难晋升到核心职位；三是人工成本高昂；四是母公司的管理风格和文化习惯很难进入子公司，即使进入也可能与当地文化产生摩擦或冲突。

（二）多中心模式

在这种管理模式中，子公司与母公司基本上是相互独立的，子公司根据所在国环境采取适合自身发展的人力资源管理政策和风格，子公司所在国的当地员工可以

担任重要的管理职位，这实质上是本土化的一种做法。多中心模式的主要特征是：母公司派出的管理人员很少，海外各个子公司有一定的决策权，子公司主要由所在国当地人进行管理。

多中心模式具有以下优点：一是避免了员工工作中由于语言表达不同而形成的交流和沟通障碍，降低了外派管理人员及其家庭成员为跨国适应而进行培训的费用；二是防止由于文化背景、种族、宗教等方面的差异造成误解和矛盾；三是使用当地员工避免了一些敏感的政治风险，如紧缩的外国劳工政策；四是可以通过合理的待遇吸引当地的优秀人才，避免子公司人员流动频繁，实现集团本土化发展战略。

多中心模式具有以下缺点：一是雇用子公司所在国的员工一般不了解母公司的国际化经营战略、技术和文化背景，或者缺少对母公司的认同感。在具体项目的选择上，可能与母公司的利益不一致，甚至会影响母公司的品牌形象。二是子公司的管理者和母公司的人员之间可能由于文化背景差异大，导致沟通上出现障碍或在行为方式上产生冲突。三是子公司的员工要升迁到母公司工作是非常困难的。

（三）全球中心模式

在这种管理模式中，海外子公司可以在全球范围内配置母国人员、东道国人员或第三国人员。招聘和选拔优秀员工，只要达到受聘的要求便聘用，而不论录用者的国籍、种族和文化背景。这种模式更重视聘用者能否胜任该职位，有助于培养大量具有不同国籍背景且具有国际经营管理能力的管理者。这种模式需要建立综合型的人力资源管理模式来管理多国籍、多文化背景的员工。

全球中心模式最突出的优点是能够形成一个国际化的经营团队，这个团队通过学习效应和区位优势获得创新能力，并为形成一个强大而统一的全球化经营管理系统奠定基础。发展全球中心模式也会受到诸多限制：一是东道国的劳工保护政策往往要求外国公司雇用当地人作为管理人员，但当地人有可能达不到管理者的要求。二是在世界范围内分散招聘项目所需人员，然后对招聘对象及其家庭成员进行语言和文化适应的培训，但是，这些培训是需要高额费用支出的，这无疑增加了公司的运营成本。三是完善全球人力资源管理的政策需要较长的时间，需要建立符合国际惯例的管理体系和人力资源管理政策。

（四）区域中心模式

在这种模式中，子公司按照所在区域进行分类，如欧洲区、亚洲区、北美区等。各个区域内部的人力资源管理政策尽可能协调一致，子公司的管理人员也是由本区域某一国家的员工来担任。区域中心模式使得区域内部的子公司之间协调与沟通的程度很高，而各个区域内的子公司与母公司总部之间的沟通与协调是非常有限的。地区经理虽然难以被提拔到总公司任职,但是其在所管理的区域内具有一定决策权。国际酒店集团大多采用这种模式来管理其全球酒店。

这种模式的主要优点是能促进子公司所在地区内的人员流动,本土化程度进一步加深。但其缺点是有可能在某区域内形成联合,从而限制母公司全球化战略的实施,也就是"联邦主义"[①]。

二、对东道国员工的聘用与管理

大多数国际旅游集团只在一些如高级管理人员和专业技术人才等关键职位上聘用外派人员。外派人员的费用是非常高昂的。据估计,一名外籍人员的费用比当地员工要高 5～20 倍。因此,若可以聘用东道国的员工,却招聘外派人员,显然不符合企业的财务预算。

(一) 聘用东道国员工的主要原因

1. 增强国际旅游集团与东道国市场的融合程度

大量的东道国人员进入国际旅游集团在当地的子公司从事管理和服务工作,他们出于对本民族的感情,必将会遏制子公司执行损害东道国利益的行为。东道国的员工熟悉当地的风俗习惯、市场动态以及政府的各项法规,并且熟悉当地消费者的需求,能更有效地提供让当地消费者满意的产品或服务。

国际旅游集团进入东道国,也会将一流的科学技术和成功的经营管理经验传授给东道国的管理者和员工,提高东道国整体的经营管理水平和驾驭国际市场的能力,加速东道国的经济与国际接轨的进程。

2. 降低集团的经营管理成本

从跨国公司的发展规律看,人才本土化战略是全球化发展的必然结果,也是其在全球范围内寻求资源最优配置的体现。通常情况下,对于派往国外的管理人员,国际旅游集团不但要在人员选聘、培训上投入大量经费,还要支付高昂的薪酬和福利费用。外派人员会享受比在母国工作数额更高的津贴和补贴、母国与东道国之间的往返差旅费用等。直接聘用子公司所在国的人员,一方面免除了上述支出,另一方面能以远远低于母公司工资标准却明显高于东道国水准的工资,吸引高质量的人才。

---

① 这里的"联邦主义"(federalism)是指国际旅游集团总部和各区域的分公司分享一定的管理权限。国际旅游集团总部将子公司的一定的经营管理权限授权给该子公司所在区域的分公司,各区域的分公司具有监督管理该区域子公司的权限,国际集团总部则监督管理各区域的分公司。

3. 保证管理团队的相对稳定

外派人员进入异国工作，由于文化差异、家庭原因等容易造成思想上的不稳定，或是遇到更好的晋升机会，而在东道国履行管理职责时半途而废；派往国外的管理人员也常常因工作地点不稳定而产生一些经营管理上的短期行为。外派人员的提前离开，会影响企业士气，给其他员工造成很大的打击。在东道国招聘当地管理者和员工则会减少这些负面影响。从国际旅游集团角度看，聘用东道国管理者可以减少管理人员探亲休假的时间、次数，这在实质上提高了人力资源的利用效率。

4. 增强东道国对国际旅游集团的信任感

大量雇用东道国员工，可以使国际旅游集团的子公司更容易得到当地民众和政府的信任。对国际旅游集团而言，可以更有效率地进入东道国市场，顺利地开展业务并扩张。很多国家尤其是发展中国家为了保证本国人员的就业率，从法律上规定了对跨国企业雇用本国人员的要求。国际旅游集团如能遵守东道国保护本国人员就业的相关规定，摒弃民族偏见，大胆聘用东道国员工，将会在东道国树立起"著名品牌"的良好形象。

表3-10分析了在国外子公司聘用东道国员工或者外派人员的优劣势。从表中可以看出各有利弊，因此，对于国际旅游集团来说，聘用东道国员工和外派人员都是非常必要的。

表3-10 国际旅游集团在国外子公司聘用东道国员工或外派人员的利弊分析

类型	优　点	缺　点
聘用东道国员工	(1) 降低劳动力成本 (2) 显示对当地居民的信任 (3) 提高当地居民对企业的接受程度 (4) 引导民众，认识到公司是一个合法组织，参与当地经济建设，改善与东道国关系 (5) 在决策过程中，能有效地考虑到当地人的顾虑 (6) 开发满足当地消费者需求的产品，提高企业在东道国的市场竞争力	(1) 难以平衡当地需求和全球化战略 (2) 导致某些困难决策难以执行或被推迟执行（如裁员） (3) 可能难以招聘人才 (4) 可能会削弱总部对子公司的控制程度

续表 3-10

类型	优 点	缺 点
外派人员	（1）与母公司保持文化一致性，能确保战略实施 （2）对子公司实施更好的控制与协调 （3）将母公司的工作经验跨国移植 （4）培养一批具有国际经验的高管 （5）外籍人士可以提供本地人才难以提供的价值 （6）具有更广泛的全球视野 （7）保守商业秘密和集团的专有技术	（1）在适应国外环境和文化方面可能存在问题 （2）可能涉及较高的工资、福利、安置费等费用 （3）可能导致个人和家庭问题 （4）可能会影响当地员工的士气和工作动机 （5）可能会受到当地政府的限制

（二）有效管理东道国的员工

聘用东道国员工可能会出现的问题包括：母公司与子公司之间的控制与协调可能受到阻碍；聘请的东道国成员缺乏全球视野；东道国员工获得的国际交流机会少，东道国员工对集团的忠诚度低；等等。为了解决这些问题，并有效管理东道国员工，可以采用以下策略：

1. 选拔具有全球视野的东道国员工

国际旅游集团进入东道国市场面临着价值观、管理理念以及管理模式等一系列的文化差异。因此，既掌握国际先进管理模式，熟悉国际贸易规则，又深入了解东道国文化、国情，并建立有广泛人脉的东道国人员就成为国际旅游集团理想的人员选择。国际旅游集团可以采取聘请有海外留学经历的东道国学生、通过猎头公司物色当地优秀的管理及技术人才、在高校中选拔人才等方式来选拔东道国的员工。基于对长期人才战略的考虑，国际旅游集团越来越重视直接在东道国高校中选聘人才。由于优厚的待遇和良好的工作环境以及优良的职业生涯设计，国际旅游集团成为高校旅游管理专业毕业生理想的工作单位。

2. 多样化培养东道国优秀人才

多样化培养东道国人员，使其成为优秀人才，是开发东道国人力资源的关键所在。一方面，国际旅游集团通过建立培训中心甚至是集团大学的模式来培养东道国人才。例如，香格里拉酒店集团在中国大陆建立了香格里拉培训中心来培养集团优秀人才。这些被培养的优秀人才将成为集团的中高级管理人才。国际旅游集团还会选派优秀员工到集团总部参加各种培训，开阔东道国人才的国际视野，让东道国优秀人才的认知视野超越当地文化、职位或行业的范围。另一方面，国际旅游集团积极与东道国的旅游院校建立合作，设立培训基地，提供寒暑假实习岗位，共同培养适应东道国旅游业发展需求的人才；选拔东道国优秀大学生加入国际旅游集团的管理培训生项目，花费较短的时间将大学生培养成优秀的管理者。

3. 完善激励机制以减少东道国员工的流失

优秀人才的流失是国际旅游集团面临的最大难题。国际旅游集团可以采取以下措施来解决这一难题：①通过提供高于当地市场平均薪酬的薪金、丰厚的奖励和优良的福利待遇来吸引东道国人才，这是留住东道国人才的基本措施；②为东道国人才提供各种系统的培训，并根据东道国人才的不同能力与特点为其设计职业生涯；③让东道国核心人才持有集团股票是当前国际旅游集团留任核心人才重要而有效的手段。④提供集团内部晋升机会，让有潜力的东道国员工能够根据自身特点和专长找到最适合的职位，从而专心工作。

4. 创新继承母公司价值观

国际旅游集团需要在跨文化沟通基础上形成统一的价值观体系，理想的母公司与子公司价值观的匹配水平为：子公司与母公司价值观既一脉相承又兼具本土特色。企业价值观形成的理念主要来自领导层，而企业价值观的贯彻除了领导层身体力行的推动之外，还要依靠广大员工的认可和执行。国际旅游集团不仅需要在招聘时适当了解当地员工的价值观，更重要的是在聘用以后加大对员工价值观的培训力度，使得东道国员工的价值观与国际旅游集团的价值观保持一致。另外，子公司可以通过集中培训、在线学习等方法努力提高个人价值观与子公司价值观和母公司价值观的匹配水平。

本章小结

随着国际旅游业务的显著增加，旅游企业将开展全球化经营。任何想进行全球化经营的旅游企业，都必须对自己的人力资源管理体系是否适应管理不同文化背景的员工进行全面评估。

国家的重要文化差异会影响到人力资源管理的政策和实践。霍夫斯泰德提出文化维度理论，从个人主义与集体主义、权力距离、不确定性回避、男性化与女性化、长远导向与短期导向五个维度来衡量不同的国家之间的文化差异和价值取向。爱德华·霍尔提出国家文化模式的三维度理论，分别是高语境/低语境情境、圆式时间观/直线式时间观、亲密距离/人际距离/社交距离/公共距离三个方面。

依据员工的来源国，国际旅游集团的员工有三种来源：东道国公民、母国公民

和第三国公民。外派人员通常是指母公司派遣到另一个国家去从事经营管理活动的母国公民或第三国公民。外派人员的调配与管理是全球人力资源管理的焦点问题。外派人员的管理包括外派员工的选拔、培训、跨文化适应、薪酬管理和回任等。

实务案例

A 酒店集团在华经营分析

国际酒店集团自20世纪80年代进入中国内地市场以来不断壮大，目前，洲际、万豪、希尔顿、雅高等国际酒店集团都有多个品牌进驻中国市场。

A 酒店集团旗下拥有11个酒店品牌，在全球各地经营和管理超过5000家酒店。同时，它也是最早一批进驻中国内地的跨国酒店集团，截至2017年12月，其旗下已有316家酒店在华营业，是中国最大的国际酒店集团之一。

A 酒店集团经营业绩比较好，业务收入增长较快。据 A 酒店集团发布的2016年财报显示，其在全球的业绩持续高增长。其中，平均每间可售房收入（RevPAR）同比增长1.8%；管理费收入提升了4.4%，达到14亿美元；营业利润增长近10%，达到7.02亿美元。尤其是大中华区的业务增量，在轻资产商业模式的助推下，成为 A 集团四大业务分区价值评估之首。但是，A 酒店集团在中国市场的开发，也由于出现了许多问题而面临困境。

一、管理费过高，频遭撤牌

据《北京商报》报道，A 酒店集团在华酒店中有近半数处于亏损状态，且自2010年开始，其旗下品牌频频出现业主与其解约的情况，A 酒店集团在业内甚至被戏称为"最易分手的酒店品牌"。

管理费过高、"旱涝保收"的经营模式是导致其频遭撤牌的主要原因。A 酒店集团在华经营的酒店，90%以上采用的是委托管理模式（即由酒店业主聘请管理集团全权负责酒店的日常运营，业主按照协议支付相应的管理费用）。据业内人士透露，A 酒店集团的管理费用由基本管理费、奖励管理费、系统费和高管薪水四部分组成，其中基本管理费为酒店总收入的2%～3%，奖励管理费一般占毛利润的6%～10%，系统费占客房总收入的4%～5%，还有就是酒店外籍高管动辄百万元的年薪。以2016年全国五星级酒店平均年营业收入9546.38万元、客房年收入4479.75万元、年营业利润561.88万元来估算，A 酒店集团管理的每家在华子酒店，都将收取500万～800万元的管理费，且基本由业主方承担投资风险和盈利压力，于是部分业主不堪重压提出"分手"。

二、盲目扩张，陷入"囚徒困境"

A 酒店集团被业内誉为最"激进"的国际酒店公司，该酒店集团总裁曾在

2013年豪言"未来20年，A酒店集团大中华区的客房数预计将是现在的8倍"。据迈点研究院的数据，2013—2017年的五年间，高端酒店年平均增长率达到了13%，可市场并没有扩大，而分蛋糕的人却多了，国际高端酒店平均入住率只有59%。

在市场供大于求的现状下，A酒店集团却逆市而上，盲目扩张，其根本原因就是其在华酒店都是轻资产经营模式，对他们来说基本上是没有风险的。上海某酒店的业主方透露："所有的建设成本、折旧等都是业主的成本，与管理方无关。或许因为实行的是轻资产模式，管理方在经营中会出现不爱护固定设备、固定资产流失严重等问题，照理来说，一套从德国进口的厨房设备可用10多年，现在才用了2年就报废了。"尤其是近几年A酒店集团与业主方的矛盾不断凸显、激化，使双方都深陷"囚徒困境"。华美酒店管理顾问有限公司首席知识官赵焕焱认为，双方都有责任，业主想借国际酒店品牌提升物业及周边楼盘的价值，而管理方自然是希望管理的酒店多多益善。过去的经济高速发展，尚能支撑酒店业的疯狂扩张，但在全球经济增速放缓的大背景下，酒店业则需要有的放矢，避免无限扩张。

三、投资火热，盈利困难

截至2017年，A酒店集团与近100个业主合作方签订了战略协议，其酒店遍布全中国的130余个城市，已开业和在建酒店的数量超过600家，投资热度不断升温。可真正实现盈利的酒店还不到一半，这与其管理水准和服务质量不高有直接关系。

A酒店集团旗下的6个进驻中国市场的品牌中，5个品牌是高端奢华酒店品牌，可这些品牌的服务质量和管理水平离消费者的期待还有距离。A酒店集团2017年第一季度的财报显示，其某一顶级品牌全球平均房价为394.67美元，约合2683元人民币。而在中国酒店市场上，在2016年10月的酒店消费旺季，携程网上显示，在北京，该品牌酒店普通房的平均价格为1034元；在上海，该品牌酒店豪华房的平均价格为1292元；在杭州，该品牌豪华房平均价格仅为968元，均远低于全球平均价格。虽说价格不能完全反映价值，但二者还是有联系的。顶级品牌在华价格不及全球均价的一半，可想而知，其服务品质和水准难以达到国际标准，直接导致忠诚客户的流失和入住率偏低的情况出现，从而使投资与回报不相符。

四、竞争激烈，民族品牌兴起

A酒店集团在华已开业的316家酒店中，有243家是按照五星级标准建造的高端酒店，也就是说，该集团在华的业务近八成集中在高端酒店领域。但是，由于跨国酒店集团在华运营业绩普遍不佳，再加上国内民族酒店品牌日臻成熟且费用低廉，使得目前中国高端酒店市场呈现管理本土化趋势。

《2016年度中国酒店品牌发展报告》显示，我国高端酒店品牌中皇冠假日排名第一，市场占有率为5%，但领先的民族品牌锦江和金陵也达到4%的市场占有率，而且排名前十的酒店品牌中本土品牌就有6席，分别是：锦江、金陵、万达嘉华、桔子水晶、华天和碧桂园凤凰。从这一视角来看，民族品牌已占据高端酒店市场的半壁江山。另外，聘用本土酒店管理公司的费用低廉。以金陵品牌为例，其2017年上半年收取的管理费平均每家为30.24万元，而A酒店集团品牌门店的最低门槛费也要500万元。此外，民族酒店品牌经过近20年的借鉴学习，已经形成了一套完整、科学的酒店管理运营体系，在廉价和超值的双重利诱下，越来越多投资方倾向于本土化品牌管理，这给以A酒店集团为代表的跨国酒店品牌带来不小的冲击和挑战。

五、人才供给不足，高管水土不服

A酒店集团是在华国际酒店业中最大的雇主之一，目前其旗下酒店以及度假中心共有65000名员工。酒店业属于劳动密集型产业，许多产品和服务都需要依靠人力去支持和完成，但同时，酒店业又是员工流失率非常高的行业。据A酒店集团资深的人力资源管理人员透露，每年该集团内部对每家酒店员工（主要指一线服务岗）留任率考核的达标线为50%左右，也就是说，一年流失五成基层员工是可以容忍的。不仅是基层员工，中高层管理岗也缺人。"只要员工肯干，从基层做到营运部门主管或副经理，只需3～5年，远快于其他非旅游行业。"从中可知，A酒店集团在华高速扩张的同时，遭遇了严重的人才瓶颈，导致一系列经营问题的出现。

A酒店集团在华每年用工缺口高达40%，许多酒店的岗位都出现一人承担多份工作的情形。针对"用工荒"，A酒店集团早在2006年就推出了英才培养学院，该项目与各地旅游专业院校或职业技术学院合作，从学生入学伊始就由A酒店集团的高级管理人员讲授行业实践经验及最新行业信息，并为学生提供实习和就业机会。遍布全国的50家英才培养学院每年为该集团旗下酒店输送超过5000名具有行业实践经验的优秀毕业生，缓解了基层岗位招工难的状况。

此外，该集团大中华区总部的高管和各酒店总经理基本上都是清一色的外籍人士。2017年，外籍人员占到其大中华区员工总数的1.5%～2%。其中，不少外籍高管并不了解中国市场的风土人情，他们制定的运营机制和营销策略往往"水土不服"，难以打动中国客户群体。三亚某业主方代表就曾抱怨到，该酒店经营过程中由于业绩不佳，A酒店集团先后换过6任外籍总经理，业主方对此极为不满，因为频繁换血非常不利于管理。

[资料来源：吴磊，吴一非，左振华．跨国酒店集团在华经营出现困境与应对之策[J]．对外经贸实务，2018（3）：81-84．有修改．]

案例分析题：

1．A酒店集团采取了哪种经营管理模式？这种经营管理模式如何运作才能避免酒店亏损？

2. 国际酒店集团需要因地制宜完善人才培养机制，你认为 A 酒店集团应该怎样设计其人才培养机制？

3. A 酒店集团外派总经理到中国工作，需要注意哪些问题？如何才能有效避免外派失败？

复习思考题

1. 全球人力资源管理的概念和特征是什么？
2. 霍夫斯泰德发现美国在个人主义维度得分最高，你同意美国人具有很强的个人主义观念吗？请举例说明。
3. 国际旅游集团人力资源管理模式有哪些？
4. 对外派人员的跨文化培训应该包含哪些种类的信息？外派人员的配偶或其他家庭成员可以参加培训吗？
5. 什么是文化冲突？它是什么时候发生的，应该采取什么措施来削弱它的消极影响？
6. 试为一个国际酒店集团拟定一份外派管理者培训计划。
7. 如果你是中美合资企业的中方主管，在处理人力资源问题中需要注意哪些问题？

本章参考文献

[1] 陈艳红，姜启军. 跨国经营企业人力资源本土化的问题与对策 [J]. 上海海洋大学学报，2012，21（5）：923-928.

[2] 程玉贤. 跨国旅游企业人力资源管理的特殊性 [J]. 中国乡镇企业会计，2007，16（5）：126-127.

[3] 德斯勒. 人力资源管理 [M]. 刘昕，译. 12 版. 北京：中国人民大学出版社，2016.

[4] 邓桂枝. 饭店外派管理人员所需技能分析 [J]. 北京第二外国语学院学报，2001（5）：71-75.

[5] 杜江. 论旅游企业跨国经营的形式与特征 [J]. 旅游学刊，2001，16（5）：16-22.

[6] 黄铁鹰. 海底捞你学不会 [M]. 北京：中信出版社，2009.

[7] 厉新建，林红，陈荣. 国外旅游业跨国经营研究评述 [J]. 商业研究，2010（11）：134-139.

[8] 林叶，蔡东宏. 国际旅游企业外派人员绩效影响因素探析 [J]. 人力资源管理，2011（8）：166-168.

[9] 刘俊振. 论外派人员跨文化适应的内在系统构成与机制 [J]. 广西民族大学学报（哲学社会科学版），2008（6）：63-66.

[10] 刘俊振. 外派人员跨文化适应成功的衡量：一个多构面的概念模型 [J]. 技术与创新管理，2010，31（2）：157-160.

[11] 刘喜华. 浅析国际酒店集团高层管理人才本土化策略 [J]. 中国外资，2011（5）：238-239.

[12] 陆彤. 从中美文化差异看海底捞的"水土不服" [J]. 中国商贸，2015（3）：181-184.

[13] 陆彤. 文化因素对酒店业顾客感知服务质量的影响及其启示 [J]. 中国经贸导刊，2014（20）：23-27.

[14] 孟捷，钱明辉，陈炎炎. 跨文化因素对感知服务质量的影响 [J]. 当代经济管理，2008（2）：46-54.

[15] 盛婉婷. 基于员工管理模式的海底捞海外扩张存在问题及对策研究 [J]. 市场周刊，2017（12）：151-153.

[16] 陶向南，赵曙明. 国际企业人力资源管理研究述评 [J]. 外国经济与管理，2005，27（2）：10-17.

[17] 陶向南，赵曙明. 跨国公司在华子公司人力资源本土化配置的实证研究 [J]. 管理世界，2002（8）：121-132.

[18] 王电建. 从多维的角度看国外跨文化适应理论的发展 [J]. 云南师范大学学报，2011，9（6）：63-67.

[19] 王明景. 试论国际旅游企业外派人员的管理 [J]. 安徽工业大学学报（社会科学版），2002，19（5）：73-75，77.

[20] 王玉梅，何燕珍. 跨国外派管理实践对外派人员跨文化适应的影响：基于中国企业的实证研究 [J]. 经济管理，2014，36（4）：80-92.

[21] 肖芬，张建民. 外派人员跨文化适应研究述评及展望 [J]. 英语广场，2012（7）：114-118.

[22] 杨云. 国外接待业人力资源管理研究评述 [J]. 旅游学刊，2006，21（2）：82-88.

[23] 杨云. 近期国外旅游业人力资源管理研究进展 [J]. 旅游科学，2005，19（6）：11-20.

[24] 伊万切维奇，科诺帕斯克. 人力资源管理 [M]. 赵曙明，程德俊，译. 12版. 北京：机械工业出版社，2016.

[25] 赵艳丰. LG公司跨文化培训启示 [J]. 现代企业教育，2011（15）：26-29.

[26] Ambos B, Håkanson L. The concept of distance in international management research [J]. Journal of international management, 2014, 20 (1): 1-7.

[27] Black J S, Mendenhall M. A practical but theory-based framework for selecting cross-cultural training methods [J]. Human resource management, 1989, 28 (4): 511-539.

[28] Brett J M, Okumura T. Inter-and intra-cultural negotiations: US and Japanese negotiators [J]. Academy of management journal, 1998, 41 (5): 495-510.

[29] Endo K. Foreign direct investment in tourism-flows and volumes [J]. Tourism management, 2006, 27 (4): 600-614.

[30] Kruesi M, Kim P B, Hemmington N. Evaluating foreign market entry mode theories from a hotel industry perspective [J]. International journal of hospitality management, 2017, 62 (2): 88 - 100.

[31] Lin C Y, Lu T, Lin H. A different perspective of expatriate management [J]. Human resource management review, 2012, 22 (3): 189 - 207.

[32] Magnini V P, Honeycutt E D. Learning orientation and the hotel expatriate manager experience [J]. International journal of hospitality management, 2003, 22 (3): 267 - 280.

[33] Mattila A. The role of culture and purchase motivation in service encounter evaluations [J]. Journal of service marketing, 1999, 13 (4/5): 376 - 389.

[34] Miao L, Adler H, Xu X. A stakeholder approach to expatriate management: perceptions of hotel expatriate managers in China [J]. International journal of hospitality management, 2011, 30 (3): 530 - 541.

[35] Ozdemir B, Cizel R B. International hotel manager as an emerging concept: A review of expatriate management literature and a model proposal [J]. Journal of hospitality and tourism management, 2007, 14 (2): 170 - 187.

[36] Pizam A, Pine R, Mok C, et al. Nationality vs. industry cultures: which has a greater effect on managerial behavior? [J]. International journal of hospitality management, 1997, 16 (2): 127 - 145.

[37] Prasad S B, Pisani M J, Prasad R M. New criticisms of international management: an analytical review [J]. International business review, 2008, 17 (6): 617 - 629.

[38] Reynolds S, Valentine D. 跨文化沟通指南 [M]. 张微, 译. 北京: 清华大学出版社, 2004.

[39] Tsang N K F, Ap J. Tourists perceptions of relational quality service attributes: a cross-cultural study [J]. Journal of travel research, 2007, 45 (3): 355 - 363.

[40] Warden C A, Liu T, Huang C, et al. Service failures away from home: benefits in intercultural service encounter [J]. International journal of service industry management, 2003, 14 (4): 50 - 51.

[41] Yu L, Huat G. Perceptions of management difficulty factors by expatriate hotel managers in China [J]. International journal of hospitality management, 1995, 14 (3/4): 375 - 388.

旅游企业人力资源获取

　　本部分包括第四至六章。第四章讨论旅游企业人力资源需求预测和供给预测的主要方法，以及旅游企业人力资源供需平衡策略。第五章讨论旅游企业工作分析的概念、内容、流程和方法，以及旅游企业工作再设计。第六章介绍旅游企业招聘的方法、甄选的步骤，以及招聘效果评估。

第四章　旅游企业人力资源规划与设计

【学习目标】任何组织，如果要建立合理、高效的人员结构，就必须进行人力资源的规划。通过本章的学习，你应该能够：

（1）了解人力资源规划的含义。
（2）理解人力资源规划对旅游企业的重要性。
（3）掌握人力资源规划的一般程序。
（4）掌握旅游企业人力资源供给预测的方法。
（5）掌握旅游企业人力资源需求预测的方法，确定旅游企业人力资源需求的特征。
（6）掌握旅游企业人力资源供需平衡的策略。

【前期思考】如何利用计算机技术进行人力资源规划？

【重点和难点】重点掌握旅游企业人力资源供给和需求预测的方法。难点是如何进行旅游企业人力资源规划以及如何预测旅游企业人力资源的供给量和需求量。

引导案例

表4-1显示了某家拥有25个分店的大型连锁酒店的关键职位员工人数、近三年（2017—2019年）离职员工的比例以及目前各关键职位员工人数相对酒店数量的比值。这家连锁酒店预计三年后（即2022年）会多开7家分店，请预测该酒店2022年16个关键职位的劳动力需求和供给情况。

表4-1　某连锁酒店16个关键职位的劳动力现状

关键职位	员工人数（2019年）（人）	员工人数/酒店数量	近三年离职员工的比例（%）（2017—2019年）
总经理	25	1.00	38
驻店经理	9	0.36	77
餐饮总监	23	0.92	47
审计师	25	1.00	85

续表 4-1

关键职位	员工人数（2019年）（人）	员工人数/酒店数量	近三年离职员工的比例（%）（2017—2019年）
助理审计师	14	0.56	66
首席工程师	24	0.96	81
销售总监	25	1.00	34
销售部经理	45	1.80	68
会议经理	14	0.56	90
宴会总监	19	0.76	74
宴会经理	19	0.76	60
人力资源总监	15	0.60	43
餐厅经理	49	1.96	89
执行总厨	24	0.96	70
副总厨	24	0.96	92
客房经理	25	1.00	63
总　数	379		

第一节　人力资源规划

一、人力资源规划的概念

人力资源规划（human resource planning）是企业人力资源管理的重要职能之一。人力资源规划是指企业根据战略目标及发展方向，通过对企业现有人力资源情况的调研分析，预测企业未来的人力资源需求和供给状况，采取职位调配、员工招聘、测试选拔、培训开发、薪酬激励等人力资源管理手段，使人力资源与企业发展相适应的综合性发展计划。人力资源规划着眼于为企业未来一段时期内生产、经营、管理和建设提供人力资源的准备，关注人力资源从层次、数量、结构和质量等方面在多大程度上满足企业发展的要求。

人力资源规划的定义包括以下四层含义。

（1）人力资源规划必须适合企业的发展战略和经营目标。人力资源管理作为企业经营管理的一个子系统，要为企业的经营和发展提供人力资源的支持。

（2）人力资源规划要有前瞻性。它要根据企业战略需要，预测未来一段时期内企业对人力资源的供应和需求，根据预测的结果采取行动，并通过行动来保证企业经营目标的实现。

（3）对人力资源供给和需求的预测要符合结构、数量和质量的要求。企业对人力资源的供给，不仅要满足人力资源数量的要求，更要注重人力资源的质量，必须在数量和质量上达到统一，并且在结构上实现匹配。

（4）人力资源规划的最终目标是促进企业和员工长期共同发展。完善的人力资源规划是以企业和个人为依据制定的。我们需要将人力资源规划纳入企业发展的长远规划中，把企业和个人的发展结合起来。员工可以根据企业的人力资源规划，了解未来的职位空缺，明确个人的发展目标，在工作中不断提升个人成就感。企业按照空缺职位所需条件来招聘、培养人才，满足企业发展对人力资源的需求。

二、人力资源规划的基本类型与内容

（一）人力资源规划的分类

1. 按规划的内容划分

按规划的内容划分，人力资源规划可分为总体规划和各项业务规划。

总体规划是指在有关规划期内人力资源管理的总目标、总政策、实施步骤和总预算。

各项业务规划包括人员补充计划、人员使用计划、人员接替与提升计划、教育培训计划、评估与激励计划、劳动关系计划、退休解聘计划等。每一项业务计划由目标、政策、步骤和预算等部分构成。

（1）人员补充计划。因企业规模的扩大、原有人员的退休、离职等原因，企业经常会出现新的或空缺的职位，这就需要企业制定必要的政策和措施，以保证在出现新的或空缺的职位时，能及时地获得所需数量和质量的人员。这就是人员补充计划。

（2）人员使用计划。人员使用计划的主要内容是企业人员结构调整及优化、轮换计划。轮换计划是为丰富工作内容、提高员工的创新热情和能力、培养员工多方面的素质而拟订的对员工的工作职位进行定期变换的计划。

（3）人员接替与提升计划。人员接替与提升计划是根据企业的人员分布和变动状况、层级结构，拟订人员的提升政策。

（4）教育培训计划。教育培训计划一方面让企业员工能更好地适应正在从事的工作，另一方面让有晋升潜力的员工能更好地适应企业未来发展的需要。

（5）评估与激励计划。评估与激励计划包括绩效标准及其衡量方法，制定各类激励政策和措施，并根据员工的绩效评价进行薪酬奖励等。

（6）劳动关系计划。即关于如何预防和减少劳动争议、改进劳动关系的计划。

（7）退休解聘计划。企业每年都会有一些员工因为达到退休年龄或合同期满、企业不再续聘等原因而离开企业。在这方面，企业应根据企业经营状况和人员状况提前做好计划。

2. 按期限划分

按期限划分，人力资源规划可分为短期人力资源规划、中期人力资源规划和长期人力资源规划。

（1）短期人力资源规划。它包括年度、季度人力资源规划，主要是制订作业性的行动方案。该类规划的特点是目的明确、内容具体，且具有一定的灵活性。此类规划期限为1年或1年以内。

（2）中期人力资源规划。它的主要依据为企业的中期发展目标，涉及人力资源开发和管理的方针、政策、措施、行动方案等诸多方面，规划期限一般为2～3年。

（3）长期人力资源规划。它根据企业长期的总体发展目标，对企业人力资源开发和管理的总目标、总方针和总战略进行系统的规划。其特点是具有战略性和指导性，规划期限一般为3年以上。

3. 按范围划分

按范围划分，人力资源规划可分为人力资源整体规划、人力资源部门规划和人力资源项目计划。

（1）人力资源整体规划是关于整个企业的人力资源管理活动的安排，属于企业整体层面的规划，在人力资源规划中居于首要地位。

（2）人力资源部门规划是企业各个业务部门的人力资源规划。它在人力资源整体规划的基础上制订，内容专一性强，是人力资源整体规划的子规划。

（3）人力资源项目计划是指某项人力资源管理具体任务的计划，如项目经理培训计划等。人力资源项目计划与人力资源部门规划不同，人力资源部门规划通常是单个部门的规划，而人力资源项目计划是为特定任务而制订的，可以涉及多个业务部门。

（二）各类人力资源规划的主要内容

不同类型的人力资源规划包含了不同的内容，大致可以概括如表4-2所示。

表4-2　各种类型人力资源规划的内容

类　型	目　标	政　策	步　骤	预　算
总体规划	绩效、人力总量、素质、员工满意度等	扩大、收缩、改革、稳定等	（按年度）如完善人力资源信息系统等	××万元
人员补充计划	类型、数量、层次，以及对人员素质结构及绩效的改善等	人员素质标准、人员来源范围、起点薪酬	拟定标准（×月），广告吸引（×月），面试、笔试（×月），录用（×月）	招聘、选拔费用（××万元）
人员使用计划	部门编制、人员结构优化及绩效改善、人岗匹配、岗位轮换幅度	任职条件、职位轮换范围、职位轮换时间	职业性向测试、轮岗报名和选拔、从×级别开始绩效管理、技能改善	按使用规模、类别及人员状况决定工资、福利预算
人才接替与晋升计划	后备人才数量保持、改善人才结构、提高绩效目标	选择标准和资格、择优晋升、晋升比例、未晋升人员的安置	确定晋升方案、考核晋升对象、晋升对象试用、晋升方案确认、培养计划制订	职务变动引起的薪酬变化（××万元）
教育培训计划	素质及绩效改善、培训数量类型、人员转变观念和态度	培训时间的保证、培训效果的保证（如待遇、考核、晋升等）	培训需求分析、培训计划制订、培训计划实施、培训效果评估	教育培训总投入（××万元）、脱产培训损失（××万元）
评估与激励计划	人才流失率降低、士气水平提高、绩效改进	激励重点、工资政策、激励政策	核算人力资源成本总额，评估激励计划效果，拟订和实施工资、福利等激励方案	增加工资（××万元）、发放奖金（××万元）

续表 4-2

类　型	目　标	政　策	步　骤	预　算
劳动关系计划	减少非期望离职率、上下级关系改善、减少投诉率及不满意的现象	参与管理、加强沟通	略	法律诉讼费
退休解聘计划	编制精简、劳动成本降低、生产率提高	退休政策、和谐的解聘	略	安置费用

三、人力资源规划的程序

一般来说，人力资源规划要经过 7 个主要阶段（见图 4-1）。

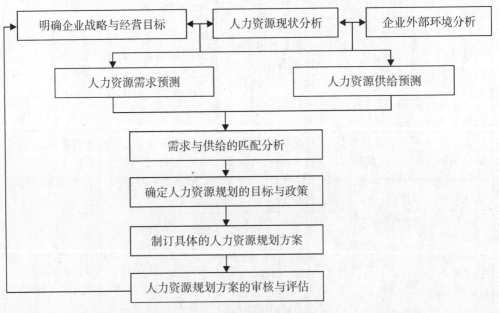

图 4-1　人力资源规划的程序

（一）企业环境分析

企业所面临的环境会影响企业战略的决策和人力资源的规划，会直接影响企业人力资源需求和供给的预测。影响人力资源规划的环境因素主要是企业的外部环境、企业战略与经营目标和企业人力资源的现状等。

1. 企业的外部环境

企业的成长与发展，要受到政治、经济、社会、技术等环境要素的影响。政治、社会因素相对容易预测，但它们会在何时对企业产生直接的影响却难以确定。例如，国家新颁布的法律法规从颁布到执行有一个滞后期，一般不会自颁布之日起就立即要求企业严格执行。社会经济发展状况对企业人力资源需求的影响较大，宏观经济形势好，企业就会增加对人力资源的需求，反之则减少。但是，宏观经济形势的可预测性较弱，易受其他不可控因素如自然灾害、疾病暴发、战争等的影响。技术革新对企业人力资源的影响较大，先进的技术应用于生产，必然会导致企业劳动生产率的提高，从而导致企业对生产环节人力资源需求量的减少。因此，企业在预测人力资源需求、制订人力资源规划时，要充分考虑和预测企业所处的外部环境的变化。

2. 企业战略与经营目标

企业战略与经营目标是制订人力资源规划的依据。不同的企业战略与经营目标对人力资源规划提出了不同的要求。当企业实施扩张型战略时，就会增加对人力资源的需求，因为企业需要通过增加新员工来开拓市场，以满足顾客的新需求；当企业实施紧缩型战略时，就会控制对人力资源的需求量，甚至缩减人力资源规模。如果企业引进新的技术、新的管理方法，导致生产力提高，就会引起企业内部人力资源的流动和重新调整。

3. 企业人力资源的现状

员工的状况对人力资源供给和需求有重要的影响。一方面，当员工自身素质和员工数量不能再满足企业发展的需要时，就需要对人力资源做出调整；另一方面，合同期满后中止合同人员的数量，退休、辞职、外调人员的数量，以及死亡、休假人数等，都会直接影响企业下一阶段人力资源的供给和需求。因此，企业需要对拥有的人力资源从数量、质量和结构上进行分析，并对人力资源的潜力和流动进行预测。

人力资源现状分析需要收集的信息有：员工的基本信息、工作经历、受教育程度、工作经历、工作业绩记录、工作能力和工作态度等。

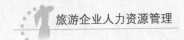

(二) 人力资源需求预测

人力资源需求预测是企业人力资源规划中一个必不可少的环节，它主要对企业未来一段时期内所需要的人力资源数量、质量和结构进行预测。人力资源需求预测的准确性是整个人力资源规划成功的关键。因此，在进行人力资源需求预测时，要全面考虑企业内部和外部的各种因素，准确把握企业发展与人力资源需求之间的规律。

(三) 人力资源供给预测

人力资源供给预测包含内部供给预测和外部供给预测。企业在进行人力资源供给预测时应把重点放在对内部人员拥有量的预测上。外部供给预测则应侧重于对关键职位人员如高层管理人员、技术人员等的预测。

(四) 需求和供给匹配分析

将需求预测和供给预测的结果进行组合分析，存在下面四种情况：

(1) 供需平衡。即在未来一段时期内，企业所需要的人力资源在数量和质量上基本平衡。这当然是一种理想状态，但在现实中很难存在。

(2) 供需在数量上平衡，但在质量和结构上并不匹配。这就需要企业对现有员工加强有针对性的培训以及对现有员工进行调配。

(3) 供给大于需求。即企业人力资源是过剩的，此时应该精简人员。

(4) 供给小于需求。即企业人力资源不足，此时则应招聘新员工或对现有员工加强培训。

(五) 确定人力资源规划的目标与政策

人力资源规划的目标与政策是随企业所处的环境、企业战略、目前的组织结构与员工工作行为的变化而不断改变的。当企业的战略规划、年度计划已经确定，企业目前的人力资源需求与供给情况已经摸清，就可以据此确定人力资源规划的目标和相关政策。

(六) 制订具体的人力资源规划方案

具体的人力资源规划方案包括人员补充计划、人员使用计划、人员接替与晋升计划、教育培训计划、评估与激励计划、劳动关系计划、退休解聘计划、预算计划等。这些具体的规划方案会因人力资源的供给和需求分析结果的不同而不同。

（七）人力资源规划方案的审核与评估

对人力资源规划方案的审核与评估是对人力资源规划所涉及的有关政策、措施以及其所带来的效益进行综合的审核与评估。通过审核与评估，可以听取管理人员和基层员工对人力资源管理工作的意见，让他们理解和重视人力资源规划的具体内容，并鼓励他们对人力资源规划方案提出修改和完善的建议，从而保证人力资源规划方案能顺利实施。在人力资源规划方案的实施过程中，管理人员要随时监控，及时评价实施效益并反馈实施效果，找出存在的问题，调整原有规划。

第二节　旅游企业人力资源需求预测

人力资源需求预测是旅游企业人力资源规划的核心内容之一。人力资源需求预测是为了实现旅游企业的战略目标，根据旅游企业所处的外部环境和内部条件，选择适当的预测技术，对未来一定时期内旅游企业所需的人力资源数量、质量和结构进行预测。

一、人力资源需求预测的内容和步骤

人力资源需求预测是旅游企业人力资源规划的基础，需求预测是否合理和科学是影响到整个旅游企业人力资源规划成败的关键。

（一）人力资源需求预测的内容

人力资源需求预测分为现实人力资源需求预测、未来人力资源需求预测和未来人力资源流失预测三部分。

现实人力资源需求预测是对旅游企业的人力资源进行盘点，依据职位与人员的匹配情况，统计出人员的缺编、超编及是否符合职位资格要求。

未来人力资源需求预测是根据旅游企业发展规划，确定各部门的工作量以及工作量的变化，然后根据工作量的改变情况，确定各部门需要调整的职务及人数，并进行汇总。

未来人力资源流失预测是对预测期内旅游企业的退休人员进行统计，并根据历史数据，对未来可能发生的离职情况进行预测。

对现实人力资源需求、未来人力资源需求和未来人力资源的流失情况进行分析、汇总，即为旅游企业整体的人力资源需求预测。

（二）人力资源需求预测的步骤

（1）确定目标。人力资源需求预测目标是根据企业一定时期的任务和需要解决的问题而确定的。预测目标的确定一般包括：预测项目、范围要求、时间要求、各种指标及其准确性要求等。

（2）收集信息。信息是预测的依据。信息的收集可以采取问卷调查和专家访谈相结合的方法，收集到的信息应尽可能全面、系统、真实、可靠。

（3）选择方法。即根据预测目标和掌握的信息情况，选择可行的预测方法。在预测过程中，单纯使用一种方法进行预测的情况并不多见。采用定性与定量相结合的方法进行预测，或以多种预测方法相互比较来印证预测结果，可以使预测的准确度提高。

（4）建模分析。即在进行定量预测时，建立预测模型，以数学方程式来表达各种变量之间的函数关系，抽象地描述人力资源需求量与各种影响因素之间的关系；然后根据所建立的预测模型，运用数学方法，找出人力资源需求的最优解，并写出预测结果的分析报告。

（5）评价判断。预测的结果未必完全符合未来的实际，对于采用数学建模方法的预测，必须对预测结果进行分析、评价和检验。

（6）修正误差。即找出误差并分析产生误差的原因，修改预测模型，并修正预测结果，选出较理想的数值作为规划的依据。

二、人力资源需求预测的具体方法

人力资源需求预测的方法有定性预测和定量预测两类方法。其中，旅游企业常用的定性预测方法主要包括现状预测法、经验预测法、分合式预测法、情景描述法和德尔菲法等，定量预测方法主要包括趋势预测法、统计预测法、工作负荷预测法等。

（一）定性预测方法

定性预测方法主要是依靠管理人员和专家的知识、经验、判断能力，以公正的、系统的、逻辑的方法，对要预测的问题进行定性估测并转换成定量的估测值。

1. 现状预测法

现状预测法是一种最简单的预测方法，适用于短期预测。这种方法假定旅游企业保持原有的生产规模和服务效率，那么规划人员很容易判断现有的员工总数与各类人员的配备比例是否能适应预测规划期内人力资源的需求。在此预测方法中，规划人员所要做的工作是测算出在规划期内有哪些职位上的人员将晋升、降职、退休或调出本企业，再规划需要调动哪些人员去补充。

2. 经验预测法

经验预测法就是旅游企业根据以往的经验对人力资源进行预测的方法。该预测法简便易行，适用于较稳定的旅游企业的中、短期人力资源的需求预测。例如，根据前期工作任务的完成情况，结合下一期的工作任务量，管理人员就可预测旅游企业未来的人员需求。为了保证预测的准确性，预测人员要做好两方面的工作：一是要注重经验的积累，包括保留历史档案，利用多个预测者的经验，减少预测偏差；二是要认识到经验预测法会因预测对象的不同导致预测结果的准确性不同。对可准确衡量工作量的职位，预测的准确性较高；对难以准确衡量工作量的职位，预测的准确性较低。在旅游企业规模较小的情况下，可以迅速得出预测结论，获得满意的结果；在旅游企业所处环境复杂、规模较大的情况下，需要与其他预测方法相结合。

3. 分合式预测法

分合式预测法是一种较常用的预测方法，它采取先分后合的方式，第一步是旅游企业组织要求下属各个部门根据各自的工作任务、技术设备等变化的情况，对本部门将来某一时期内对各种人员的需求进行预测；第二步是把各部门的预测数据进行综合平衡，从中预测出整个旅游企业将来某一时期内对各种人员的需求总数。这种方法要求在专职人力资源规划人员的指导下进行，并且需要旅游企业各部门管理人员充分发挥在人力资源预测规划中的作用。

分合式预测法能够使旅游企业各级管理者参与人力资源规划的制订，根据本部门的实际情况确定较为合理的人力资源规划，调动各级管理者完成预测工作的积极性。但是，这种方法由于受到旅游企业各级管理者的知识、经验、能力等影响，一般只适用于中短期的人力资源需求预测。

4. 情景描述法

情景描述法是指旅游企业的人力资源部门对企业未来的战略目标和相关因素进行假设性描述和分析，并做出匹配人力资源需求的多种备选方案，以适应环境与其他影响因素的变化。情景描述法通常用于企业内外部环境有较大变化或者企业进行组织变革时的人力资源的需求预测。

5. 德尔菲法

德尔菲法（Delphi Techniques）又称"专家评价法"或"专家预测法"。此方法首先是由1948年成立的美国兰德公司的研究人员达尔奇和赫尔曼提出的。这种方法是指邀请某领域的一些专家或有经验的管理人员对某一问题进行预测，并最终达成一致意见的结构化方法。

这种方法具体实施步骤包括：①选择约30名熟悉人力资源问题的专家，并为这些专家提供人力资源预测的背景材料。②设计人力资源调查表，表中列出有关人力资源预测的各类问题，这些问题必须能够进行统计处理。③进行第一轮调查，将调查表发送给所有专家，由各位专家匿名并独立地对上述问题进行判断或预测，并阐明自己的理由，然后调查人员对反馈回来的调查表进行分析，并用统计方法进行综合处理。④根据第一轮调查的专家意见与统计分析结果，设计第二轮调查表，并请各位专家对第二轮调查表中的问题进行判断或预测，并给出相关的分数。⑤调查人员对第二轮调查反馈的信息进行处理和汇总，并与第一轮调查结果相对比，将专家们的意见进一步集中。⑥根据第二轮调查的结果，给出第三轮调查表，并提出若干比较方案，再请专家们加以判断或预测。⑦当专家们的意见基本一致时就可以结束调查。最后是表述预测结果，可以用文字、图表等形式将专家们的预测结果予以发布。当反馈的调查结果显示专家们的意见仍然不一致时，则需重新思考并修改方案，并再次进行问卷调查，直到专家们的意见趋于一致。如图4-2所示。

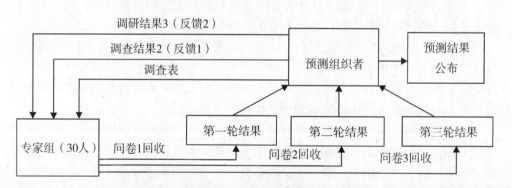

图4-2　德尔菲法预测过程

德尔菲法的优点是可以集思广益，但是这种方法要求比较严格，在实施时需要注意以下事项：专家人数一般不少于30人，问卷的返回率不低于60%，以保证调查的权威性和广泛性；需要给专家提供充分的资料和信息，确保专家判断和预测的质量；问卷题目的设计应主题突出、意向明确，使专家们尽量从同一个角度去理解问题。这种方法依靠专家的知识和经验，对未来做出判断性的估测，适用于旅游企业的中期预测和长期预测，但不适用于短期的、日常的和比较精确的人力资源需求预测。

(二) 定量预测方法

1. 趋势预测法

趋势预测法又称为时间序列预测法，是通过对旅游企业在过去五年或者更长时间中的员工雇用变化情况进行分析，然后以此为依据来预测旅游企业未来人员需求的技术。趋势预测法在使用时一般要假设除时间以外，其他一切因素都保持不变或者变化的幅度保持一致，往往忽略循环波动、季节波动和随机波动等影响。常用的具体方法如下：

（1）散点图分析法。该方法首先收集旅游企业在过去几年内员工数量的数据，并根据这些数据做出散点图，把企业经济活动中的某种变量与员工数量间的关系和变化趋势表示出来。如果两者之间存在相关关系，则可以根据旅游企业未来业务活动量的估计值来预测相关的人员需求量。同时，可以用数学方法对关系曲线进行修正，使其成为一条平滑的曲线，从该曲线就可以估计未来的变化趋势。

例如，某旅游企业过去15年的员工数量如表4-3所示，由此可以预测该企业2020年的人力资源需求数量。

表4-3　某旅游企业过去15年的员工数量

年份	员工数量（人）	年份	员工数量（人）
2005	1524	2013	2490
2006	1668	2014	2560
2007	1688	2015	2820
2008	1558	2016	3006
2009	1958	2017	3093
2010	2005	2018	3277
2011	2234	2019	3234
2012	2566	2020	预测

在图4-3中，横轴表示年份，纵轴表示员工数量。如果这两个因素是相关的，那么这些点通常会分布在一条直线的附近。图4-3显示，该旅游企业的员工数量与年份之间基本呈现线性关系。由此，可建立直线趋势方程 $Y = a + bX$。该式中，Y 表示人数，X 表示年度。

利用最小二乘法，可以计算出 $a = -273502.4$，$b = 137.118$。代入直线趋势方程得出：

$$Y = -273502.4 + 137.118X$$

因此,2020年的人力资源需求数量为:

$$Y = -273502.4 + 137.118 \times 2020 \approx 3476 人。$$

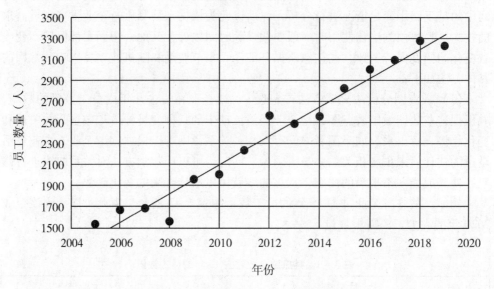

图4-3 某旅游企业员工数量散点图

(2) 幂函数预测模型。该模型主要考虑人员变动与时间之间的关系,其具体公式为:$R(t) = at^b$。式中,$R(t)$ 为 t 年的员工人数,a、b 为模型参数。a、b 的值由员工数量的历史数据确定,用非线性最小二乘法拟合幂函数曲线模型算出。

2. 统计预测法

统计预测法是根据过去的情况和资料建立数学模型,并由此对未来的趋势做出预测的一种定量预测方法。它包括以下三种方法。

(1) 比例趋势预测法。这种方法通过研究旅游企业的历史统计资料中的各种比例关系(例如,部门管理人员与该部门服务人员之间的比例关系、员工数量与设施设备数量的比例关系等),考虑未来这些比例关系的变动,估计预测期内的比例关系,进而预测未来各类员工的需求量。比如,根据酒店企业现在的一般客房员工比1.5∶1,我们就可以根据酒店客房数的增长情况来判断客房员工的需求量。这种方法简单易行,关键在于历史资料的准确性和对未来比例关系变动的估计。

(2) 回归分析预测法。回归分析预测法主要是通过了解一个或一系列变量的变化情况来预测另外一个变量。回归分析预测法的关键是要建立一个科学的回归方程式，用以反映变量和变量之间的关系。在进行旅游企业人力资源需求预测时，如果只考虑某一种因素（如旅游企业的市场规模）而忽略其他因素对旅游企业人力资源需求的影响时，就可以采用一元线性回归预测法；如果考虑两个或者两个以上的因素对旅游企业人力资源需求的影响，则需要运用多元线性回归预测法；如果其中的某一个影响因素与旅游企业人力资源需求量之间的关系不是直线相关的线性关系，那么，就需要采用非线性回归法来进行预测。回归分析预测法不仅适合于短期的人力资源需求预测，而且也适合中、长期的人力资源需求预测。

例如，假设一家拥有 300 间客房、客房平均出租率为 80% 的 A 酒店，计划在今后 5 年内将客房数量增加到 700 间，该酒店的人力资源总监想要预测出该酒店将来需要多少位一线服务员。于是，该人力资源总监意识到，他首先需要确定酒店客房数、客房出租率与一线服务员的人数之间存在何种关系。他通过与 9 家同档次但规模不同的酒店的相关人员通电话，得到了以下数据，如表 4-4 所示。

表 4-4 酒店房间数与一线服务员人数关系

同档次酒店	第1家	第2家	第3家	第4家	第5家	第6家	第7家	第8家	第9家
客房数（间）	280	320	352	380	450	460	530	580	800
客房出租率	75%	78%	74%	80%	72%	65%	74%	77%	84%
一线服务员人数（人）	160	186	190	210	220	220	250	280	410

我们可以将酒店房间数设为自变量 X_1，客房出租率设为自变量 X_2，一线服务员人数设为因变量 Y，则它们之间的线性关系可表示为 $Y = a + b_1 X_1 + b_2 X_2$。利用最小二乘法计算出 $a = -135.380$，$b_1 = 0.426$，$b_2 = 231.881$，由此建立预测酒店一线服务员人数需求的多元线性回归方程为：

$$Y = -135.380 + 0.426 X_1 + 231.881 X_2$$

假设 A 酒店的房间数增加到 700 间，出租率保持不变，则 A 酒店的一线服务员人数需求为：

$$Y = -135.380 + 0.426 \times 700 + 231.881 \times 80\% \approx 349 \text{ 人}$$

（3）经济计量模型预测法。这种方法首先需要用数学模型的形式表示出旅游企业的员工需求量与影响旅游企业员工需求量的主要因素之间的关系，然后依据该模型和主要的影响因素变量来预测旅游企业未来的员工需求量。这种方法比较烦

琐、复杂，一般只有管理基础比较好的旅游集团企业才会使用。

3. 工作负荷预测法

工作负荷预测法，是指按照历史数据、工作分析的结果，先计算出某一特定工作中，每单位时间（如一天）每人的工作量，然后根据未来的工作目标计算出所需要完成的总工作量，将总工作量除以每位员工的工作量，就可计算出所需要的人力资源数量的分析方法。其计算公式为：

未来每年所需员工数 = 未来每年工作总量／每年每位员工所能完成的工作量
= 未来每年的总工作时数／每年每位员工工作时数

这种方法考虑的关键点是准确预测出旅游企业总的工作量和员工的工作负荷，并由此计算出每位员工的工作负荷和旅游企业总体工作量之间的比率。当旅游企业所处的环境、劳动生产率增长比较稳定的时候，采用这种预测方法就比较方便，预测效果也比较好。

在进行旅游企业人力资源需求预测时，定量预测方法的运用越来越普遍，但这类方法在使用中有两个主要局限。第一，这类方法大多需要依靠企业过去的多年人员编制数据，或者某些企业过去的人员编制数据和其他因素（例如工作量或收入等）之间的关系数据。但是，过去的关系不一定完全适用于未来。第二，随着科技的日新月异和全球竞争日趋激烈，旅游企业面对的各种不确定性因素越来越多，定量预测方法的模型往往与众多变量和参数有关，因此，定量预测方法在变量的选择和参数的设定上必须经过多次检验，确保其正确且有效，从而保证预测结果的正确性。

与定量预测方法不同，定性预测方法是依靠专家对旅游企业人力资源需求状况进行定性判断或主观评估。这种预测方法具有足够的灵活性，但是主观判断难以确保准确，预测结果比较粗略。因此，旅游企业在进行人力资源需求预测时，最好灵活地将定性与定量方法相结合，以产生较科学合理和符合实际的预测结果。

三、旅游企业人力资源需求特征分析

（一）经营季节性明显，人力资源需求变动大

由于旅游市场受自然条件及旅游者闲暇时间等内外因素的影响，旅游企业的经营行为具有极强的季节性，淡、旺季十分明显，对工作人员的需求具有较大的不确定性和波动性。在经营旺季时，随着旅游者的大量到来，服务需求激增，旅游企业为了保证企业正常经营需要大量招聘新员工来一起提供让旅游者满足的服务；而随

着旅游企业经营转入淡季，也就是旅游者减少时，绝大多数旅游企业为了节省人力成本开支，会尽量压缩员工规模，甚至辞退部分员工；而到经营旺季再次来临时，旅游企业又不得不大量招聘员工。如此反复，使得旅游企业陷入了"旺季招聘、淡季解聘"的恶性循环，这不仅增加了旅游企业的成本，降低了旅游企业的服务效率，而且使得旅游企业人力资源需求难以准确预测。

（二）员工流动率高，人力资源需求量大

适度、良性的员工流动可以优化旅游企业的人员结构，提高员工整体素质。但是，旅游企业的人才流动率一直高居各行业之首。人员流动不仅使旅游企业的离职费用、重置成本等显性成本的大幅增加，还使得旅游企业需要招聘新人来替换流动人员。旅游企业人员的流动具有时间不确定性，这也影响到旅游企业人力资源预测的准确性。

（三）旅游人才结构需要调整，高素质人才紧缺

随着旅游消费大众化、旅游者需求品质化、个性化的发展以及旅游新业态的出现，旅游人才结构需要进一步优化。不同类型的旅游企业对人才优化有不同的需求。比如，旅行社对人才的优化主要表现为需要更多熟练掌握出境旅游业务的经理人、境外策划人、组团调度人，以及擅长同外国领事馆打交道的导游、在异国他乡有迅速处理突发事件能力的导游、掌握一门或几门小语种的导游和较高素质的中高级导游。酒店企业对人才的优化主要表现为需要酒店企业的领军人才、职业经理人和专业技术人才。旅游景区不仅缺少旅游景区的经营管理人才，也缺少旅游景区规划的专业技术人才。低空飞行、游艇邮轮、太空旅行等新型旅游企业急需经营管理人才和特种专业技术人才。

知识拓展4-1 统筹推进五支人才队伍建设

2017年6月27日，国家旅游局发布的《"十三五"旅游人才发展规划纲要》提出的主要任务之一是以素质能力提升为重点，统筹推进五支人才队伍建设。其具体内容为：

（1）旅游业行政管理人才队伍。建设一支理念先进、勇于创新、求真务实、奋发有为的高素质旅游行政管理人才队伍，以各级旅游行政管理部门领导干部为重点，大力提升旅游行政管理人员的综合行政能力和行业管理水平。

（2）旅游企业经营管理人才队伍。适应旅游企业规模化、品牌化、国际化发展需要，以旅游企业领军人才和职业经理人为重点，以建立现代企业制度、提升经营管理水平为核心，加快推进旅游企业经营管理人才队伍职业化、市场化、国

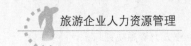

（3）旅游业专业技术人才队伍。适应旅游业创新发展、智慧发展、绿色发展的需要，着力打造一支高层次旅游专业技术人才队伍，大力提高专业技术水平和研发创新能力。重点加强旅游基础理论研究和应用研究、教育教学、规划、统计和数据管理、导游、讲解员、旅游营销等旅游专业技术人才的培养开发。

（4）旅游业技能人才队伍。适应旅游消费大众化、需求品质化、个性化的需要，大力推进旅游业技能人才，特别是高技能人才队伍建设，提升旅游饭店（或酒店）、旅行社、旅游景区、旅游休闲度假区、旅游互联网平台、旅游公共服务机构等旅游企事业单位服务技能人员的职业技能和服务水平。

（5）乡村旅游实用人才队伍。围绕实施乡村旅游扶贫工程，推进乡村旅游实用人才队伍建设，提高乡村旅游从业人员综合素质、经营能力、服务水平。加强乡村旅游重点村村干部、示范户和带头人、特色技艺传承人、乡村旅游创客、营销人员的培训开发。

第三节　旅游企业人力资源供给预测

人力资源供给预测是对旅游企业未来一定时期内可获得的人力资源的数量和类型的预测。与人力资源需求预测不同，需求预测只研究旅游企业内部对人力资源的需求，而人力资源供给预测必须同时考虑旅游企业内部供给和外部供给两个方面。

一、人力资源供给预测的内容和方法

（一）人力资源供给预测的主要内容

人力资源供给预测包括内部和外部两个方面。

1. 内部人力资源供给预测

内部人力资源供给预测也称为内部人员拥有量预测，它是根据旅游企业现有人力资源及其未来变动情况，预测出计划期内各时间点的人员拥有量。内部人力资源供给预测一般包括以下几个方面的内容：

（1）分析旅游企业目前的人力资源现状，如员工的部门和岗位分布、技术知识水平、年龄构成等。

(2) 分析旅游企业员工流动的情况及其原因，以便采取相应的措施来避免不必要的流失。

(3) 掌握旅游企业员工晋升和内部调动的情况，保证工作和职务的连续性。

(4) 分析工作性质、工作环境、人力资源管理制度和实践对员工供给的影响。

2. 外部人力资源供给预测

外部人力资源供给预测也称为外部供给量预测，它是指预测在计划期内的各时间点可以从旅游企业外部获得的各类人员的数量以及人员的来源渠道。

一般情况下，内部人员拥有量是比较透明的，预测的准确度较高；而外部人力资源的供给预测则有较高的不确定性。

(二) 内部人力资源供给预测的方法

旅游企业内部人力资源供给预测的方法主要有人力资源盘点法（技能数据库分析法）、人员接替计划法、马尔科夫转移矩阵法。

1. 人力资源盘点法（技能数据库分析法）

人力资源盘点法是对旅游企业内现有人力资源的质量、数量、结构和在各岗位上的分布状态进行核查，掌握旅游企业拥有的人力资源的具体情况，以便为旅游企业的人力资源决策提供依据的方法。规模较大的旅游企业一般都会采用人力资源管理软件来对员工的相关信息进行管理，通过人力资源管理软件就能掌握旅游企业人力资源的供给现状。

此外，许多旅游企业还建立了技能数据库，并将此数据库与其他人力资源管理系统联系起来。通过计算机程序，旅游企业需要找人来填补某一职位空缺时，通过输入描述这一空缺职位的任职资格条件的关键词（比如所需要的受教育程度以及技能等），就可得到技能数据库列出的合格候选人名单。

知识拓展 4-2   **人力资源盘点中的技能清单**

技能清单是一个用来反映员工工作能力特征的列表。托马斯·帕顿（1971）建议人力资源盘点中的技能清单应列出七个方面的信息：

个人资料：主要包括员工的性别、年龄和其他个人资料。

技能：主要包括员工的工作经历、教育背景和参与过的培训的情况。

特殊资格：主要包括员工的获奖情况及取得的特殊成就。

工资和工作历史：主要包括员工现在和过去的工资及从事过的工作。

个人在企业内的情况：主要包括员工在本企业内的地位、职位等。

个人能力：主要包括在心理或其他测试中的测试成绩及健康信息。

其他特殊的个人爱好。

（资料来源：林丽，张健民，陶小龙. 现代人力资源管理［M］. 北京：机械工业出版社，2018：154－155.）

2. 人员接替计划法

该方法旨在对旅游企业内部出现的职位空缺进行及时的补充，主要用于确认特定的职位候选人。首先在工作分析的基础上，明确职位对任职人员的具体要求；然后确定一位或几位能够达到这一职位要求的候选人；接着评价所有候选人，确定哪位候选人更具有潜力；并对该候选人进行相关培训，让其胜任这一工作。该候选人职位的变动会使得一系列职位出现人员接替，因此，各职位的候补人员需考虑其职业发展计划，并与企业培养人才的目标计划相一致（如图4－4所示）。

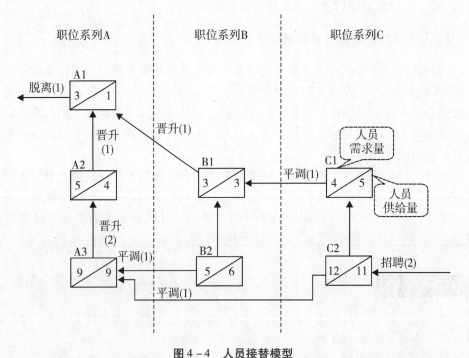

图4－4 人员接替模型

（资料来源：彭剑军. 人力资源管理概论［M］. 2版. 上海：复旦大学出版社，2011：142.）

图4－4反映了旅游企业内部员工接替计划，A1职位出现了2个空缺，从企业内部可以提供2名合格的继任者，一名是从A2级晋升上去的，另一名是从B1级

跨职位晋升上去的，同时，这两个级别的空缺由下级晋升或平级弥补，最后将空缺转化为比较基层的职位如 C2 级职位，再进行外部招聘以填补职位空缺。

人员接替计划法需要动态控制好员工的流动方向与不同职位人员接替方式之间的关系，这就需要企业人力资源管理者具有较高的人员素质辨别能力，为旅游企业甄选出合适的职位接替候选人。

3. 马尔科夫转移矩阵法

马尔科夫转移矩阵法是俄国伟大的数学家马尔科夫发明的，是一种用于预测事件发生概率的方法。其基本思路是利用企业内部各类人员流动的历史数据，分析和发现其流动规律，依据这些规律来推断未来人力资源的变化情况。其具体步骤为：根据历史资料计算出各类人员转移的平均概率；然后，根据这些概率，建立人员变动矩阵表；最后，根据期末供给人数和矩阵表，预测下一周期企业内部可供给的人数。其公式如下：

$$N_i(t) = \sum_{j=1}^{k} N_j(t-1) \times P_{ij} + V_i(t)$$

式中，$N_i(t)$ 为时刻 t 时 i 类的人数，P_{ij} 为从 j 类向 i 类转移的转移率，V_i 为在时间 $(t-1, t)$ 内 i 类所补充的人数，k 为职务分类数。

例如，已知某四星级酒店 2018 年各层级员工的流动数据，统计分析的状态转移概率如表 4-5 所示。其中，总监级别的管理者仍留在职位的为 97%，离职的为 3%；经理级别的管理者，有 93% 留在原职位，3% 晋升为总监，4% 离职；主管级别的管理者，有 75% 留在原职位，7% 晋升为经理，18% 离职；领班级别的管理者，有 65% 留在原职位，14% 晋升为主管，21% 离职；基层员工有 55% 留在原职位，16% 晋升为主管，29% 离职。2018 年年初，该酒店总监、经理、主管、领班、基层员工的人数分别为 4 人、9 人、24 人、36 人、167 人。

表4-5 某四星级酒店员工马尔科夫状态转移矩阵

状态转移概率		工作级别（终止时间状态）					离职
		总监级	经理级	主管级	领班级	基层	
工作级别（初始时间状态）	总监级	0.97					0.03
	经理级	0.03	0.93				0.04
	主管级		0.07	0.75			0.18
	领班级			0.14	0.65		0.21
	基层				0.16	0.55	0.29

根据马尔科夫转移矩阵法，将各类人员原始人数和转移率相乘，然后相加，就可预测该酒店2018—2020年间的员工结构状态和状态变动情况，如表4-6和表4-7所示。

表4-6 酒店2018—2020年员工结构状态

（单位：人）

年份	总监级	经理级	主管级	领班级	基层	离职	招聘	在籍人员
2018	4	10	23	50	153	61	61	
2019	4	11	24	57	144	60	60	240
2020	4	12	26	60	138	59	59	

由表4-6可以看出，在2018—2020年间，整个酒店的人力资源供给量为240人。为了保证酒店的正常运营，2018年需要招聘61人，2019年需要招聘60人，2020年需要招聘59人。

表4-7 酒店2018—2020年员工结构状态变动

（单位：人）

年份	总监级	经理级	主管级	领班级	基层
2018	0	1	-1	14	-14
2019	0	2	0	21	-23
2020	0	3	2	24	-29

由表4-6和表4-7可以看出，在2018年领班级别的管理者供应量为50人，

比 2018 年年初多供给了 14 人；2019 年领班级别的管理者供应量为 57 人，比 2018 年年初多供给了 21 人；2020 年领班级别的管理者供应量为 60 人，比 2018 年年初多供给了 24 人。同理，基层员工供给量明显不足，2020 年比 2018 年年初相比缺少了 29 人。由此可见，领班级别的管理者供给量大，而基层员工供给严重不足。

（三）外部人力资源供给预测的方法

如果没有足够多的内部候选人填补预期会出现的职位空缺（或者因为其他原因，希望聘用企业外部的候选人），企业就可能转向去寻找外部候选人。外部人力资源供给预测相当复杂，但它对旅游企业制定人力资源规划具有非常重要的作用。

外部供给预测要着重预测企业可以吸引的潜在员工的数量、质量等因素。旅游企业可以根据过去的招聘结果和职位配置的经验，了解那些未来可以进入企业的人员状况，以及他们的工作能力、经验等方面的特征，从而估计他们能够补充企业中哪些职位空缺。

旅游企业外部人力资源供给预测可以采用以下方法。

1. 内容分析法

内容分析法是指对国家的统计数据，特别是劳动人力资源部门的统计资料进行分析的方法。旅游企业可以通过国家和地区的统计部门、劳动人力资源部门出版的年鉴、发布的报告以及利用互联网来获得这些数据或资料。同时，旅游企业还应及时关注国家和地区的有关法律、法规和政策的变化情况。

2. 市场调研法

旅游企业可以就自身所关注的人力资源状况直接进行调查。旅游企业还可以与人才中介机构或高等院校建立长期的合作关系，共同了解目标群体的就业动态。

3. 对应聘人员进行分析

旅游企业可以通过对应聘人员和已聘用的人员进行分析，得出未来外部人力资源供给的相关信息。

旅游企业外部人力资源供给的主要渠道有：各类学校的毕业生（特别是旅游管理相关专业的毕业生）、复员转业军人、其他旅游企业在职人员和流出人员、失业人员等。

二、旅游企业人力资源供给特征分析

（一）员工专业素质较低，综合素质不高

旅游企业的就业门槛较低，现有员工的受教育程度普遍较低，员工入职后系统规范的培训不足，导致员工的专业素质较低、综合素质不高。旅游企业的很多管理者是其他行业转行而来的，或是从基层员工提拔起来的，他们工作依靠的是多年实践所积累的经验，缺乏系统性的现代化经营管理理念和管理方法，管理者的素质有待提升。

（二）人才培养储备力度不够，供需失衡

我国旅游业发展迅速，需要大量旅游管理的专业人才。然而，我国旅游企业普遍存在"重使用、轻培养"的观念，大多数旅游企业缺乏对员工进行良好的职业生涯规划的引导，缺乏一套有效的人才培养机制，其业务培训也仅以短期的和实用的为主，更多地着重于眼前，通常没有长远的发展目标，员工不能真正获得职业能力和职业地位的提升。面对快速发展的旅游市场，旅游管理人员从量的供给到质的提升都远远不能适应和满足旅游企业对人才的需求，旅游企业的发展面临人才严重短缺的尴尬局面。

第四节　旅游企业人力资源供需平衡策略

对旅游企业未来人力资源的供给和需求进行预测之后，比较两者的预测结果，会出现以下四种情况：①供需平衡；②供给小于需求；③供给大于需求；④供需总量平衡，但结构不平衡。这四种情况，除了第一种情况外，其余都需要旅游企业采取一定的措施来解决这种不平衡。

一、解决员工短缺的政策

当预测未来人力资源供给小于需求时，旅游企业通常采取的解决方法有：

（1）技术革新，提高现有员工的工作效率。这是减少旅游企业人力资源需求的一种有效方式。提高旅游企业员工工作效率的方法有很多，例如改进工作流程、使用机器人、采用新技术、对员工进行技能培训、增加员工工资、留住服务技能好

的老员工，等等。

（2）降低员工的离职率。减少员工的流失，同时进行内部调配，增加内部员工的流动来满足某些职位的供给要求。

（3）从外部招聘人员。如果需求是长期的，就要聘用全职员工；如果是短期需求，就可以聘用兼职生、实习生或临时员工。招聘新员工和实习生、聘用小时工等，是最为直接的一种方法。

（4）业务外包。旅游企业将某些业务进行外包，可以减少自身对人力资源的需求。

（5）培训和晋升。如果管理者或技术人员出现短缺，应拟订培训和晋升计划。在旅游企业内部无法满足要求时，应拟订外部招聘和培训计划，如管理培训生项目。

（6）延长工作时间。如果短缺现象不太严重或是短暂出现的旅游旺季导致短期的人员短缺，旅游企业也会鼓励现有员工延长工作时间来应急，并按照《劳动法》等有关法规增加员工的收入。

知识拓展4-3　　关于加班加点的法律规定

加班加点是在企业执行的工作时间制度的基础上延长工作时间。凡在法定节假日和公休假日进行工作的叫作加班，凡在正常工作日延长工作时间的叫作加点。加班加点必然占用职工的休息时间。加班加点过多，对职工的身体健康会构成危害。为有效地控制加班加点，有关劳动法律、法规均予以限制。

《中华人民共和国劳动法》第四十一条规定：用人单位由于生产经营需要，经与工会和劳动者协商后可以延长工作时间。一般每日不得超过一小时；因特殊原因需要延长工作时间的，在保障劳动者身体健康的条件下延长工作时间每日不得超过三小时，但是每月不得超过三十六小时。

用人单位依法安排劳动者在标准工作时间以外延长工作时间，应当按照下列标准支付加班加点工资：

（1）在日标准工作时间以外延长工作时间的，应按照不低于小时工资基数的150%支付加班工资。

（2）休息日安排劳动者工作，应当安排其同等时间的补休，不能安排补休的，按照不低于日或小时工资基数的200%支付加班工资。

（3）法定休假日安排劳动者工作的，按照不低于日或小时工资基数的300%支付加班工资。

二、解决员工过剩的政策

当预测未来人力资源供给大于需求时，旅游企业通常采取的解决方法有：

（1）扩大经营规模。拓宽旅游企业经营领域，开拓新的增长点，增加对人力资源的需求。例如，旅游企业可以采取多样化经营来吸纳过剩的员工。

（2）辞退员工。例如，永久性辞退某些工作态度差、工作技能低、服务意识差、考核绩效低的员工。

（3）实行提前退休制度。对一些接近而还未达退休年龄者，应制定一些优惠政策，如提前退休者仍按正常退休年龄计算养老保险工龄，发放部分奖金或补助，鼓励这部分员工提前退休。

（4）缩短员工的工作时间。旅游企业减少员工的工作时间，随之降低员工的工资和福利，西方企业在经济萧条时经常采用这种方式来解决临时性的人力资源过剩。

（5）冻结招聘。停止从外部聘用人员，通过自然减员来减少供给等。

（6）培训转岗。加强培训，使旅游企业员工掌握多种技能，增强他们从事其他工作的竞争力。鼓励部分员工自主创业或自谋职业。

三、解决总量平衡但结构不平衡的政策

旅游企业人力资源供给与需求结构不平衡表现为有的职位供给大于需求，有的职位供给小于需求，针对这种情况，旅游企业可以采用以下措施：

（1）内部人员重新配置。采取晋升、调动、降职等方式让某些岗位不需要的人员去补充另一些空缺的岗位，以调整人员结构。

（2）针对性培训。对人员进行有针对性的专门培训，提高他们的工作技能，使他们能够从事空缺岗位的工作。

（3）辞退冗余人员并招聘新人。当旅游企业需要调整的人员不能胜任空缺岗位的工作时，那么就需要辞退企业不需要的人员，招聘新人来从事空缺岗位的工作，以实现人力资源总量和结构的平衡。

总之，旅游企业在制订供求平衡规划的过程中，不可能是单一的供大于求或者供小于求，往往出现的是某些部门人力资源供过于求，而另外几个部门可能供不应求；也许是高层次人员供不应求，而低层次人员的供给却远远超过需求量。所以，应视具体情况做具体分析，制订出相应的人力资源部门或业务规划，使各部门的人力资源在数量、质量、结构、层次等方面达到协调平衡。

> 本章小结

人力资源规划是企业制定战略目标的重要依据。科学的人力资源规划有助于满足企业对员工的需求和调动员工的积极性。

一般来说，人力资源需求预测方法可以分为两大类：定性预测法和定量预测法。定性预测法包括现状预测法、经验预测法、德尔菲法等，定量预测法包括趋势预测法、统计预测法、工作负荷预测法等。

人力资源供给预测包括两个方面：企业内部人力资源供给预测和企业外部人力资源供给预测。企业内部人力资源供给预测方法有人力资源盘点法、人员接替计划法、马尔科夫转移矩阵法等。

保持人力资源供需平衡是旅游企业人力资源规划的重要组成部分。

> 实务案例

某旅游景区的人力资源规划

王某几天前才应聘到某旅游景区的人力资源部当经理，就接受了一项紧迫的任务。旅游景区要求人力资源部在10天内提交一份本景区未来3年的人力资源规划。虽然王某在制造业从事人力资源管理工作已经多年，但因为不熟悉旅游企业，时间又紧，所以面对办公系统中的文件、人力资源报表，不免有点压力。他告诫自己一定要静下心来，经过两天的整理和苦思，他觉得要编制好这个规划，必须考虑下列各项关键因素。

首先是本景区人力资源管理现状。景区共有服务员800人，保安121人，行政和文秘性职员33人，基层与中层管理者69人，技术人员34人，销售人员33人。据统计，近5年来员工的平均离职率为39%，预计未来也不会有多大的改变。不过，不同职位的员工的离职率并不一样，服务员的离职率高达42%，而技术人员和管理者的离职率只有5%。其次，按照景区的扩园计划，销售员要新增5%~10%，技术人员要增加3%~5%，服务员要增加10%。鉴于要精简行政机构，企业的政策是尽管景区的规模不断扩大，但是中、基层管理者只能增加1%。最后，还有一点特殊情况需要考虑：最近本地政府颁布了一项政策，要求当地企业招聘新员工时优先考虑下岗员工和农民工，这样会享受税收优惠或补贴政策。景区一直不曾有意排斥下岗员工和农民工，企业目前的状况是：服务员中有21%的人为下岗员工和农民工，中、基层管理者有7人是下岗员工，技术人员中有4人是下岗员工。

为了更好地了解景区的人力资源质量，王某觉得应该去各部门看一看。联想到服务员流失率高的问题，他就先到对外营业的餐厅。他发现在就餐时间，员工非常忙碌，服务跟不上顾客需要。在他停留的5分钟内，就发现服务员上错菜，需要主管与客人沟通来弥补服务员的失误。看到这种情况，王某问主管是怎么回事，主管解释说因为员工流动率高，该部门许多员工是才来不到10天的新手，做事不熟练，顾客多，这些新手就会忘记了服务流程。有些服务员嫌企业给的工资低，一旦有其他机会就跳槽了。由于老员工离职率高，新员工又很难招聘，一旦招聘到新员工，经过简单培训后就直接上岗。

在与管理者和员工的访谈中，王某发现了一些问题。虽然景区最近几年陆续通过校园招聘的方式招聘了一些有潜力的大学生，吸纳他们的目的就是想增加后备人才，但是现在看来没有达到这样的目的。这些大学生认为他们所在部门的管理者不重视他们，安排的工作太简单，没有挑战性，他们已经有了离开的想法。王某还发现许多部门经理工作经验丰富，但是很少学习新的知识和技术。

王某还有5天就得交出计划，其中包括各类管理者和员工的人数预测，从外部招聘的各类人员的人数，以及如何贯彻本地政府关于照顾下岗员工和农民工政策的计划。此外，企业刚接手管理一家新景区，预计该景区5年后的营业额与本景区相当，王某还得提出一项新景区的人力资源规划方案。

案例讨论题：
1. 王某在编制企业的人力资源规划时应考虑哪些情况和因素？
2. 在预测企业人力资源需求时，应该采取哪些预测技术？
3. 该企业应该采取怎样的人力资源政策和措施来降低员工的流失率？
4. 假设您是案例中的王某，请制订出该景区未来3年的人力资源规划方案。

复习思考题

1. 什么是人力资源规划？它包括哪些内容？
2. 如何进行人力资源供给预测和需求预测？
3. 企业人力资源供给和需求预测的方法有哪些？
4. 企业在人力资源供不应求时应该采取哪些策略来实现供需平衡？
5. 企业在人力资源供过于求时会采取哪些策略来实现供需平衡？
6. 针对目前酒店企业的人力资源流动率高的问题，请制定相应的政策和措施。

【运算题】
1. 南苑酒店集团有四类人员：高层管理者、中层管理者、基层管理者和服务员。已知 2019 年年初这四类人员的数量分别是 80 人、180 人、300 人和 900 人。假设四类人员 2019 年的流动情况为：高层管理者有 80% 留任，其余 20% 离职；中层管理者有 70% 留下，10% 成为高层管理者，20% 离职；基层管理者有 80% 留下，8% 成为中层管理者，1% 被破格提拔为高层管理者，1% 转为服务员，10% 离职；服务员有 50% 留下，15% 成为基层管理者，35% 离职。

请根据马尔科夫模型预测法编制转移矩阵表，并计算出 2020 年南苑酒店集团四类人员的供给总数。

2. 某高尔夫俱乐部 2012—2019 年的员工人数如表 4-8 所示，根据这些数据，利用回归分析预测法，预测该企业在 2020 年所需员工的数量。

表 4-8　某高尔夫俱乐部 2012—2019 年员工人数统计

年度	2012	2013	2014	2015	2016	2017	2018	2019
员工人数（人）	325	330	345	340	350	355	340	352

本章参考文献

[1] 陈荣荣. 关于酒店人力资源规划的探讨 [J]. 企业导报, 2011 (15): 196.

[2] 韩颖, 周黎明. 今后十年我国旅游业吸纳劳动力的数量预测 [J]. 数量经济技术经济研究, 2002, 19 (3): 40-43.

[3] 李志刚. 旅游企业人力资源开发与管理 [M]. 北京: 北京大学出版社, 2019.

[4] 吕菊芳. 人力资源管理 [M]. 武汉: 武汉大学出版社, 2018.

[5] 罗茹晏, 罗景文. 浅谈马尔可夫预测法及其在企业人员规划中的应用 [J]. 科技管理研究, 2011, 31 (8): 102-104.

[6] 彭剑军. 人力资源管理概论 [M]. 上海: 复旦大学出版社, 2011.

[7] 任来玲, 刘朝明. 旅游需求预测方法文献述评 [J]. 旅游学刊, 2006, 21 (8): 90-92.

[8] 石羽, 张澜禹, 顾全. 企业人力资源预测与规划研究 [J]. 经济技术协作信息, 2017 (24): 19.

[9] 孙国霞. 马尔科夫模型在星级饭店人力资源供给预测中的应用 [J]. 北京第二外国语学院学报, 2015, 37 (7): 25, 50-55.

[10] 孙天厌, 侯仁民. "十一五" 我国旅游业吸纳劳动力的数量分析与预测 [J]. 经济经纬, 2004 (1): 139-141, 156.

[11] 闻鑫, 王维志, 毕如祥. 基于战略人力资源规划的人员规模预测方法研究 [J]. 企业改革与管理, 2016 (21): 103-104.

[12] 谢礼珊. 旅游企业人力资源管理 [M]. 北京: 旅游教育出版社, 2008.

[13] 杨春玲. 旅游业人才需求现状与发展分析：兼论广西旅游人才的现状与发展对策 [J]. 经

济与社会发展，2005，3（10）：77-80.
[14] 张德. 人力资源开发与管理［M］. 5版. 北京：清华大学出版社，2016.
[15] 张凌吉. 企业人力资源预测与规划研究［J］. 中国科技投资，2017（20）：242.
[16] 张萍，陆大奎. 论人力资源规划的战略地位［J］. 西南民族大学学报（人文社科版），2004，25（6）：98-99.
[17] 张中英，李峰云，梁东明. 战略性人力资源规划模型的研究与应用［J］. 价值工程，2012，31（21）：154-155.
[18] 宗伯君. 企业人力资源预测与规划［J］. 工业技术经济，2000，19（4）：58-59，78.

第五章　旅游企业工作分析与工作设计

【学习目标】通过本章的学习，你应该能够：
(1) 了解工作分析和工作设计的定义。
(2) 掌握工作分析在旅游企业人力资源管理中的重要作用。
(3) 掌握工作分析的内容和程序。
(4) 掌握工作分析的常见方法。
(5) 了解工作说明书和工作规范的定义。

【前期思考】在进行旅游企业人才招聘前，为什么要进行工作分析和工作设计？

【重点和难点】重点掌握工作分析的内容和程序。

引导案例

法国餐厅工作说明书和工作规范的编写

作为一位经验丰富的法国连锁餐厅（该餐厅被授予米其林三星级餐厅称号）的人力资源总监，丽萨已经意识到今后的3个月是非常繁忙的，因为董事会刚刚决定在中国的上海开设欧洲以外的第一家分店，并打算未来3年进驻北京，开设第二家分店。获得米其林星级餐厅称号需要评价的项目主要是餐厅提供的食物（占总评分的60%）、用餐环境（占总评分的20%）、餐厅服务（占总评分的10%）和酒水的搭配（占总评分的10%），因此，丽萨非常清楚，仅仅从法国调派几个大厨到上海是绝对不行的，因为上海的餐厅服务水平也必须和法国的旗舰店保持一致，这样才能保证集团持续被授予米其林星级餐厅称号。根据初步测算，上海的餐厅至少需要25名来自当地的服务员。餐厅会接待许多其他企业的外籍员工来用餐，而且员工需要和来自法国的大厨打交道，因此，服务员不仅要英语流利，而且要懂一点法语。此外，他们还要熟悉西餐菜肴与酒水的配搭、西餐用餐礼节礼仪等。丽萨知道，这些招聘条件在欧洲可能不是问题，但是她不知道在中国是否会因为采用在欧洲的员工招聘条件而没有人来求职。丽萨梳理了一番思路，决定首先应该确定到底有哪些职位要在上海当地招聘，这些职位需要强调哪些知识、能力、经验和技能，为此，她决定对法国连锁餐厅的工作说明书和工作规范进行修改。

如果你是丽萨总监,你准备怎样编写中国区域法国餐厅的服务员职位的工作说明书和工作规范?

第一节　旅游企业工作分析

工作分析,也称为岗位分析、职位分析或职务分析,是旅游企业人力资源管理的基础性工作。它为旅游企业人力资源管理的其他工作如人员招聘、人员培训、绩效评估、薪酬管理等提供了重要的依据,在旅游企业人力资源管理中起核心作用,是旅游企业人力资源管理工作的基础。

具体来说,所谓工作分析,就是对企业中各类工作的特征、规范、要求以及对完成此类工作的员工的素质、知识、技能要求进行描述的过程。工作分析的结果是形成企业的工作说明书和工作规范。

一、工作分析的相关术语

在旅游企业人力资源管理中涉及许多与工作和活动相关的专业术语,它们各有其确定的意义。工作分析与工作设计密切相关,工作分析的术语同时也是工作设计的术语。下面将逐一解释。

(1) 工作要素(job elements):一组相关的活动和职责,是不能再分解的工作中的最小单元。如酒店客房做床服务中,撤床罩、铺毛毯、套枕套等都属于工作要素。

(2) 任务(task):一组工作要素的集合,或者是为了达到某种目的而结合在一起的工作要素,是工作分析的基本单位。例如,一名导游员的一次带团活动就是一个任务。

(3) 职责(responsibility):工作中所承担的某类工作任务的集合。它可以由一项或多项任务组成。例如,酒店的销售人员职责包括市场调查、产品设计、产品营销、售后服务等多项任务。

知识拓展 5-1　　　　　人力资源经理的工作职责

××酒店人力资源经理的工作职责列举如下:
负责拟订酒店人力资源规划,建立人才数据库。
负责拟订和完善酒店各项人力资源管理制度和方案。

负责设计酒店组织结构、职位序列及编制方案。
负责拟订酒店劳动合同管理规定。
负责制定和完善酒店员工评价系统并负责实施。
负责建立人力资源网络需求平台，并负责应聘人员的初选。
负责制订管理人员培养计划，完成国内外员工配置。
负责处理劳动争议、离职面谈。
完成领导安排的其他工作。

（4）职位/岗位（position）：一个人完成的任务和职责的集合，是企业的基本构成单位。在旅游企业中，每个人对应一个职位，即有多少个职位就有多少个员工。

（5）职务（job）：同类职位或岗位的总称。由于旅游企业的规模或结构不同，某项工作可由一个或多个同职位者从事。例如，在酒店的餐饮部，餐饮部经理可由一人承担，而餐厅服务员的工作则需多人来完成。当然，也有在职者身兼多职的情况，如酒店餐饮部经理可能同时还担负着酒店质检部的工作。

（6）职业（profession）：由不同企业中的相似工作职务组成的跨企业的工作集合。例如，服务员、导游员、经理等。"职务"和"职业"的区别在于其界定的范围不同，"职务"的概念是针对企业内的，而"职业"则是跨企业的。

（7）工作族（occupation）：具有相似工作内容的相关工作群。它以职位分类为基础，又称为职位族。例如，管理职位族、营销职位族、研发职位族等。

（8）工作说明书（job description）：又称为工作描述书，是一个与工作有关的任务、职责与责任的总体，它描绘出某特定工作内的任务、责任、工作情况与活动，为工作分析后的书面摘要。典型的工作说明书内容常包括工作基本资料（名称、类别、部门、日期）、工作摘要（目标、角色）、直属主管、监督范围、工作职责（每日、定期、不定期）等。有些工作说明书会把工作规范的内容一并纳入。

（9）工作规范（job specifications）：员工在执行工作时所需具备的知识、技术、能力和其他特征的清单。工作规范是工作分析的另一项成果，主要包括工作所需的知识、技术、能力、工作行为中被认为非常重要的个人特质和生理特征等，是人员甄选、任用和调配的基础。工作规范有时会与工作说明书合并在一起。

二、工作分析的内容

工作分析是旅游企业人力资源管理工作的基础，其分析质量对其他人力资源管理活动具有举足轻重的影响。工作分析提供的信息可以用"6W1H"来概括，具体如图 5-1 所示。

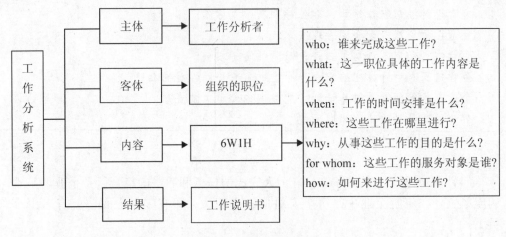

图 5-1 工作分析系统

通过工作分析，我们要回答或要解决以下两个主要的问题：

第一，"某一职位是做什么事情的?"这一问题与职位的工作活动有关，包括职位的名称、工作的职责、工作的要求、工作的场所、工作的时间以及工作的条件等一系列内容。

第二，"什么样的人来做这些事情最适合?"这一问题则与从事该职位的人的资格有关，包括专业、年龄、必要的知识和能力、必备的证书、工作的经历以及心理要求等内容。

三、工作分析的作用

工作分析用于描述工作的内容，以及各种工作职责和责任。这些信息除了有助于企业制订战略计划、遵守法律规定之外，还对其他人力资源管理活动起着重要的作用。人力资源管理的每一项工作，几乎都需要用到工作分析的结果。图 5-2 反映了工作分析在人力资源管理中的主要用途。

（一）有助于制订人力资源规划

旅游企业在编制长期发展战略规划的时候，或者在年初，或者在某一发展阶段开始的时候，都需制定人力资源的规划。例如，新的一年旅游企业人力资源要做哪些工作；人力资源供给和需求是否平衡；人员、职位是否需要增加或者减少；员工薪酬是否需要增加等。工作分析能弄清楚目前职位的种类、数量及相关的调整政策，这是编制人力资源规划的基础。旅游企业依据这些基础资料来确定未来需要设立多少个职位，配备多少人员。

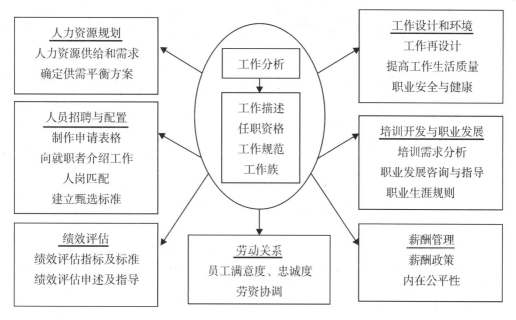

图 5-2　工作分析在人力资源管理中的主要用途

（二）为招聘与录用建立甄选标准

工作分析最广泛的用途是建立甄选标准。旅游企业通过工作分析，能够明确一项工作的具体内容，以及该工作与其他工作的关系，从而制定出从事这项工作的人员所必需的任职资格，如学历、年龄、技能、心理、生理、特殊要求等。这是顺利从事某项职务的工作人员应具备的基本条件，因而成为甄选的标准。有了明确而有效的标准，旅游企业就可以通过心理测评和工作考核，选拔和任用符合职位需要的合格人员。

（三）为培训开发和职业发展提供信息

旅游企业通过工作分析，可以明确从事该工作的员工所应具备的技能、知识、各种心理条件和资格要求。这些条件和要求，并非人人都能够满足，必须通过培训和职业发展来实现。因此，旅游企业可以按照工作分析的结果，设计和制订培训方案，根据实际工作要求和聘用人员的不同情况，有区别、有针对性地安排培训内容和方案，以培训促进聘用人员工作技能的提升，提高聘用人员的工作效率。工作分析可以提供有关工作内容和任职人员条件等完备的信息和相关资料，使员工可据此制订个人的技能提升和职业生涯规划。

(四) 提供合理的绩效评估标准

绩效管理是旅游企业人力资源管理的重要环节，公正的绩效评估能合理评价员工的工作，起到激励的作用。旅游企业通过工作分析，可以为各个部门的各种任务确定一套绩效评估标准，使绩效评估做到公正、客观、合理。所谓合理的标准，就是在现有的工作条件下，经过一定的努力，大多数人能够达到，其中一部分人可以超过，少数人能够接近的定额水平。

(五) 有助于制定公平合理的薪酬政策

旅游企业员工薪酬的高低主要取决于其工作的性质、繁简程度、难易程度、劳动强度、工作负荷、责任的大小以及劳动环境的优劣。旅游企业工作分析的信息可用来比较各个职位对企业整体绩效的相对价值，确定任务、职责和责任的权重，对需要掌握比较复杂技术和承担更大责任的工作给予较大的权重，从而付给更高的薪酬。员工关于薪酬公正与公平的感受，是通过将自己所得与他人所得进行比较，以及将自己所得与自己认为应得的数量进行比较而形成的。

(六) 有助于改善工作设计和工作环境

旅游企业通过工作分析，可以确定职务的任务特征和要求，建立工作规范，而且可以检查工作中不利于发挥员工积极性和能力的因素，并发现工作环境中有损于工作安全、加重工作负荷、造成工作疲劳与紧张等影响员工社会心理气氛的各种不合理因素。针对这些不合理因素，旅游企业普遍会采取适当措施，改善工作设计和整个工作环境，做好员工职业安全与健康管理工作，从而最大限度地调动员工的工作积极性和发挥员工的技能水平，使员工在更有利于身心健康和安全舒适的环境中工作。

(七) 有利于改善员工的劳动关系

工作分析为每个工作的任职者提供了客观的标准，这些标准成为旅游企业对员工进行提升、调动或降职的决策依据。工作分析保障了同工同酬，并使员工明确了工作职责及以后的努力方向，有助于使员工更满意地工作，更忠诚于企业。

工作分析的价值并不仅局限于人力资源管理。事实上，管理者和员工都能从工作分析中受益。管理者据此能够充分了解每一个工作职位上的员工目前所做的工作，有助于发现职位之间的职责交叉和职责空缺现象，及时调整职位设置。员工通过工作分析的信息，能够自我反省工作行为和审查工作内容，主动地寻找工作中存在的问题并努力解决。人力资源管理人员在进行工作分析的过程中，能够充分地了解旅游企业经营的各个重要业务环节和业务流程，从而有助于将人力资源管理职能真正上升到企业战略层面。

第二节　旅游企业工作分析的流程和方法

一、工作分析的流程

旅游企业工作分析是对旅游企业工作的一个全面评价的过程，这个过程可以分为四个阶段：准备阶段、调查阶段、分析阶段和完成阶段。这四个阶段的关系十分密切，它们相互联系、相互影响。

（一）准备阶段

准备阶段是工作分析的第一阶段，该阶段的主要任务是解决"为什么进行工作分析"和"如何进行工作分析"两方面的问题。具体工作如下：

1. 确定工作分析的目的、方法和用途

一般来说，旅游企业要明确工作分析的目的和需要解决的主要问题。工作分析的目的不同，所要收集的信息和要使用的方法也会不同。例如，新成立的旅游企业工作分析的目的通常是完成一份能够为招聘员工提供必要的"工作职责"和"任职资格"即可的较为粗略的工作说明书，用于解决新的旅游企业招聘新员工的问题。旅游企业进行工作分析主要基于内部因素和外部因素发生的变化。

（1）内部因素是进行工作分析的重要影响因素，具体包括筹备新的旅游企业，增加新任务、新技术的应用，员工入职带来的工作分配变化等。

（2）外部因素包括顾客数量的变化、季节性差异、市场竞争形势的变化等。

2. 成立工作分析小组

为了保证工作分析的顺利进行，在准备阶段还要成立一个工作分析小组，从人员上为这项工作的开展做好准备。小组的成员一般由以下三类人员组成：一是企业的高层领导；二是工作分析人员，主要由人力资源管理专业人员和熟悉各部门情况的人员组成；三是外部的专家和顾问，他们具有工作分析这方面的丰富经验和专业技术，可以防止在工作分析过程中出现较大偏差，有利于提升工作分析结果的客观性和科学性。

3. 对工作分析人员进行培训

为了保证工作分析的效果，还要由外部的专家和顾问对本企业参加工作分析小组的人员进行业务上的培训。

4. 做好其他必要的准备工作

其他必要的准备工作，包括参与工作分析人员的时间保证，增强旅游企业员工对工作分析的重视程度等。例如，对于从各部门抽调去参加工作分析小组的人员，部门经理应对其工作进行适当的调整，以保证他们有充足的时间进行这项工作；在企业内部对这项工作分析任务进行宣传，消除员工不必要的误解和紧张。

（二）调查阶段

调查阶段是工作分析的第二阶段，主要任务是对某个职位的整个工作流程、工作环境、工作内容和任职人员等主要方面进行全面的调查。这一阶段需要完成的具体任务如下：

（1）制订工作分析的时间计划进度表，以保证这项工作能够按部就班地进行。

（2）根据工作分析的目的，选择搜集工作内容及相关信息的方法。工作分析的方法有很多，我们将在本节第二部分对此进行详细的介绍。

（3）搜集工作分析的背景资料，这些资料包括旅游企业的组织结构图、工作流程图以及国家的职位分类标准，如果可能的话，还应当找来旅游企业以前保留的工作分析资料。

企业的组织结构图指明了某一职位在整个企业中的位置，以及上下级隶属关系和平级的工作关系；工作流程图指出工作过程中信息的流向和相关权限。这些资料有助于员工全面地了解职位的情况。职位分类标准和以前的工作分析资料也有助于员工了解职位的情况，但是在使用这些资料时要注意绝对不能照搬照抄，而应当根据企业现在的具体情况，有选择地加以利用。

（4）搜集职位的相关信息。一般来说，工作分析中需要搜集的信息主要有以下几类：

1）工作活动。包括承担工作所必须进行的与工作有关的活动和过程，个人在工作中的权力和责任，等等。

2）工作中人的活动。包括人的行为，如身体行动以及工作中的沟通行为；工作中使用的基本动作；工作对人的要求，如精力的耗费、体力的消耗；等等。

3）在工作中所使用的机器、工具、设备以及辅助用品。例如，电话、计算机、对讲机、清洁设备，等等。

4）与工作有关的有形和无形要素。包括完成工作所要涉及或要运用的知识，如会计需要运用会计方面的知识，法律事务主管需要懂得法律知识等。

5）工作绩效的信息。例如，完成工作所需要耗费的时间、所需要投入的成本，以及工作中出现的误差，等等。

6）工作的背景条件。包括工作时间；工作的地点，例如在室内还是在户外；工作的物理条件，如有没有噪音、是不是在高温或严寒条件下；等等。

7）工作对人的要求。包括个人特征，如个性和兴趣；所需要的教育与培训水平；工作经验；等等。

上述的工作信息，一般要从以下几个渠道来获得：工作执行者本人、管理者、顾客、工作分析专家以及以往的分析资料。由于各种主客观原因的存在，不同的信息源提供的信息会存在一定程度的差异。例如，工作执行者在提供信息时往往会夸大工作的难度；而顾客往往会从自己的利益出发，从而对工作绩效要求过高。因此，工作分析人员应站在中立的立场来听取各方面不同的意见，以期掌握比较准确可靠的信息。

（三）分析阶段

完成搜集与职位相关的信息之后，就要进入工作分析的下一个阶段，即分析阶段。在这一阶段，需要对有关工作特征和人员要求的结果进行全面的总结分析。其具体任务如下：

1. 整理和审核资料

将搜集到的资料归类整理，看是否有遗漏的项目，如果有，就要返回到上一个步骤。资料归类整理后，工作分析小组的成员要对所获工作资料的准确性进行审查，如有疑问，就需要找相关的人员进行核实，或者重新进行调查。

2. 通过创造性的分析，发现有关工作和任职人员的关键信息

如果搜集的资料没有遗漏，也没有错误，那么接下来就要对这些资料进行深入的分析。在将要分析的工作职位中，选择有代表性的工作，创造性地分析这项工作对任职人员的要求。当完成工作分析后，对职位的任职者和有关人员进行访问，并根据访问结果对工作分析的结果进行修正。在进行创造性的分析时，一般要遵循以下三项基本原则：

（1）对工作活动进行分析而不是罗列。分析时，应当将某项职责分解为几个重要的组成部分，然后再将其重新进行组合，而不是对任务或活动进行简单的列举或罗列。例如，对酒店前台服务员转接电话这项职责，经过分析后应这样描述："按照公司的要求接听电话，并迅速转接到相应的人员那里"，而不应该将所有的活动都罗列上去，如"听到电话铃响后，拿起电话，放到耳边，说出公司的名字，然后询问对方的要求,再按下转接键,转接到相应的人员那里"。

(2) 分析针对的是职位而不是员工。工作分析并不关心任职者的任何情况,它只关心职位的情况。例如,某一职位本来需要本科学历的人来从事,但是由于各种原因,现在只是由一名中专生担任这一职位,那么在分析这一职位的任职资格时就要规定为本科学历,而不能根据现在的状况将学历要求规定为中专。

(3) 分析时要以当前的工作为依据。工作分析的任务是为了获取某一特定时期内的职位情况,因此,应当以工作现状为基础来进行分析,而不能把自己或别人对这一职位的工作设想加到分析中去。只有如实地反映出职位目前的工作状况,才能进行分析判断,发现职位设置或职责分配上的问题。

3. 归纳、总结出工作分析的必要材料

仔细审核、整理、归纳进行工作分析所需要的各种材料和相关要求。

(四) 完成阶段

完成阶段是工作分析的最后阶段。该阶段是在前面三个阶段工作的基础上,形成工作分析的最终结果,即工作说明书和工作规范。该阶段的具体任务是:

1. 编写工作说明书

根据收集的有关工作的信息,首先按照一定的格式编写工作说明书和工作规范的初稿;然后反馈给相关人员进行核实,重点讨论意见不一致的地方,将无法达成一致的地方返回到第二个阶段,重新进行分析;最后,经过多次反馈、修订,形成工作说明书和工作规范的定稿。

2. 成果运用

将工作分析的成果运用于人力资源管理以及旅游企业管理的相关方面,真正发挥工作分析的作用。

3. 分析总结

对整个工作分析过程进行总结,找出其中成功的经验和存在的问题,并将工作说明书和工作规范进行归档保存,建立工作分析成果的管理制度,以利于以后更好地进行工作分析。

二、工作分析的方法

工作分析过程中需要收集工作职位的相关信息,收集信息的方法多种多样,但

没有哪一种方法可以独立完成整个工作分析。编制一份完整的工作分析表，必须运用工作分析的多种方法，收集到足够的信息。工作分析的方法分为定性方法和定量方法两种。

（一）定性方法

1. 观察法

观察法是由工作分析人员在工作现场直接观察员工的实际工作过程，用文字或图表的形式记录某一时期该职位工作的内容、形式、过程或方法，并通过对信息进行比较、分析、汇总等方式，得出工作分析成果的方法。观察法适用于分析体力工作者和事务性工作者所从事的职业，如 PA（Public Area 的简称，一般特指公共区域保洁员）、服务员、保安人员、文秘等职位。观察法可分为直接观察法、阶段观察法和工作表演法。不同的观察对象的工作周期和工作突发性有所不同，因此，应根据具体情况采用合适的观察法进行工作分析。

（1）直接观察法。该方法是指工作分析人员对员工工作的全过程进行观察。直接观察法适用于工作周期比较短的职位。如酒店客房服务员，该职位的工作基本上是以一天为一个周期，工作分析人员可以一整天跟随着客房服务员进行工作的直接观察。

（2）阶段观察法。有些职位的工作具有较长的周期性，为了能完整地观察到该职位员工的所有工作，必须分阶段进行观察。例如，对于保安人员策划火灾应急预案演练的工作，工作分析人员就必须在预案演练组织前和组织中对该职位进行观察。有时由于各阶段间隔时间太长，而工作分析人员无法耗用过多时间，这时采用"工作表演法"更为合适。

（3）工作表演法。该方法对于工作周期很长和突发性事件多发的工作比较适合，如酒店大堂副理和保安的职位。这些职位除了有常规的工作程序以外，还有很多突发事件需要处理，如处理客人投诉、盘问可疑人员等。工作分析人员可以通过让他们表演突发事件的处理过程，来进行对该项工作的观察。

在使用观察法时，工作分析人员应事先准备好观察表格和摄影器材，以便随时进行记录，用于随后的分析。另外，要注意观察的工作行为要有代表性，并且尽量不要引起被观察者的注意，更不能干扰被观察者的工作。表 5-1 是对 名餐厅员工进行工作分析的观察提纲。

表 5-1　对餐厅员工进行工作分析的观察提纲（部分）

观察者：　　　　　　　　　　　　　　　　　　　　日期：

被观察者		观察时间	
工作类型		工作部门	
观察内容	工作地点：		
	工作开始时间：		
	工作结束时间：		
	工作中有哪些程序？		
	哪个程序是最重要的，需要多少时间？		
	共接待多少位客人？		
	平均接待一位客人需要多少时间？		
	客人的投诉率是多少？		
	工作中休息了几次？		
	工作结束后，员工是否很疲倦？		

观察法通常不适用于工作周期较长和以脑力劳动为主的职位和工作，如部门经理、旅游策划和研发工作等。观察法无法获取有关任职资格方面的信息。

2. 面谈法（访谈法）

与在职人员进行面谈常常与观察结合起来。面谈法是指工作分析人员通过与在职人员面对面的交流来收集工作信息的一种方法。对于许多工作，分析人员不可能实际去做，如工程部的维修工作；也不可能去现场观察，如涉及旅游企业核心技术的工作。在这些情况下，就需要与工作者本人或了解这项工作的主管人员进行访谈来搜集有关的信息。

在收集工作分析信息时，可以使用三种面谈法：个人访谈法、群体访谈法和主管人员访谈法。个人访谈法适用于各个员工的工作职责之间有明显差别、工作分析时间比较充分的情况；群体访谈法适用于多名员工做同样工作的情况；主管人员访谈法指与同一个或多个主管人员进行面谈。因为主管人员对工作内容比较了解，所以主管人员访谈法可减少工作分析时间。为了保证面谈的质量，工作分析人员需要经过专门训练，并使用标准格式来收集资料，这样才能使所有的问题和回答限制在与工作有关的范围内（如表 5-2 所示）。使用标准格式便于比较调研过程中不同的访谈对象所反映的情况。

表 5-2 工作分析访谈提纲

访谈人员：

岗位任职者		工作岗位		工作部门	
直接上级		直接下属			
访谈时间		访谈地点			

1. 请您用一句话概括您的岗位完成的主要工作内容和要达成的目标。
2. 请问与您进行工作联系的主要人员有哪些？
3. 请详细描述您所在岗位的主要工作职责和对应完成的具体工作活动，包括所采取的方法、消耗时间、辅助工具或设备等，以及合格的工作标准。
   （1）日常职责。
   （2）定期职责（请说明是每周、每月还是每季度）。
   （3）不定期职责。
   （4）您现在正从事的职责有不必要的吗？如果有，请说明。
   （5）您正在履行的职责中，有哪些是不包括在您的工作中的？如果有，请说明。
4. 您在执行工作职责过程中遇到的主要困难和问题是什么？
5. 请您谈谈以上各项职责在工作总时间中所占的百分比。
6. 请您谈谈您的以上工作职责中最为重要的工作是什么。
7. 企业赋予您的最主要的权限有哪些？
8. 您认为在工作中您需要其他部门、其他岗位为您提供哪些方面的配合、支持和服务？
9. 您认为要出色地完成以上各项职责需要什么样的学历、专业背景和工作经验？
10. 您认为要出色地完成以上各项职责需要具备哪些专业知识、技能、身体素质和心理方面的要求？
11. 请问您在工作中自主决策的机会有多大？
12. 工作中是否经常加班？工作繁忙是否具有很大的不均衡性？
13. 工作中是否要求精力高度集中？工作负荷有多大？

  面谈法的优点在于能够简单、迅速地收集工作分析所需要的资料，并能够通过面对面的交流了解员工的工作态度、情绪及其对工作和职位的看法。此外，面谈法还为企业提供了一个良好的机会来向大家解释工作分析的必要性及功能。面谈法也可以使被访谈者有机会释放因受到挫折而带来的负面情绪。其不足之处在于：有些被访谈者会有意无意地夸大其承担的责任和工作的难度，容易导致工作分析资料的失真和扭曲。麦考米克于 1979 年提出了面谈法的一些标准：

（1）所提问题要和工作分析的目的有关。
（2）工作分析人员的语言表达要清楚、含义准确。
（3）所提问题必须清晰、明确，不能太含蓄。
（4）所提问题和访谈内容不能超出被谈话者的知识和信息范围。

（5）所提问题和访谈内容不能引起被访谈者的不满，或涉及被访谈者的隐私。

3. 参与法

参与法也称为工作实践法。这种方法是指由工作分析人员亲自从事所需研究的工作，扮演员工的工作角色，体会其中的工作信息。参与法与观察法、面谈法相比，能够更加准确地了解工作的实际过程，以及在体力、知识、经验等方面对任职者的要求，使工作分析人员可以获得第一手资料。但是，这种方法只适用于短期内可以掌握工作技能的职位或者工作内容比较简单的职位，如餐厅服务员，而不适用于需要进行大量训练和具有危险性的工作职位。

4. 工作日志法

工作日志法就是由职位的任职者本人按照时间顺序记录工作过程，然后由工作分析人员经过归纳提炼取得所需资料的一种方法。这种方法适用于工作循环周期短、工作状态稳定的职位。这种方法通过对员工工作日志的分析来确定工作职责、人际关系以及劳动强度等方面的工作信息。

工作日志法的优点是可以对工作进行忠实全面的记录，提供一个非常完整的工作图景，不至于漏掉一些工作细节。这是其他方法所不具备的特点。缺点是任职者对每日程序化的日志记录活动缺乏长久的动力，难免马虎和敷衍；任职者可能会夸大某些活动，同时也可能会遗漏某些活动，从而影响工作日志内容的真实性。例如，表5-3是某公关营销部经理的工作日志。

表5-3 某公关营销部经理的工作日志

姓名：×××
岗位：经理
所属部门：公关营销部
直接上级：营销部总监
从事本业务工龄：10年
填写日期：自2019年10月10日至2019年11月9日

续表 5-3

说明:
1. 在每天工作开始前将工作日志放在手边,按工作活动发生的顺序及时填写,切勿在一天结束后一并填写。
2. 严格按照表格的要求填写,不要遗漏任何细小的工作活动。
3. 请您提供真实的信息,以免损害您的利益。
4. 请您注意保管,防止遗失。
当您在填写过程中遇到困难时,请及时与我们联系,电话:××××××××××。

日期:10月10日			工作活动
开始时间	结束时间	所用时间(分钟)	
8:30	9:30	60	审阅宣传专员交来的企业宣传稿件,对稿件的内容和排版设计进行修改
9:30	11:30	120	与广告公司协商户外广告有关事宜,品牌管理专员同时参加
11:30	12:00	30	与几个媒体朋友通电话,讨论广告宣传的有关问题
12:00	12:30	30	回复几个与业务有关的电子邮件
13:30	15:30	120	面试两个公共宣传专员的应聘者
15:30	17:30	120	参加市场营销部有关近期促销活动的会议
……			……

核实工作日志内容的真实性是非常必要的。这要求事后必须对工作日志的记录和分析结果进行检查,检查工作通常由任职者的直属上级来承担。

5. 关键事件分析法

关键事件分析法是通过一定的表格,专门记录任职者实际工作过程中特别有效或特别无效的行为(即关键事件),作为将来确定某一职位任职资格的一种依据。关键事件记录既能获得有关工作的静态信息,也能获得工作的动态信息。记录的内容主要是:导致事件发生的原因、有效和无效行为的特征、行为的后果、工作者可以控制的范围及努力程度的评估。

关键事件的记录可由任职者的直接主管或其他目击者去完成,按照行为发生的顺序来记录。为了给确定某一职位任职资格提供事实依据,往往需要大量的有效和无效的关键事件,并把它们划分成不同的类别和等级。实际操作的步骤如下:

（1）把每一个关键事件打印在卡片上。例如，表5-4列出了销售工作的15种关键行为。

（2）让多位有经验的工作分析人员对所有卡片进行分类。分类的标准可以统一，也可以不统一。对那些有争议的事件分类要重新讨论，直到取得一致意见。

（3）对类别予以明确的概括和定义。

（4）进行职位任职资格条件比较，从关键事件分类与概括中，可能得出数个任职资格条件，其中一些可能比另一些重要，重要程度可按下面的标度评分：1 = 很不重要；2 = 比较重要；3 = 重要；4 = 非常重要；5 = 极其重要。然后，以工作分析人员的平均分数值作为各个任职资格条件的权重值。

表5-4 销售工作的15种关键行为

岗位及部门	关键行为
岗位：销售岗 所属部门：市场营销部 直属上级：销售经理	善于把握客户订单的信息和市场信息
	密切注意市场需求的瞬息变化
	善于与市场营销部门的管理人员交流信息
	善于同企业其他部门的管理人员和执行人员交流信息
	对上级和客户都诚实守信
	能够说到做到
	坚持为用户服务，了解和满足用户的要求
	积极收集产品和服务的售后反馈信息
	向客户宣传企业的其他产品和服务
	积极扩大销售额和市场占有率
	不断掌握新的销售技术和方法
	在新的销售途径方面具有创新精神
	维护企业形象，塑造企业良好的声誉
	结清项目
	工作态度积极主动

（资料来源：潘泰萍. 工作分析：基本原理、方法与实践 [M]. 2版. 上海：复旦大学出版社，2018：73-74.）

关键事件分析法具有以下优点：通过关键事件可以很好地了解人员素质，建立的行为标准更准确，并能找出有效绩效和无效绩效产生区别的因素。关键事件法具有以下缺点：要花费很多时间和人力对事件进行归纳，并且难以把握整个工作的全貌。

(二) 定量方法

定量方法主要是问卷调查法。问卷调查法是一种应用非常普遍的工作分析方法，它是让有关人员以书面形式回答有关职务问题的调查方法。其基本过程是设计并分发问卷给选定的员工，要求其在一定的时间内填写，以获取有关的信息。问卷调查法适用于旅游企业的脑力工作者、管理工作者或工作中不确定因素很多的员工，比如旅游企业软件设计人员、行政经理等。问卷调查表主要有两种：一种是问卷内容具有普遍性，适用于各种职务的工作内容调查表；另一种是专门为特定的工作职务设计的特殊问卷。问卷调查表还可以分成职位定向和人员定向两种。职位定向问卷比较强调工作本身的条件和结果，人员定向问卷则集中于了解员工的工作行为。

问卷调查法在问卷设计上通常采用结构化和开放式两种形式。结构化问卷由工作分析人员事先准备好的项目组成，代表了分析人员希望了解的工作信息。被调查者只需要在问卷项目后填空、选择或对各个项目进行分数评定。结构化问卷简单、明确，填写方便，不需要被调查者去思考题目选项是否合理。开放式问卷让被调查者表达自己的意见和看法，如"请叙述您工作的主要职责"，被调查者需要花费较多的时间才能完成调查问卷。因此，最好的问卷是介于两者之间，既有结构化问题，也有开放式问题。

问卷调查法有许多优点：一是能够从许多员工身上快速地收集到工作分析所需要的信息，节省时间和人力，费用低，速度快；二是员工可以利用工作之余的时间填写问卷，不影响员工的正常工作；三是对问卷得到的资料，分析时可以数量化，由计算机进行数据处理，节省资料分析时间。

同时，问卷调查法也存在一个问题：问卷设计的质量直接影响到调查的成败，因此需要花费大量的时间和人力去设计问卷。在问卷使用前，还应该进行测试，以了解员工理解问卷中问题的情况。为了避免误解，有些时候需要工作分析人员做出解释和说明。

表 5-5 提供了一份工作分析中使用的典型问卷。

表 5-5 调查问卷范例

说明：我们正在为部门中的每一项工作拟订详细的岗位说明。您工作出色，所以请您尽可能准确、详细地回答下列每一个问题。您所提供的信息将有助于我们拟订招聘新员工时所需的岗位说明。

续表 5-5

一、岗位基本信息

姓名		岗位名称		职位编号	
部门		直接上级		从事本工作时间	

二、工作职责与标准

请写明在典型的工作日中,您所履行的所有职责以及要达到的标准。例如,假设您是一名餐厅引座员,您可以这样描述您的职责和标准:"客人进店 30 秒内,问候他们:'欢迎光临××酒店,请问几位?'"

1. _____
2. _____
3. _____
4. _____
5. _____

三、工作权限

为了更好地完成工作,您觉得还需要增加哪些权限:

1. _____
2. _____

四、设备与资源

请列出为了完成该岗位的工作,您通常使用的设备、机器和工具:

_____

五、工作联系

您所从事的工作要求您同本部门、其他部门、其他企业或机构有所接触吗?如果是,请列出与他人接触的工作任务并说明频繁程度。

评分标准:1——几乎没有;2——偶尔;3——经常;4——频率非常高

本部门			企业内其他部门			其他企业或机构		
人员姓名	任务	分值	人员姓名	任务	分值	人员姓名	任务	分值
1			1			1		
2			2			2		
3			3			3		

六、监督和决策

您的岗位有监督职责吗?如果有,需要监督哪些岗位?如果您的岗位对其他人的工作还负有责任但不是监督责任,请加以解释。

_____

请说明您在完成常规工作的过程中所要做出的决策有哪些。

_____

续表 5-5

如果您的判断或决策质量不高，采取的行为不恰当，那么可能带来的后果是什么？
七、工作条件 请描述您是在一种什么条件下进行工作的，包括内部条件、外部条件等，请一定将所有令人不满意或非常规的工作条件记录下来。
八、资格与背景 您胜任该工作的典型特征是什么？（如耐心、合理地安排时间或与人相处的能力等） 帮助您做好现在的工作的受教育程度、培训和以往的工作经历是什么？
九、其他信息 请提供前面所给项目中未能包括的，但您认为对您的岗位来说非常重要的其他信息。
员工签名：_____ 日期：_____

问卷调查法能快速有效地获取有关工作的信息，国内外学者因此还设计了一些通用的工作分析问卷。其中，比较著名的工作分析问卷有：

1. 职位分析问卷

职位分析问卷（position analysis questionnaire, PAQ）是由美国普渡大学的心理学家麦考密克（McCormick, 1972）耗费 10 年时间所设计的一种利用清单的方式来确定工作要素的问卷。该问卷包括 194 个标准化的问题，这些问题代表了从各种不同的工作中概括出来的各种工作行为、工作条件以及工作本身的特点。表 5-6 列出了其中的 11 项。

表 5-6 职位分析问卷表格范例

使用程度： NA：不曾使用； 1：极少； 2：少； 3：中等； 4：重要； 5：极其重要
1. 资料投入
1.1 工作资料的来源（请根据任职者使用的程度，来审核下列项目中各种来源的资料）
1.1.1 工作资料的可见来源
书面资料（如书籍、报告、文章、说明书等）
计量性资料（与数量有关的资料，如图表、报表、清单等）

续表 5-6

图画类资料（如图形、设计图、X 光片、地图、描图等）
模型及相关器具（如模板、钢板、模型等）
可见陈列物（如计算表、速度计、钟表、划线工具等）
测量器具（如尺、天平、温度计、量杯等）、机械器具（如工具、机械、设备等）
使用中的物料（工作中、修理中和使用中的零件、材料和物体等）
尚未使用的物料（未经过处理的零件、材料和物体等）
大自然的特点（如风景、田野、地质样品、植物等）
人为环境的特点（如建筑物、水库、公路等，经过观察或检查已成为工作资料的来源）

（资料来源：贾建峰，蒋建武. 人力资源管理［M］. 北京：清华大学出版社，2016：126.）

职位分析问卷包含的 194 个问题可以分为以下六个部分：

(1) 资料投入：员工从哪里以及如何获得完成工作所必需的资料。
(2) 脑力过程：执行工作需要完成的推理、决策、计划以及信息加工活动。
(3) 体力过程：执行工作时所发生的身体活动以及所使用的工具和设备。
(4) 与他人的关系：工作中与他人发生的联系。
(5) 工作环境：工作中所处的物理环境和社会环境。
(6) 其他特点：其他与工作有关的内容，如工作时间安排、报酬等。

职位分析问卷通常由经过训练的工作分析人员来填写。对某项工作进行分析时，工作分析人员首先要确定每一个问题是否适用于被分析的工作；然后根据六个维度来对有效问题加以评价，这六个维度是：信息使用度、耗费时间、对工作的重要性、发生的可能性、适用性，以及特殊计分；最后将这些评价结果输入到计算机中，产生一份报告，说明某项工作在各个维度上的得分情况。

职位分析问卷的优点在于，它可以按照上述维度的得分对工作提供一个量化的分数顺序，这样就可以对不同的工作进行比较，有点类似于工作评价。

但是，这种方法也存在一些问题，西方学者的研究表明，职位分析问卷只对体力劳动性质的职业适用性较好，而对管理性质、技术性质的职业适用性较差。此外，还有一个缺点就是，职位分析问卷的可读性差，没有受过 10～12 年教育的人难以全面地理解整个问卷的全部内容。

2. 管理职位描述问卷

对管理职位进行工作分析，对工作分析人员而言是一个很大的挑战，因为不同职位、不同层级和不同行业的管理工作存在较大差异。为了能更好地对管理工作进行工作分析，国外学者设计了管理职位描述问卷（management position description questionnaire，MPDQ）。该问卷是利用工作清单，专门针对管理职位分析而设计的。

管理职位描述问卷列出了与管理者的工作内容和责任相关的 208 个问题，我们可以将其划分为 15 个部分。

（1）基本信息。如工作代码、预算权限、主要职责等描述性信息。
（2）决策。描述决策活动和决策的复杂程度。
（3）计划组织。包括战略规划和短期规划的组织活动。
（4）行政事务。包括写作、归档、记录、申请等活动。
（5）控制。包括跟踪、控制、分析预算、生产、服务等。
（6）监督。监督下属的工作。
（7）咨询创新。为下属或其他工作提供专业性、技术性的支持。
（8）工作联系。分为内部工作联系与外部工作联系，包括联系的对象和目的。
（9）协调。在内部联系中从事的协调性活动。
（10）表达。在推销产品、谈判、内部激励等工作中的表达行为。
（11）指标监控。对财务、市场、经营以及政策等指标的监控和调节。
（12）组织结构图。职位在组织架构中的位置，如上司、平级、下属等。
（13）自我评价。上述管理功能所花的时间和相对重要性评价。
（14）知识、技术和能力。工作对任职者知识、技术和能力的要求，以及所需的培训活动。
（15）反馈。任职者对本问卷的反馈意见以及相关补充说明。

其中，描述管理者与企业内部的员工和企业外部联系的问卷如表 5-7 所示。这部分的问卷主要从告知、获得信息、影响、促销、销售、指导、合作以及谈判等方面来反映人际交流。

表 5-7 管理职位描述问卷评价内部和外部联系

步骤 1：在表格中选择代表您主要的内外部联系的项目。			
步骤 2：根据联系的重要性进行评分：0——不重要；1——有一点重要；2——重要性一般；3——比较重要；4——非常重要。			
步骤 3：如果有其他联系，请描述它的性质和目的。			
联　系	目　的		
内　部	交流过去、现在和将来行为和决策的信息	影响他人的行为和决策，使其与自己的目标一致	指导或结合他人的计划、行为和决策
执行总裁			
副总裁			

续表 5-7

总经理、地区经理、主管			
部门经理、区域经理			
分公司经理或顾问			
单项产品经理			
核心员工			
一般员工			
外　部	提供、获得或交换信息或建议	提高该企业的产品或服务质量	销售产品或服务
相当于本公司地区经理或更高等级的顾客			
低于地区经理等级的顾客			
主要供应商代表			
供应商为本公司提供服务的职员			
有影响的社会组织的代表			
个人（如申请人、股东）			
政府人员			

（资料来源：贾建峰，蒋建武. 人力资源管理［M］. 北京：清华大学出版社，2016：128.）

3. 职能工作分析

职能工作分析（functional job analysis，FJA）是一种用在公共部门的工作分析工具，可以通过面谈或问卷的形式进行。职能工作分析的结果被美国政府收录在《职业名称词典》中。《职业名称词典》包含了对 2 万种工作职位的标准化描述说明，帮助随后需要进行工作分析的人员较深入地了解一项特定工作中所涉及的内容，也使得美国不同部门的职位名称变得更为统一。

职能工作分析认为，工作可以用在职人员在工作中存在的三种基本关系来描述。为了完成工作中的任务，工作者必须在物理上与"事物"相联系，运用精神资源处理"数据"，并与"人"相互作用。一项工作与这三种关系的相关程度，形成了职能工作分析所要进行的工作描述的基础。运用行为描述，工作中存在的这三种关系可以根据复杂性从高到低组成一个联系的集合。

职能工作分析对各项任务的复杂程度、重要性和任务频率进行评价，并给出每个工作职位一个定量的分数,成为不同工作职位确定薪酬和绩效考核的依据。

20世纪90年代,美国劳工雇佣与培训管理部开发了"职业信息网",取代了《职业名称词典》。该信息网包括时间跨度为60多年的职业信息,可以更精确和高效地描述一项工作。职业信息网将职业精简为约1000种,包括任职者特征、任职者要求、经验要求、工作特定要求、职业特征和工作要求六个相对独立的模块,如图5-3所示。

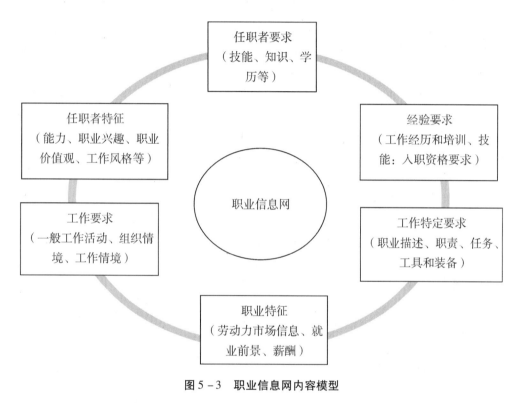

图5-3 职业信息网内容模型

[资料来源:The O*NET® Content Model(https://www.onetcenter.org/content.html).]

4. 职业分析问卷

美国控制数据经营咨询企业在1985年设计了职业分析问卷(occupation analysis questionnaire,OAQ),对职务进行定量的描述。职业分析问卷是一个包括各种职业的任务、责任、知识技能、能力以及其他个性特点的多项选择问卷。例如,在职业分析问卷中,软件开发职务被划分为19种责任、310个任务和105个个性特点。

问卷调查法虽然科学、权威和规范,适合于用计算机对结果进行统计分析,但

是也存在明显的缺点：一是问卷设计比较耗费功夫，也不像访谈那样可以面对面地交流信息，因此，不容易了解被调查对象的态度和动机等较深层次的信息；二是不易唤起被调查对象的兴趣；三是除非问卷很长，否则不能获得足够详细的信息。

目前，旅游企业很难利用这些权威的调查问卷来进行工作分析，旅游企业最好根据自身的实际情况，对工作分析问卷进行再设计。

第三节 工作说明书和工作规范的编写与管理

不同的旅游企业进行工作分析的侧重点是不一样的，有的旅游企业是为了设计更合理的培训方案，提高员工的技术素质；有的则是为了制定更切合实际的奖励制度，提高员工的积极性；还有的是为了根据工作要求改善旅游企业的工作环境，提高安全性。但是，旅游企业工作分析的结果都会形成工作说明书和工作规范。

一、工作说明书

工作说明书要对工作目的与任务、工作内容与特征、工作责任与权利、工作标准与要求、工作时间与地点、工作流程与规范、工作环境与条件等特征进行描述。企业不同，工作说明书的内容也会不相同，但是，规范的工作说明书通常会包括以下内容。

1. 职位标识

职位标识说明了职位名称、职位编号、所属部门、直接上级和职位薪点等，让人们能够对职位有一个直观的印象。

职位名称应简洁明了，既能对工作进行简单识别、分类，又能做到标识出工作责任，明确该职位在旅游企业中所属的地位和部门，比如酒店餐厅收银员、宾客关系主管、收益管理经理、招聘主管、人力资源总监、培训专员、旅行社外联部经理、导游员等。在确定职位名称时，最好按照社会上通行的做法来设计，这样便于人们理解，也便于在薪资调查时进行比较。

职位编号主要是为了方便职位的管理，企业可以根据自己的实际情况来决定应包含的信息。例如，在某旅游景区公司，有一个职位的编号为 HR–02–03，其中 HR 表示人力资源部，02 表示经理级，03 表示人力资源部全体员工的顺序编号。

职位薪点是工作分析和评价的结果，反映这一职位在企业内部的相对重要性，是确定这一职位基本工资标准的基础。

2. 职位概要

职位概要一般是用一句或几句简练的话说明这一职位的主要工作职责，让一个对该职位毫无了解的人，阅读完职位概要就能知道该职位大致要承担的主要职责。例如，人力资源部总监的职位概要是：制订、实施企业的战略人力资源规划和年度规划，主持制定和完善人力资源管理制度以及相关政策，指导解决企业人力资源管理中存在的问题，努力提高员工的绩效水平和工作满意度，营造快乐的工作氛围，塑造一支敬业、团结协作的员工队伍，为实现企业的经营目标和战略愿景提供人力资源支持。

3. 工作职责

工作职责是职位概要的具体细化，要描述这一职位承担的职责以及每项职责的主要任务和活动。在实践过程中，这一部分是相对较难的，要经过反复的实践才能准确地把握。首先，要将职位所有的工作活动划分为几项职责，然后再将每项职责进一步细化和分解为不同的任务。表5-8是某酒店前厅部经理的职位工作说明书。其中，前厅部经理的工作划分为制订本部门工作计划、执行与实施计划、检查各项工作、参加会议等，而且每项职责还要细化出不同的工作任务。

4. 业绩标准

业绩标准是指职位上每项职责的工作业绩衡量要素和衡量标准。衡量要素是指对于每项职责，应当从哪些方面来衡量它是完成得好还是完成得不好；衡量标准是指这些要素必须达到的最低要求，这一标准可以是具体的数字，也可以是百分比。例如，对于营销部经理这一职位，工作完成的好坏主要表现为销售量、销售收入、销售成本、新客户开拓等方面。因此，营销部经理业绩衡量要素就是销售量、销售收入、销售成本、开发新客户的数量。具体的销售量要达到多少、销售收入要达到多少、销售成本要控制在多少、开发新客户的最少人数为多少，这些就属于衡量标准的范畴。例如，销售员的业绩衡量标准可以规定为月销售量3000件，月销售收入100万元，月销售成本30万元，至少开发5名新客户等。

5. 工作关系

工作关系反映了某一职位的员工在工作中与其他工作人员的正式联系、上下级关系、与企业外部哪些部门和人员发生联系等。一般来说，偶尔发生联系的部门和职位一般不列入工作关系的范围之内。

6. 使用设备

使用设备就是员工在工作过程中需要使用的各种工具、仪器、机器设备以及材料等。

7. 工作环境和条件

工作环境和工作条件是指对工作的物理环境的描述。包括合适的温度、适当的光照度、通风设备、安全措施、建筑条件，甚至工作的地理位置等。

8. 任职资格

这是对担任该职位的人员提出素质和能力方面的要求，包括体力、智力、技能和经验等。

9. 其他信息

其他信息说明了职位的各方面特点，如工资报酬、奖金制度、工作时间、工作季节性、晋级机会、进修和能力提高的机会、该工作在本企业中的地位以及该工作与其他工作的关系，等等。

表5-8　某酒店前厅部经理职位工作说明书

部门：前厅部	班次：行政班
姓名：	直接上级：房务总监
岗位：前厅部经理	直接下级：前厅部经理助理及各主管
薪点：8000元	工作时间：08：00—12：00，13：30—17：30
岗位编号：FO-02-03	

职位概要：负责酒店前台的产品销售和接待服务活动，保持各项工作的衔接和协调，保证前台各班组提供高效、优质的服务，使客房销售达到最佳状态。

工作原则：思维敏捷，作风严谨，知识丰富，处事灵活，具有较强的企业决策能力，各方面业务熟练。

工作职责：

1. 制订本部门工作计划

制订本部门年度工作计划并进行总结；

审核各班组工作计划；

审核本部门及各班组全年和阶段培训计划；

分析本部门各班组工作状况及人员配备状况，做出全年员工配置计划。

2. 执行与实施

根据岗位特点、业务需要、人员素质及所需达到的目标，对各班组主管、领班及员工进

续表 5-8

行分工;
　　及时向班组主管及领班传达上级指示，布置工作任务；
　　完成房务总监分派的各种事务；
　　明确各班组岗位责任、职责范围、工作程序、管理细则及各项规章制度；
　　亲自参与和指导各项培训计划的落实和完成。
　3. 检查各项工作
　　每日抽查各班组员工到岗和在岗状况、仪表仪容、服务态度，以及操作程序等是否规范；
　　抽查各班组及各班次值班记录；
　　检查主管和抽查领班的在岗状况、工作状况及完成任务情况；
　　指导、监督助理和主管完成对领班、员工每月一次的业务考试；
　　加强对部门内部费用开支的管理和控制，减少费用支出，降低成本；
　　督促检查安全防火工作，确保客人及各职位设施、设备的安全；
　　对部门领班以上各级管理人员进行定期业务知识和管理知识的培训和考核；
　　参加部门值班。
　4. 参加各项会议
　　参加酒店每日办公晨会；
　　参加酒店每周一例会，汇报工作，听取酒店决策层指示；
　　参加房务总监召开的协调会和每月一次的销售分析会；
　　参加企业召开的领班以上各级管理人员的每周例会，研讨近期工作，提出工作计划；
　　不定时参加部门各班组月度工作总结会；
　　必要时组织部门人员举办专题研讨会。
　5. 总结、评估与调整
　　月度、季度、年度总结本部门的工作，并向房务总监做出书面汇报表；
　　每日听取前台接待、礼宾、商务主管的工作汇报，掌握部门工作情况和客房销售状况，并布置当日工作；
　　负责与其他部门进行协调、沟通；
　　签署、审核部门文件、报表；
　　根据工作需要和人员状况，调整部分岗位的人员；
　　尽可能掌握客户信息，完善内部管理，提高服务质量；
　　每月对主管级管理人员的工作业绩做出评估。
　6. 指导或直接参与对客人意见的处理
　　完全满足客人合理的要求；
　　教导违纪员工，并适当处罚，以此告诫其他员工。

二、工作规范

旅游企业工作规范，说明了从事某项工作的人所必须具备的知识、技能、能力、兴趣、体格和行为特点等心理、生理和素质要求。制定工作规范的目的是确定重要的个体特征，以此作为人员筛选、任用和调配的依据。

旅游企业工作规范反映了职位要求，其主要内容包括以下几个方面：

（1）一般要求。指从事旅游企业工作的一般性要求，如年龄、性别、学历、工作经验等。

（2）生理要求。指该工作对工作人员的身体状况和身体素质方面的要求，如外表形象、健康情况、感官的灵敏度、体力情况等。

（3）心理要求和素质要求。指旅游企业工作人员所应具备的知识、技能、能力、心理等个人特征，包括观察力、判断力、语言表达能力、决策能力、应变能力、情绪稳定性等。

需要强调的是，不管工作规范包括什么内容，其职位要求都是最基本的，是承担这一职位工作的最低要求。表5-9是某旅行社导游员的工作规范。

表5-9 某旅行社导游员的工作规范

岗位名称：导游员
年龄：25～50岁
性别：男女不限
学历：大学专科以上
工作经验：从事导游工作一年以上
体能要求：身体健康，有充沛的体力带团进行旅游活动；无传染病或严重的疾病。
知识和技能：良好的语言沟通能力，普通话好，会几种地方方言，能用一到两门外语进行简单交流；组织能力和表达能力强；有良好的灵活应变能力，能处理紧急问题；有能力代表公司的形象；具有销售技能；能适应高强度的工作；有良好的综合分析能力。
其他特性：兴趣广泛，能歌善舞；愿意长期从事加班工作；平时较注意自身形象。

目前，大部分旅游企业为了简化起见，将工作说明书与工作规范两者合并成为职位职责说明书，任职说明成为职位职责说明书中职位担任人员所需满足的资格条件之一。如表5-10就是某酒店前厅部经理的职位职责说明书。

表5-10 某酒店前厅部经理职位职责说明书

职务	前厅部经理	部门	前厅部
职级	A级主管人员	职位编号	F-02-03
上级主管	房务部经理或副总经理	下属人员	前厅部所有人员
工作时数	轮班制	休假	周日及法定休假日
性别	男/女	年龄	30～45岁
教育程度	大专毕业及以上学历，主修酒店相关专业		
专业技能	前台行政和作业程序，电脑使用技术，各种前台报表的制度和使用		
工作经验	同级酒店前厅部经理1年以上或前厅部副经理2年以上，或低等级酒店前台经理2年以上经验		
工作能力	接待酒店客人，正确处理客人的抱怨和不满，英语说写流利，会操作前台电脑系统		
性格仪表	仪表端庄，个性开朗，乐于助人，积极主动		
体型	正常体型，可较长时间（2～3小时）站立工作		
工作关系	房务部、营销部、财务部、保安部、人力资源部、总经理办公室		
晋升关系	房务部经理		
主管职责	负责订房和折扣制定，指导接待人员接待客人，制定前台作业程序，负责所属人员的任用、训练、监督与考核，各种有关前台的资料记录、存档及整理，与相关部门如房务部、营销部及财务部沟通协调，制作住房预测、住客名单等报表，处理客人各项疑难及抱怨事件，制定前厅部的作业流程、标准、政策及规定		

三、工作说明书和工作规范的编写

编写工作说明书和工作规范是每一个管理者都应当具备的技能，因为工作说明书和工作规范的制定，体现了管理者对相关职位的熟悉程度和控制水平。

工作说明书的编写要遵循以下原则：

1. 统一规范

在编写之前，需要确定工作说明书和工作规范的规范用语、版面格式要求和各个专题的具体内容要求。在措辞上，尽量选用一些具体的动词，如"安装""传递"等,避免使用评价类型的用语。

2. 清晰具体

工作说明书和工作规范是任职者的工作依据和具体要求,内容必须具体明了,使得任职者在读过之后,就可理解和履行工作职责,无须再询问他人或查看其他说明材料。说明书的语言应符合任职者的水平,难懂的专业词汇应该解释清楚。

3. 定期更新

工作说明书和工作规范应该定期更新,准确地说明工作内容和责任。工作说明书若超过两年不更新,不但可信度低,还可能会提供错误的信息。

4. 共同参与

工作说明书和工作规范的编写,应由担任该职位的任职者、上级管理者和人力资源专家共同协商、审核后确定。只有将各方意见考虑在内,制定出来的工作说明书才会被各方所认可,才能发挥作用。

工作说明书和工作规范编写完成后,将打印成一式三份。一份由任职者所在的部门负责人保管,一份由任职者自己保管,一份由人力资源部备份保管。

知识拓展 5-2　　　　　　如何科学、规范地编写工作说明书

1. 高层的支持和认可

在开展工作说明书编写工作之前,人力资源部经理一定要和相关的高层领导进行讨论,明确规范岗位职责的意义,正确定位工作说明书的编写工作,取得领导对岗位职责"变革"的理解和支持,并保证在工作说明书编写的实施过程中,高层领导者能率先树立岗位责任意识,对各项工作实行归口管理,改变原来自由随意的管理风格。

2. 员工的参与和配合

企业在编写工作说明书时,各部门的主管以及员工应该参与其中,人力资源部要为各个部门提供编写技术的培训、指导和审核,尤其需要做好充分的准备工作,给员工宣讲制定工作说明书的意义和说明书中各项内容的含义。对现行人员配置达不到或者远超出企业要求的现象,企业应向员工解释原因,打消他们的各种思想疑虑,保障企业的稳定发展。

3. 逐步分层实施

岗位的职责应为部门职责的分解,部门的各项职责应在岗位的职责中得以体现,即"人人有事做,事事有人做"。部门职责是界定岗位职责的基础,因此,界定岗位职责的第一步是界定部门的职责。

然后,将部门职责分解到部门的各个岗位,明确各岗位之间的分工关系。这一过程也可作为企业定员定编的依据。根据任务量和工作的要求,应将部门的工作任务合理地分解到具体的岗位,确定部门的岗位设置和人员安排,并明确部门内各岗位的岗位职责。

4. 使用规范用语

规范工作说明书的描述方式和用语,关系到工作说明书的质量。标准的岗位职责描述格式应是"动词+宾语+结果"。动词的选择可参照岗位职责动词使用规范表;宾语表示该项任务的对象,即工作任务的内容;结果表示通过此项工作的完成要实现的目标,可用"确保、保证、争取、推动、促进"等词语连接。

例如,人力资源部部长负责人力资源战略工作可描述为"负责组织制定人力资源战略和人力资源规划,保证为公司的发展战略提供有效的人力资源支持"。

5. 建立动态管理机制

工作说明书的管理工作相当重要,行业的发展、企业的变革会给岗位提出不同的要求,因此,企业编写好规范的工作说明书后,人力资源部应建立工作说明书的动态管理制度,由专人负责管理更新。目前,我国很多企业已开始注重这一问题,如联想集团甚至规定每半年对工作说明书修正一次。

[资料来源:肖斗金. 浅析职位说明书的编写 [J]. 劳动保障世界(理论版),2011 (5):82-84.]

第四节 旅游企业工作再设计

一、旅游企业工作再设计的目的

旅游企业工作再设计是指旅游企业在运转一段时间后,对职位设置、职务职责等进行重新的思考和设计,是旅游企业为了提高工作效率而采取的修改工作说明书和工作规范的行为。工作再设计的目的是优化人力资源配置,为员工创造更加能够发挥自身能力、提高工作效率、提供有效管理的工作环境,其实质是对现有工作说明书的认定、修改或对新设职位的完整描述。旅游企业的工作再设计可以重新赋予工作以乐趣,提高员工的工作积极性和降低员工的流动率,如德鲁克(Drucker,2006)在《管理的实践》一书中所说"对工作进行组织,使之成为最适合人类的工作"。

一般来说，当旅游企业有以下几种情况出现时，人力资源部经理可以考虑工作再设计的议题。

（1）职位设置不合理。例如，有些职位工作量大，经常无法按时完成工作；而有些职位又工作量小，员工上班时有很多空余时间。这样的职位设置情况既提高了旅游企业的人力资源成本，也破坏了员工之间的公平与和谐，甚至有些员工可能会产生抵触情绪，影响到他们的工作进展。

（2）旅游企业计划进行管理改革。由于旅游企业的发展，或技术和市场的变化，旅游企业计划对现有的经营模式和管理模式进行改革时，人力资源部门应该配合企业的改革进行相应的工作再设计，使职位能够适应新形势的需要。

（3）员工工作效率下降。员工工作效率下降的原因有很多，如果是由于员工已经对现有职位没有兴趣或缺乏新鲜感而产生的效率下降，就应该考虑对这些职位进行重新设计。

二、旅游企业工作再设计的方法

哈克曼和奥尔德汉姆（Hackman & Oldham，1976）提出了工作特征模型（job characteristics model，JCM），该模型探讨了不同职位特征对员工产生激励的状况，为后续的工作设计方法提供了理论基础（如图 5-4 所示）。

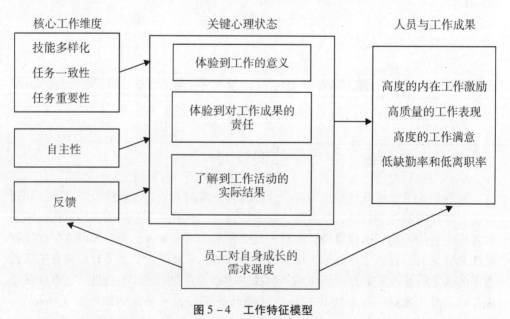

图 5-4　工作特征模型

（资料来源：伊万切维奇，科诺帕斯克. 人力资源管理［M］. 赵曙明，程德俊，译. 12 版. 北京：机械工业出版社，2016：124.）

该模型说明，如果要产出理想的结果，如高质量的工作绩效、组织承诺和留职意愿等，工作必须具备一定的"核心工作维度"，具体如下：

（1）技能多样化（skill variety）：指完成某个职位的工作时，个人所需具备的一系列技能、能力和知识的程度。

（2）工作完整性（task identity）：即员工在某一职位上完成一项完整和具有同一性任务的程度。任务完整性越高，员工的内在激励水平就越高。

（3）工作重要性（task significance）：指某一职位在企业内部或外部环境中对其他人工作和生活具有实质性影响的程度。

（4）自主性（autonomy）：即工作在多大程度上允许自由、独立，以及在具体工作中个人制订计划和执行计划时的自主范围。

（5）反馈性（feedback）：即员工能及时明确地知道他所从事的工作的绩效及其效率。

如果一项工作具有这些维度，它将在任职者身上产生三种关键心理状态。一是工作意义的体验，反映任职者体验到工作重要性和工作价值的程度。二是工作责任的体验，反映任职者体验到个人责任和对工作成果负责的程度。三是了解工作的实际结果，反映任职者对其工作成果的了解程度。任职者越是体验到这三种状态，就越具有内在的工作动力。这三种状态对任职者越是重要，任职者就越有动力去干好工作，就越容易对工作感到满意。

图5-4说明，技能多样性、工作完整性和工作重要性这三个维度使员工产生有意义的感觉。自主性与责任感直接相关，任职者感到对工作的控制程度越高，他就越有责任感。反馈与了解工作的实际结果相关，如果要激励任职者，就必须让他在反馈中了解工作的质量。

基于以上理论，旅游企业在实践中采取的工作再设计方法主要有：工作简化、工作扩大化、工作丰富化和工作轮换法。

（一）工作简化

工作简化是旅游企业工作设计人员通过对某一工作所需的动作和时间进行研究，将旅游企业的工作分解为若干单一化、标准化及专业化的操作内容与操作程序，然后把分解了的工作作为一个整体分配给员工的职位设计方法。这种方法使工作变得非常专业化，并通过对员工进行培训和适当的激励，以达到提高生产效率的目的。

工作简化的工作设计方法的核心是充分体现效率的要求。它的特点是：第一，由于将工作分解为许多简单的高度专业化的操作单元，可以最大限度地提高员工的操作效率；第二，由于对员工的技术要求低，企业既可以利用廉价的劳动力，也可以节省培训费用；第三，由于具有标准化的工序和操作规程，管理部门能够方便地对员工的生产数量和质量等方面进行控制,保证工作任务高质量完成。但是,如果过于简化工作,会使员工产生单调和乏味的感觉,致使工作简化所带来的高效率有可能被员工的不满和厌烦情绪所造成的旷工或辞职所抵消。

(二) 工作扩大化

旅游企业工作扩大化（job enlargement）是指工作范围的扩大或工作多样化,从而增加或扩展工作的任务,使员工有更多的工作可做（胡思民,2009）。通常这种扩大后的新工作同员工原先所做的工作非常相似,和原来的工作一起变成一个完整的有意义的操作过程。

工作扩大化和工作简化是旅游企业相反的人力资源管理活动。这种工作设计能够带来工作的高效率,因为不必把旅游企业中一个简单的任务从一个员工手中交接给另一个员工,从而节约了时间。此外,由于完成的是整个任务,而不单单是其中的某个细节,员工有完成任务的成就感。国外学者的研究发现,工作扩大化的主要好处是提高了产品质量,降低了劳务成本,提高了员工的满意度,生产管理变得更有灵活性。

(三) 工作丰富化

工作丰富化（job enrichment）是指工作任务的纵深扩展,是工作内容和工作职责在纵向层次上的改变。工作丰富化的核心是使从事某项职位工作的员工感到更大的责任,并给予他们更大的自主权和控制权,从而使员工感到工作更有意义。工作丰富化与工作扩大化的根本区别在于,工作丰富化是工作的深化,从垂直方向增加工作内容;工作扩大化是扩大工作的范围,从水平方向增加员工的工作内容。

工作丰富化的理论基础是赫茨伯格的双因素理论。赫茨伯格认为,在丰富工作内容时应遵从下列5条原则:

(1) 增加工作要求。应该以增强责任和提高难度的方式来改变工作。

(2) 赋予员工更多的责任。在经理保留最终决策权的条件下,应该让员工拥有更多对工作的支配权。

(3) 赋予员工工作自主权。在一定的限制范围内,应该允许员工自主地安排他们的工作进度。

(4) 反馈。将有关工作业绩的报告定期地、及时地反馈给员工,而不是反馈给他们的上司。

(5) 培训。应该创造有利环境来为员工提供学习机会,以满足他们个人发展的需要。

工作丰富化的工作设计方法与常规性、单一性的工作设计方法相比,虽然需要旅游企业增加一定的培训费用、支付更高的工资以及增加完善或扩充工作设施的费用，但却提高了对员工的激励以及员工的工作满意程度，进而对员工生产效率与产品质量的提高，以及降低员工离职率和缺勤率带来积极的影响。

（四）工作轮换法

工作轮换法是为了减轻员工对工作的厌烦感而把员工从一个岗位换到另一个岗位。工作轮换需在保证旅游企业正常运转的前提下进行。如在酒店中，让员工在康乐部工作一段时间后，再换到客房部工作，一段时间后再换到餐饮部工作。这样做有三个好处：一是比起日复一日地重复同样的工作，轮换岗位更能让员工对工作保持兴趣；二是使员工从原先只能做一项工作的专业人员转变为能做许多工作的多面手；三是员工增加了对自己工作的最终成果的认识。这种方法并没有改变工作设计本身，而只是使员工定期从一种职位转到另一种职位。员工需具有较强的适应能力，才能适应新工作职位的挑战。员工换了一个新的工作，往往会有新鲜感，愿意投入更多精力去从事新工作，工作积极性更高。这种方法对于管理人员的培养有较大的意义和作用，对管理培训生的培训就包括工作轮换环节。

三、工作—生活平衡与工作设计

员工除了从事工作外，还有家庭生活。近年来的人口统计数据发现，中国"二孩"政策以及随后的"三孩"政策的推出和老年人口的增加使得许多家庭的照料责任加大，全日制的双职工夫妇面临着更多的工作和家庭之间的矛盾。旅游企业必须调集更多的资源并付出更多的注意力来帮助员工平衡他们的工作和家庭需要。

在西方国家，女性员工大多愿意以部分绩效和部分薪酬为代价，留出更多的时间给家庭和子女，企业提供的非全职工作使她们不必为家庭责任而放弃工作，帮助她们实现工作和家庭的平衡。除此以外，有些企业还提供灵活的工作安排来帮助员工实现工作—生活平衡。灵活的工作安排包括弹性工作时间制、工作分担和远程办公。

弹性工作时间制是指在完成规定的工作任务或固定的工作时间长度的前提下，员工可以自由选择、安排工作的具体时间，以代替统一固定的上下班时间制度。例如，员工可以选择一周4天、每天10小时，而不是一周5天、每天8小时的工作时间。弹性工作时间制对员工的绩效、工作满意度、责任感和减少旷工等方面有积极影响；但是，它会给管理者指导下属员工的工作造成困难，特别是弹性工作时间容易导致工作轮班发生混乱。需要面对面与顾客沟通的旅游企业的绝大多数职位不宜使用弹性工作时间制。

工作分担是近期西方国家使用得比较频繁的一种工作设计方式。工作分担是允许两个或者多个员工分担原来一个全日制工作岗位的工作，并分享该工作的薪酬和福利，以降低失业率，并增加工作时间的灵活性，从而平衡工作与家庭的关系。在旅游企业经营管理的淡季，为了节约成本，就会减少部分全职员工的工作时间，采取工作轮流制，这就是一种工作分担形式。工作分担制如要成功实施，需要注意的关键环节是识别可以分担的工作，了解员工的个人分担方式，把能在时间和技能上互补的员工进行配对并加强相关工作质量监管。

远程办公指的是允许员工部分或全部时间在家工作，通过电话、计算机、互联网与办公室保持联系和通信。美国大约有3000万人至少部分时间在家工作。大量的旅游企业可以用远程办公作为吸引点来招聘员工。远程办公的优点包括使员工拥有更多的闲暇时间、避开高峰时间出行、避免办公室的烦扰和能够有灵活的工作时间，给员工提供了处理家庭问题的灵活性。缺点是，管理者可能不能全面指导下属，缺乏相应的监控机制。同时，由于减少了正规办公室的日常交往，会给员工带来一系列的社会和心理问题。

本章小结

工作分析是旅游企业人力资源管理的基础。工作分析主要是对企业职务的设置目的、中心职责、工作内容、权限范围、结构关系以及工作环境、工作条件等进行全面的分析、描述和记录。工作分析为其他人力资源管理活动提供了实践依据和信息。

要想顺利完成工作分析，必须了解工作分析的相应术语，包括工作、任务、职责、职位、职务、职业等；必须采用适当的方法对工作分析的信息进行有效收集，这些方法包括观察法、面谈法、问卷法、参与法、工作日志法等。工作分析方法可以单独或结合其他方法一起使用。

旅游企业工作分析的成果有工作说明书和工作规范。

工作分析不是一个静止的过程，单独一次的工作分析可能并不能适应企业环境的变化和员工的心理需求，企业需要不断地对工作进行重新设计，这包括工作简化、工作扩大化、工作丰富化、工作轮换、工作分担和远程办公等。

实务案例

如此的工作分析有用吗？

某旅游企业管理层发现企业中人员冗杂、人浮于事、效率低下，部门之间、职位之间的职责与权限缺乏明确的界定，扯皮推诿的现象不断发生，招聘的员工总是不尽如人意。管理层决定进行改革，要求人力资源部首先进行工作分析，为企业的组织变革提供有效的信息支持和基础保证。于是，人力资源部按照常规的工作分析流程对旅游企业各个职位进行工作分析。

首先，人力资源部寻找进行工作分析的工具与技术。在阅读了国内目前流行的工作分析书籍之后，他们从其中选取了一份工作分析问卷，作为收集职位信息的工具。然后，人力资源部将问卷发放到各个部门经理手中；同时，他们还在企业的内部网站上传了一份关于开展问卷调查的通知，要求各部门配合人力资源部的问卷调查。

据反映，问卷在下发到各部门之后，却一直被搁置在各部门经理手中，而没有发下去。很多部门是直到人力资源部开始催收时才把问卷发放到每个人手中。同时，由于大家都很忙，很多人在拿到问卷之后没有时间仔细思考，只是草草填写完事。还有很多人在外地出差，或者任务缠身，自己无法填写，而由同事代笔。此外，据一些较为重视这次调查的员工反映，大家都不了解这次问卷调查的意图，也不理解问卷中那些陌生的管理术语，"何为职责""何为工作目的"，许多人对此并不理解。很多人想就疑难问题向人力资源部进行询问，可是也不知道具体该找谁。因此，在回答问卷时只能凭借自己个人的理解来进行填写，无法把握填写的规范和标准。

一个星期之后，人力资源部收回了问卷。但他们发现，问卷填写的效果不太理想，有一部分问卷填写不全，一部分问卷答非所问，还有一部分问卷根本没有收上来。

与此同时，人力资源部也着手选取一些职位的员工进行访谈。但在试着访谈了几个员工之后，他们发现访谈的效果也不好。因为，在人力资源部，能够对其他部门经理进行访谈的人只有人力资源部经理一人，主管和一般员工都无法与其他部门经理进行沟通。同时，由于经理们都很忙，能够把双方的时间凑到一块，实在不容易。因此，两个星期过去之后，他们只访谈了两个部门经理。

人力资源部的几位主管负责对经理级以下的人员进行访谈，但在访谈中，出现的情况却出乎意料。大部分时间内，被访谈的人都在发牢骚，指责公司的管理问题，抱怨自己的待遇不公等。而在谈到与工作分析相关的内容时，被访谈人往往又言辞闪烁，顾左右而言他，似乎对人力资源部这次访谈不太信任。访谈结束之后，访谈人都反映对该职位的熟悉程度还是停留在模糊的阶段。这样的状况持续了两个星期，人力资源部访谈了大概1/3的员工。人力资源部经理认为时间不能再拖延下去了，因此决定开始进入项目的下一个阶段——撰写职位说明书。

可这时，各职位的信息收集却还不完整。怎么办呢？人力资源部在无奈之中，不得不另觅他途。于是，他们通过各种途径从其他公司中收集了许多职位说明书，试图以此作为参照，结合问卷和访谈收集到的一些信息来撰写职位说明书。

在撰写阶段，人力资源部还成立了几个小组，每个小组专门负责起草某一部门的职位说明书，并且还要求各组在两个星期内完成任务。在起草职位说明书的过程中，人力资源部的员工都颇感为难，一方面是因为不了解别的部门的工作，问卷和访谈提供的信息又不准确；另一方面，大家又缺乏写职位说明书的经验，因此，写起来都感觉很费劲。规定的时间快到了，很多人为了交稿，不得不急急忙忙，东拼西凑了一些材料，再结合自己的判定而成稿。

最后，职位说明书终于出台了。然后，人力资源部将成稿的职位说明书下发到各部门，同时，还下发了一份文件，要求各部门按照新的职位说明书来界定工作范围，并按照其中规定的任职条件来进行人员的招聘、选拔和任用。但是，这却引起了其他部门的强烈反对，很多直线部门的管理人员甚至公开指责人力资源部，说人力资源部的职位说明书是一堆垃圾文件，完全不符合实际情况。

于是，人力资源部专门与相关部门召开了一次会议来推动职位说明书的应用。人力资源部经理本来想通过这次会议来说服各部门支持这次项目。但结果却不尽如人意，在会上，人力资源部遭到了各部门的一致批评。同时，人力资源部由于对其他部门不了解，对其他部门所提的很多问题，也无法进行解释和反驳。因此，会议的最终结论是，让人力资源部重新编写职位说明书。后来，经过多次重写与修改，职位说明书始终无法令人满意。最后，工作分析项目不了了之。

人力资源部的员工在经历了这次失败的项目后，对工作分析彻底丧失了信心。他们开始认为，职位分析只不过是"雾里看花，水中望月"的东西，说起来挺好，实际上却没有什么大用，而且认为工作分析只能针对西方国家那些管理先进的大公司，拿到中国的旅游企业来，根本就行不通。原来雄心勃勃的人力资源部经理也变得灰心丧气，他一直对这次失败耿耿于怀，但是对项目失败的原因也是百思不得其解。

（资料来源：吕菊芳. 人力资源管理 [M]. 武汉：武汉大学出版社，2018：88-90.）

案例讨论题：
1. 在工作分析项目的整个组织与实施过程中，该企业存在哪些问题？
2. 该企业采用的工作分析工具和方法主要存在哪些问题？
3. 您认为该旅游企业的工作分析应如何组织和实施？

复习思考题

1. 在旅游企业中，为什么对关键工作进行工作分析是至关重要的？
2. 工作分析通常被称为人力资源管理的"基石"，简要描述工作分析是如何在招聘、培训和职业发展中发挥作用的。
3. 工作分析包括哪些基本的内容？怎样进行有效的工作分析？需要完成哪些

步骤？

4. 什么是工作日志法？工作日志法的优缺点各有哪些？

5. 设想作为集团人力资源部总监，你被要求对集团新兼并的一家度假酒店的总经理的职位进行工作分析，你最可能运用哪种工作分析方法来收集与工作相关的数据？请说明理由。

6. 在一个没有工作描述的旅行社里，你将如何进行工作分析？

7. 什么是工作说明书？工作说明书应该包括哪些内容？

8. 旅游企业如何利用工作轮换来进行工作设计？

9. 未来旅游企业应如何利用工作分担来进行工作设计？

【能力训练】

1. 试对下列职位做出工作分析：酒店人力资源总监、餐饮部经理、餐饮部领班、餐厅服务员，上述职位可选任意一个进行工作分析，并分别写出工作描述和任职资格描述。

目的：锻炼学生写工作说明书的能力。

要求：至少说出两个方面的工作描述和任职资格。

2. 调查旅游管理专业学生在实习过程中存在的问题及解决对策。

目的：通过调查，找出需要解决的问题，如校方问题、实习生问题、企业管理问题等，并提出对策，由小组合作完成。

要求：字数在2000字以上，充分调查本届及历届学生实习中存在的问题，案例不少于3例。

本章参考文献

[1] 冯利伟. 国外工作家庭冲突研究态势：基于文献计量的分析 [J]. 经济管理, 2018 (4)：187-208.

[2] 胡思民. 工作再设计的三种思路 [J]. 企业改革与管理, 2009 (10)：53-54.

[3] 贾建峰, 蒋建武. 人力资源管理 [M]. 北京：清华大学出版社, 2016.

[4] 李文东, 时勘. 工作分析研究的新趋势 [J]. 心理科学进展, 2006, 14 (3)：418-425.

[5] 潘大慧, 马剑虹. 职务分析领域新进展 [J]. 人类工效学, 2003, 9 (3)：42-44.

[6] 潘泰萍. 工作分析：基本原理、方法与实践 [M]. 2版. 上海：复旦大学出版社, 2018.

[7] 彭剑锋. 人力资源管理 [M]. 上海：复旦大学出版社, 2011.

[8] 宋超. 香山公园管理岗位工作分析及影响因素研究 [D]. 北京：北京林业大学, 2012.

[9] 孙秀明, 李清海. 德国部分工时工作的现状及保障：基于平衡女性工作与家庭冲突视角的分析 [J]. 德国研究, 2014, 29 (3)：56-70.

[10] 王郁芳. "全面二孩"政策下女性工作与家庭冲突分析 [J]. 湖湘论坛, 2017 (6): 126-131.

[11] 伊万切维奇, 科诺帕斯克. 人力资源管理 [M]. 赵曙明, 程德俊, 译. 12版. 北京: 机械工业出版社, 2016.

[12] 张德. 人力资源开发与管理 [M]. 5版. 北京: 清华大学出版社, 2016.

[13] Campbell J P, Dunnette M D, Lawler E E, et al. Managerial behavior, performance and effectiveness [M]. New York: McGraw-Hill, 1970.

[14] Carson K P, Stewart G L. Job analysis and the sociotechnical approach to quality: a critical examination [J]. Journal of quality management, 1996, 1 (1): 49-65.

[15] Fleishman E A, Mumford M. Evaluating classifications of job behavior: a construct validation of the ability requirement scales [J]. Personnel psychology, 1991, 44 (3): 523-575.

[16] Hughes G L, Prien E P. Evaluation of task and job skill linkage judgements used to develop test specification [J]. Personnel psychology, 1989, 42 (2): 283-292.

[17] Landis R S, Fogli L, Goldberg E. Future-oriented job analysis: a description of the process and its organizational implications [J]. International journal of selection & assessment, 1998, 6 (3): 192-197.

[18] Lopez F M, Kesslman G A, Lopez F E. An empirical test of a trait: oriented job analysis technique [J]. Personnel psychology, 1981, 34 (3): 479-502.

第六章 旅游企业人力资源招聘和甄选

【学习目标】成功的员工招聘为旅游企业人力资源管理工作的顺利开展奠定了基础。通过本章的学习，你应该能够：

(1) 了解招聘的基本概念和特点。
(2) 掌握招聘的有关具体操作流程和方法。
(3) 阐释内部招聘与外部招聘的区别和二者的利弊。
(4) 了解招募简章和求职申请表设计的相关知识。
(5) 掌握甄选的步骤和方法。
(6) 掌握面试的相关技巧以及提高面试有效性的方法。

【前期思考】旅游企业招聘实习生、服务员、管理者、技术人员是否需要采用不同的策略？

【重点和难点】重点掌握招聘的有关具体操作流程和方法，难点是人员甄选的方法。

> **引导案例**
>
> **高松酒店：招聘何以失败**
>
> 位于美国东南部主要城市罗斯福城（Roosevelt City，人口190万）的郊区里弗顿城（Riverton）的高松酒店正在进行装修，按照原定计划，酒店将于5月1日开业，现在离开业只有两个月了。戈登作为这个新酒店的负责人，已经在过去的6个月里，找到了酒店所需要的部门经理和领班的人选，这些人大多数来自美国的其他酒店，有一些人甚至已经在酒店行业中同他一起工作了15年之久。纳塔利·夏普被戈登任命为人力资源部经理，她大学毕业后曾在两家酒店工作过，并且3年前曾参加过一家大酒店的开业工作。她在酒店管理方面的经验和能力得到总公司管理者和戈登的认可。
>
> 尽管戈登已经明确宣布，各部门经理拥有对其部门工作的最终决策权，但他还任命纳塔利负责整个酒店员工管理的工作。酒店还聘请了一名监督经理同纳塔利一起参与管理决策，他们共同负责制订工作计划、薪水分配方案和安排每一个职位的具体事情。

纳塔利的主要工作是负责员工的招聘和录用，为酒店能在5月1日开业做好准备。她和戈登已于1月中旬见面，并让戈登审阅了她的计划。在招聘酒店开业所需要的315名员工这件事上，她必须同该州的就业服务机构紧密合作。纳塔利还使戈登认识到，对许多初级职位来说，最低工资标准是关键的决定因素。因此，为了吸引高素质的员工，酒店做出6个月内提高薪水的承诺。

纳塔利认为，在罗斯福城和里弗顿城可以找到初级员工。当地政府机构的统计数字也证实了她的这一想法，有许多人会来应聘这些职位。去年在罗斯福城市中心开业的一家酒店有超过1100人来应聘350个职位。

当地的失业率情况为：整个城市地区是5.7%，罗斯福城是8.1%，里弗顿城是5.0%，所有郊区是3.7%。

2月25日，里弗顿城的就业服务机构安排了一次人员招聘会，高松酒店也参加了这次招聘会，酒店除了在薪水条件方面具有竞争力外，还将为员工提供一系列的福利：带薪假期（工作1年后）、津贴计划（工作7年后）、某个岗位上的工作培训、教育福利。

但是在招聘会上，只有200多个人来应聘315个职位。在他们之中，只有75个人通过了面试，且大多数通过面试的人没有在酒店工作的经验，但看上去还勉强能通过培训上岗工作。应聘者多数来自周围的乡村和里弗顿城，只有几个来自罗斯福城。这些应聘者多数关心他们的薪水和交通问题。有一些工作经验但技术不太熟练的工人参加了面试，但是他们不愿意从最低工资做起。他们说，在快餐连锁店工作可以得到更多薪水，他们告诉其他应聘者，汉堡包连锁店已经将柜台补助加入薪酬中，使他们的最低时薪提高了75美分，纳塔利打电话证实了应聘者的说法。原来，许多雇主在最低工资的基础上给予工人额外的小时工资，用来吸引工人们去填补空缺职位。

关于交通问题，酒店和应聘者更难以达成一致意见。一些应聘者认为若酒店不提供通往罗斯福城的班车，那么他们到酒店需要乘地铁，再转乘公共汽车，需要花费一个小时，还要步行穿过三个街区。里弗顿城的一些居民也认为，从城东赶过来需要30多分钟，他们要跨过州界，公共汽车不能直接到达酒店。

2月26日，纳塔利总结了昨日的面试情况，并且计划在10天后安排另外一场招聘会。但是戈登怀疑，是否有足够的应聘者来应聘剩余的职位，以及在完成所有员工的招聘工作后，酒店是否能安排出足够的时间来培训他们。他的想法被秘书的一个电话打断了，电话里说，《里弗顿报》（*Riverton Telegram*）的记者想采访他，并询问关于招聘会的事情，他把电话转给了纳塔利的办公室。同样，一个来自报纸《地下铁之星》（*Metro Star*）的电话也被转给了纳塔利。最后，戈登接了来自里弗顿市长办公室的电话，他向市长保证，酒店能在5月1日如期开业。

这时，纳塔利走进戈登的办公室，报告那两个来自报社的电话是询问昨天那场招聘会将会对酒店开业有怎样的影响。戈登建议明天召开一次公司高层管理者的早餐会议，讨论这些问题并提出解决方案。

2月27日，两家报纸都使用隐晦短小的文章报道了高松酒店招聘新员工的事情。其中《里弗顿报》的标题是"新酒店需要240名员工"，文章列出了招聘的职位名单，并通知人们还有另一场招聘会，同时也强调酒店将会为里弗顿城带来新的商业机会。《地下铁之星》的标题则是"新的郊区酒店很难为315个职位找到新人"，文章也列出了酒店继续招聘的职位和酒店福利，但是他们也指出，人们不愿意到郊区工作，因为一旦越过城市界限，感觉上就和家人之间隔了一道障碍。因此，新酒店必须提供好的工作、好的交通和更多的激励机制，以吸引人们来酒店工作。文章还指出，一名曾参加第二次面试的应聘者讲，他本希望在罗斯福城里离家近一点的地方工作，但是他已失业4个月了，所以需要这份工作。

戈登和纳塔利相信，两家报纸都没有贬低酒店管理的意思，但是关于延期开业的说法已经产生了。因此，他们必须与里弗顿市长办公室联系，并安抚那些计划在5月至6月之间准备到酒店召开会议的企业家们，要向他们保证，酒店能顺利按时开业。

早会上，戈登建议大家对纳塔利反映的招聘会问题和建议进行讨论，以帮助纳塔利更好地做出决策，以吸引应聘者前来填补剩余的职位。最后，大家提出在以下四个领域进行改进：

（1）广告活动。尤其是针对罗斯福城和里弗顿城，焦点集中在高松酒店的优势以及在高松酒店工作的好处。

（2）薪水的提升。在初级员工最低工资的基础上加发补助以增加薪酬竞争力，同时为了保留好的员工，给他们提供必要的薪水激励。

（3）交通运输系统。给来自罗斯福城和里弗顿城的员工必要的补助，尤其是在公共交通方面。

（4）同招聘网站建立合作关系。与一些线上的招聘网站建立联系，以增加其他应聘者的来源。

戈登让纳塔利充分考虑这些建议，以寻找填补240个职位空缺的机会。戈登保证，他将在明天给经理们打电话，告诉他们最终的计划，以便在5月1日前，实现招聘到所有需要的员工这一目标，从而不影响酒店的正常开业。同时，他自己的工作是负责处理酒店公共关系方面的问题。会议最终达成一致，

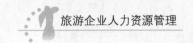旅游企业人力资源管理

即一个好的酒店需要它的人力资源也是优秀的。

（资料来源：布勒，斯库勒. 组织变革中的人力资源管理案例［M］. 刘洪敏，等译. 6版. 北京：人民邮电出版社，2004：257-262.）

阅读上述案例，请讨论以下问题：
（1）高松酒店人力资源招聘失败的根本原因是什么？
（2）你认为早餐会议提出的改进方案可行吗？戈登能够达到预期目标吗？
（3）结合本案例说明在具体招聘活动上应注意哪些问题。

第一节　旅游企业的招聘

　　旅游企业一旦对人员有需求后，就需要找到能胜任职位需求并愿意从事这份工作的人。旅游企业员工的高流失率和全球劳动力短缺，使得旅游企业在招聘新员工过程中面临着激烈的竞争。每家旅游企业都希望获得适合企业需要的优秀人才，但是如何才能在市场上招聘到这些合适的人才是人力资源管理工作的一项重要任务。

一、招聘的概念、意义和原则

（一）招聘的概念和意义

　　简单地讲，招聘就是为特定职位寻找符合条件的候选人的过程。招聘与人力资源规划及甄选有直接的关系。因此，旅游企业招聘可以表述为旅游企业出于发展的需要，根据人力资源规划和工作分析的要求，结合旅游企业的经营状况，及时、足够多地吸引具备合适资格的人员来补充企业的空缺职位的过程。招聘包括用工作分析来梳理招聘职位和人员素质要求，然后发出招聘信息，通过对应聘者的筛选、甄别，选拔出符合企业需要的人员。

　　招聘的最直接目的就是弥补企业人力资源的不足。具体地说，企业的招聘一般源于以下几种情况：
（1）企业目前的人力资源总供给量不能满足企业或各个职位的总任务目标（即计划总业务量或计划总产量）。
（2）企业或各个职位正常替补流动人员引起的职位空缺。
（3）企业或各个职位的生产技术水平或管理方式的变化对人力资源的潜在的需求量。

(4) 满足企业新规划的事业或新开辟的业务对人员的需求。

(5) 给当地人提供就业职位，履行企业的社会责任。

当人力资源绝对或相对不足时，企业有很多解决办法。包括增加员工工作量或提高效率的效率弥补法，如延长员工工作时间或增加工作负荷量、培训或改进技术以提高员工的工作效率等；以及增加人员的数量弥补法，如进行平行性岗位调动、招聘新员工、增加临时性员工和使用退休员工、通过人才租赁公司租借所需人员等。相对而言，以招聘为主的数量弥补法更为有效、快捷，因为效率弥补法需要一定的时间，无法满足企业急迫的用人需求。

招聘除了能快速地解决企业人力资源不足的问题，还在人力资源管理工作中具有以下重要的意义。

1. 关系到企业的经济绩效

招聘到合适的人员，会给企业带来客观的利益。甚至有专家认为，在工作能力平均水平之上的员工给企业带来的价值会比企业支付给他们的薪酬高出40%。而如果招聘到不合格或不积极的员工可能会给顾客提供不正确的信息，或让顾客转向竞争对手。因此，招聘和留住合适的员工，从经济绩效上看是值得的。

2. 减少离职，增强企业凝聚力

有效的招聘意味着企业可以从诸多候选者当中选出与企业发展目标相一致并愿意与企业共同发展的员工。如果员工与职位相匹配，那么企业和所从事的工作能带给员工较高的满意度和组织责任感，有助于减少员工士气低落、旷工和流失等情况的发生，增强企业的内部凝聚力。

3. 减少人力资源管理的费用

招聘作为人力资源管理的一项职能，产生了包括招聘广告费用、宣传资料的印刷费用、面试费用、招聘人员的工资等直接成本，这些构成了人力资源管理成本的重要组成部分。国外学者测算过，一个酒店前台员工从招聘、流失到替换所需的成本为2882～5688美元。有效的招聘活动能节省整个招聘的费用，并且降低随后的员工培训费用。因为招聘到素质较好、知识技能较高、专业对口的员工，更容易开展入职培训和在岗培训，培训效果会更好，培训费用会较低。

4. 扩大企业知名度，塑造企业良好形象

招聘工作需要严密的策划，好的招聘策划和活动，不仅能吸引众多的求职者，让求职者更深入地了解企业，而且能为企业树立良好的公众形象，是企业一次免费的广告宣传。成功的招聘活动，能够使企业在求职者心中和其他公众心目中留下美

好的印象。

5. 为企业输入新生力量，增强企业活力

新招聘的员工会带来新的思想和新的工作模式，这会促进企业在制度、管理、技术、文化等多个方面进行创新，从而使得企业更有活力。

（二）招聘的原则

在招聘中应该坚持以下原则：

1. 合法合规原则

招聘要符合国家的相关法律法规、政策和国家利益。

2. 公开、公平、公正原则

公开就是要公开招聘的岗位种类、数量、岗位特征和任职资格条件等信息以及招聘方法，这样既可以将招聘工作置于公开监督之下，防止以权谋私的现象发生，又能吸引大量应聘者。公平和公正要求对所有的应聘者一视同仁，避免人为地制造各种不平等，确保招聘制度给予应聘者平等的获选机会。

3. 竞争择优原则

竞争择优原则是指在员工招聘过程中引入竞争机制，在对应聘者的思想素质、道德品质、业务能力等方面进行全面测评的基础上，按照测评的成绩择优选拔录取员工。

4. 量才适用原则

招聘录用时，必须做到"用其所长""人尽其才""职得其人"，认真考虑人才的专长，量才录用，量职录用。有的招聘企业一味盲目地要求高学历、丰富的工作经验，而不根据招聘岗位的实际要求来考虑，结果花费了大量人力、物力招聘来的优秀人才，但用不了多久都"孔雀东南飞"了。旅游企业招聘的最终目的不是录用最优秀的人才，而是尽可能选到最适合的人才。

5. 收益最大化原则

这里的收益最大化是指用最低的成本招聘到最合适的人才。一方面，企业在招聘活动过程中要注意对成本进行有效的控制，降低招聘成本，提高招聘效率；另一方面，要注意控制隐性成本，即未来的成本，如培训成本、管理沟通成本、员工流失成本等。这就要求在招聘中要尽可能招聘忠诚度高和有稳定意识的员工，以降低未来员工的流动率，这一点对于旅游企业来说尤其重要。

（三）旅游企业员工招聘的特殊性

1. 招聘员工的特殊性

旅游业作为服务性行业，其诸多服务岗位，例如餐厅服务员、前台接待员、导游员、景区讲解员等，都对应聘者的素质有特殊要求。这些岗位除了要求具备良好的服务意识、团队精神、吃苦精神外，还需要良好的应变能力、人际交往能力、语言表达能力等。从性别上看，女性天生具备这方面的优势，所以，旅游企业招聘的员工以女性居多。

2. 招聘岗位的特殊性

旅游企业的服务员和导游员等岗位的主要职责是向顾客提供接待、餐饮和导游等服务。这些岗位的特殊性包括"以顾客为宗旨"这一目标。由于旅游企业提供的产品具有综合性的特点，旅游企业在制定岗位职责时，要充分考虑到各个岗位之间的协调沟通，岗位与岗位之间既要分工明确又相互合作，以共同给顾客提供优质服务。这也对人员素质提出了要求，即旅游企业所招聘的人员必须具备良好的团队合作精神、灵活处理突发事件的能力等，旅游企业在招聘时都要对此加以重视。

二、招聘的程序

招聘的程序如图6－1所示。

在招聘程序中，旅游企业人力资源规划和工作说明书是招聘的依据，人力资源规划决定了招聘的时间、人数和岗位等，工作说明书则明确了对招聘人员的要求。根据人力资源规划和工作说明书，就可制订具体的招聘计划，从而指导招聘工作。招聘计划的内容主要包括确定招聘的规模、招聘的范围、招聘的时间以及招聘的预算等。在招聘计划通过审批后，就进入了招募阶段。招募阶段的具体任务包括选择招聘对象的来源、确定招聘的方法、发布招聘的信息，并接收应聘者的应聘资料。甄选阶段是企业根据岗位的职责要求，对应聘者的综合素质进行系统的、客观的测量和评价，最终选拔出适合企业所需的应聘者。录用是根据甄选的结果做出决策，主要涉及员工的岗位安排、试用、正式录用几个环节。正式录用一般由旅游企业高层批准，向录用人员发放录用通知单并签订劳动合同。招聘效果评估是对招聘活动的效益与录用人员质量进行的评估，它为下一次人员招聘提供参考。我们从下一节开始，分别介绍招聘渠道、甄选及录用、招聘效果评估等内容。

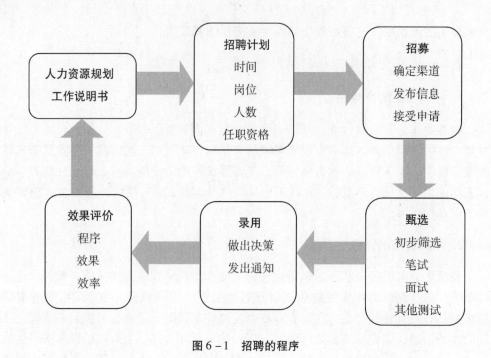

图 6-1 招聘的程序

三、招聘计划的制订

招聘计划是人力资源部门根据用人部门的增员申请,结合旅游企业的人力资源规划和工作说明书,明确一定时期内需招聘的岗位、人员数量、资质要求等要素,并制订具体的招聘活动的执行方案。

1. 招聘计划的主要内容

招聘计划的主要内容包括:

(1) 招聘的岗位、人员需求量和每个岗位的大体要求。

(2) 招聘消息发布的方式、时间和渠道。

(3) 招聘对象的来源和范围。

(4) 招聘方法。

(5) 招聘成本预算和预计支付的薪酬。

(6) 招聘结束时间和新员工的上岗时间。

2. 招聘计划的编写步骤

(1) 获取人员需求信息。一般在以下几种情况下会产生人员需求:人力资源计划中明确规定的人员需求信息；企业在职人员离职产生的空缺信息；部门经理递交的招聘申请，并经相关领导批准。

（2）选择招聘信息的发布时间和发布渠道。劳动力市场的供给是有一定规律的，在我国，通常每年的1、2月份是人才供给的低谷，每年的3、4月份和6、7月份是人才供给的高峰。按照收益最大化的原则，企业发布招聘信息时应避免人才供给的低谷，而应在人才供应的高峰时段进行招聘。每一类人才都会有自己喜欢的传播媒介，企业为了吸引某一类人的注意，就必须选择在他们喜欢的渠道发布招聘信息。在互联网上发布招聘信息的渠道有招聘网站、HR社区论坛和分类信息平台（如58同城、猎聘网）等。

（3）初步确定招聘小组。招聘小组应由人力资源部门、具体用人部门以及其他相关职能部门的人员组成。用人部门和其他职能部门主要从专业角度出发，多方面、深层次地测试候选人的资格，而人力资源部门更多的是扮演辅助者和建议者的角色。

（4）初步确定选拔方案。挑选出最合适的人员是整个招聘的核心工作内容。为了使选拔更科学、具体和客观，需要事先初步确定选拔方案。常用的人员选拔方法有初步筛选、笔试、面试、情景模拟、心理测验、背景调查等。

（5）明确招聘预算。招聘需要一定的成本。因此，在招聘工作开始前，要对招聘的预算进行估计，以利于招聘工作的顺利进行。招聘过程中发生的费用通常包括人工费用、广告费用、业务费用。有的企业的相关预算还包括为应聘者报销食宿及往返路费。在进行招聘预算时，要仔细分析费用来源，以免漏算或重复计算导致成本估计产生太大偏差，否则将不利于日后对招聘效果的评估。

（6）编写招聘工作时间表。招聘是一个过程，各个环节都需要一定的时间，因此，要计划好招聘的各个环节的时间。比如，征集个人简历表需要10天，邮寄面试邀请信需要4天，进行面试需要2天，录用决策需要3天，收到录用通知的候选人需要在7天内做出是否接受录用的决策，接受岗位的在职人员一般要30天后才能到企业报到，等等。因此，企业应该在岗位空缺出现之前的两个月左右发布招聘广告，才能保证岗位空缺出现的时候，能及时地招聘到新员工补充空缺。

（7）草拟招聘广告样稿。招聘广告包括企业的基本情况、招聘岗位、应聘人员的基本条件、报名方式、报名时间和地点、报名时需携带的证件和材料，以及其他注意事项。招聘广告在设计时要遵循"AIDAM"原则：引起注意（attention）原则、产生兴趣（interest）原则、激发愿望（desire）原则、采取行动（action）原则、留下记忆（memory）原则。

招聘计划作为招聘工作的纲领性文件，是招聘工作进一步开展的重要基础。

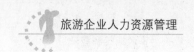

第二节 旅游企业员工招聘渠道的选择

人员招募是旅游企业招聘活动的重要环节之一，只有将人吸引来了，才可以进行下一步的选拔录用工作。所以，招募活动质量的好坏，直接关系到后续招聘工作的质量。为了使发布的信息有较强的针对性，首先要确定的是从企业内部选拔，还是使用外部资源，以及以何种方法招聘。从企业内部晋升（内部招聘）和从企业外部聘请（外部招聘）各有利弊。

一、内部招聘

内部招聘是从企业内部进行人员选拔，以补充空缺或新增职位的一种招募途径。虽然招聘通常意味着去找就业机构以及发布各种招聘广告，但内部的在职员工往往是企业最大的招聘来源。一些学者的调查甚至发现，90%以上的管理层是从企业内部提拔出来的。

（一）内部招聘的形式

内部招聘的形式有很多种，主要形式有：

1. 内部提升

内部提升是当旅游企业出现岗位空缺时，提拔企业内部符合条件的员工从一个较低岗位晋升到一个较高岗位。这种选拔方式可以为员工提供更大的发展空间，充分调动他们的工作积极性与竞争意识。同时，由于内部员工对企业相对比较熟悉，可以减少招聘风险。这种选拔方式的缺点是容易导致内部员工过度竞争、"近亲繁殖"等。所以，企业在运用这种方式时，一方面要坚持公正、公平的原则，另一方面要结合其他选拔方式一起进行。另外，内部提升仍然会自动产生另外需要填补的岗位空缺。

2. 内部调换

与内部提升的纵向式不同，这种调换一般是平级式的。它一般是指员工在相同或相近的级别间调动，职务级别不发生变动，工作岗位发生变化。这种调换可以满足员工的个人能力发展需求，给员工提供更多尝试其他工作的机会，缓解单一工作带来的枯燥、无聊，降低员工流失率，同时为其晋升更高岗位做好准备。内部调换要考虑很多因素，例如调换频率、调换时机等，过度频繁的员工调动不利于企业工作效率的提高。

3. 员工重聘

这种招聘方式是指旅游企业在淡季让一部分员工离岗待聘，等经营形势转好，再重新聘用这部分员工。员工重聘往往在突发事件过后和旅游旺季经营时采用。例如，2008年发生国际金融危机，全球酒店业受到大冲击，大批员工离岗，危机过后，经济复苏，酒店便重新聘用以前的员工。另外，许多季节性明显的旅游目的地的旅游企业会在淡季选择关门并遣散员工，在旺季再重新聘用这些员工。

（二）内部招聘的渠道

1. 工作布告

工作布告是内部招聘的主要方法。旅游企业可通过工作布告系统向员工公布岗位空缺的情况，以便员工申请特定的岗位，如表6-1所示。如果没有这类岗位布告，员工很难发现企业内部的其他工作机会。旅游企业可以通过多种途径来向员工通报工作空缺，如在公告牌上张贴布告、发布员工时事通讯、在企业公众号公布、向经理和员工发送电子邮件和微信等。现在，越来越多的旅游企业在内部网和互联网上公布人才需求信息。

表6-1 工作布告示例

内部招聘职位公告
编号
公告日期： 年 月 日
结束日期： 年 月 日
在本企业的_____部门有一个全日制职位_____可供申请。此职位对/不对外部候选人开放。
一、薪酬支付水平
最低： 元；中间点：_____元；最高_____元。
二、职责（略）
三、该职位所要求的技术或能力
1. 在现在/过去的工作职位上表现出良好的工作绩效（候选人必须具备此职位所要求的所有技术和能力，否则不予考虑），其中包括：
(1) 有能力完整、准确地完成任务

续表 6-1

（2）能够及时地完成工作并能够坚持到底 （3）有同其他人合作共事的良好能力 （4）能进行有效的沟通 （5）良好的出勤率 （6）较强的组织能力 （7）积极的解决问题的态度和正确的解决问题的方法 （8）积极的工作态度：热心、自信、开放、乐于助人和献身精神 2. 可优先考虑的技术和能力（这些技术和能力将使候选人更具有竞争力） （1）＿＿＿＿＿＿＿＿＿＿＿＿＿＿； （2）＿＿＿＿＿＿＿＿＿＿＿＿＿＿； （3）＿＿＿＿＿＿＿＿＿＿＿＿＿＿； （4）＿＿＿＿＿＿＿＿＿＿＿＿＿＿。 四、员工申请程序 1. 电话申请请打号码＿＿＿＿，每天上午＿＿点至＿＿点，下午＿＿点至＿＿点。 2. 确保在同一天将已经填好的职位申请表连同截至目前的履历表一同交到＿＿＿。 3. 申请者也可以通过企业内部网络进行申请，申请表可以从网上下载。机会对每个人都是一样的。我们将根据上述的资格和能力要求对所有申请者进行初步审查。 该项工作由人力资源管理部负责，联系人：×××。

（资料来源：吕菊芳. 人力资源管理 [M]. 武汉：武汉大学出版社，2018：107. ）

有些旅游企业的做法更进一步，他们不仅张贴岗位空缺布告，而且为员工制订详细的职业发展规划。员工的详细资料，如教育程度、工作经历、职业兴趣、业绩、职业发展规划等已输入电脑数据库。一旦有岗位空缺，企业就能根据数据库数据列出相应的候选人名单。接下来，人力资源部与候选人联系，确定他们是否有兴趣申请。

2. 主管或员工推荐

这种推荐方式是指由主管或员工根据企业的需要推荐其熟悉的认为合适的人员，供人力资源部门进行选择和考核。推荐人对企业的人员需求和被推荐者都比较了解，所以成功的概率较大，是旅游企业经常采用的一种方法。旅游企业主管推荐非常有效率，因为主管一般比较了解潜在的候选人的能力要求，因此，其推荐的候选人比较容易符合岗位需要。同时，在推荐的过程中，主管会感到自己有一定的决策权，工作满意度会更高。但是，主管推荐可能会受个人因素的影响，任人唯亲而不是任人唯贤。

（三）内部招聘的优点和弊端

1. 内部招聘的优点

第一，可信度高。旅游企业一般有内部员工的个人资料存档，这些资料提供了员工的工作表现、晋升历程、奖惩记录、性格特点等信息，方便管理者熟悉内部候选人的资格，考察候选人与岗位的匹配度，使其选择的人员更可靠，增强了招聘的有效性。

第二，文化认同感高。从旅游企业文化的角度来看，员工与企业长期（至少是一段时间）的融合，使员工熟悉旅游企业的价值观、道德观等，员工对新岗位适应良好，文化认同感高。内部招聘增强了员工对企业的忠诚度，减少了员工在企业文化培训方面的费用，以及员工因不适应企业文化而流失的现象的发生。

第三，效率高。这一方面体现在员工已经熟悉企业的运行模式、价值观等，不需要太多时间去磨合适应晋升的岗位，缩短了上岗调整时间；另一方面体现在旅游企业的内部员工即使调换到另一个部门也能快速熟悉工作，提高工作效率。因为旅游企业是一个工作岗位关联性大的企业，内部员工在工作过程中对其他部门的工作已有一定的了解。

第四，激励效果明显。从激励方面来看，内部选拔能够给员工提供一系列晋升机会，使员工的成长与企业的成长同步，有利于帮助员工规划和管理职业生涯，为员工提供更多向上发展的机会；内部招聘容易鼓舞员工士气，形成积极进取、追求成功的氛围，有利于调动员工的工作积极性。

2. 内部招聘的弊端

内部招聘也存在着明显的不足。例如，内部选拔也是一个互相竞争的过程，竞争过程容易引起员工的不满，这可能会影响企业的内部团结；企业内长期"近亲繁殖"会阻止新鲜血液注入企业内部，影响企业的创新；内部选拔还有可能因领导好恶而导致优秀人才外流或被埋没，而选拔过程中也可能出现"裙带关系""贿赂现象"等，易形成帮派体系，削弱企业效能。对于员工自身而言，可能出现角色转换困难，倚仗经验不愿学习新岗位的先进经验的情况。员工依然沿用从前的管理经验对新进入的部门进行管理，很容易因管理经验不适合而导致管理混乱。

但无论如何，内部招聘法可激励员工留在企业，不断成长，而不是让员工另外寻找发展机会，这在旅游企业是非常行之有效的留人举措。

二、外部招聘

（一）外部招聘的渠道

旅游企业从外部招聘员工的具体渠道主要有以下几种：

1. 学校招聘

学校是旅游企业人力资源的主要外部来源。由于对旅游产业的重视，许多高校都开设旅游相关专业，每年有大批旅游管理专业的毕业生和相关专业的毕业生走出校门，这些年轻的毕业生构成了旅游企业人力资源的主力军，成为旅游企业技术人员和后备管理人员中的一分子。旅游企业对毕业生这一群体的招聘应和别的群体招聘有所不同，不能以经验作为招聘标准，因为毕业生一般没有工作经验，而且他们带给旅游企业的先进的管理理念、知识、技术等是需要较长时间来验证的，所以，旅游企业在招聘学校的毕业生时要持有一种长远的眼光，不能一概以"多少年经验"为门槛把他们挡在门外。

学校招聘包括三种方式：旅游企业直接派招聘人员到校园去公开招聘；组织学生到企业实习；企业和学校联合培养人才。其中，联合培养人才模式越来越受到学校和旅游企业的欢迎。在联合培养人才模式下，学校部分实践性强的课程由旅游企业的精英授课，提前做好学生的"培训"，企业提供实习机会，使学生将所学理论知识和企业实践紧密结合起来。另外，旅游企业还可以通过组织职业宣讲会、商业策划大赛、邀请老师和学生到企业参观、派发企业宣传小册子到学校就业指导中心等方式来加强企业与学校的联系。

2. 劳动就业机构

劳动就业机构是社会劳动力资源集中的地方，具有代表性的劳动就业机构有人才交流中心、职业介绍所、劳动力就业服务中心等。旅游企业一方面可以直接去学校招聘人员，另一方面也可以从人才交流中心等中介机构招聘到往届毕业生、社会待就业者和正在就业的员工。劳动就业机构的作用主要有两个，一是为企业择人，二是为求职者择业。它们为企业和应聘者提供交流的场所和相关信息，缩短了企业和应聘者彼此了解的时间，提高了沟通效率和质量。

3. 猎头公司

猎头公司是一种特殊的职业中介机构。它是为适应企业对高层次人才（如旅游企业职业经理人、CEO 等）的需求与高级别人才的求职需求而发展起来的。猎头公司是从英文 Head Hunter 直译过来的。在国外,猎头服务早已成为企业招揽高级人才和高级人才流动的主要渠道之一。我国的猎头服务近年来也发展迅速,越来越多的企业使用这一招聘方式来招聘管理者和核心技术人员。

猎头公司招聘人才的成功率较高,一方面是因为它与用人企业保持长期密切的合作关系,熟悉企业需求的人才层次、人才种类以及企业文化、企业战略目标、岗位特征等,这使得它可以有针对性地为旅游企业选择合适的人才;另一方面是因为它对求职者的情况也掌握得很全面,可以为求职者提供用人企业的相关情况,使其有针对性地投递简历,增加人才选聘的成功率。猎头公司的收费一般较高,旅游企业无论是否招聘到中意的候选人,都必须向其付费。

4. 互联网招聘

互联网已经成为用人单位物色岗位候选人和求职者寻找工作机会的重要工具,互联网将基于纸质材料的招聘转变为基于数字技术的招聘,拓宽了以往依赖社会网络和社会招聘渠道的口碑传播方式。应聘者可以越来越多地搜索到来自各行各业,特别是来自所在企业竞争对手的招聘信息,并且应聘者和招聘人员可以分别通过互联网发送和接收简历。

旅游企业可以通过以下方式进行网络招聘:一是在旅游企业自身网站上发布招聘信息,搭建招聘系统;二是与专业招聘网站合作,如智联招聘、前程无忧、中华英才网等,通过这些网站发布招聘信息,利用专业网站已有的系统进行招聘活动;三是利用微博、微信公众号、微信群、HR 社区论坛等社交平台发布招聘信息,使招聘信息广泛传播。

互联网招聘最突出的优点是不受地域限制、受众人数大、可以在较短时间内获取大量应聘者信息,但也存在信息量过大、虚假信息和无用信息混杂、简历筛选工作量增大等缺点。

知识拓展 6-1　　　　　　　　　　**中国网络招聘的发展**

网络招聘(internet recruiting),又叫电子招聘(e-recruiting)或在线招聘(on-line recruiting),是指利用互联网进行的招聘活动,包括职位信息发布、收集整理简历、在线面试与测评等招聘步骤。网络招聘以其覆盖范围广、花费成本低、传播速度快、信息甄选准确等优势成为互联网时代人才招聘服务中的重要形式,在人才招聘方面发挥着越来越重要的作用。艾瑞咨询网发布的《2017 中国网络招聘行业半年度报告》数据显示,中国网络招聘行业求职者的规模不断扩大,增长速率因求职者数量已经非常庞大而放缓,但仍保持较高水准(如图 6-2 所示)。

2018 年,中国网络招聘雇主数量达 526.7 万家,与 2017 年相比增长 3.5%。

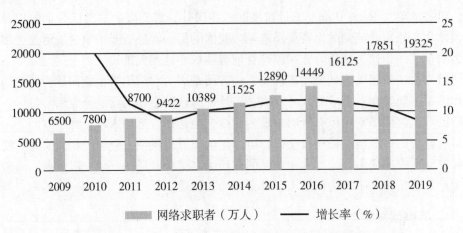

图6-2 2009—2019年中国网络招聘行业求职者规模

注：图中2017年、2018年和2019年的数据为艾瑞统计模型核算及预估的数据。

[数据来源：艾瑞咨询. 2017年中国网络招聘行业半年度报告 [EB/OL]. (2017-11-03) [2021-07-28]. https://www.sohu.com/a/202126784_483389.]

2009—2018年之间，网络招聘雇主数量稳步增长，招聘需求持续旺盛（如图6-3所示）。

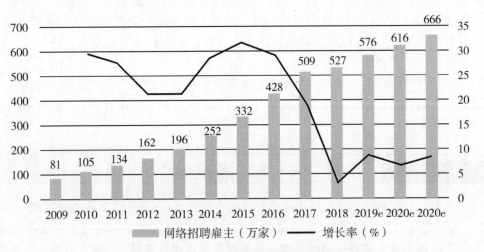

图6-3 2009—2021年中国网络招聘雇主规模

注：图中2019年、2020年和2021年的数据为艾瑞统计模型核算及预估的数据。

[数据来源：①艾瑞咨询. 2017年中国网络招聘行业半年度报告 [EB/OL]. (2017-11-03) [2021-07-28]. https://www.sohu.com/a/202126784_483389；②艾瑞咨询. 2019年中国网络招聘行业发展报告 [EB/OL]. (2019-07-26) [2021-07-28]. http://www.sohu.com/a/329631608_204078.]

20世纪90年代末,我国开始出现网络招聘,智联招聘、前程无忧、中华英才网等综合式招聘网站陆续出现。随着网络技术的提升,招聘网站快速发展,网络招聘超过报纸广告等传统招聘方式,成为企业最常用的招聘方式。国内招聘网站除综合性招聘网站外,还逐渐出现了行业类招聘网站、地方性招聘网站、分类型网站等差异化的网站类别。学者们将我国招聘网站分为综合型、地区型、垂直型、行业型、搜索类等类别(见表6-2)。

表6-2 我国招聘网站分类

类型	分类依据	发展特点	典型网站
综合型	覆盖全国,服务所有求职者和雇主,服务所有行业	成立时间早,覆盖地域广,用户基数大,服务内容多,公司资金雄厚,盈利能力强,具有较强的市场竞争能力	前程无忧、中华英才网、智联招聘、BOSS直聘
地区型	服务特定地区	专注地方招聘市场,提供特定区域的招聘服务。该类招聘网站数目众多,分布广泛,各网站竞争力不一	中国人才热线、南方人才网、上海招聘网
垂直型	服务特定用户群	服务特定用户群,以该用户群的需求为导向提供招聘服务。网站特定用户群覆盖人数多,黏性强	应届生求职网、1010兼职网、猎聘网
行业型	服务特定行业	将网络招聘应用在行业中,提供更加具有针对性和专业化的服务	世贸人才网、百大英才网、最佳东方网
搜索类	依托搜索技术	依托于搜索引擎的求职招聘系统,整合不同网站的求职招聘信息	1010精英招聘、职友集
社交类	求职社区为主	通过社交类网站建立人脉关系,以朋友推荐方式获取工作信息	若邻网、天际网、大街网、领英

[资料来源:①赵清斌,纪汉霖,刘东波. 我国网络招聘产业:发展现状、趋势与策略 [J]. 商业研究, 2012 (9): 43-49. ②李直. 我国网络招聘行业发展概述 [J]. 中国高新技术企业, 2013 (24): 8-11.]

近年来,各类垂直型和新兴招聘平台增多,市场竞争愈发激烈,但大型综合平台的竞争优势依然明显,且呈双巨头寡头垄断格局。以2017年上半年为例,前程无忧、智联招聘分别占据31.8%、30.7%的市场份额。

问答类网站,如知乎,也有一些招聘信息和招聘分类。以获赞数最高的"甜菜一"的回答为例,它包括了互联网招聘网站、毕业生招聘网站、综合人才招聘网站、银行招聘、行业人才、特色招聘、各地人才、求职节目8个类别。虽然这种分类有一定的交叉性,但也是基于市场定位因素进行的分类。

5. 员工推荐

企业现有员工的熟人、朋友和家庭成员是应聘者的可靠来源。员工会告诉这些潜在申请人在企业工作的好处,提供介绍信,并鼓励他们到企业应聘。利用员工推荐是旅游企业招聘新员工最有效的方法之一,因为这种方式节省了企业对应聘者进行真实性的考察,应聘者事先能了解企业各方面的内部情况,更容易做出理性选择。一些研究表明,与其他方式招聘的员工相比较,以当前员工推荐方式招聘的员工留在企业时间较长,对工作的满意度与对企业的忠诚度比通过其他渠道招募来的员工要高。但这种方法可能会造成任人唯亲的现象,企业必须严格执行招聘甄选标准。

6. 人才租赁

人才租赁是指旅游企业根据自己的工作实际需要,向人才中介组织提出所需人才的标准条件和薪酬福利水平,人才中介组织通过查询自己的人才库,搜索到符合条件的人才,把人才派往用人企业工作的服务方式。人才租赁的主要形式有两种:一种是按一定期限租赁人员,如酒店负责公共区域的员工大多是通过这种方式租赁的;另一种是以完成某个工作项目为目的而租赁人员,如旅行社向导游服务中心租赁导游员。

人才租赁实行管人与用人的分离,租赁单位与所租人才不发生人事隶属关系,由专门人才中介机构对各类人才进行社会化、集约化管理;使用人的旅游企业摆脱具体、琐碎的人事管理,达到降低成本、提高效率的目的。

7. 其他渠道

旅游企业是一个集众多不同职位于一体的复杂的企业,高层管理者需要具备较高学历、较高综合素质和品德高尚,如财务总监、营销总监、总经理等;基层员工如清洁工、洗碗工等,一般来说下岗人员即可胜任。因此,旅游企业需要多渠道的招聘方式。现代社会除了上述旅游企业主动招聘的直接、间接渠道外,求职者还可采用自荐的方式。如在人员流动量大的地方可以看到很多自荐者,旅游企业一般可以在这些地方招聘到需要的后勤人员。这种求职者自荐的方式减少了旅游企业招聘的成本。

(二) 企业外部招聘的优势与不足

旅游企业从外部招聘员工的优势主要有:

第一,利于企业创新。从外部招聘的新员工由于对旅游企业以往的经营模式不熟悉，因此更愿意采用新思路、新方法和新技术对旅游企业经营管理进行创新。

第二，利于提高企业活力。外部招聘能给内部员工带来压力。每一次人员招聘都是一个竞争的过程，不仅是外部员工之间的竞争，也是外部员工与内部员工之间的"竞争"。外聘人员可以在无形当中给企业原有员工施加压力，使其形成危机意识，激发其工作的积极性。

第三，相对公平。外部招聘较少受到现有企业人际关系的影响，不会卷入企业内部派系斗争之中。从外部选择员工更能够严谨地执行公平、公正、公开的招聘程序和招聘制度，通常不会出现贿赂、拉关系等不合规现象。

当然，外部招聘也不可避免地存在着不足。首先，由于信息不对称，往往造成筛选难度大、成本高，甚至出现应聘者甄选企业的"逆向选择"；其次，外聘员工需要花费较长时间来进行培训和定位，比较内部招聘而言，要花费更多的人力、物力和财力；再次，新招聘的员工对企业文化的适应需要一个过程，可能出现"水土不服"，甚至导致离职；最后，新招聘的员工可能不能适应岗位的要求，也可能引发内外部人员之间的冲突，最终有可能挫伤有上进心、有事业心的内部员工的积极性和自信心。

第三节　旅游企业员工的甄选和录用

一、人员甄选的程序

人员甄选是指综合利用心理学、管理学和人才学等人员测评的技术和方法，根据特定岗位的能力素质要求，对应聘者的综合素质进行系统的、客观的测量和评价，最终选择符合旅游企业需求的应聘者的过程。应聘者的任职资格和对工作的胜任程度，主要取决于他所掌握的与工作相关的知识和技能、个人特征及个人价值观取向等因素。因此，人员甄选的过程也主要是对应聘者的这几个方面进行测量和评价。

人员的甄选过程一般都要经历以下步骤：初步筛选、初试、复试、背景调查、岗能匹配度分析、体检、录用和签订合同，如图6-4所示。

人员甄选的具体过程如下：

（一）初步筛选

初步筛选环节由旅游企业的人力资源部执行。人力资源部综合各部门与企业的岗位用人要求，根据这些要求设计出应聘条件，根据应聘条件对申请表、简历进行

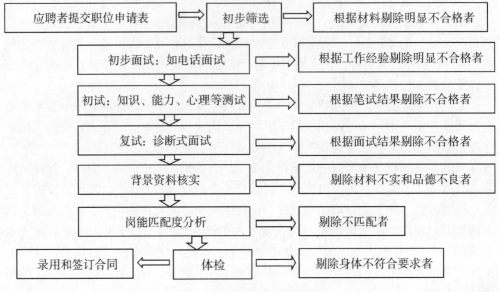

图6-4 人员甄选的过程

初步筛选,选出符合要求的应聘者名单和资料。申请表是快速准确地获得应聘者有关资料的最好方法,其所提供的信息一般包括教育程度、以前的工作简历、爱好、技能等(见表6-3)。通过申请表,我们可以初步筛选应聘者,判断应聘者的工作态度和工作绩效。为了提高申请表的效度,在实际工作中,旅游企业需要准备几种不同的申请表,例如对管理人员的招聘,申请表的设计应让应聘者提供更具体的教育、技能、工作经验等情况;而对一线员工或临时工的表格设计,应请应聘者提供对工具和设备的使用及相关经验等信息。

表6-3 应聘职位申请表

申请部门:		申请职位:		申请日期:	
姓名:		年龄:		性别:	
国籍:	民族:		婚否:		照片
联系电话:			身份证号码:		
通信地址及邮政编码:			电子邮箱:		
受教育程度:		身高:		体重:	
现在工作单位及地址:					
职称:	专业:		现在从事的专业或工作:		

续表 6-3

掌握何种外语：	掌握程度：	外语等级证书：
技能与特长：	技能等级：	
个人兴趣和爱好：		健康状况：
个人简历（包括主要学习、培训和工作经历）：		
离开原企业的主要原因：		
是否与原企业有在期的保密协议或竞业禁止约定？		
加入本企业的主要原因：		
现在的薪酬：　　元/年	薪酬期望：　　元/年	最早可报到时间：
晋升期望（职位、时间）：		
培训期望（内容、日期、时间）：		
其他期望：		
个性特征：		
家庭成员情况：		
备注：		
申明：我承诺本表中所提供的信息全部真实有效，聘用方可对表中的有关信息进行调查核实，包括但不限于本人品德、声誉、信用记录、工作和教育经历等，如以上信息被证实含有虚假成分，聘用方有权即刻终止雇佣关系，不予支付工资并追诉本人法律责任。		
填表人（签名）：　　　　　　　　　　　　填表日期：		

（二）初试

初试通常是以电话面试和测试的形式进行。电话面试是旅游企业对应聘者的求职动机进行了解，并对求职申请表的信息进行核实和补充的方式。测试主要考察应聘者特定的知识、专业技能水平、文字运用能力以及对旅游企业的了解程度。笔试是一种常用的基本的测试方法，可以有效地测量应聘者的性格、素质及能力等。笔试是让应聘者完成事先拟好的试题，然后由主考官根据应聘者解答的正确程度给予一定的评价的测试方法。

(三) 复试

通过初试后，往往进入面试环节。面试是甄选的一种重要方式，它是经过精心设计，在特定场景下，以考官和应聘者的面对面的交谈与观察为主要手段，由表及里测评应聘者的知识、能力、经验等有关素质的方式。面试官通过观察面试者的应变能力、处理问题能力、谈吐气质风度、镇定冷静程度等，能更全面地了解应聘者的个人素质和能力，尤其是对于旅游企业来说，可直接观察应聘者是否具备旅游服务企业所需要的服务精神。而对于应聘者而言，面试更能够让他们畅所欲言地表达自己的想法和观点，表现自己的风度和形象，好的表现能够增加他们的成功概率。

(四) 背景调查

经过一系列测试和面试后，旅游企业会确定一小部分比较符合企业招聘需求的应聘者，对这些应聘者一般还要进行背景调查。

背景调查即背景及资格的审查。这种审查的具体内容包括应聘者的品德、信用、学历和工作经历等。审查的方法是对学历和资格证书等证明文件，如毕业证书、学位证书、职业资格证书、专业职位资格（职称）证书等进行审核，也可以查阅人事档案，或向应聘者以前的学习和工作单位进行咨询和调查。

(五) 岗能匹配度分析

为了保证录用的质量，旅游企业还需在录用之前，对有意向录用的应聘者进行岗能匹配度分析，以保证每个被录用的员工能得到一个适合自己能力和特征的工作岗位，同时企业的每项工作和每个岗位也都能录用到合适的员工。岗能匹配度分析是根据岗位的素质模型，系统地对候选人的能力进行评估和比较。

(六) 体检

对于初步确定被企业录用的应聘者还需参加全面的身体检查。企业通过体检了解员工身体的一般状况和特别情况，如是否有传染性疾病、是否有严重影响工作的生理缺陷、是否酗酒等。如果应聘者的体检结果证明会影响未来的工作，旅游企业可以放弃录用，在通知应聘者的同时对拒绝理由做出充分的说明。

(七) 录用和签订合同

经过初步筛选、初试、复试、背景调查、岗能匹配度分析和体检后，便进入人员录用环节。旅游企业对应聘者进行综合评价，并参照既定的工作标准确定最终录用人员名单，交由人力资源部存档，人力资源部向应聘者发送明确岗位的录用通知。录用后通常是任用面谈，以使双方在互相清楚的状态下进入合同签订阶段。面谈通常先由人力资源部代表讲解合同条款，再由部门负责人进行相关情况介绍，求职者在完全赞同的前提下签订劳动合同。另外，对于所有被拒绝录用的应聘者，旅游企业也应给予一定的反馈，这样将会使应聘者对企业留下好印象。下面是给未被录用者的反馈信示例。

给未被录用者的反馈信

尊敬的＿＿＿女生/先生：

您好！

非常感谢您参加我们企业的笔试和面试，对您在面试过程中所表现出来的积极努力和认真参与，我们谨致以由衷的敬意和真诚的感谢！

您在面试当中表现良好，但是此次招聘人数有限，经过我们慎重的考虑和认真的评估，暂不考虑招聘您为我们企业的员工。我们已经将您的有关资料存档，并会保留半年，如果有了新的空缺，我们会优先考虑您。

感谢您能理解我们的决定。祝您早日找到理想的工作！

再次感谢您热诚应聘我们的企业！

人力资源部经理
年　月　日

二、甄选方法

旅游企业人员甄选的技术有很多种，选拔的内容主要涉及员工的知识、能力、个性特点、职业倾向、管理潜能、兴趣爱好等。不同的职位、不同的工作性质对应聘者的要求不同，如甄选高层管理者要侧重其领导能力、沟通能力、战略决策能力等，而甄选基层员工则更侧重其服务技能、观察能力、沟通能力等。所以，对管理人员较适用的可能是心理测试、情景模拟等测评方法，而对于基层服务人员可能侧重在技能测试和生理素质测试等。下面介绍几种常用的甄选方法。

（一）笔试法

笔试是旅游企业常用于基层职位的一种人员测评技术。它的主要特点是针对性强、涉猎的知识面广、经济适用、结果可以量化，是目前各类测评技术中最被普遍采用的方法。它主要用于对员工的知识水平进行测试，例如对员工的英语水平的考察就可以通过笔试加口试的方式进行，对管理人员的专业知识的考察也可以通过笔试的方式进行。性格（人格）与兴趣考察通常也是采取笔试方式，主要是运用心理测试等专门技术来测量。

1. 能力测试

能力测试旨在针对个人工作的潜力进行测试，包括认知能力测试、运动和身体能力测试、情商测试等。

（1）认知能力测试。

认知能力测试包括智商测试和能力倾向测试。

智商（IQ）测试属于一般性的智力测试，是从事各项工作的必要条件，被企业广泛使用。智商测试所测量的不是人的某种单一智力，而是人的多种能力，如记忆能力、数学能力、词汇、口头表达能力等。智商测试得分越高，显示人的学习能力越强，能够更迅速地适应外界条件的变化，工作绩效通常更好。韦氏成人智力测验[①]和斯坦福－比奈智力测验（Stanford-Binet Test）是最常用的智商测试方法。

能力倾向测试是测量一个人在从事某种特定职位的工作方面的潜在能力。能力倾向测试包括综合性能力倾向测试和特殊性能力倾向测试两种。综合性能力倾向测试用于测量个人多种特殊潜在能力，如美国著名的"区分性能力倾向测验（DAT）"包括8个分测试——言语推理、数学能力、抽象推理、空间关系、机械推理、文书速度与准确性、语言拼字习惯、语言造句习惯。测试后，根据个人在各个部分的测试所得的分数，评估其哪些方向的能力倾向较高。特殊性能力倾向测试只是测量个人在某一方面具有的特殊潜能，如机械能力倾向、文书能力倾向、艺术才能倾向等。

（2）运动和身体能力测试。

运动和身体能力测试主要测试手指灵活性、手工操作灵巧性、身体移动的速度以及反应速度等，它对选拔调酒师、茶艺师、厨师、导游员、景区讲解员、按摩师等工作职位的应聘者是十分必要的。克劳福德小零件灵巧性测试（Crawford Small Parts Dexterity Test）就是针对这方面的测试，它测量一个人做出简单判断的速度及其准确性，以及手指、手掌、手臂的运动速度。

除了运动协调能力的测试外，有些旅游企业还会对求职者进行身体能力测试。身体能力包括静态力量（例如举重）、动态力量（例如引体向上）、身体协调性（例如跳绳）以及耐力等。

（3）情商测试。

情商（EQ）又称情绪智力。主要是指人在情绪、情感、意志、耐受挫折等方面的品质，是衡量人的涵养、性格和素质的重要指标。心理学家在研究中发现：在决定成功的多种因素中，智商大约只起20%的作用，80%的因素来自其他方面，

---

① 韦氏智力量表（Wechsler Intelligence Scale）由美国心理学家韦克斯勒（Wechsler）编制，是国际通用智力量表。韦氏智力量表于1955年首先编制，后于1981年和1997年经过两次修订。

其中主要是情商。情商包括五个方面的内容。

1) 自我意识。即认识自身的情绪。在工作中，会有各种各样的因素影响人们的情绪，因此，有自知之明的人能更好地把握自己，做好本职工作。

2) 控制情绪。即妥善管理情绪。人在工作和生活的过程中，好情绪和坏情绪会交替出现，人们在受到情绪影响时很容易缺乏控制力。

3) 自我激励。即激励自己在工作中不断取得成就。自我激励程度高的人会树立明确的目标，在困境中激励自己努力拼搏，将情绪专注于目标，将注意力集中在目标之上。

4) 认识他人的情绪。即能够敏锐地感受到他人的需求与欲望。在工作、友谊、爱情和家庭生活中，能体察他人的心情很重要。

5) 处理人际关系。人在工作中离不开与他人交际，在交际过程中要注意他人的情绪变化，关注他人的需求。这是与他人正常交往、实现顺利沟通的基础。

一个高智商的人可能是一名专家，而高情商的人却具备综合与平衡的才能，可能成为杰出的管理者。旅游企业管理者对情商的要求较高。情商测试主要是运用现代心理学、管理学及相关学科的研究成果，通过心理测试、情景模拟等手段，对人的情商进行测量和评定。

2. 人格测试

人格测试评估的是特质，是个体一贯的和持久的特征。在人员甄选过程中，通过人格测试来了解应聘者的性格、情绪、态度等方面的特征，从而判断其性格等特征是否能和工作相匹配。因为一个人即使能力突出，但如果其性格不适合其所从事的职位，仍然难以胜任工作。人格测试在20世纪四五十年代就被广泛用在员工甄选决策上[①]，很多特质都可以采用各种不同的方式进行测量，但是，由于测量结果缺乏一致性，在信度和效度方面受到学术界和企业界较多的质疑。当前，"大五"人格特质因被心理学家公认为有较高的信度而被广泛使用。

"大五"人格特质包括外向性（extroversion）、宜人性（agreeableness）、情绪稳定性（emotional stability）、开放性（openness to new experiences）和责任意识（conscientiousness）五个维度。其中，外向性是指个体健谈、擅长社交、活跃、有进取心、易于激动的程度；宜人性是指个体信赖他人、亲切、慷慨、宽容、诚实、合作、灵活的程度；情绪稳定性是指个体安心、冷静、独立且自主的程度；开放性是指个体有智慧、哲理、见解、创意、艺术特质以及好奇心的程度；责任意识是指个体可靠、有组织、对工作坚持不懈的程度。"大五"人格特质被认为能有效地预

---

① 但是，当时人格测试较少应用于工作相关行为的预测，因为当时开发的人格特质量表对个人工作绩效的预测不显著。

测工作绩效，国外学者的研究表明，外向性、开放性和责任感是有效领导力的预测指标。

旅游企业的员工，特别是直接面对顾客进行服务的员工，大多要求具备冷静、善于沟通、有亲和力等特质，所以，人格测试能够提高旅游企业甄选员工的有效性。

3. 兴趣测试

兴趣测试是对应聘者的兴趣与从事各种不同职业的人的兴趣进行比较，从而发现应聘者在哪些职业中可能会具有较高的潜质。兴趣测试是一种非常有用的甄选工具。通常来说，如果选拔填补职位空缺的候选人的兴趣与已经在此类职位上取得成功的任职者的兴趣大致相同，那么，这些候选人在这些职位上取得成功的可能性会更大。斯通－坎贝尔测试（Strong-Campbell Inventory）是一种兴趣测试，通过该测试的人通常会得到一份报告，该报告会将应聘者的兴趣与已经在从事某些工作，比如财务管理、运营管理、营销工作等人的兴趣进行比较。

（二）面试法

面试是旅游企业最常使用的一种招聘测试手段。据企业调查，99%的旅游企业在招聘中都会采用这种方法。为了保证面试过程的公平、公正、客观，许多旅游企业采用多轮面试，例如，先由人力资源部人员面试，再由用人部门主管面试，最后由旅游企业或集团公司高层管理人员面试。

旅游企业可以采取多种方式进行面试，根据不同标准可分为不同的类型。

1. 根据面试问题的结构化程度分类

根据面试问题的结构化程度进行划分，面试一般可以分为结构化面试和非结构化面试。

（1）结构化面试。

结构化面试也称为标准化面试。它是根据所制定的评价指标，运用特定的问题、评价方法和评价标准，严格遵循特定程序，通过面试人员与应聘者的言语交流，对应聘者的回答进行评价的过程。结构化面试测评的要素涉及举止仪表、语言表达、综合分析能力、动机与岗位的匹配性、人际协调能力、计划组织能力、应变能力、情绪稳定性、控制力等综合能力，以及专业知识水平和培训经验、专业应用技能和操作技能、一般性技术能力水平、外语水平等专业知识和技能。

结构化面试一般会要求应聘者叙述过去工作经历的具体事实来证明其所说的内容，即采取行为事件访谈（behavior event interview，BEI）技术来面试。这一面试技术的假设前提是：一个人过去的行为最能预示其未来的行为。因此，面试人员可以按照"应聘者从事过的某项工作的所处情景（situation）—应聘者在其情景中所执行的任务与角色（task）—应聘者为完成任务所采取的行动（action）—应聘者完成上述工作任务后导致的结果（result）"这样一种逻辑层次进行面试问题设置，即面试的 STAR 原则。例如，以下问题都是遵循 STAR 原则而设置的：

1）你在大学期间，有没有受到过巨大的压力？如果有，当时你是怎么处理的？

2）请你给我举一个过去跟客户打交道最困难的例子，好吗？

3）你与大学同学合作得最成功的一件事是什么？你是怎么做的？

（2）非结构化面试。

非结构化面试是没有既定的模式、框架和程序，面试人员可以"随意"向应聘者提出问题，而对应聘者来说也无固定答题标准的面试形式。面试人员提问的内容和问题顺序都取决于其兴趣和应试者的现场回答。这种方法给面试双方充分的自由，面试人员可以针对应聘者的特点进行有区别的提问，并允许应聘者围绕某一主题自由发表议论，面试人员从中观察应聘者在组织能力、知识面以及谈吐和风度等方面的表现。虽然非结构化面试方式给了面试官和被面试者自由发挥的空间，但这种方式也有一些问题，例如，容易受面试官主观因素的影响，面试结果无法量化以及无法同其他应聘者的测试结果进行横向比较等。非结构化面试提出的样题示例如下：

1）最能概括你自己的三个词是什么？

2）你的业余爱好是什么？

3）你最大的弱点是什么？

4）你如何规划自己未来的事业？

5）你为什么选择我们公司？

6）你是如何评价成功的？

2. 从面试所达到的效果分类

从面试所达到的效果，可以分为初步面试和诊断面试。

（1）初步面试。

初步面试一般时间较短，内容比较简单，主要是了解应聘者的形象、仪表、基本素质、教育背景、就业动机等，并将明显不符合企业要求的人员进行初步筛除。初步面试可以增加旅游企业与应聘者的相互了解程度，应聘者可以在面试过程中对其书面材料进行补充，如对技能、经历等进行说明；旅游企业可以对应聘者的求职动机进行更深入的了解。在初步面试的过程中，旅游企业还可向应聘者介绍企业情况，解释职位招聘的原因及要求，让应聘者更全面地了解职位的特征。

(2) 诊断面试。

诊断面试是针对初步面试筛选合格的并通过笔试测试的应聘者进行实际能力与潜能方面的面试，以期全方位、深层次地了解应聘者的工作能力、发展潜力、个性特征等方面的情况，并最终确定录用的人选。诊断面试的目的在于帮助旅游企业与应聘者双方补充了解深层次的信息，如应聘者的语言表达能力、应变能力、沟通能力、个人工作兴趣与期望等，旅游企业的发展前景、个人的职业发展路径、培训机会、薪酬水平等。

3. 从面试的组织形式分类

根据面试的组织形式可以分为电话面试，面对面面试的一对一面试、多对一面试、多对多面试。

(1) 电话面试。

电话面试一般发生在面对面面试之前，其主要目的是对应聘者的状况进行基本了解，补充了解应聘资料中不详细或有疑问的信息；确定候选人的意愿，以便于面试人员进一步筛选出合适人选并安排面对面面试。旅游企业通常在面对面面试之前，采用电话面试来排除明显不合适的人选，避免双方投入更多精力。

(2) 一对一面试。

一对一面试即单独面试，是由一个面试人员面试一个应聘者。这种面试有利于双方建立亲密的关系，双方能深入地相互了解，但这种面试的结果易受面试官的主观因素干扰。这种面试形式主要适用于应聘者比较多、面试时间比较分散或预计淘汰率比较高的情况。

(3) 多对一面试。

多对一面试即系统化面试，是由多个面试官组成面试小组，然后对各个应聘者分别进行面试。应聘者可以同时也可以分别与这些面试官进行面谈，回答面试官的问题。测试结果是综合各位面试官的评价做出的，面试结果会比较准确。缺点是费时费力。

(4) 多对多面试。

多对多面试即集体面试（group interview）。它是由面试小组同时对若干应聘者进行面试。在集体面试过程中，通常是由面试官提出一个或多个问题，引导应聘者进行相互讨论，从中发现、比较各个应聘者的语言表达能力、思维能力、组织领导能力、解决问题的能力、交际能力等。集体面试的效率比较高，但对面试官的要求较高，面试官在面试前要对每个应聘者都有大致的了解，而且在面试时应善于观察，善于控制面试进程。

4. 从面试问题的提出方式分类

（1）压力面试。

压力面试（stress interview）往往是在面试开始时就有意制造紧张、敌意或具有攻击性的场景，如面试人员通过提出生硬的、不礼貌的问题故意使应聘者感到不舒服，或者针对某一事项或问题做一连串的发问，打破砂锅问到底，直至应聘者无法回答等，面试官就此场景来观察应聘者的反应。通过使用这种方法，面试官可以了解应聘者承受工作压力、情绪调整的能力，测试应聘者的应变能力和解决紧急问题的能力。但是，面试官在使用这种方法时要注意把握分寸，要在法律允许的范围内进行。压力面试多用于招聘旅游企业营销人员和中高层管理者。

（2）行为描述面试。

行为描述面试（behavior description interview）是基于行为的连贯性原理发展起来的。面试人员按照行为连贯性原理进行一系列的提问，例如："过去半年中，您建立客户关系最困难的经历是什么？当时您面临的主要问题是什么？您是怎样分析的？采取了什么措施？效果怎样？"通过这一系列的工作行为问题，能较全面地考察一个人的工作经历，了解他的特定行为模式与空缺职位所期望的行为模式是否一致。

（三）评价中心技术

评价中心技术是一种旅游企业要求应聘者在 2～3 天的时间内完成一连串的情景模拟任务或练习，观察者会对应聘者在情景模拟中的表现进行评分，并以此推断其拥有的管理技巧和能力的测评方法。评价中心技术耗时长、成本高，但却是预测管理岗位绩效的有效工具，因此，评价应聘者在组织、计划、决策和领导等领域的管理能力时，通常采用这种方式。常用的评价中心技术有以下五种。

1. 公文篓测试法

公文篓测试法也叫公文筐测试法，是让应试者扮演某一管理角色，在规定的时间内处理一些亟须处理的公文。通常，面试人员让应试者根据自己的经验、知识、能力、性格、风格，对 5～10 份文件做出处理，比如做出决定、要求合作、撰写回信和报告、制订计划、组织和安排工作等，面试人员从应试者处理公文的过程中可以观察到其处理文件的数量、顺序、方法以及质量。这种测试方法不仅可以考察应试者的组织领导能力、决策能力、计划能力、控制能力、分析能力、判断能力、书面表达能力、工作主动性和独立性，而且可以考察应试者对环境的敏感性以及对信息的收集和利用能力。在旅游企业的日常工作中，管理者和文员秘书等往往需要处理大量的公文，包括审批、汇总、整理等，因此，这样的测试是非常必要的。

2. 即席演讲法

即席演讲法即出其不意地给应聘者安排一个题目，让其稍做准备便即席演讲，从而观察和了解应聘者的应变能力、理解能力、语言表达能力、言谈举止、风度气质和思维方式等。这个方法多用在招聘旅游企业的管理人员、营销部门人员、人力资源培训师、宾客关系经理等。

3. 无领导小组讨论法

无领导小组讨论法就是临时将应聘者（一般是5～7人）组成小组，不指定小组领导者，也不规定讨论规则，让小组集体讨论一个真实的或带有争议性的管理问题或管理案例，面试人员在一旁对应聘者的行为表现进行观察，并评价应聘者心理素质和潜在能力的测试方法。几位面试官观察应聘者在组织中的自我定位倾向，考察应聘者的权力欲、主动性、语言表达能力、自信心、说服能力、分析归纳能力、抗压力、协调性和集体意识等，并对每一位应聘者的表现进行评分。这个方法用在集体面试上，效果非常明显。

4. 角色扮演法

这种方法要求应聘者扮演一个特定的角色来处理日常工作和管理上的问题，面试人员观察应聘者的多种表现，从中了解应聘者的工作习惯、工作条理、工作态度、应变能力、心理素质和潜在能力。角色扮演法强调了解应聘者的心理素质和潜在能力，而不仅仅是看其临时的角色表现。这种测试方法多用于实践性很强的职位，如厨师、导游、景区讲解员等。

5. 商业游戏法

商业游戏法是让应聘者参与以旅游企业真实的经营管理案例编写的"游戏"中，面试人员通过应聘者参与"游戏"的过程，观察应聘者的相关素质。通常，在商业游戏中，应聘者每4～7人组成一个团队，算是一个"微型企业"，团队成员自愿组合或指派均可，每人在"游戏"中可以自报或推举承担"微型企业"中的某一角色或职务，经团队成员协商确定。团队内是否要分工或分工到什么程度，由各团队自定，不予强求。各团队按照"游戏"所提供的统一的商业信息（如贷款来源与条件、市场需求和营销渠道、企业经营环境调研等），自行决定自己的"微型企业"的筹款、生产、经营管理决策等并输入"游戏"，"游戏"输出决策盈亏结果。面试人员根据每人在团队中的表现进行评分。商业游戏法可以考察应聘者的进取心、主动性、组织计划能力、沟通能力、群体内人际协调能力、创新能力等。这一方法对"游戏"的选择和设计水平要求较高，"游戏"中往往包含了旅游企业精心设计的测试项目。

(四) 背景调查和其他甄选方法

为了尽可能避免招聘失误,旅游企业还会采用背景调查、推荐信核查、诚实性测试、笔迹分析、现实工作预览等其他甄选方法。

1. 背景调查和推荐信核查

对应聘者未来表现最佳的预测方式之一,就是看他们过去的工作经历。因此,旅游企业对应聘者的履历和推荐信需要进行调查和核实。对文凭的核实,可以直接与文凭颁发的学校或机构的学籍管理部门联系,让他们协助调查该文凭的真伪;也可以登录有关网站如中国高等教育学生信息网(www.chsi.com.cn),对文凭的有效性和真实性进行查询。对工作经历和推荐信的核实,一般是以电话、电子邮件、信函或登门拜访等方式,向应聘者以往工作过的企业的直属上司或推荐人了解其工作能力、品行和人际关系情况,以证实应聘者提供的信息是否真实。对从事直接对客服务的旅游企业来说,进行背景调查和推荐信核查是非常有必要的。国外一项关于安全管理的研究表明,安全管理经理们认为背景调查是预防企业内部盗窃的首选措施。

2. 诚实性测试

诚实性测试或正直性测试是了解应聘者对诚实的态度、不诚实倾向以及其他反生产行为倾向的测试。诚实性测试可以采用书面、电话和网络等方式进行,但不可使用测谎仪。测试内容可能是应聘者对别人偷窃的容忍度,也可能是应聘者在多大程度上相信大多数人会经常偷窃,还可以是应聘者是否认为不诚实的行为是一种常态,而不算犯罪。

3. 笔迹分析

笔迹分析是根据应聘者的写字习惯和字体来判定一些特定的人格特质。欧洲是笔迹学的发源地,大约85%的欧洲公司会使用笔迹分析来帮助筛选和安置应聘者。笔迹分析在美国的使用没有像欧洲企业那样普遍,但是仍有3000多家美国企业在甄选过程中使用这种分析工具。不过,越来越多的企业仅偶尔使用笔迹分析,因为学者研究发现,笔迹分析不能有效地预测工作绩效。

4. 现实工作预览

现实工作预览(realistic job previews)是指通过让应聘者到旅游企业参观,旅游企业进行解释和回答提问等方式,使其对今后就职的工作岗位的情况和要求有一个全面、真实的了解，从而让应聘者自我甄选。这种甄选方式重视应聘者的意愿，降低了其在应聘过程中对企业的过高期望，也减少了应聘者在随后工作中对旅游企业的不满意而主动离职的情况。

三、录用与员工入职

录用和员工入职也是甄选的重要环节，但是，许多旅游企业不太重视员工的入职环节。应聘者在被录用后就被立即安排上岗，容易造成应聘者对旅游企业的印象不好，从而不愿长期在旅游企业工作的情况。因此，旅游企业必须认真做好录用和员工入职工作。

（一）确定并公布录用名单

录用通知或辞谢通知最好尽早反馈给应聘者。与其他高新技术企业相比，进入旅游企业比较容易，优秀的应聘者会受到多家企业青睐。为了避免错失优秀的应聘者，旅游企业一旦做出录用决策，就应该立即通知被录用者。具体的做法有电话通知、书面通知和邮件通知。不论采用哪种通知方式，都应该向被录用者准确说明录用岗位、报到时间、报到地点、需要携带的证件以及正式工作的日期。书面通知还需注明录用者的薪酬标准和主要工作职责。

在招聘过程中的任何一个阶段，对于没有被选中的应聘者，旅游企业都应及时明确地回复。但是，对已经通过测试和面试而由于职位有限不能聘用的应聘者除了给予答复外，还应告诉应聘者会将其应聘资料存档备案，一旦有新的职位空缺，旅游企业会优先考虑他们。

（二）签订劳动合同

劳动合同依法设定，即具有法律约束力，当事人必须履行劳动合同规定的权利和义务。被录用者和旅游企业一旦签订劳动合同，双方都必须履行劳动合同规定的权利和义务。合同签订后报劳动管理部门备案，或请劳动管理部门对合同进行鉴证。备案或鉴证制度，促使劳动合同符合国家的法律、法规和政策，便于维护旅游企业和被录用者双方的合法权益。

（三）建立新员工档案

当新员工报到时，旅游企业应该立即着手建立个人档案。档案的内容包括职位申请表、面试测评表、录用批准书、劳动合同、体检合格证明和该员工的其他有关资料。这些档案资料反映了员工任职前的基本情况，并将伴随员工在旅游企业的工作情况而增加，是影响员工未来职业生涯规划和发展的文字资料。

（四）初步介绍工作环境

在入职培训前，为了让新员工迅速适应工作职位要求，旅游企业可以让其熟悉企业的基本情况，如组织结构、员工手册、主要管理人员等；认识部门同事，明确隶属关系、横向联系及企业人力资源基本制度和规章规则等。这项工作有利于新员工对旅游企业产生良好的印象，增强感性认知，防止部分老员工将自己的偏见传递给新员工。

第四节　员工招聘效果评估

旅游企业人力资源招聘效果评估是人员招聘流程中的最后一个环节。招聘效果评估，一方面是对招聘结果的成效评估，包括成本－收益分析、录用员工数量与质量的评估，招聘效果会直接影响到旅游企业下一期人员招聘计划的制订和实施；另一方面是对甄选方法的成效评估，如信度和效度评估。

一、招聘结果的成效评估

（一）成本效益评估

通过成本效益评估能够使招聘人员清楚地了解到费用的支出情况，区分哪些为应支出部分，哪些是不应支出部分，有利于降低今后的招聘费用，为旅游企业节省开支。成本效益评估主要对招聘成本、成本效用、招聘收益－成本比等进行评价。

1. **招聘成本**

招聘成本分为招聘总成本与招聘单位成本。

（1）招聘总成本是人力资源的获取成本。它由两个部分组成：一部分是直接成本，包括招聘费用、选拔费用、录用员工的家庭安置费用和工作安置费用、其他费用（如招聘人员差旅费、应聘人员招待费等）；另一部分是间接费用，包括旅游企业内部招聘专员的工资、福利，其他参与招聘工作的有关人员的时间花费和其他管理费用等。

（2）招聘单位成本是招聘总成本与录用人数的比值。其计算方法是：

$$招聘单位成本 = 招聘总成本 \div 录用人数$$

很显然，招聘总成本与单位成本越低越好。

2. 成本效用评估

它是对招聘成本所产生的效果进行的分析，主要包括招聘总成本效用分析、招募成本效用分析、人员选拔成本效用分析、人员录用成本效用分析等。计算方法如下：

$$总成本效用 = 录用人数 \div 招聘总成本 \times 100\%$$
$$招募成本效用 = 应聘人数 \div 招募期间的费用 \times 100\%$$
$$人员选拔成本效用 = 被选中人数 \div 选拔期间的费用 \times 100\%$$
$$人员录用效用 = 正式录用的人数 \div 录用期间的费用 \times 100\%$$

其中，招募期间的费用就是招募成本，是为吸引和确定企业所需要的人力资源而发生的费用，主要包括招聘人员的直接劳务费用、直接业务费用、其他相关费用等。选拔期间的费用也称人员选拔成本，是对应聘人员进行鉴别选择，以便做出录用决策所支付的费用。录取期间的费用也称人员录用成本，是指经过招聘选拔后，把合适的人员录用到企业所发生的费用，包括录取手续费、调动补偿费、搬迁费和旅途补助等由录用而引发的有关费用。显然，成本效用越大，表示招聘的效果越好，而最能体现招聘效果的就是总成本效用。

3. 招聘收益 – 成本比

$$招聘收益-成本比 = 所有新员工为企业创造的总价值 \div 招聘总成本 \times 100\%$$

招聘收益 – 成本比既是一项经济评价指标，同时也是对招聘工作的有效性进行考核的一项指标。招聘收益 – 成本比越高，说明招聘工作越有效。

新员工为企业创造的总价值在实际操作中是很难确定的，因此，招聘收益 – 成本比很少在实践中使用。

（二）录用人员数量评估

录用人员数量评估反映应聘者人数、录用人数、计划招聘人数之间的比例，主要指标包括录用比、招聘完成比和应聘比等。录用人员数量评估反映的是在录用人员数量上是否满足企业的招聘需求，若不满足需求，将分析其原因，发现薄弱环节并进行改进。

$$录用比 = 录用人数 \div 应聘人数 \times 100\%$$
$$招聘完成比 = 录用人数 \div 计划招聘人数 \times 100\%$$

$$应聘比 = 应聘人数 \div 计划招聘人数 \times 100\%$$

如果录用比较低，则说明被录用者的素质可能较高。当招聘完成比大于100%时，则说明在录用数量上全面完成招聘计划，并可能临时增加了招聘指标；应聘比说明招聘的效果，该比例越大，则说明招聘信息发布的效果越好。

（三）录用人员质量评估

录用人员质量评估是指对实际录用人员的能力、潜力和素质的评估，也是检验招聘有效性的一个重要方式。质量评估实际上在人员甄选过程中对应聘者进行测试时就开始了，对最终录用人员的质量评估可以采用录用人员胜任率、录用人员留职率等来评价。

$$录用人员胜任率 = 录用者中胜任工作的人数 \div 总录用人数 \times 100\%$$
$$录用人员留职率 = 录用者中留任工作的人数 \div 总录用人数 \times 100\%$$

在实际岗位中，胜任的录用员工越多，表明招聘录用的质量越好。与此类似，留在旅游企业的高质量员工越多，也表明招聘录用的质量越好。

录用人员质量评估还可采取用人部门满意度来衡量。用人部门满意度反映了用人部门领导对所招聘员工的满意程度。如果用人部门严重不满意，对该职位的招聘很可能会重新启动。

（四）招聘的时间评估

对招聘过程的评估可以通过填补职位空缺所使用的时间来评价。平均职位空缺时间计算公式为：

$$平均职位空缺时间 = 职位空缺总时间 \div 补充职位数 \times 100\%$$

该指标反映平均每个职位空缺多长时间能够有新员工补缺到位，可以反映招聘人员的工作效率。该指标越小，说明招聘的效率越高，填补空缺职位的速度越快。如果不能迅速招聘到合格的人选，将会影响到旅游企业的正常工作。

另外，计算从各种渠道招聘求职者所花费的平均时间也是非常必要的，因为从中可以发现从某些渠道比其他渠道能够更快速地招聘到合适的人员，为以后招聘计划中的渠道选择提供参考。

二、甄选方法的成效评估

旅游企业可以采用多种甄选方法来招聘员工。衡量和选择各种甄选方法，信度和效度是两个非常重要的指标。

（一）信度

信度（reliability）指测试结果的一致性，它不会因为测试时间或测试者的不同而有所差异。如果测试结果完全一致，结果就是非常可信的。例如，如果五个不同的面试官对某位应聘者的社交水平的评分相同或相近，表明他们的判断具有极高的信度。如果在某个智力测试的甄选中，应聘者这周测试得分为120分，而上周测试为80分，那就表明这个智力测试的信度不高。

测试信度的高低，是以对同一人所进行的几次测试结果之间的相关系数来表示的。其信度系数越高，说明该测试方法的可靠性越高。测试的信度分为三类：重测信度、对等信度和分半信度。

1. 重测信度

重测信度指对一组应聘者进行某项测试后，过几天再对他们进行同一测试，两次测试结果之间的相关程度，即为重测信度。一般情况下，这种方法较为有效，但却不适合于受熟练程度影响过大的测试。比如，智力方面的测试，应聘者在头一次测试中，可能会记住某些内容，从而提高了第二次测试的分数。

2. 对等信度

对等信度指对应聘者先后进行两个内容相当的同一种测试，如人格测试、智力测试等，然后计算出这两次测试结果之间的相关系数，以此来确定测试的信度。这一方法可以减少重测信度中前一次测试对后一次测试的影响，但两次测试间的相互作用，在一定程度上依然存在。

3. 分半信度

将对同一组应聘者进行的同一测试分成两部分进行测试，两部分的测试结果之间的相关系数，即为分半信度。这种方法既省时，又避免了前后两次测评之间的相互影响。

在甄选的测试过程中难免会有误差，这些误差可视为"噪声"或不稳定性。测试中的噪声程度越高，测试结果就越难判断。测试方面的误差可分为缺陷误差和污染误差两种类型。缺陷误差是指测试中可能有一部分能力在测试中没有被考虑到。例如，如果在智力测试中没有数学能力的试题，就是一种缺陷测试。污染误差是指测试过程中受到意想不到的干扰。例如，面试官刚面试完一个非常优秀的求职者，由于对比效应的影响，接下来面试官可能会将一个处于平均水平的应聘者打分到平均分以下。

（二）效度

对甄选环节而言，效度是用测试方法测量出应聘者知识、能力和技能的程度，以及测试结果与应聘者日后的实际工作绩效表现的一致性程度。没有效度的测试不但会导致不好的录用决策，而且还会给旅游企业带来潜在的法律责任。例如，如果诚实性测试没有测量出员工的偷窃倾向，而在随后的酒店客房服务工作中，员工偷窃了住店客人的钱财，则酒店要承担一定的法律责任。效度通常也以相关系数的形式表示，甄选结果与以后的工作绩效考评得分相关系数越大，说明测试越有效。检验甄选测试的效度包括效标关联效度和内容效度。

1. 效标关联效度

效标关联效度是指甄选方法的测试结果与应聘者录用后的实际工作绩效之间的相关程度。一般将工作绩效考核的得分与当初的测试结果相比较，求两者的相关系数。相关系数越大，表明测试方法的效度越高，可以用于预测应聘者的潜力。若相关系数较小或无相关，则说明测试方法不能用于预测应聘者的工作潜力。

2. 内容效度

内容效度是指测试所选的内容或者项目对工作内容的反映程度。例如，招聘营销人员，需要在甄选中测试应聘者的沟通能力、进取心和性格外向性等，而实际的面试和纸笔测试没有或较少涉及相关内容，则测试效度就会不高。内容效度不用相关系数来衡量，而是凭借招聘人员的经验来判断。

甄选方法的信度和效度的关系是：信度不高，效度肯定不会高；但信度高并不代表效度高。例如，对于应聘者有没有旅游管理硕士学位的测量具有非常好的信度，但是如果旅游管理硕士学位与工作绩效的改善没有必然的联系，那么旅游管理硕士学位文凭就不是有效的甄选标准。

本章小结

旅游企业招聘是指旅游企业为了发展的需要，根据人力资源规划和工作分析的要求，结合旅游企业的经营状况，及时、足够多地吸引具备合适资格的个人补充企业职位空缺的过程。

人员招募是旅游企业招聘活动的重要环节之一，招募工作包括招聘计划的制订与审批、招聘信息的确定与发布、应聘表格的设计与填写等。

最常见的旅游企业外部招聘来源有：学校招聘、劳动就业机构、猎头公司、互联网招聘、员工推荐、人才租赁等。

员工甄选的主要步骤有：初步筛选、初试、复试、背景调查、岗能匹配度分析、体检、录用和签订合同。

招聘评估是通过对录用员工的绩效、实际能力、工作潜力的评估，检验招聘结果成效与方法的有效性，将有利于招聘方法的改进。

实务案例

某旅游集团的招聘实录

宽敞肃静的某旅游集团下属的五星级酒店的会议室里，人头攒动，该旅游集团的管理培训生和营销人员的招聘会正在这里举行。一进大厅就可以看到醒目的条幅："××旅游集团招聘专场"，经过简单的流程介绍，招聘会正式开始了。

经过主考官一小时的单独面谈后，大家都聚集在大会议室内。现场模拟面试活动正式启动，100名应聘者被分配到五个会议室，五个会议室的部分场景情况如下。

第一会议室：自我介绍

主考官要求进入第一会议室的20个应聘者，进行3分钟的自我介绍。他们所有人依次上台用简短的语言介绍自己。自我介绍结束以后，主考官提出一个问题："介绍完后，谁能记住其中三个人的名字？"这个时候，只有两个人举手，然后主考官要求他们把三个人的名字写在纸上上交。"谁能记住两个？"此时有三个人举手，然后主考官要求他们把两个人的名字写在纸上上交。"谁能记住其中五个？"没有人把手举起来。面试结束。

事后，主考官提示道："旅游企业的管理者要随时倾听员工和顾客的看法，许多细小改进来自员工和顾客。"

第二会议室：组织团队

进入第二会议室的20个应聘者被分为两个小组，在规定的1个小时内，每个小组要为自己的团队起一个名字、选一个队长、谱一曲队歌，还要定出自己队伍的口号。看似简单的工作，却能甄别每个小组的合作能力。这种游戏似乎让每个在场的人又回到了童年时代。第一小组的男女各占一半，第二小组是清一色的男士。

第一小组按照要求，开始了行动，先是选出自己的团队的领导，然后讨论团队的名字，完全忘记了自己这个团队的人是来跟自己竞争职位的，而是融合在了一起。上述事宜确定后，他们开始探讨自己的队歌和口号。为了能够让自己的队歌和口号更动人，这个小组的队长先让一个人负责思考队歌，口号就由大家一起来商谈。所有事情确定后，他们还扯开了嗓子练习自己的队歌。在这里，他们好像就是同事，在做自己团队应该做的事情。

但是，第二小组的状况就令人有些诧异，他们两个一组、三个一伙地在探讨着各自的话题，也许他们讨论的是同样的话题，但是大家不是共同讨论，而是分散进行。他们在面试，但是忘记了主考官要考的是什么，直到主考官提醒他们为止。

面试时间过了45分钟，正当第一小组的人忘我地进行自己的队歌排练时，主考官拿出一张残缺的纸，问大家："你们有谁注意到我的这张纸缺了一角？"

"我注意到了。"有几个人回答。

"我知道，因为你在单独面试我的时候把纸撕掉了一角。"其中一个男士说。

"那你们有没有注意到，在你们单独面试时坐的椅子的腿边有个纸团，直到面试结束，都没有人把它捡起来。"

全场鸦雀无声。

"好了，继续吧。"

整个会场被第一小组的歌声给感染了，第二小组的人也开始亮开了自己的嗓门。

第三会议室：建立团队

第三会议室的面试内容是组建新区域市场部。背景是根据市场需求变化，需要开拓新的区域市场。20个应聘者被分为两个小组，要求每个小组成立营销部，制定出所需要的职位和职位职责，以及适合这个职位的人所应具有的素质。

这个模拟需要大量的纸，这时工作人员把纸分发到两张桌子上，但被主考官阻止了，说："今天的工作，都需要由我来做，谁要什么东西也要跟我说，其他人不能多做。"纸被收了回来。

主考官在题板上写了几个字："资源是有限的，资源是无限的"。

随后，两个小组在规定时间内进行了1个小时的讨论。讨论完毕后，主考官需要每个小组的组长把自己队伍的结构图画到题板上。但是他们不知道的是，只有一支笔，谁先走到题板前，谁就先得到在题板上板书自己结构图的机会。第二小组的组长先走到题板前拿起笔画起来，离题板更近的第一小组却错过了机会，组长只能退下来。

第一小组的组长只好口述自己的结构图。但是，第二小组的人似乎并没有认真地听对手的方案，他们也许认为这是说给主考官听的，跟他们没有任何关系。但是却不料，每一个细节都是主考官要考的内容。

"你们第二小组对第一小组的机构设置有何问题？"主考官终于问到了他们没有想到的问题。

众人无言。

第四会议室：制订产品营销方案

在第四会议室里，主考官把三种旅游线路产品给了由20个应聘者组建的两个

10人团队，让他们选择自己近期需要推出的旅游线路，要求他们用自己的市场眼光，挑选出一种对市场更有冲击力的产品。结果他们两个团队挑选的产品都是相同的。

随后，主考官让他们在1个小时内制订出产品的营销方案。两个小组马上进入工作状态。

半个小时后，当他们聚精会神地做事时，主考官发布了一条新闻：A公司经过潜心研究，向市场推出了一款软件，市场价是1000元，但是不久，B公司推出了具有同样功能的产品，市场价只有725元，所以，A公司的销量受到了重挫。为什么呢？

他的话让大家停顿了一下，但是他的话一结束，两个团队又埋头继续研究自己的方案。

为什么主考官会在这个时候来打断他们的思路，而且是一个不相关的信息呢？事后，主考官的解释是："这个信息听起来是多余的，事实上，要看他们什么时候会意识到，他们的产品是相同的，现在他们两个小组就犹如两个竞争对手，那么他们有没有注意对方在做什么，有没有观察邻桌在做什么呢？现在他们两个小组好像都没有这样做。营销方案是要根据市场的动态变化来调整的，要时刻观察竞争对手在做什么。应聘市场营销部的人员要时刻保持竞争的意识。"

第五会议室：制订海外旅游市场推广方案

一套具体的海外旅游市场推广方案，能体现一个市场营销人员应该具备的最基本的素质。也许在面试场景中所做的海外旅游市场推广方案并不是很优秀，但是可以从中看出应聘者的专业素质。

由20个应聘者组建的两个10人小组，在讨论策划海外旅游市场推广方案的时候，他们两个小组谁都没有去注意对方的动态，更别说主考官的行为了。

面试进行到10分钟时，主考官在题板上写了一行字："游戏规则——制定者、执行者"，而且把这行字圈了起来。但是，这行字在那里默默地被挂了半个小时，都无人问津，也没人看它一眼。

主考官实在看不下去了，就问了他们一个问题："你们当中有谁做过公关？"这个时候就有人零星地站起来说"我做过"。"在公关当中，有没有人做过政府公关？""政府公关是要做的。"有人回答道，但是似乎底气不足。然后，两个小组又埋头继续谋划。主考官无奈地摇了摇头，自言自语地说了一声："我尽力了。"

观察细节，是旅游企业从业人员应该具有的素质之一。在这个情景模拟开始时，规则是由主考官制定的，可是却没有人理会主考官想要的是什么、他的规则是什么。主考官的意旨不完全在漂亮的方案上，他更看重的是这个方案的思路和可执行的程度。市场推广方案即使做得再漂亮，但如果不符合区域市场的规则，照样行不通。

不管怎么样，直到1个小时的面试活动结束，都没有人去注意竞争对手在做什么，也没有应聘者关心在进入海外旅游市场时所需要做的政府公关。

时间在快乐且有压力的氛围中过去了一半。

12点到了，该是应聘者进行午餐和休息的时候了。主考官对他们说："12：00—13：00是午餐时间，13：00正式开始下午的面试。"但是，他私下对服务人员说："13：00—14：30之间，不允许给他们水喝，谁问都说不知道。就让他们等。"

午饭后，大家回到大会议室坐着等，一个人都没有动，好像在等待着抽奖结果的公布。

14：30终于到了，应聘者再次逐一面试。

等待的结果是再等待。当别的人被主考官叫去面谈时，剩下的人员还是在大会议室里等待。直到16点，当天的招聘才结束，大家才离开。

"这样的招聘会我还是第一次遇到，感到在里面学到了很多东西，而且还交了这么多朋友，很幸运参加这样的招聘会。"一个即将离开现场的应聘者说。另一名面试者说："以前没有遇见过这样的面试形式，在整个面试过程中，处处充满杀机，而且许多不经意的细节关系到面试结果。"

［资料来源：引自中华考试网（www.examw.com），稍做修改。］

案例讨论题：

1. 在这次招聘活动中，企业采用了哪些甄选方法？各种方法有什么优点和缺点？
2. 为什么该旅游集团要采取这些方法进行候选人甄选？
3. 从案例中，你认为在旅游企业的面试中，应聘者要注意哪些方面？

> 复习思考题

1. 什么是招聘？它在人力资源管理中的作用如何？
2. 请简述招聘的基本流程。
3. 请分析内部招聘相对于外部招聘的优点和缺点。
4. 招聘的渠道有哪些？各有什么优势？
5. 假设你在一个供不应求的劳动力市场上招聘餐饮服务员，你会用何种新颖的招聘方式？
6. 旅游企业常用的甄选方法有哪些？它们各有什么特点？
7. 什么是结构化面试？如何设计结构化面试？
8. 如何检验员工甄选方法的有效性和可信度？

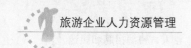

【能力训练】

旅游达人是以旅游信息为主要传播内容的网络红人。旅游达人往往有丰富的旅行经验，通常会在互联网上介绍世界各地的旅游资讯、上传旅游景点图片、撰写旅游攻略和分享旅游短视频，以赢得较高的网络关注度。一家在线旅行社为了吸引更多的用户来使用本网站，想招聘3名网络达人。请你为该旅行社撰写一份招聘计划书并设计一份求职申请表。

目的：锻炼学生撰写招聘计划书和设计求职申请表的能力。

要求：根据旅游达人的特征设计合适的求职申请表。

知识链接

1. 2018年排名前十的招聘网站

前程无忧（www.51job.com）
智联招聘（www.ts.zhaopin.com）
58同城（www.gz.58.com）
斗米网（www.doumi.com）
兼职猫（www.jianzhimao.com）
猎聘网（www.liepin.com）
Boss直聘（www.bosszhipin.com）
百姓网（www.baixing.com）
拉勾网（www.lagou.com）
兼客兼职（www.jianke.com）

2. 旅游企业人才招聘专业网站

旅游人才网（www.tourjob.net）
旅聘网（zp.sottoc.com）
酒店工作网（www.9dot.job.com）
酒店专业人才网（www.52hotel.net）
乐聘网（www.61hr.com）
最佳东方（www.veryeast.cn）

3. 招聘的社交网站或平台

微信

微博

脉脉（maimai.cn）

赤兔（LinkedIn 旗下）（www.chitu.com）

LinkedIn（www.linkedin.com）

Twitter

Facebook

Glassdoor

本章参考文献

[1] 艾媒网. 2019 年 1 月中国主流招聘 App 排行出炉，前程无忧、智联招聘位居前二［EB/OL］.（2019 – 03 – 21）［2021 – 07 – 28］. https://www.iimedia.cn/c460/63884.html.

[2] 安哲锋. 国内外网络招聘研究进展综述［J］. 上海商学院学报，2010，11（1）：75 – 78.

[3] 白睿. 招聘管理全流程实战方案［M］. 北京：中国法制出版社，2019.

[4] 白雯. 浅谈酒店招聘员工的雇佣过程［J］. 现代经济信息，2012（24）：78.

[5] 蔡凌瓴. 企业青睐"杜拉拉"式员工：访携程旅行网人力资源部招聘经理周利瑾［J］. 成长与就业，2012（15）：100 – 101.

[6] 蔡珠丽. 社交网络招聘的现状、问题及其对策［J］. 人才资源开发，2015（2）：102 – 103.

[7] 陈的非. 论旅游饭店业员工招聘的途径和方法［J］. 商场现代化，2009（2）：314 – 315.

[8] 陈怡铭，池进，陈秋萍. 旅游企业招聘中的成本管理［J］. 企业活力，2012（7）：65 – 68.

[9] 谌新民，熊烨. 员工招聘方略［M］. 广州：广东经济出版社，2001.

[10] 戴任兴. 企业网络招聘有效性的影响因素研究［J］. 全国流通经济，2019（30）：82 – 84.

[11] 德鲁克. 管理的实践［M］. 齐若兰，译. 北京：机械工业出版社，2006.

[12] 段岩. 导游员视角下旅行社招聘现状研究：以青岛 W 旅行社为例［J］. 旅游纵览，2018（10）：26 – 27.

[13] 飞象网. 极光大数据：求职招聘 App 用户规模达 8232 万，同比增长超 100%［EB/OL］.（2019 – 03 – 12）［2021 – 07 – 28］. http://news.163.com/19/0312/16/EA3641A6000189DG.html.

[14] 姜乐，朱思超，傅培华. 综合招聘网站求职者满意度影响因素研究［J］. 电子商务，2016（11）：90 – 92.

[15] 李芳玲. 面向用户的招聘类网站评价研究［D］. 南京：南京大学，2016.

[16] 李直. 我国网络招聘行业发展概述［J］. 中国高新技术企业，2013（24）：8 – 11.

[17] 梁晓莹. 智联招聘网站存在的问题及对策研究［J］. 财讯，2019（10）：164 – 165.

[18] 刘松博，Dessler G，李婕. 中国网络招聘企业的商业模式解析［J］. 现代管理科学，2008

(12): 9-11.

[19] 毛晨蕾. 人力资源管理 [M]. 北京: 人民邮电出版社, 2014.

[20] 毛峰. 饭店招聘应注意的几个问题 [J]. 饭店现代化, 2008 (6): 37-39.

[21] 欧莹莹. 海南省高端酒店招聘问题及对策研究 [J]. 现代商贸工业, 2016, 36 (27): 97-98.

[22] 魏卫, 袁继荣. 旅游人力资源开发与管理 [M]. 北京: 高等教育出版社, 2004.

[23] 问春. 2018年度招聘App TOP20 [J]. 互联网周刊, 2019 (5): 58-59.

[24] 杨柳, 高坤. 网络招聘途径在酒店业运用的有效性研究文献综述 [J]. 福建质量管理, 2020 (6): 104-105.

[25] 佚名. 全国排名各大招聘网站优劣势对比 [EB/OL]. (2013-04-21) [2021-07-28]. http://www.doc88.com/p-9137310945325.html.

[26] 佚名. 招聘网站类型的优势与劣势 [EB/OL]. (2019-05-17) [2021-07-28]. http://ishare.iask.sina.com.cn/f/iZFh2Rv85M.html.

[27] 佚名. 智联、拉钩、Boss直聘, 三款互联网招聘应用竞品分析 [EB/OL]. (2018-05-15) [2021-07-28]. https://blog.csdn.net/Amydom/article/details/80319906.

[28] 张爱卿, 钱振波. 人力资源管理理论与实践 [M]. 北京: 清华大学出版社, 2008.

[29] 赵清斌, 纪汉霖, 刘东波. 我国网络招聘产业: 发展现状、趋势与策略 [J]. 商业研究, 2012 (9): 43-49.

[30] Robbins S P. Human resources management [M]. 北京: 中国人民大学出版社, 1996.

旅游企业人力资源开发

本部分包括第七章和第八章。第七章介绍了旅游企业员工培训的概念和分类、员工培训流程，以及员工培训方法。第八章介绍了职业生涯的概念和理论、各阶段的职业生涯规划，以及旅游企业员工的职业发展规划。

第七章　旅游企业员工培训

【学习目标】开展培训的目的是帮助员工保持良好的工作绩效。通过本章的学习，你应该能够：

(1) 了解员工培训的含义，理解培训对于旅游企业的重要作用。
(2) 了解旅游企业员工培训的特点。
(3) 掌握旅游企业员工培训的主要内容。
(4) 掌握培训需求分析的程序，识别成功的培训计划的特征。
(5) 重点掌握旅游企业员工培训的有效方法。
(6) 掌握培训效果评估方法。
(7) 分析基于互联网的培训计划的成本和优势。

【前期思考】旅游企业员工培训的内容、特点、方法和程序分别有哪些？它对企业的发展有什么作用？

【重点和难点】重点掌握旅游企业员工培训的内容、特点和方法，难点是员工培训需求分析和培训效果评估。

引导案例

A 酒店的培训

A 酒店是一家位于中国某省会城市的五星级酒店，拥有近 350 名员工。在过去的几个月中，酒店失去了两个较大的企业客户，因为他们对酒店产品过多的缺陷表示不满。A 酒店领导层研究了这个问题之后，一致认为：问题出在酒店服务员以及管理部门的疏忽大意，他们缺乏质量管理意识。于是，酒店决定通过开设一套质量管理培训课程来解决这个问题。

总经理担心培训课程会影响酒店正常的对客服务。人力资源部经理强调培训课程不会超过 16 个工时，并且分解为 8 个单元、每个单元 2 个小时来进行，每周实施一个单元。然后，人力资源部向酒店所有部门发出了一个通知，要求他们检查工作记录，确定哪些员工存在服务质量方面的问题，安排他们参加培训项目，其他对客服务的员工和质量监管人员也可主动报名参加培训。这次培训将记录在他们的个人档案里，以后在涉及员工加薪或晋升时，酒店将会予以优先考虑。通知还附有一份讲授课程的大纲。在培训计划方案的最后，人力资源部还设定了培训目标：在未来的6个月内将顾客投诉率下降50%。

质量管理培训课程的授课时间被安排在工作时间之后，每个周五的19：00—21：00，历时8周，酒店不付给来听课的员工额外的薪水。

课程由人力资源部负责培训的李主管主讲，主要包括讲课、讨论，有时还会放映有关质量管理的录像片，并进行一些专题讨论。课程内容包括质量管理的必要性、影响质量的客观条件、质量检验标准、质量检查的程序和方法、质量管理统计方法、抽样检查以及质量控制等。李主管在课前把他的讲义印发给每个学员，以便学员可以预习和准备每一章的内容。在培训过程中，学员花了相当多的时间来讨论案例。课程刚开始时，听课人数平均为60人；在课程快要结束时，听课人数已经下降到30人左右。而且，课程是安排在周五晚上，所以听课的人员都显得心不在焉，有一部分离家远的员工在课听到一半时就提前回家了。在培训期间，很多学员抱怨课程的内容太专业，且培训时间不合适。人力资源部经理认为，评价这次培训效果的最好的方法是看培训项目结束后培训的目标能否实现。结果，顾客投诉率在培训前后并没有发生显著的变化。培训结束6个月之后，顾客投诉率仍然没有显著下降。人力资源部经理感到自己压力很大，他很不愿意对这次培训的效果进行评估。

评析：培训是一个系统工程，从培训需求分析到培训效果评估，任何环节都不能忽视，必须严格遵循培训的规律和原则，才能达到既定的培训目标，不至于花了钱而没有取得好的培训成效，且为企业带来较大的损失。现如今，企业面临的竞争环境异常激烈，企业必须保持持续学习的能力，加强对员工的培训与开发，提升员工素质，使人力资本持续增值，从而实现企业经营业绩和战略规划的持续提升。

[资料来源：案例分析：卡斯尔公司的培训为何失败［EB/OL］.（2017-11-03）[2021-07-28］. https://wenku.baidu.com/view/356d33297375a417866f8f65.html.］

阅读上述案例，请讨论以下问题：
(1) 你认为这次培训在组织和管理上有哪些不合理的地方？
(2) 如果你是A酒店人力资源部的经理，你会如何安排这个培训？
(3) 如何激励参与培训员工的学习动力？

第一节　旅游企业员工培训和开发

一、员工培训和开发概述

（一）员工培训的概念

培训，从字面上可以简单理解为"培养与训练"之意，培养侧重人员素质与知识的培养与传授，训练则侧重于能力与技能的提高。员工培训是指企业为了使员工获得或改进与工作有关的知识、技能、态度和行为，增进其绩效，更好地实现企业目标并满足员工发展需要的系统化的教育训练过程。根据员工培训（简称为"培训"）的定义，企业管理者对于培训的理解要注意以下几点：

1. 培训是一个有计划并系统化的活动

旅游企业员工培训的实施是在有周详的计划和严密控制下进行的，包括培训需求分析、培训内容设计、培训实施与管理、培训效果评估等都应有详尽的安排。每一个部分都需要结合企业的实际情况进行科学的计划和管理，否则培训的效果就无法得到保证。

2. 培训可以实现企业与员工的"双赢"

培训的重要目的是通过员工技能的提高，进而提高绩效和满足企业长远发展的需要。但这并不是培训的唯一目的，有效的培训不仅要考虑企业和岗位的需要，还要结合员工的具体情况，考虑员工的培训需要。在满足企业需要的同时，满足员工个人发展的需要，最终达到企业与员工的"双赢"。

3. 培训的最高目标是打造学习型组织

培训应是员工主动学习的过程。现代企业培训的目的不仅仅局限在员工基本技能的开发和提升上，更多的应是帮助企业提升智力资本，创造出一个有利于个人与企业发展的学习型组织。

在正确理解培训定义的同时，还需要将培训与其他相近概念加以区分。和培训意义相近的概念主要有开发和教育，事实上培训与它们既有区别又有联系。

培训是给新员工或现有员工传授其实现企业目标所必需的相关知识、技能、价值观念和行为规范的过程。员工开发是依照员工需求与企业发展要求，对员工的潜能进行开发与设计规划员工职业发展的过程。员工培训和员工开发在定义上很难区分，因为两者实质是一样的，最终的目的都是通过提升员工的能力来实现员工与企业的共同发展。在实践中，员工培训与员工开发往往不做严格区分。但严格来说，二者是有区别的，员工培训重点关注的是满足当前的工作需要，而员工开发更多地关注企业和员工的未来发展需要，以及为了满足企业和员工的未来发展需要而应提前储备的知识和技能。

从广义而言，培训是属于教育的概念范畴，因为教育和培训的作用都是培养人的能力；从狭义角度讲，培训则是一种和教育相关，但又具有自身独立性的过程。教育通过各种知识的传授使一个人的基本能力整体得到提高，使这个人能适应各种社会环境；而培训则侧重于对某一项特殊技能的掌握，并在某一特殊环境中能够熟练运用这种技能。

（二）员工培训的作用

大多数旅游企业员工培训的目的，都是保持或改善员工的工作绩效，进而增加企业绩效，增强企业的竞争优势。旅游企业员工培训的作用，表现在以下几个方面：

1. 提高旅游企业适应环境变化的能力

当今的旅游企业面临的市场环境瞬息万变，新技术、新的经营理念不断涌现，要想在激烈的市场竞争中生存与发展，企业的应变能力至关重要。企业的应变能力最终要体现为员工的应变能力，要看管理人员能否掌握新的经营管理理念、员工能否掌握新的技术和技能，这些能力和技能的提高归根结底要靠员工培训来实现。

2. 增强旅游企业的吸引力和凝聚力

大量的调查研究表明，薪酬、培训、发展机会是求职者考虑的最重要的因素。培训不仅仅是企业内部管理的需要，它还成为企业吸引人才最重要的手段之一。企业提供给员工培训机会的多少与培训质量的高低，对求职者的吸引力有时甚至比薪酬还更重要，培训质量甚至成为企业品牌形象的重要内涵。丽思卡尔顿酒店的培训非常有特色，因此，丽思卡尔顿酒店成为许多酒店管理专业学生实习和就业的首选企业。

培训不仅对外部人才形成吸引力，对于现有的内部员工也极具吸引力，成为降低员工流失率、提升企业凝聚力的重要手段。

3. 提高服务质量，降低损耗

服务是旅游企业的核心产品，服务质量的提高需要员工在每项服务中表现出卓越的服务技能、服务技巧以及优雅的言行举止，让顾客感到满意。而员工能否向顾客提供卓越的服务，则与他们是否持续参与旅游企业提供的各方面培训息息相关。

对于旅游企业来说，许多服务工作都有一定的浪费与损耗，如酒店餐饮、客房清洁等服务损耗，这里有自然损耗的因素，也有人为因素。培训可以提高员工的技能水平，改善工作态度，提升工作质量，从而降低人为损耗。研究表明，培训可以减少73%左右的浪费。培训还可以有效减少事故的发生，保证旅游企业财产和员工的人身安全。关于酒店企业的一项调查表明，未经培训的员工的事故发生率是受过培训的员工的3倍。

4. 提高员工绩效水平

首先，长期科学的系统培训，可以提高管理人员的经营管理能力。管理能力需要通过长期的工作经验积累得以提高，但系统的管理知识培训同样必不可少。由于行业特点和历史原因，旅游企业管理人员的学历层次和管理知识水平相对欠缺，管理培训因此变得非常重要。

其次，通过培训可以提高员工的基本素质与服务技能，改善员工的工作绩效，进而提高部门和旅游企业的业绩；培训还可以使员工技能满足职位需要后，降低其工作压力；更重要的是，高质量的培训可以发掘和激发员工的工作潜力，传达和强化企业的价值观，实现企业与员工的"双赢"。

5. 为员工个人发展创造条件

现代管理理论强调任何管理工作都不能仅仅考虑企业的需要，不能一味要求员工为企业付出与牺牲，而是在考虑企业需要的同时还要考虑员工个人发展的需要。一些根据员工个人需求，但超出其目前职位需要的培训，看似浪费了企业的资本，实际上是提高了员工的工作能力和增加了其职业安全感，为员工的职业晋升创造了条件，有利于为企业储备人才。良好的培训对于提高员工满意率、降低员工流失率具有积极影响。

（三）旅游企业员工培训的误区

虽然员工培训的作用是非常明显的，但是，培训不是万能的，比如，由于硬件条件的限制、宏观环境的影响、经营管理不当等因素造成企业绩效降低的问题，都不是培训能够解决的。同时，也不是所有培训的效果都会"立竿见影"。有些类型的培训效果十分明显，如新员工培训、技能培训等；然而，有些培训内容则需要较长的时间才能显现价值，如员工素质培训、管理培训、团队工作和多元化培训等。目前，旅游企业非常重视员工培训，但是，人们对于员工培训还常常存在如下一些认识上的误区。

1. 人力资源开发等于培训

许多旅游企业领导者一提到人力资源开发，就会想到培训，认为培训就是人力资源开发的全部，除了培训别无他法。他们常常给员工安排一些社会上或行业间流行的培训项目，并认为这是非常有效的人力资源开发规划，希望可以借助这些培训项目提升员工的能力与素质，从而提高企业绩效。当培训的结果没有达到预期值时，他们又通常将原因归咎于员工或其他外在的客观原因。

2. 害怕"为他人作嫁衣"

旅游企业员工流动频繁，很多旅游企业领导者不愿意对员工进行大量的培训投入，害怕员工一旦通过培训提高了技能和能力，就会跳槽到有更好发展机会的企业，最终导致企业为其他企业培养了人才。于是，许多旅游企业更愿意去"挖人"，而不是重视员工培训。实际上，企业可以通过与员工签订培训协议等措施来规避培训投入上的风险和损失。

3. 只重视技能培训，不重视观念开发

很多旅游企业将人力资源开发仅仅局限于新员工的岗前教育和员工的基本业务技能训练，而忽视对员工发展以及与旅游企业战略目标相一致的观念、态度、行为的培训，使得人力资源开发流于形式，不能真正促进旅游企业绩效的提高。

4. 培训目标过高或培训效果不佳

培训计划必须有明确而实际的目标才能够成功。这些目标决定培训计划的内容，成为判断培训效果评价的标准。旅游企业领导者不能期望仅仅通过一两次培训课程就能使员工成为某一领域的专家，给企业带来较高的收益。这样的期望一定会落空，因为这样的目标难以实现，培训效果很难达到预期目标。

旅游企业在制订培训计划之前必须明确培训目标，否则会因为错误的出发点而去培训员工，并对培训效果进行错误的评价。

（四）旅游企业员工培训的特点

1. 全员性

旅游企业员工培训应该是全员性的。凡是在职的员工，无论是一般导游员、服务员、景区讲解员、管理者，还是临时员工，无论是资深的老员工，还是阅历较浅的年轻员工，都有参加培训的权利和接受培训的义务。

2. 系统性

员工培训是一项系统工程，它要求各环节、各层次应保持协调一致，从而使员工培训过程能够有效运转。首先，要从旅游企业的经营战略出发，确定培训的模式、内容以及对象；其次，应适时地根据旅游企业发展的规模、速度和方向，合理确定受训者的总量与结构；最后，还要准确地根据参加培训的人数，合理地设计培训方法，安排培训时间和培训地点等。

培训的费用是高昂的。许多旅游企业在经济状况不佳时，往往削减培训开支，这样就很难保证培训的系统性。旅游企业可以考虑采用从企业内部寻找培训师、调整培训战略、仅开展与企业核心战略相一致的培训、开展电子学习（E-learning）等重要策略，来削减培训开支，保持培训的有效性和系统性。

3. 实用性

员工培训作为旅游企业的一项投资应该产生一定的收益，要始终把提高员工的工作绩效和企业的整体绩效作为其出发点，促使培训成果转移或转化成生产力，并能迅速促进企业竞争优势的保持与发展。在实践中，旅游企业应当筛选和优化培训项目，使员工所掌握的技术、技能和更新的知识结构能够适应当前工作的需要。

4. 层次性

旅游企业中员工培训应当是分层次的，对于不同知识和文化背景、不同工作任务及不同技能的员工，培训的内容和重点都应有所不同。虽然培训要针对全体员工来实施，但在员工培训中应适当向关键职位，特别是中高层管理者和一线员工倾斜。

5. 持续性

现代企业的培训理念是"终身培训"。随着经营环境的变化和服务竞争的加剧，以及物质生活水平提高带来的旅游消费档次的提升、旅游消费行为个性化等变化，即使是那些接受过常规服务培训的基层员工，也必须持续不断地接受再培训，以适应新旧服务内容和形式上的交替。为此，旅游企业应顺应时代的变化与要求，持续不断地调整培训体系，创新员工培训的理念、内容和方法。

6. 成人性

旅游企业员工培训的对象是成人，针对他们的培训，存在着"年龄可能较大，机械记忆力减退，干扰因素较多，容易精力分散"等困难，美国学者马尔科姆·诺尔斯（Knowles，1975）研究发现，成人学习具有以下特点：

（1）成人学习具有目的性。成人需要知道他们为什么要学习。

（2）成人学习具有自我指导的需求。成人喜欢在培训过程中有一定的独立思考和独立操作的环节，喜欢按照自己的学习方法和进度来学习。

（3）成人学习以问题为中心。成人通常是带着一定的问题去参与学习的，他们要求即学即用，解决实际工作问题。

（4）成人学习会分享更多与工作有关的经验。成人学习重视应用和实践环节，他们在学习过程中更愿意分享来自实践工作中的经验。

（5）成人会因受到内部和外部的激励而学习。成人期望受到他人尊重，实现自我价值。同时为了满足工作需要，他们往往会主动学习。

因此，在培训中针对成人学习的特点，有效运用成人学习原理显得非常重要。

二、旅游企业员工培训的分类

旅游企业员工培训可以根据培训对象、培训内容或者培训与职位的关系等方面的不同而划分成不同的类型。

（一）按照培训对象划分

（1）按照员工在企业工作时间的不同，可以将员工培训划分为新员工的培训和在职员工的培训两大类，分别是指针对刚进入旅游企业的新员工进行的入职培训和针对在职员工进行的提高与发展培训。对新员工的培训主要是职位职责、企业文化、职位基本技能培训等，而对在职员工的培训主要是进行工作技能方面的提升培训。

（2）按照员工在企业中所处层次的不同，可以将员工培训划分为资深员工培训和基层员工培训等。不同层次的员工在旅游企业中承担的责任不完全相同，因此，在具体的培训中要侧重不同的培训内容和选择不同的培训方法。

（3）根据员工的职位性质不同，可以将员工培训划分为管理人员培训、营销人员培训、专业技术人员培训、服务人员培训等。

（二）按照培训内容划分

按照授课内容划分，培训可分为知识培训、技能培训、态度和观念培训。

（1）知识培训。知识培训是根据职位需要对员工进行的专业知识和相关知识的教育，解决员工不知道"是什么""为什么"和"做什么"的问题。知识培训不一定要面面俱到，但要与职位和工作所需的知识紧密结合。

（2）技能培训。技能培训是向员工传授具体的操作技能和技巧，解决员工不知道"怎样做"的问题。旅游企业服务工作对员工操作技能和技巧的要求很高，技能培训是员工培训的主要内容。它直接关系到旅游企业的各项服务工作能否按照既定的规格和标准完成。例如，酒店前厅部员工的外语会话能力和谈话技巧的培训、厨师的烹饪技能培训、餐厅服务员的服务技能培训等，都直接影响到酒店对客服务的质量。技能培训是基础性培训，需要长期持续进行，以求不断让员工掌握最新的工作方法和技能，提高服务水平和工作效率。

（3）态度和观念培训。态度和观念培训是向员工传授特定的价值观和行为规范，解决员工"不愿意做"的问题。态度、观念培训主要涉及对员工的价值观、行为规范、人际关系、组织承诺、不同主体的利益关系的处理，以及个人行为方式选择等方面的内容。旅游企业需要特别重视服务意识培训。所谓服务意识就是"顾客意识"，即员工要做到心里有顾客、眼里有顾客、耳里有顾客、嘴里有顾客，时时刻刻想顾客所想甚至是想顾客所未想，急顾客所急甚至是急顾客所未急。员工只有在具备良好的服务意识时，才能在对客服务过程中提供优质服务。

知识、技能、态度和观念三类培训不是截然分开的，在旅游企业一个实际的培训项目中，往往设立知识、技能、态度和观念等方面的培训目标要求，在具体的培训内容上既涉及知识的讲授，又涉及技能的传授和态度、观念的引导。

（三）按照培训与职位的关系划分

按照培训与职位的关系划分，员工培训可分为在职培训、脱产培训和半脱产培训三类。

（1）在职培训。在职培训即人员在实际的工作中接受培训。这种培训方式比较经济，不需要特殊的场所、设备，有时也不需要专职的培训师，而是利用旅游企业现有的人力、物力来实施。因为培训对象不脱离岗位，可以不影响正常的工作安排，所以，目前旅游企业的员工培训大多采取这种方式。但是，由于培训师是资深的老员工，这种培训方式的培训过程可能不太规范，而且培训的安排可能会受到工作中突发事件的影响而调整，进而影响到培训效果。

（2）脱产培训。脱产培训即受训者在一定时期内完全脱离工作岗位，专门接受培训。旅游企业通常将员工送到各类学校或者自办的培训基地，让本企业员工和其他旅游企业的优秀员工去一起进修学习。由于受训者为脱产学习，没有工作压力，学习时间充裕，培训过程连贯，因此，受训者的知识技能会提高得很快。这种培训形式的缺点是需要专门的设备和场所，且专门聘请培训师的成本较高。另外，由于培训时间和工作时间是分开的，在应用所学知识方面对受训者和企业都提出了较高的要求。

（3）半脱产培训。半脱产培训是安排员工利用部分工作时间参与某种形式的培训。它在一定程度上克服了前两者的缺点，吸纳了二者的优点，较好地兼顾了费用和质量。例如，礼仪知识讲座、顾客投诉分析等培训课程可以穿插在工作中，培训半天或一天后,让受训者工作一段时间,在工作中应用培训所学,然后再集中培训。

三、新员工入职导向培训

新员工入职导向培训,又称岗前培训,是指旅游企业将新录用的员工从局外人转变成为企业人的过程,它在旅游企业员工培训中占有重要地位。入职导向培训内容涉及企业的历史、组织结构、管理理念、产品和技术、职位相关技能等,能让新员工对企业有一个比较全面的认识。新员工如果对旅游企业不了解,会延长适应职位的时间,甚至会对旅游企业产生误解和抱怨。因此,绝大多数旅游企业都比较重视入职导向培训。一般而言,新员工入职导向培训应包括以下内容:

1. 企业的历史

每个旅游企业都有自己的历史,尽管有些旅游企业的历史并不是很辉煌。介绍企业的历史,主要是为了让新员工对企业增加了解,从而在心理上产生认同感。企业的历史不能代表企业的现在,更不能代表企业的未来,所以,培训者在介绍旅游企业的历史时,应该将着眼点放在企业的过去为企业的现在提供了哪些积累,而不是一味地进行旅游企业的形象宣传。

2. 企业的组织结构

让新员工了解旅游企业的组织结构,有助于新员工尽快地熟悉自己的工作环境。有的旅游企业组织结构比较复杂,例如,除了职能部门划分以外,还有项目小组划分等,这就需要培训人员能够认真细致地进行介绍,最好能够介绍企业组织结构的演变及演变原因。企业的组织结构体现了企业的管理风格,所以,培训人员还要结合企业的管理理念来进行介绍。

3. 各部门的职责和权限

如果新员工对各部门的职责和权限能够有清楚的认识,会成倍地提高新员工的工作效率,新员工不再会为"这件事情该找谁"这个问题而发愁。培训人员最好能将旅游企业各部门的职责和权限汇编成小册子,向新员工发放,或者在旅游企业内部网上公布,以供新员工随时查询。

4. 对待顾客和员工的管理理念

培训人员最重要的任务之一就是要让新员工融入旅游企业的组织文化中去,所以,向新员工强调对待顾客和员工的管理理念就显得非常重要。单纯地讲解旅游企业对待顾客和员工的管理理念本身会显得非常枯燥，培训人员不妨举一些身边的例子，这样效果会更好些。

5. 旅游企业的产品与服务

虽然新员工的工作职位不见得要接触旅游企业所有产品和服务，但让新员工了解这方面的知识是很有必要的。当新员工了解到旅游企业产品和服务的先进性，并且得知很多顾客在购买所在旅游企业的产品和服务时，新员工就会产生自豪感。这种自豪感会增加员工对旅游企业的认可度和忠诚度。

6. 企业对员工的期望

培训人员要明确地告诉新员工，企业对他们的期望是什么。只有让新员工明确了自己的目标，才有可能使他们在工作中取得更好的成绩。除了要让新员工明白旅游企业对他们的期望以外，还应该告诉他们如何才能达到这些期望，即达到期望的途径是什么。当然，对员工的这些期望应与旅游企业的绩效评估政策有关，使得新员工更加重视这些期望。

7. 企业的人力资源政策

让新员工了解旅游企业的人力资源政策，有助于让新员工安心、稳定地在企业工作。如果新员工事先不清楚企业的晋升、薪酬、福利等方面的政策，可能会在今后的工作中引起误会，为旅游企业造成不必要的损失。旅游企业的人力资源政策最好也能汇编成册，并发放给每位新员工，这样有助于新员工深入地了解企业的人力资源政策。

8. 业务培训

新员工的业务培训可以从知识、技能等方面进行。知识以够用为准则，不宜过多过深，目的是帮助新员工上岗后能顺利开展工作；技能则侧重于本岗位的具体操作规程，尽量使员工掌握必要的服务技巧。另外，应对新员工进行基本应急能力的培训，以提升他们应对突发问题的能力。

除了上述培训外，旅游企业应该指派一名"导师"协助新员工融入企业和部门，熟悉自己的工作职位。导师可以是员工的直接上司，也可以是其他有经验的员工，给予员工具体、细致、系统的指导和辅导。表7-1是一家酒店的员工入职导向培训的主要内容。

表7-1 酒店员工入职导向培训的主要内容及模块设计

培训主题	培训目标	内容提要	模块设计
酒店概况	熟悉本酒店的发展史及企业文化	酒店的发展历史、组织结构图、现有的基本设施和服务项目及主要产品等，可激发工作热情	酒店的使命
			酒店的愿景
			酒店的核心价值观
			酒店的产品理念
酒店规章制度	强化组织纪律性	熟悉酒店的各项规章制度，包括人事管理制度、考勤制度、培训制度、现场制度	奖惩制度
			考勤制度
			宿舍管理制度
			学习与培训制度
			现场管理制度
服务理念和心理	提升自我及适应能力	服务理念、服务心理常识和情绪管理方法	服务理念
			心理健康自查
			服务心理治疗
			自我情绪管理
工作责任和工作技能	快速胜任具体的岗位	职位说明、职位规范和岗位绩效评价指标与标准	岗位说明书
			岗位技能培训
			岗位绩效评价指标与标准

第二节 旅游企业员工培训流程

旅游企业员工培训是一项系统性的人力资源管理工作，它不仅有自己的特点和规律，而且整个培训过程也是有章可循的。每一个完整的培训过程都是由培训需求分析、制订培训计划、实施培训计划和评估培训效果四个步骤组成的，这四个步骤构成一个相互联系、首尾相接的完整系统，如图7-1所示。

一、培训需求分析

培训需求分析是指旅游企业在设计与规划员工培训项目之前，由旅游企业的相

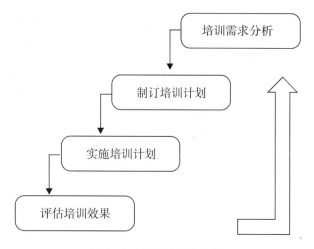

图7-1 员工培训的步骤

关人员对企业、工作任务以及人员三者的相关情况进行系统的鉴别与分析,以确定是否需要培训以及如何进行培训的一种活动。培训需求分析是确定培训目标、制订培训计划的前提,也是进行培训评估的基础,它是整个培训过程的起点。培训需求分析的准确与否,直接关系到整个员工培训工作的有效性。

(一)培训需求分析的流程

培训需求分析是一项技术性很强的任务,在实际操作中,其流程包括以下四个步骤:

1. 确认工作行为或绩效差异的存在

工作行为或绩效差异是指员工实际的工作行为或绩效与旅游企业所期望的工作行为或绩效的差异。当工作行为或绩效差异对旅游企业产生负面影响时,旅游企业便要对这些差异进行分析,以确定培训的需要。

2. 分析培训需求

培训需求主要从组织、任务和人员三个层面着手分析,见图7-2。

(1)组织分析。组织分析是在旅游企业层面展开的。它包括两个方面的内容:一是对企业未来的发展进行分析,以确定企业今后的培训重点和培训方向;二是对企业的整体绩效做出评价,即将企业当前的绩效与预期的绩效指标和标准进行对比,找出差距,分析原因,提炼出培训需求。美国学者特里·L. 利普(Terry L. Leap)和米歇尔·D. 克里诺(Michael D. Crino)提出的前瞻性培训需求分析模

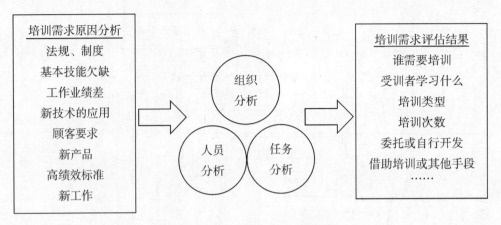

图 7-2　培训需求综合分析模型图

（资料来源：李志刚. 酒店人力资源管理［M］. 重庆：重庆大学出版社，2016：141.）

型就属于一种组织分析模型，如图 7-3 所示。该模型认为，随着技术的不断进步和员工在组织中个人成长的需要，即使员工目前的工作绩效是令人满意的，也可能由于需要为工作调动、晋升等做准备或者适应工作内容的变化等原因提出培训需求。

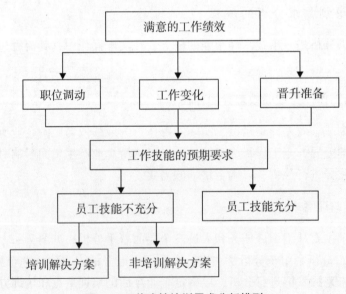

图 7-3　前瞻性培训需求分析模型

（2）任务分析。任务分析的主要对象是企业内的各个职位，是通过查阅工作说明书或工作分析来确定某一工作职位需要的能力、技能、知识、态度等，然后以此为标准找出员工现有能力与职位所需能力存在的差距，以确定培训需求。工作分析是任务分析的基础，但是，任务分析比工作分析更加详细。任务分析的主要目的在于了解完成每项工作任务的 KSAO 因素分析，K（knowledge）就是知识；S（skill）就是技能；A（ability）就是能力，包括完成工作所需的脑力和体力；O（others）是其他因素，包括员工的个性、兴趣和态度等。这些对确定员工的培训需求至关重要，是设计培训课程的重要依据。

一般来说，任务分析包括四个主要步骤：选择待分析的工作职位；尽可能详细地罗列出该工作职位所需完成的任务清单；确保上述清单的可靠性和完整性；明确从事该职位工作所需的知识、技能、能力和其他特征等具体内容。

（3）人员分析。人员分析一般是对照工作绩效标准，分析员工目前的绩效水平，找出两者之间的差距，在此基础上确定是否需要通过培训来解决工作绩效问题以及确定谁需要接受培训及培训的内容。人员分析模型见图 7-4。该模型主要包括三个步骤：评价员工当前的绩效；明确实际工作结果与预期目标绩效之间是否存在差距；分析产生差距的原因，只有确定绩效差距的原因是缺少完成任务所需的知识、技能和能力等因素时，才能确定要对员工进行培训。人员分析的具体内容见表 7-2。

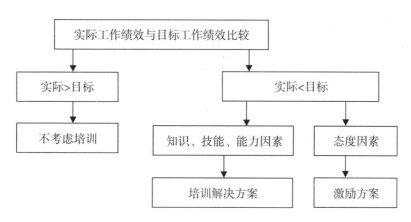

图 7-4　培训需求分析中的人员分析模型

（资料来源：林丽，张健民，陶小龙. 现代人力资源管理［M］. 北京：机械工业出版社，2018：206.）

表 7-2 培训需求分析中"人员分析"的主要内容

项 目	主要内容
知识结构分析	分析员工的学历水平、职业教育经历和已参加的专项短期培训科目
专业结构分析	分析员工的专业是否对口、对目前工作的感兴趣程度、是否有必要调整岗位等
能力分析	主要分析员工实际拥有的能力与完成工作所需要的能力之间的差距
个性分析	主要分析员工的个性特点对胜任工作岗位的影响及其匹配程度
培训的动机分析	需要了解员工参与培训的动机是基于补充新知识，还是提高工作技能或建立人际关系网，以此决定岗位的培训内容

培训需求分析的三个层面是相互关联、互为交叉的。组织分析是任务分析和人员分析的基础，无论是组织分析还是任务分析，最终的目的都是确定员工培训需求。

3. 确定培训需求

培训需求的确定一般是由旅游企业人力资源专家、相关部门负责人和员工代表共同讨论决定的。首先，由培训项目开发人员对整个培训关于需求的信息收集、分析过程进行汇报。然后，人力资源专家、相关部门负责人和员工代表对培训需求发表意见。最后，达成确定培训需求的统一意见。

4. 撰写培训需求分析报告

培训需求分析报告主要介绍培训需求信息获取情况，并依据所掌握的信息进行分析，客观地得出结论。培训需求分析报告最好以部门为单位进行编写，报告中一般应涉及职位知识与技能要求、员工能力与职位要求的差距、部门员工及管理者对培训的建议等，分析报告的具体内容见表 7-3。

表 7-3 培训需求分析报告的主要内容

序号	项 目	内 容
1	报告提要	简要介绍培训需求报告的主要内容
2	实施背景	阐明产生培训需求的原因 培训需求的意向

续表 7-3

序号	项 目	内 容
3	目的和性质	说明培训需求分析的目的 之前是否有类似的培训需求分析 分析之前培训需求分析的局限与缺陷
4	实施方法和过程	介绍培训需求分析使用的方法 介绍培训需求分析的实施过程
5	培训需求的分析结果	阐明通过培训需求分析得出的结论
6	分析结果的解释、评论	论述培训的理由 可以采取哪些改进措施 培训方案的经济性 培训是否可以充分满足需求 提供参考意见
7	附录	分析中用到的图表、资料

(资料来源：李志刚. 酒店人力资源管理 [M]. 重庆：重庆大学出版社，2016：142.)

(二) 培训需求信息收集的方法

培训需求信息收集的方法很多，有员工行为观察法、问卷调查法、关键事件法、小组讨论法、测试法、绩效考核法、资料档案收集法、以前项目评估法、趋势研究法和面谈法等。各种方法特点不一，优缺点并存，如表 7-4 所示。

表 7-4 培训需求信息收集方法的优点与缺点比较

方 法	优 点	缺 点
员工行为观察法	(1) 基本上不影响被观察者的正常工作 (2) 所得到的资料与实际培训需求之间的相关性较高	(1) 必须熟悉被观察者所从事的工作内容和工作程序 (2) 在进行观察时，被观察者可能故意做出假象
问卷调查法	(1) 可在短时间内收集到大量信息 (2) 花费较低 (3) 易于进行统计分析和总结汇报	(1) 无法获得问卷之外的信息 (2) 需要大量的时间和较高的技术能力，特别是问卷设计能力

续表 7-4

方　法	优　点	缺　点
关键事件法	(1) 易于分析和总结 (2) 可以分清楚是培训需求还是管理需求	(1) 事件的发生具有偶然性 (2) 易于以偏概全
小组讨论法	(1) 能够在现场把不同的观点综合起来 (2) 利于最终形成决策	(1) 费时、费钱 (2) 在公开场合，部分人可能不愿表达自己的观点
测试法	帮助确定一个已知问题是由于能力低还是由于态度差造成的	测试项目数量少则有效程度有限，数量多则费时费力
绩效考核法	(1) 易于发现问题 (2) 利于有针对性地确定培训内容	容易造成把一切问题都归咎于培训，而忽视态度或管理需求方面的问题
资料档案收集法	(1) 可了解员工现在的职业资格 (2) 可了解员工已受过哪些培训	不一定能反映员工现在的真实技术水平
以前项目评估法	(1) 可为发现问题提供线索 (2) 在活动和集体中，为问题的解决提供客观证据	(1) 问题的原因和解决方法很难发现 (2) 材料中的观点往往是对过去事实的反映，而不是对现在的情况或最近的变化做出反应
趋势研究法	可提供企业培训远期发展目标	(1) 费时 (2) 发展方向难以把握
面谈法	(1) 可充分了解相关信息 (2) 有利于培训双方建立信任关系，易于得到员工对培训工作的支持 (3) 有利于激发员工参与培训的热情	(1) 培训双方的面谈可能占用很长时间 (2) 员工不一定真实反映个人发展计划 (3) 对访谈者的谈话技巧要求较高

（资料来源：林丽，张健民，陶小龙. 现代人力资源管理 [M]. 北京：机械工业出版社，2018：204-205.）

在实际操作中，旅游企业通常会选取多种方法来同时进行信息收集，从而减少单一方法带来的不足。采用多种方法综合反映出来的培训需求更加客观、真实，培训效果更佳。

二、制订培训计划

（一）明确培训目标

培训目标是指培训活动的目的和预期成果。从受训者角度讲，就是指在培训结束后应该掌握什么内容，达到何种效果。培训目标的确立不仅对培训活动具有指导意义，而且是培训评估的一个重要依据。培训目标的设置有赖于培训需求分析，培训目标要与旅游企业的经营理念相统一，要与旅游企业规模、员工特征、培训条件相协调，要尽可能量化、细化并确保可行。

（二）确定培训细节

确定培训细节包括确定培训对象、培训内容、培训时间、培训地点、培训师和培训管理者，等等。

培训对象是指需要接受培训的员工。培训对象可由旅游企业各部门推荐，或由员工自行报名再经企业甄选而定。

培训内容是指培训主题和先后次序。有时需要培训的内容太多，在一定的时期内不可能全部满足，或者因为资源（人、财、物、时间、信息）的不足，一些培训内容就不得不暂缓或放在次要位置上。通常培训的内容会编制成相应的教材。一些基础性的培训可以使用社会上公开出售的教材，而那些特殊性的培训则要专门编写教材。

选择合理的培训时间是制订培训计划的一个关键。在制订培训计划时，必须准确预测培训所需时间，以及该段时间内参与培训的员工的排班是否有可能影响培训计划的执行。培训时间的具体选择，要以尽量减少对员工正常工作的影响为原则。旅游企业一般在淡季组织培训，并以短期培训（3个月内）和少量多次为主。

合适的培训场地有助于培训活动的顺利开展。培训场地的选择首先应当考虑其要与培训的方式相适应，除此之外，还应当考虑培训的人数、培训的成本等因素。

培训师的主要任务是：参与培训课程的设计与开发、组织培训、授课、主持培训考核等。培训师的选择恰当与否，对整个培训活动的效果和质量有着直接的影响。优秀的培训师往往能够使培训工作更加富有成效。

培训管理者是整个培训活动的组织者，负责制订培训计划，并确保在预算范围内按期按质执行培训计划。旅游企业可以成立专门的培训管理小组，并确定小组成员和每一位成员的工作内容和责任。

（三）选择培训方法

选择合适的培训方法是培训计划的核心内容，直接关系到培训的成功与否。在实践中，培训方法有很多，如讲座法、演示法、案例分析法、角色扮演法等，不同的方法适用于不同的培训内容。例如，对于专业知识类培训，如服务礼仪、产品知识、主要客源国风俗习惯等，可以选用讲座法；对于技能性培训，如点菜服务、客房清洁等，则应考虑采用演示法或情景分析法等。为了提高培训质量，达到培训目的，很多时候往往需要将几种方法配合起来，灵活使用。不同的培训方法所产生的效果是不同的，因此，需要在制订培训计划时与培训师共同研讨与确定，以达到培训效果的最优化。

（四）编制培训预算

培训预算是指对一定时期内培训活动所需要的全部开支进行预算。培训预算一般会包括以下几个部分：①需要参加外部培训的员工可能发生的费用，如学费、资料费、参观考察费、交通食宿费等费用。②企业内部组织培训可能发生的各项费用，包括培训场地、聘请培训师、购买教材等方面的费用。③企业培训需要新建培训教室、新增设备器材等方面的费用开支。在实际培训过程中，培训预算应在以上费用加总的基础上上浮10%～20%。

（五）编写培训计划

完成上述工作后，就可编写培训计划，并在旅游企业内部进行审核。一个完善的培训计划应该包括以下几个方面：

（1）培训需求和目的。
（2）培训时间和进度。
（3）培训地点和场所。
（4）培训内容和方法。
（5）培训负责部门和机构。
（6）培训评价方法。
（7）培训对象。
（8）培训经费预算。

三、实施培训计划

培训计划的实施是指把培训计划付诸实践的过程，它是达到预期的培训目标的基本途径。培训计划设计得再好，如果在实践中得不到很好的实施，也没有什么意义。培训实施过程中的管理十分重要，是培训工作的关键环节之一。

在培训项目即将实施之前要做好各项准备工作，包括：进行培训工作的分配，确认并通知参加培训的员工；做好培训后勤准备；确认培训时间；准备好教材及培训资料。培训过程中要做的工作包括：保持与培训师和受训者的沟通，及时将受训者的意见反馈给培训师，有时也需要把培训师的要求传达给受训者；保证培训设施、设备的正常使用；保持培训场地干净整洁；适当安排一些娱乐活动。培训结束后，要听取双方的意见，做好培训总结。

培训计划的实施还需处理好室内培训场所和室外培训场所的安全问题。室内培训最大的安全隐患是火灾，所以，要做好火灾预防工作；室外培训要注意人身安全，采用可靠的培训器材和做好保护措施，加强安全纪律管理。

四、评估培训效果

员工培训的评估工作包括培训计划执行情况和培训效果评估两部分。前者主要包括培训时间、培训参加人员和培训进度等方面，将它们比对培训计划，检查落实情况；后者则主要监控培训是否实现了预期的目标，更重要的是为以后的培训找到可改进和优化之处。

（一）员工培训评估的指标

评估旅游企业员工培训效果主要可以从员工认识、技能、反应、绩效和投资回报五个方面的成果进行评价。具体地讲，对员工培训进行评估，需要回答以下一系列问题：

(1) 培训内容是否按既定计划、既定方式顺利完成？
(2) 受训者掌握的程度如何？
(3) 受训者实际接受的程度如何？
(4) 受训者培训后，在知识、技能、态度和行为上有哪些变化？
(5) 受训者所在职位和部门的工作有何改观？
(6) 培训投资与收益的分析结果如何？
(7) 本次培训中成功与失败之处有哪些？

（二）评估员工培训效果的模型和方法

关于员工培训效果的评估，最具有代表性的方法是美国威斯康星大学教授唐纳德·L. 柯克帕特里克（Kirkpatrick, 1959）提出的四层次培训评估模型，也称为柯氏培训效果评估模型。其详细内容如表7-5所示。

表 7-5 柯氏培训效果评估模型和方法

层级	评估内容	评估方法	评估时间	评估单位
反应评估	衡量受训者对具体培训课程、培训师、培训方法、培训组织过程的满意度	问卷调查、评估访谈	课程结束后	培训负责部门或机构
学习评估	衡量受训者对培训内容、技巧、理念的掌握程度	提问法、笔试法、口试法、模拟练习和演示、角色扮演、演讲、编写案例、撰写论文等	课程进行时、课程结束后	培训负责部门或机构
行为评估	衡量受训者在培训项目中所学习的技能和知识的转化程度,回到工作岗位后工作行为的改善程度	问卷调查、行为观察、面谈、绩效评估、管理能力评鉴、任务项目法	三个月或半年以后(不同的企业视情况而定)	受训者的直接上级主管、人力资源部门
结果评估	衡量培训给企业的业绩带来的影响	个人与组织绩效指标、生产率、缺勤率、离职率、成本效益等量化指标分析;时间序列分析、成本-收益评价、客户与市场调查、满意度调查等量化模型分析	半年、一年(不同的企业视情况而定)	受训者的部门领导、人力资源部门

1. 反应评估

受训者作为培训的参加者,在培训中和培训后必然会对培训活动形成一些感受、态度及意见,他们的反应可以作为评价培训效果的依据。反应评估是在培训刚刚结束后,立即对受训者进行了解,及时掌握他们对培训内容、培训方法、培训师和培训地点以及培训时间等方面的反应,完成关于受训者对具体培训课程综合看法的分析。反应评估多采用问卷调查法。例如,表 7-6 是一份员工培训反应调查问卷。

表7-6 员工培训反应调查问卷

您好！感谢您参加本次匿名调查。

为了以后培训的改进，请您如实回答下列问题，我们将对问卷结果进行保密处理。

部门		职位		培训讲师	
培训课程		培训时间		培训地点	
1. 您对此次培训的总体感觉满意吗？　A. 非常好　B. 较好　C. 一般　D. 较差　E. 非常差					
2. 您认为培训讲师的授课水平如何？　A. 非常好　B. 较好　C. 一般　D. 较差　E. 非常差					
3. 您认为培训内容对以后的工作有帮助吗？　A. 有很大帮助　B. 有较大帮助　C. 一般　D. 没有较大帮助　E. 没有任何帮助					
4. 您觉得本次培训的时间安排合理吗？　A. 非常好　B. 较好　C. 一般　D. 较差　E. 非常差					
5. 您如何评价本次培训的教学设备和设施？　A. 非常好　B. 较好　C. 一般　D. 较差　E. 非常差					
6. 您是否喜欢培训教室的座位安排？　A. 喜欢　B. 不喜欢					
7. 您对本次培训的后勤（休息、午餐等）有什么意见？					
8. 您对此次培训还有哪些意见和建议？					

（资料来源：李志刚. 酒店人力资源管理［M］. 重庆：重庆大学出版社，2016：147.）

2. 学习评估

学习评估的目的是确定技能、技巧和知识是否已经被有效地传授给受训者，他们是否已达到最低标准的熟练程度。学习评估通常采用笔试法和演示法，受训者考试合格后才向他们颁发相应证书。

3. 行为评估

受训者在培训中获得的知识和技能能否应用于实际工作，能否实现由学习成果向工作能力的转化，是评价培训效果的重要标准。经过培训后，员工的实际工作表现是对培训效果最客观的反映。"行为评估"就是核查受训者在参加培训后对所学内容的吸收程度，特别是在工作中对所学内容的自觉运用水平。受训者的行为评估通常在培训结束3～6个月内进行。评估的行为变量包括工作积极性、服务规范性、操作熟练性、解决问题的有效性等。在评估中，首先对受训者的工作行为是否发生了变化做出判断，然后分析这种变化是否由培训所引起，接着分析受训者行为变化的程度。

4. 结果评估

结果评估是柯氏培训效果评估模型中最重要也是最难的评估。它是利用一系列数字化指标，如销售额、订单数、顾客投诉率、成本、利润、离职率等，比较研究受训者对企业经济效益、服务水平和顾客满意度等方面的影响。结果评估主要是采取对比的方法，即培训前后有关经营数据的比较、培训成本和收益比较分析、顾客满意度变化分析等。有关培训结果的信息很难收集，这使得对培训结果进行评估的旅游企业还不多。

第三节　旅游企业培训方法

一、两种学习方式

一般来说，存在代理性学习和亲验性学习两种基本的学习方式。

（一）代理性学习方式

在这种学习方式下，学习者学习到的不是他们直接获得的第一手知识，而是别人获得后传递给他们的第二手乃至若干手的间接性经验、阅历和结论。这种学习方式在传授知识方面效率较高。在共享经济时代，接受和学习从别人那里传来的、经过检验的知识将是获得知识的有效途径。讲授、讲座这类传递知识的方式属于代理性学习。

（二）亲验性学习方式

在这种学习方式下，学习者是通过自己亲身的、直接的经验来学习的，所学到的是自己直接的第一手的经验与技能。这种学习方式有利于能力培养，是不能被代理性学习所代替的。案例分析、现场操作、模拟练习、管理游戏、角色扮演、竞赛等这些学习方式都属于亲验性学习。

两种学习方式各有特点，互为补充。在旅游企业实际培训过程中，要依据培训需要、培训内容、培训对象来合理选择相应的培训方式。

二、三维学习立方体模型

欧洲学者费奥和博迈森提出了一个三维学习立方体模型,这个模型如图7-5所示。

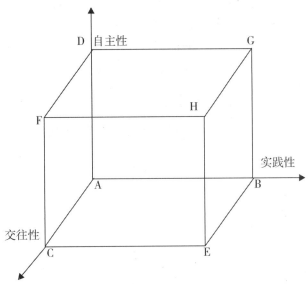

图7-5 三维学习立方体模型

在图7-5中,横轴为实践性,沿此轴越接近原点A,则学习的内容越抽象化、概念化和理论化;反之,离原点A越远,如图中B点,则学习内容越具体化、可操作化、应用导向化。纵轴为交往性,沿此轴越接近原点A,则学习越需要个人独自进行;反之,离原点越远,如图中C点,则学习中需要的相互交往和讨论就越多,即采用讨论的形式。立轴为自主性,沿此轴越接近原点A,则学习越是在教师的严密指导下进行的;反之,离原点越远,如图中D点,则教师或书本的指导越少,需要学生独自摸索。图中A、B、C、D、E、F、G、H八个结点,分别代表着一种典型的教学的模式:A模式的教学特征是结构式课堂讲授,即教师系统而有条理地讲授理论,学生听和记,这种模式传授知识的效率高;B模式的教学特征是教师指导学生进行实践式学习;C模式的教学特征是教师和学生之间进行讨论式学习;D模式的教学特征是学生自主学习;E模式的教学特征是教师和学生讨论下的学生实践式学习;F模式的教学特征是学生相互讨论下的自主学习;G模式的教学特征是学生自主实践式学习;H模式的教学特征是学生相互讨论下的实践式学习。

企业培训应当根据培训目的、培训内容和受训者的学习能力等具体情况,来选择最有效的教学模式,不排除有时采用某些典型模式的混合。

三、旅游企业员工培训的方法

旅游企业员工培训的效果在很大程度上取决于培训方法的选择。当前,员工培训的方法有很多种,不同的培训方法适用于不同的培训目的和培训需求。下面详细介绍一些旅游企业常用的培训方法。

(一) 课堂培训方法

课堂培训方法是指培训师和受训者以课堂形式进行培训活动。其主要特点是以培训师为中心,多数情况下,受训者在培训过程中是被动接受培训信息。课堂培训常用的培训方法有:讲授法、视听法、研讨法和案例研究法。

1. 讲授法

讲授法属于传统模式的培训方式,是指培训师通过语言表达,系统地向受训者传授知识和技能,期望受训者能记住重要知识的培训方式。

(1) 要求。培训师应具有丰富的知识和经验;讲授要有系统性,条理清晰,重点、难点突出;讲授时语言清晰,生动准确;必要时运用板书;应尽量配备必要的多媒体设备,如录像、视频、幻灯片、电脑等,以加强培训的效果;讲授完,应保留适当的时间让培训师与受训者进行沟通,用问答方式获取受训者对讲授内容的反馈。

(2) 优点。运用方便,可以同时对许多人进行培训,传递大量信息,经济高效;有利于学员系统地接受新知识;容易掌握和控制学习的进度;讲授较新的研究成果,有利于加深理解难度大的内容。

(3) 缺点。学习效果易受培训师讲授水平的影响;受训者是信息聆听者,不容易调动起自身积极性;由于主要是单向性的信息传递,受训者的反馈有限,培训师很难迅速有效地把握受训者的理解程度;学过的知识不易被巩固,故此方法常被运用于一些理念性知识的培训。

2. 视听法

视听法就是利用现代的多媒体技术把讲授的内容电子化,同时整合各种可以起到辅助教学作用的声音、视频动画等信息媒介,使讲授的内容变得更加生动和形象。视听法很少被单独使用,经常同课堂讲授法等其他方法一起使用。视听法被广泛应用于提高旅游企业员工的沟通技能、面谈技能、客户服务技能等方面。

(1) 要求。在播放视频、音频资料之前要清楚地说明培训的目的;依讲课的主题选择合适的视听教材;在相关资料播放之后,要让受训者对播映内容发表个人的感想或以"如何将视频内容应用在工作上"为题来讨论播放内容和工作的关系，或者边看播放内容边讨论，以加强理解；讨论后，培训师必须做重点总结，或将如何应用在工作上的具体方法告诉受训人员。

（2）优点。视听培训是运用视觉和听觉的感知方式，直观鲜明，所以比讲授或讨论更容易激发受训者的兴趣，使受训者印象更深刻；视听教材可反复使用，从而能更好地适应受训人员的个别差异和不同需求。

（3）缺点。视听设备和教材的成本较高，而且容易过时；选择合适的视听教材不太容易；受训者仍然是被动学习，反馈和实践性较差，故视听培训一般可作为培训的辅助手段。

3. 研讨法

研讨法是一种在培训师的指导下，受训者围绕某一个或几个主题进行交流，相互启发的培训方式。研讨法和讲授法一样都是最基本、最通用的培训方法，它被广泛地运用于所有培训中，特别适合于解决具体问题和工作任务的培训。按照费用与操作的复杂程度，研讨法可分成会议式与分组讨论式两种方式。会议式多以专题演讲为主，中途或会后允许学员与演讲者进行交流沟通，一般费用较高。而分组讨论式则可以是由培训师确定研讨问题，学员通过自由讨论，相互启发，得到较明确的结论；也可以是学员和培训师共同确定研讨问题，共同讨论。分组讨论式的费用相对较低。

（1）要求。每次研讨都要建立明确的目标，并让每一位参与者了解这些目标；要使受训人员对讨论的问题产生内在的兴趣，并启发他们积极思考。

（2）优点。强调学员的积极参与，鼓励学员积极思考，主动提出问题，表达个人的感受，有助于激发学员的学习兴趣；讨论过程中，教师与学员间、学员与学员间的信息可以多向传递，知识和经验可以相互交流、启发，取长补短，有利于学员发现自己的不足，帮助他们开阔思路，加深对知识的理解，促进学员能力的提高。据研究，这种方法对提高受训者的责任感或改变工作态度特别有效。

（3）缺点。对培训师的要求较高，要求培训师的学识、威望、资历都比较高，或者在某方面非常专业；讨论问题选择得恰当与否，将直接影响培训的效果；受训人员自身的水平也会影响培训的效果；研讨法受时间的限制，往往导致讨论的问题有限，不利于受训人员系统地掌握知识和技能。

4. 案例研究法

案例研究法是培训师基于案例材料做出相关解释后，由受训者依据背景材料来分析问题，提出解决问题的建议和方案的培训方法。案例研究法由美国哈佛大学商学院推出，目前被广泛应用于对企业管理人员（特别是中层管理人员）的培训。

使用案例研究法的目的是通过训练员工，使他们具有良好的决策能力，帮助他们学习如何在紧急状况下处理各类事件。

（1）要求。案例研究法通常是向受训者提供一则描述完整的经营问题或企业问题的案例，案例应具有真实性，不能随意捏造；案例要和培训内容相一致，受训者则组成小组来完成对案例的分析，做出判断，提出解决问题的方法。随后，在集体讨论中发表自己小组的看法，同时听取别人的意见。讨论结束后，公布讨论结果，并由培训师对案例再进行更深入的分析，最后与受训者达成共识。

（2）优点。受训者参与性强，受训者变被动接受为主动参与；将受训者解决问题能力的提高融入知识传授中，受训者可以直接提出解决企业实际问题的方案；教学方式生动具体，直观易学；容易使受训者养成积极参与和向他人学习的习惯。

（3）缺点。案例的准备耗时较长，且对培训师和受训者的要求都比较高；该方法需要较多的培训时间，有效地实施并不容易；案例的来源往往不能满足培训的需要。

（二）体验式培训方法

体验式培训方法是个人通过参与一系列的团队活动或者个人训练活动，获得亲身体验，并在培训师的指导下，与团队成员共同交流分享个人经验，或者进行自我反省，实现态度、情感和技能等多方面素质提升的培训方式。体验式培训方法有：拓展训练法、角色扮演法、仿真模拟法、管理游戏法等。

1. 拓展训练法

拓展训练又称外展训练（outward bound），是指以特定的环境和场所为基础，通过精心设计的活动，达到"磨炼意志、陶冶情操、完善人格、熔炼团队"目的的培训方法。拓展训练的课程主要由水上、野外和场地三类课程组成。水上课程包括游泳、跳水、扎筏、划艇等；野外课程包括远足露营、登山攀岩、野外定向、伞翼滑翔、户外生存技能等；场地课程是在专门的训练场地上，利用各种训练设施，如高架绳网等，开展各种团队组合训练及攀岩、跨越等心理训练活动。拓展训练适用于一些改善员工思维、提升员工能力、培养团队合作精神的培训项目。

（1）要求。拓展训练之前一定要做好各项准备工作：向员工事先说明活动内容和要点；在开始时要充分热身；根据员工条件选择具体的训练项目，注意做好安全保障工作。拓展训练项目要有一定难度，使受训者在克服困难、挑战极限并顺利完成活动要求之后，能够产生胜利感、自豪感和集体荣誉感。

（2）优点。通过拓展训练，参训者在以下方面有显著的提高：认识自身潜能，增强自信心，改善自身形象；克服心理惰性，磨炼战胜困难的毅力；启发想象力与创造力，提高解决问题的能力；认识团队的作用，增强对集体的参与意识与责任心；改善人际关系，学会关心他人，更融洽地进行团队合作。

（3）缺点。一般需要与专业培训机构合作，培训费用较高；组织工作复杂；培训内容具有一定的危险性。

知识拓展 7-1　　　　　　　　团队拓展训练：信任背摔

信任背摔是拓展训练中最具挑战、最富激情、最有意义的项目之一，经常用于同学、同事之间的野外拓展，通过该活动可以增强参与者之间的信任，建立良好的互动关系。这个项目虽然是个有风险的项目，但是如果操作规范，安全是完全能够得到保证的。

1. 基本要求

参与人数要求：学员人数一般在 12～16 人之间。其中，男士不应少于 3 人；如有学员体重超过 100 千克，接人的学员至少应有 4 名体格较好的男士。

项目时间：80～100 分钟。包括临时场地布置时间：15 分钟；项目挑战时间：30～40 分钟；回顾总结时间：35～45 分钟。

道具和场地要求：绑手布带一条；背摔台（临时场地需要搭建，高度在 1.5～1.6 米，并保证结实稳固）；整理箱一个（存放队员的物品）。

项目目标/任务：每位学员站到背摔台上，背向后，笔直倒下。当他/她倒下时，其余队员在其背后接住他/她，并把他/她直立地放在地面上。

2. 培训目标

（1）培养团队内部成员之间的相互信任。

（2）增强学员挑战自我的勇气。

（3）发扬团队精神，互相帮助。

（4）通过挑战，懂得合理突破本能的重要意义。

（5）感悟制度的制定与执行对完成任务的价值。

（6）培养学员的换位思考意识，认识到鼓励和赞美在团队分工合作中的作用。

3. 项目布置过程

（1）为了确保安全，在项目开始前，各位同学必须将身上带的所有硬物拿出，放到指定的安全区域。

（2）个人挑战部分，也就是背摔（后倒）。背摔前需要进行绑手动作的练习及原地笔直后倒练习。

（3）团队配合部分，任务是接人。正式开始前应进行对位练习、试压练习和搭人床练习。

（4）轮流挑战，注意将人安全放到地上。

4. 安全监督

（1）学员如有严重外伤病史，或有心脑血管疾病、高度近视，或刚做过手术、处于怀孕期等，均不能参与此项目。

（2）拓展教师应强调安全事项，关注学员动作的规范性。

（3）拓展教师试压接人学员的双臂，并强调每个位置的重要性。

（4）学员在背摔台上应安排其靠护栏站立。

（5）学员背摔时，拓展教师应以一手拉住护栏，紧贴学员的手，握住背摔绳，并随着学员重心移动，保持学员的后倒方向，适时松开。必要时，可以不松手或将其拉回。

（6）拓展教师安排学员由背摔台向外按弱、较强、强、弱来排列，第三、第四组安排男士，接人学员手臂保持水平或渐高姿态。

（7）学员倒下被接住后，拓展教师下蹲控制挑战学员的脚，并提醒学员"先放下脚"。学员落地站起时防止头前冲，碰到地面或硬物。

（8）摘除戴、装的所有硬物，如眼镜、手表、手机、钱包、打火机、钥匙、房卡、女孩子头上的硬质发卡等。雨天时雨衣必须脱下。

（9）如果学员不足11人，不能做此项目。

5. 项目回顾总结

（1）项目回顾的准备：白板和白板笔，板擦；学员的坐垫或小椅子；提前确定好回顾的地点。

（2）对所有完成挑战任务的学员给予鼓励。

（3）鼓励每一位学员都谈谈自己的感受并给予肯定。

（4）把学员的感想和体会写在白板上。

（5）通过项目谈谈自信和互信的问题，可以作适当的引申。

（6）强调背摔绳、手臂接人、弓步接人三重保护，可探讨监督保障制度的建设。

（7）重申分工问题，强调第三、第四组的重要性。

2. 角色扮演法

角色扮演法是一种在一个模拟的工作环境中，指定参加者扮演某种角色，借助角色的演练来理解角色的工作内容，模拟性地处理工作事务，从而提高处理各种事务能力的培训方法。这种方法比较适用于训练待人态度、仪容仪表和言谈举止等人际关系技能，比如询问、电话应对、销售技术、业务会谈等基本技能。角色扮演适用于新员工、岗位轮换和职位晋升的员工，其主要目的是帮助员工尽快适应新岗位和新环境。

（1）要求。教师要为角色扮演准备好材料以及一些必要的场景工具，确保每一事项均能代表培训计划中所教导的行为。为了激励角色扮演者，在演出开始之前及结束之后,全体受训者应鼓掌表示感谢。演出结束后,教师针对各演示者存在的问题进行分析和评论。角色扮演法应和授课法、讨论法结合使用,才能产生更好的效果。

(2)优点。受训者参与性强,受训者与教师之间的互动交流充分,可以提高受训者参与培训的积极性;特定的模拟环境和主题有利于增强培训的效果;通过扮演和观察其他受训者的扮演行为,受训者可以学习各种交流技能;通过模拟后的指导,受训者可以及时认识自身存在的问题并进行改正。

(3)缺点。角色扮演法效果的好坏主要取决于培训教师的水平;扮演中的问题分析限于个人,不具有普遍性;容易影响受训者的态度,而不易影响其行为。

3. 仿真模拟法

仿真模拟法是一种运用仿真模拟软件和硬件设备,模仿现实工作中的真实情况,从而让受训者感觉在一种近似于真实的环境和条件中进行学习,掌握相关技能的培训方法。该方法与角色扮演法类似,但并不完全相同。仿真模拟法更侧重于对操作技能的培训,让受训者在模拟的现实工作环境中反复操作装置,以提高操作能力。

在实际培训过程中,常用真实的事物的等比例模型作为操控平台,然后利用虚拟现实技术,让受训者在操控平台上操作演练,使受训者有身临其境之感。

仿真模拟法的优缺点如表 7-7 所示。

表 7-7 仿真模拟法的优缺点

优点	和实际工作比较接近,对技能的培训效果较好
	避免在真实环境中培训导致的风险和实际损失;受训者不必担心出错,可增强其信心
缺点	建立全方位的仿真模拟系统费用较高
	不可能做到与真实的工作完全一样,存在的差异可能导致严重的后果

4. 管理游戏法

管理游戏法又称为商业游戏培训法,是一种培训师通过设计相关企业与商业环境背景,让受训者仿照组织运作和商业竞争的原则,进行搜集信息、对信息进行分析、做出决策、采取相关行动等系列模拟活动,开发受训者从事工商管理活动技能的培训方法。管理游戏法主要用于管理技能的开发,受训者在游戏中所做出的决策涉及企业各个方面的管理活动,如市场营销、新产品的设计和开发、财务预算、人力资源规划等。管理游戏法可以说是角色扮演法的升级版,它会把受训者分成若干个具有竞争性的团队,让他们在模拟的情境中进行竞争和对抗的游戏活动,增强培训情境的真实性和趣味性,以提高受训者解决问题的技巧及领导能力,有助于培养受训者的合作精神和团队精神。

(1) 要求。管理游戏法首先要选择合适的游戏,游戏的选择要有利于帮助受训者扩大视野、丰富知识、增强技能和创新意识。培训师应把握好引入游戏的尺度,不能以玩代教、因玩误教;准备好管理游戏所需要的道具、场所和设备等,规定好流程和游戏规则,确保规则的施行,使得游戏能够顺利实施。游戏活动结束后,培训师要组织受训者进行游戏活动的回顾和分享,并对受训者的发言进行点评和升华。

(2) 优点。管理游戏的情境一般比较逼真,有竞争性,能激发受训者的参与热情,受训者的游戏经验和感悟易于转化为工作实践;游戏中涉及多种复杂的问题,受训者需组成团队,齐心协力解决问题,这有助于培养团队精神和协作精神。

(3) 缺点。设计一个管理游戏不是一件容易的事情,往往容易在一些不起眼的环节出现设计失误,这样就可能导致整个游戏效果不佳;整个游戏开展需要较长时间,如果加上前期准备和后期总结分析,耗时就更长;游戏参与人数一般比较多,对培训师把握游戏的能力要求很高;不适合时间比较短的培训项目以及知识型培训项目。

知识拓展 7-2　　酒店管理沙盘模拟

沙盘模拟是指将现代经营管理内容与管理信息技术(如企业资源计划系统,即 ERP 系统)相结合,通过受训者扮演企业中的各个角色来模拟企业的经营,培养团队协作精神,并获取竞争优势的一种培训。

沙盘模拟是最典型的一种管理游戏,世界著名的大中型企业常常将其作为中高层培训的必修课程。酒店管理沙盘模拟是以星级酒店内部管理为背景,以酒店客房业务为主线,通过模拟酒店的整体运营,使受训者在分析市场、确定战略和制订计划、设备投资和改造、市场营销、客房管理、餐饮管理、采购管理、人力资源管理和财务管理等一系列活动中,深刻理解酒店战略管理、整体运营、团队建设、沟通管理的规律,提高受训者商业规划和决策的能力。在沙盘模拟培训中,受训者获得的不再是空洞乏味的概念和理论,而是极其宝贵的实践经验和深层次的领会和感悟。

酒店管理沙盘模拟培训活动一般按照以下几个步骤开展:

(1) 组建模拟酒店。培训师把受训者以小组为单位建立模拟酒店,注册酒店名称,组建管理团队。小组要根据每个成员的不同特点进行部门分工,并模拟相关角色,如总经理、财务部经理、人力资源部经理、营销部经理、客房部经理、餐饮部经理、采购部经理等,选举产生模拟酒店的第一届总经理,确立酒店的愿景和使命目标。

(2) 召开经营会议。当受训者对模拟酒店所处的宏观经济环境和所在行业特征进行基本了解之后,各酒店总经理组织召开经营管理会议,依据酒店战略,做出本期经营决策,制订各项经营计划,其中包括:融资计划、产品设计和开发、采购计划、市场开发计划、市场营销计划、人力资源计划等。

(3) 经营环境分析。培训师为模拟酒店设置了外部经营环境、内部运营参数和市场竞争规则。各个模拟酒店根据培训师的设计,结合自身的实际情况进行经营环境分析。

(4) 制定竞争战略。各酒店根据自己对未来市场的预测和调研,本着长期利润最大化的原则,制定和调整企业战略。

(5) 部门经理轮流发言。在模拟酒店做出重大经营决策时,要召开经营会议,各部门经理在经营会议中要轮流发言。不同部门经理要进行充分沟通,通过密集的团队沟通,受训者充分体验管理游戏的魅力,系统了解酒店内部价值链的关系,增强受训者的全局意识。

(6) 财务结算。每一期经营结束之后,各小组要动手填报财务报表,盘点经营业绩,进行财务分析。

(7) 经营业绩汇报。各酒店在盘点经营业绩之后,要围绕经营结果召开期末总结会议,由总经理进行工作述职,认真反思本期各个经营环节的管理工作和策略安排,以及团队协作和计划执行的情况。

(8) 培训师分析点评。根据各酒店期末经营状况,培训师对各酒店经营中的成败因素深入剖析,提出指导性的改进意见,并针对各期存在的共性问题,进行分析与讲解。

(三) 实践培训方法

实践培训方法是指企业安排需要接受培训的受训者在实际工作和实践过程中通过各种方式展开正式或非正式的培训活动的一类培训方法。实践培训方法的主要特点是强调受训者在实践中学习,强调学习的形式而不是培训方法。实践培训方法有工作轮换法、工作实践法、行动学习法等。

1. 工作轮换法

工作轮换法是指让受训者在预定的时期内变换工作岗位,使其获得不同岗位的工作经验,一般主要用于准备晋升的员工。现在很多旅游企业采用工作轮换是为了培养有管理者潜力的新入职员工,如管理培训生项目就包括工作轮换培训。

（1）要求。在为员工安排工作轮换时，要考虑受训者的个人能力及其需要、兴趣、态度和职业偏爱，从而选择合适的工作；工作轮换时间长短取决于受训者的学习能力和学习效果，而不是机械地规定某一固定时间。

（2）优点。工作轮换能丰富培训对象的工作经历；工作轮换能识别员工的长处和短处，旅游企业通过工作轮换可以了解受训者的专长和兴趣爱好，从而更好地开发受训者的潜力；工作轮换能增进受训者对各部门管理工作的了解，扩展受训者的知识面，对受训者以后完成跨部门、合作性的工作任务打下基础。

（3）缺点。轮岗到的部门经理人员可能对轮换受训者不太重视，受训者的培训内容得不到很好的设计。受训者在每个轮换的工作岗位上停留时间太短，则所学的知识不精，收获甚微；反之，培训成本又太高。

2. 工作实践法

这种方法是由一位有经验的技术能手或直接上级主管人员在工作岗位上对受训者进行培训，如果是单个的一对一的现场个别培训则称为师徒模式。负责指导的培训师，通常被称为教练，他的任务是教受训者工作如何做，提出如何做好的建议，并对受训者进行鼓励。这种方法一定要有详细、完整的教学计划，要注意培训的关键点：第一，关键工作环节的要求；第二，做好工作的原则和技巧；第三，避免或防止问题和错误出现的技巧和方法。

（1）要求。培训前要准备好所有用具，并摆放整齐；让每个受训者都能看清楚示范物；培训师一边示范操作，一边讲解动作或操作要领。示范完毕，让每个受训者反复模仿实践；对每个受训者的模仿实践给予即时反馈。

（2）优点。培训师与受训者能建立良好的师徒关系，有助于工作的开展；在工作场所进行培训活动，工作和学习融为一体，培训成本低；受训者在培训时也可以获得收入。

（3）缺点。影响培训师，即教练或师傅的正常工作；不容易挑选到合格的教练或师傅；甚至有些师傅担心"教会徒弟饿死师傅"而不愿意倾尽全力指导。所以，应挑选具有较强沟通能力、监督能力和指导能力以及宽广胸怀的培训师。

3. 行动学习法

行动学习法又称为"干中学"，指以旅游企业面临的重要问题作为载体，员工通过对实际工作中的问题、任务、项目等进行处理，达到开发人力资源和发展企业目的的培训方法。行动学习法除了让员工独自学习外，还可采用学习小组的形式。行动学习小组一般由6～30人组成，可以吸引客户和供应商加入，其成员最好能来自不同领域，这样成员可以从自己所熟悉的领域及角度贡献自己的建议和想法，以帮助团队形成最佳的解决问题的方案。

（四） 网络培训法

这是一种新兴的计算机网络信息培训方法，主要是指企业通过内部网、外部网或者国际互联网，将文字、图片及影音文件等培训资料放在网上，形成一个网上资料库和网上课堂，供员工随时进行课程学习的方法。这种方法由于具有信息量大、新知识、新观念传递优势明显，学习时间不需要固定等特点，更适合成人学习。目前，实力雄厚的旅游企业已经在广泛使用网络远程培训。

1. 网络培训法的形式

网络培训法主要有以下四种形式：

（1）标准远程学习。通过广播、电视、网络以及录像，向不同地区的受训者提供指导的培训方法。

（2）新技术远程学习。运用电子会议系统、电话会议系统等技术来加强培训师和受训者之间的沟通。

（3）互动式视频培训。受训者通过键盘或语音指令系统与屏幕进行互动。互动式视频培训相对于软件、光盘学习，提供了更加形象化的指导，更能刺激受训者的知觉。

（4）网上自学。指企业通过建立 E-learning 平台，让相关受训者在网络上进行学习。这种学习方式具有课堂培训的一些特点：在平台上，培训师可以和受训者互动，提升受训者的学习效率。慕课平台是目前国内最重要的网上学习平台。

2. 网络培训法的优点

使用灵活，符合分散式学习的新趋势，受训者可灵活调整学习进度，灵活选择学习的时间和地点，灵活选择学习内容，节省了受训者集中培训的时间与费用；网络上的内容易修改，且修改培训内容时，不需要重新准备教材或其他教学工具，可及时、低成本地不断更新培训内容；网上培训可充分利用网络上大量的声音、图片和影音文件等资源，增强教学的趣味性，从而提高受训者的学习效率。

3. 网络培训法的缺点

网络培训要求旅游企业建立良好的网络培训系统，这需要大量的培训资金；该方法主要适用于知识方面的培训，而不适用于一些人际交流的技能培训。

对以上各种培训方法，我们可按需要选用一种或若干种并用或交叉应用。由于旅游企业人员结构复杂、内部岗位繁多、技术要求各不相同，员工培训必然是多层次、多内容、多形式与多方法的。这种特点要求培训部门在制订培训计划时，就必须真正做到因需施教、因材施教、注重实效。

四、影响培训方法选择的主要因素

随着科技与各种学习理论的发展，人力资源开发的新方法亦不断出现。面对众多的培训方法，想要从中选用合适的方法以达到令人满意的培训效果，就需要对影响培训方法选择的一些主要因素以及各种培训方法的优缺点等进行适当的分析与考虑。旅游企业在进行培训方法选择时，需要考虑的因素主要有：

（一）学习的目标

学习的目标对培训方法的选择有着直接的影响。一般说来，学习目标若为认识或了解一般的知识，那么讲授法、案例分析、研讨等多种方法均能采用；若学习目标为掌握某种应用技能或特殊技能，则行动学习、工作实践、角色扮演等方法应列为首选。

（二）所需的时间

由于各种培训方法所需要的时间长短不一样，因此，培训方法的选择还受着时间因素的影响。有的训练方式需要较长的准备时间，如远程学习法、视听法、管理游戏法；有的培训实施起来则时间较长，如网络培训法。这就需要根据旅游企业、受训者以及培训师所能投入的时间来选择适当的培训方法。

（三）所需的经费

有的培训方式需要的经费较少，而有的则花费较大。如工作实践法、工作轮换法等方法，所需的经费一般不会太高，受训者不必脱离工作岗位；而互动式视频培训法、仿真模拟法和管理游戏法则花费惊人，如各种配套设备购买等需要投入相当的资金。因此，在选择培训方法时，需要考虑到旅游企业和受训者的消费能力和承受能力。

（四）受训者的数量

受训者人数的多少也会影响培训方式的选择。当受训者人数不多时，研讨法或角色扮演法将是不错的培训方法；但当受训者人数众多时，讲授法、视听法可能比较适当。受训者人数的多少不仅会影响培训方法的选择，还会影响培训的效果。

（五）受训者的特质

学习者所具备的基本知识和技能的多少，也会影响培训方式的选择。例如，当受训者毫无电脑知识时，网上自学或远程教学就不太适用；当受训者的教育水准较低时，自我学习的效果就不会很好；当大多数受训者分析能力欠佳且不善于表达时，案例分析或小组讨论的方式将难以取得预期的效果。因此，培训方法的选择还应考虑到受训者本身的知识状况和应对能力。

（六）相关科技的支持

有的培训方式需要相关的科技知识或技术工具予以支持。例如，电脑化训练自然需要电脑的配合；视听法至少需要用电脑和影碟机；拓展训练需要得到一定的场所支持；网络培训需要上网条件；管理游戏需要在培训之前设计好程序；等等。所以，旅游企业员工培训能否提供相关的技术和器材，将直接影响培训的质量。

本章小结

员工培训是企业为了使员工获得或改进与工作有关的知识、技能、态度和行为，增进其绩效，更好地实现企业目标并满足员工发展需要的系统化的教育训练过程。

员工培训是一项系统工程。旅游企业要按照培训需求分析、培训计划制订、培训计划实施和培训效果评估的流程展开培训。

培训需求分析包括企业需求分析、工作分析、人员分析。

培训效果评估具有重要的作用。通过对培训效果的具体测定与量化，分析员工培训所提高的工作绩效，旅游企业将对培训有更多的投入。

员工培训方法有很多，可分为课堂培训法、体验式培训法、实践培训法和网络培训法四大类，具体包括：讲授法、视听法、研讨法、案例分析法、拓展训练、角色扮演法、仿真模拟法、管理游戏法、工作轮换法、工作实践法、行动学习法、远程学习、互动式视频培训、网上自学等。

实务案例

体验式学习模式在J旅行社研学导师培训中的运用

中国国家教育部等11个部门于2016年11月30日联合发出《关于中小学生研学旅行意见》，提出在中小学课程之中加入研学旅行，形成学生课程实践体系。2017年国家旅游局发布的《研学旅行服务规范》中提出，每个研学旅行团队应至少设置一名研学导师。研学旅行的发展，催生了研学导师这一新兴岗位。

研学导师是集导游、安全员、辅导员、教师于一身的综合性岗位。研学导师既要善于观察学生情绪的变化，及时进行生活及心理辅导，确保学生在研学旅行活动中围绕研学的主题开展活动；又要根据研学课程的要求，通过模拟体验、游戏互动、手工制作等多种活动，通过分工协作的形式完成创设的研学的"体验学习情境"，点评学生完成的情况；还要具备导游的基本素质，熟悉各类旅游文化和资源，进行组织和讲解；最重要的是，研学导师要履行学生安全责任人及承担救生员的职责。因此，研学导师是需要有多种能力素质的综合性专业人才。

一般的导游或教师很难完全胜任这一岗位，因此，对研学导师进行专门的培训势在必行。研学旅行是以旅游活动为载体进行的探究式学习和体验式教育，因此，研学导师的培训可以采用体验式培训的模式进行，这不仅能深化研学导师对研学课程的教学认知，也能培养研学导师的急救能力、团队意识和动手能力等。

一、体验式学习在研学导师培训中的运用

（一）体验式学习的含义

美国的组织行为学教授大卫·库伯在20世纪80年代提出了体验式学习模型。他认为，学生在学习过程中应重视亲身体验，从多个角度观察和感受实际体验活动和经历，并进行反思总结，抽象出合乎逻辑的理论，形成新的想法，并在实际工作中验证最新形成的理论。这就是体验学习圈的四阶段循环模型——具体体验、反思观察、抽象概括和行动应用。

体验式学习是一种新的培训方式，以学为主（以学生为中心），学生真正成为课堂的主角，尊重学生的思想感情和独立人格，使学习具有更强的自主性和个性化；将学习、培训、实践融为一体，弥补了传统式培训的缺陷与不足，学生在精心设计的活动中进行体验、反思和分享，取得全新的认知。体验式学习要求教师具有丰富的知识、能采用先进的教学理念、有效地进行课堂掌控，并与学生建立平等和谐的关系。教师和学生共同努力，以教导学，以学促教，做到教学相长。

（二）体验式学习模式的构建

根据大卫·库伯体验学习圈的"活动（体验）→发表→反思→理论→应用→活动（体验）"循环模式，建构研学导师培训的体验式培训模式。研学导师的体验式培训模式分为四个阶段，即旅行前阶段、旅行中阶段、旅行后阶段和应用阶段。

1. 旅行前阶段——获取间接经验阶段

旅行前阶段主要是研学导师通过对研学旅行目的地的踩点，了解其资源和文化，让研学导师在有限的时间内能够真正了解旅游目的地的知识、文化内涵和特点。此阶段的培训内容主要是通过视频、讲座等方式传授知识。

2. 旅行中阶段——获取直接经验阶段

旅行中阶段主要是以体验式活动为主，通过研学产品设计的各种活动课程，让研学导师亲身体验和挑战研学项目，培养研学导师的沟通交流能力和团队合作精神。研学导师在真实情景中活动，获得各种知识，产生相应感悟。这个环节将帮助研学导师调整在研学活动过程中与学生相处的方式方法，了解学生的情感和感受，引导学生获得更好的体验。

3. 旅行后阶段——整理经验阶段

旅行后阶段主要是研学导师在身临其境地体验研学项目之后，通过仔细的思考，建构体验中形成的知识和概念。研学导师之间将交流获得的技能，将信息进行梳理；反思参加研学活动的学生可能会遇到的问题，分享自己的观察结果或感受，汲取他人的观点，完善并总结自己的经验和教训；强化和升华体验，有利于研学导师对成果做进一步整理。这个阶段包括两个环节：对体验进行概括与提升，评价培训过程与结果。

4. 应用阶段——检验经验阶段

应用阶段主要是研学导师将所培训的内容对接研学过程，对研学活动中可能出现的问题有意识地进行思考，进一步完善自己的经验，总结研学项目开展的关键点，达成一定的方案，并将方案应用于研学情境中。在实践尝试过程中，研学导师会进一步丰富和完善自身的经验和知识图式。

二、体验式学习在 J 旅行社研学导师培训中的应用

下面，我们以 J 旅行社"中华六艺"的活动设计为例，来探讨体验式学习在研学导师培训中的应用。

(一) 活动名称：中华六艺

本次活动的目标为，结合现代教育的课程系统，在分组游戏中展现"礼、乐、射、御、书、数"的精神，在研学旅行的过程中加深研学导师对传统中华文化的印象，并加以实践；希望研学导师能在游戏中学习、在求胜中合作，在人格教育的培养中能体会立身处世的价值观，让"中华民族伟大复兴"从每一个人做起。

(二) 活动内容

(1) 礼：通过古代拜师礼的角色扮演竞赛，学习古人"温良恭俭让"的传统美德。

(2) 乐：通过音律变动及编舞的游戏，学习音乐的逻辑。

(3) 射：通过飞机模型飞行时的路径、力度等学习空气力学、飞行器飞行原理，并在游戏中加以应用。

(4) 御：通过研学导师们合作控制迷宫的方位以找到出口的游戏，让研学导师领会领导统御的基本观念。

(5) 书：教授甲骨文及造字原则，通过甲骨文及现代字的翻牌记忆游戏，考验研学导师的记忆力及团队合作能力。

(6) 数：在数字闯关游戏中，领略数字及符号千变万化的组成方式，考验研学导师数学应用的能力。

(三) 活动程序

研学导师培训时，首先，通过集中学习的方式了解"中华六艺"的起源、内

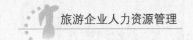

容及作用等相关理论知识，获取间接经验。

接着，以分组的方式分别进行"中华六艺"的活动体验，学习各项活动的教学方式及教学手段，获取直接经验。

然后，研学导师们集中讨论，整理经验，分享每个环节的感悟与感想，探讨体验过程中可能出现的安全隐患应如何规避，提出活动的改进意见，形成专题，编写研学手册。例如，采用"提出问题→头脑风暴→设计问题→分享交流→深度研究→再分享探讨"的流程来探讨以下问题：

（1）今天你学到的让你印象最深刻的"礼"是什么呢？试着将流程图画出来。

（2）你们团队在"乐"环节里编的一串音符是什么？

（3）结合今天的投射活动，假设你是一位将军，你认为该如何提高射箭技术呢？

（4）你认为什么样的飞机才能飞得远？

（5）今天你配对出的是什么字？开动脑筋，试着用联想法画出"羊"的象形字。

（6）生活中哪些方面需要用数字显示呢？请列出至少3个。

最后，将培训所获得的经验运用于研学旅行的带队工作中。

体验式学习是研学导师培训的主要方式，因此，要遵循体验式学习的特点，完成体验式培训的环节，使研学导师经过培训后能够胜任研学工作；使研学旅行课程价值得到真正的彰显；使中小学生在研学导师的带领下，能够记得曾经经历过的在专业研学导师的带队下的有趣的旅行。

[资料来源：陈秀芳. 体验式学习模式在研学导师培训中的运用：以厦门J旅行社为例[J]. 办公自动化，2019（10）.]

案例讨论题：

1. 旅行社研学导师的培训有什么特点？研学导师四个阶段的培训模式分别采用了哪些培训方法？

2. J旅行社对研学导师的培训能够带给你什么启示？

3. 你认为旅行社研学导师的培训可能会遇到什么困难？如何解决？

复习思考题

1. 什么是培训？旅游企业为什么要做培训？
2. 培训有哪些类型？
3. 什么是培训需求分析？其包含哪些程序？
4. 培训需求信息收集的方法有哪些？各有哪些优点与缺点？

5. 什么是培训计划？其制订包括哪些步骤？

6. 如何把研讨法、讲授法和视听法结合起来进行培训？

7. 仿真模拟法培训的优点和缺点是什么？

8. 培训效果评估常用的方法有哪些？

9. 培训需求分析表明，酒店企业管理者的工作效率不高的原因在于：他们不愿意向他们的下属授权。请你根据培训需求分析的结果，设计一份管理者培训计划。

本章参考文献

[1] 蔡雪洁. 旅游企业员工培训与开发存在的问题与对策研究 [J]. 安徽科技学院学报，2014 (5)：94－97.

[2] 陈东健. 人力资源管理 [M]. 苏州：苏州大学出版社，2012.

[3] 陈秀芳. 体验式学习模式在研学导师培训中的运用：以厦门 J 旅行社为例 [J]. 办公自动化，2019 (10)：59－61.

[4] 杜肖寒. 论行动学习法在对酒店中层管理者培训中的应用 [J]. 市场论坛，2012 (5)：79－80.

[5] 方世敏，吴鹏. 酒店员工 E-learning 培训研究 [J]. 湖南财经经济学院学报，2010，26 (6)：126－129.

[6] 冯明，陶祁. 培训迁移的有关理论和研究 [J]. 南开管理评论，2003，25 (10)：13－17，38.

[7] 付海南. 杭州 JW 万豪酒店员工培训探析 [J]. 四川烹饪高等专科学校学报，2013 (4)：35－37.

[8] 韩书艳. 浅析温州市五星级酒店员工入职培训 [J]. 经营管理者，2013 (13)：156－157.

[9] 何荣宣. 现代企业管理 [M]. 北京：北京理工大学出版社，2016.

[10] 李舸. 星级酒店员工的培训需求分析研究：以 CIG 酒店为例 [D]. 北京：中国人民大学，2008.

[11] 李志刚. 酒店人力资源管理 [M]. 重庆：重庆大学出版社，2016.

[12] 林丽，张建民，陶小龙. 现代人力资源管理 [M]. 北京：机械工业出版社，2018.

[13] 刘芳. 酒店员工培训质量控制及其效果对策 [J]. 商业文化，2010 (1)：35－36.

[14] 刘欢. 关于酒店培训的几点思考 [J]. 科技信息，2011 (1)：176，183.

[15] 刘宁. 企业人员能力培训现状及优化对策 [J]. 环球市场，2018 (1)：71－72.

[16] 刘勇，谢玉龙. 酒店培训评估方法研究 [J]. 中国市场，2010 (40)：38－39.

[17] 刘钰. 高星级酒店员工入职效益分析 [J]. 企业改革与管理，2012 (6)：54－56.

[18] 吕明，胡争光. 管理学 [M]. 北京：国防工业出版社，2015.

[19] 罗峰. 本土高星级饭店员工培训需求调查研究：以浙江省为例 [J]. 旅游科学，2009 (1)：16－20，27.

[20] 孙爽, 周秦青. 浅谈高星级酒店管理层培训方式 [J]. 中外企业家, 2016 (13): 144–145.

[21] 唐晓宁. 沈阳五星级酒店员工培训现状分析及对策研究 [D]. 沈阳: 沈阳大学, 2014.

[22] 滕宝红, 廖天. 培训经理岗位培训手册 [M]. 广州: 广东经济出版社, 2011.

[23] 王伟. 西方企业一般培训理论综述 [J]. 外国经济与管理, 2003, 25 (10): 13–17, 38.

[24] 吴峰. 我国企业 E-learning 调查分析与趋势研究 [J]. 现代教育技术, 2015, 25 (1): 120–125.

[25] 张德. 人力资源开发与管理 [M]. 5版. 北京: 清华大学出版社, 2016.

[26] 张满林, 周广鹏, 赵恒德. 旅游企业人力资源管理 [M]. 北京: 中国旅游出版社, 2016.

[27] 张泰麒. 现代酒店培训中的问题及解决对策研究 [J]. 旅游纵览, 2015 (4): 93.

[28] 朱晓洁. 酒店培训的模式构建研究 [J]. 企业家天地, 2008 (4): 64–65.

[29] Burke L A, Hutchins H M. Training transfer: an integrative literature review [J]. Human resource development review, 2007, 6 (3): 263–296.

[30] Daron A. Training and innovation in an imperfect labor market [J]. Review of economic studies, 1997, 64 (3): 445–464.

[31] Hinkin T R, Tracey J B. The cost of turnover [J]. Cornell hotel & restaurant administration quarterly, 2000, 41 (3): 14–21.

[32] Kontoghiorghes C. Reconceptualizing the learning transfer conceptual framework: empirical validation of a new systemic model [J]. International journal of training and development, 2004, 8 (3): 1–25.

[33] Lee C, Chon K. An investigation of multicultural training practices in the restaurant industry: the training cycle approach [J]. International journal of contemporary hospitality management, 2000, 12 (2): 126–134.

[34] Lim D H, Johnson S D. Trainee perceptions of factors that influence learning transfer [J]. International journal of training and development, 2002, 6 (1): 37–49.

[35] Pendry L F, Driscoll D M, Field S C T. Diversity training: putting theory into practice [J]. Journal of occupational & organizational psychology, 2007 (80): 27–50.

[36] Roberson L, Kulik C T, Pepper M B. Designing effective diversity training: influence of group composition and trainee experience [J]. Journal of organizational behavior, 2001, 22 (8): 871–885.

[37] Weaver P, Willborn L, McCleary K, et al. Diversity training management initiatives in the lodging industry: an exploratory analysis of underlying dimensions [J]. Journal of hospitality & tourism research, 2003, 27 (2): 237–253.

第八章 职业生涯规划与发展

【学习目标】员工职业生涯管理越来越受到企业管理者的重视。通过本章的学习，你应该能够：

（1）掌握职业生涯与职业生涯管理的概念。
（2）掌握职业生涯管理的经典理论。
（3）掌握企业对员工进行职业生涯管理的基本思路。
（4）了解旅游企业职业生涯管理的现状与存在的问题。

【前期思考】旅游企业职业生涯管理的定义是什么？它对企业的发展起着什么样的作用？

【重点和难点】重点掌握职业生涯管理的概念、相关理论，以及旅游企业如何基于员工的特点开展有效的职业生涯管理。难点是掌握职业生涯管理的理论及其应用。

引导案例

携程：发掘员工潜能、注重人才成长

携程集团（以下简称携程）创立于1999年，总部位于中国上海，是中国领先的酒店预订服务中心。经过多年的发展，携程成功地将高科技产业与传统旅游业进行创新整合，向超过9000万的会员提供集酒店预订、机票预订、度假预订、商旅管理、特惠商户及旅游资讯于一体的全方位旅行服务。目前，携程已拥有国内外60多万家会员酒店供用户进行预订，在北京、广州、深圳等17个城市设立分公司，员工超过25000人，是我国旅游电子商务业的成功典范。

携程副总裁施琦认为，如何让员工们做到快乐工作并持续成长，已经成为企业人力资源管理部门的首要任务。因此，携程对于员工的职业发展极其重视，并从以下几个方面挖掘员工的潜力，促进其职业生涯的有效发展。

1. 胜任力模型和360度评价

携程于2004年引入胜任力思想，经过自主创新开发后形成了现有的胜任力模型。该模型将员工的能力分为专业技能、决策分析、沟通、敬业和诚信、

团队合作、领导和管理六大类，且在每一类能力下分解出详细的胜任能力及对各等级的要求，形成"胜任能力辞典"以指导人力资源管理工作的各个模块。同时，为了避免对员工的单一评价而埋没员工的特殊潜能，携程开发了一套360度评价体系，该评价体系由主管评价、自我评价、同事评价和下属评价构成。携程负责人表示，不同于传统人力资源管理对员工的绩效结果的注重，携程选择关注胜任力，它代表了员工的潜在能力，关注的是行为过程。携程根据胜任力模型开发了一套培训课程，每一门课程都是围绕提高员工胜任力而开设的，从而能够更好地发掘员工的潜力，更有效地对员工进行培训和激励。

2. 职位与职级相分离，拓宽职业发展通道

自2005年起，携程开始强调员工的职业生涯规划，并为员工的职业发展提供了多条通道。携程采用职位与职级相对分离的模式，即相同职位的员工可能处于不同的职级，职级相同的员工可能有职位上的上下级关系。职位规定了员工的职责和工作内容，而职级更多反映的是员工的胜任力水平。职位相对而言较为固定，但职级从低到高分为十几级，随着员工能力的不断提升，职级与对应的薪资待遇也会不断上升。同时，为了拓宽员工职业发展的通道，在员工不适合原岗位工作的情况下，携程会鼓励员工主动应聘、调动到更适合的岗位，为员工提供更多的发展机会。

3. 携程大学培养内部人才

2007年9月5日，携程为培养内部人才，打造企业的核心竞争力，创立了携程大学，为携程中高层员工提供了成长的摇篮。携程大学由领导力发展学院、中央研究学院和网络学院构成，授课老师既有从大学聘请的教授，也有内部专家。课程内容围绕着携程的发展要求展开，授课老师在实践中不断提升课程的质量。员工自愿报名，根据自己的需求选择相应的培训课程，由公司决定最终培训名单，培训效果与员工的晋升相挂钩，如果学员没有完成所要求的所有模块，其职业发展就会受到影响。经过多年的发展，携程大学已成为携程培养重要人才的"黄埔军校"，同时也为员工实现更高层次的晋升提供了学习机会和平台。

[资料来源：陈斌. 携程HR：挖掘员工潜力，关注人才成长 [J]. 人力资源, 2008 (6)：46-51.]

阅读上述案例，请讨论以下问题：

(1) 携程为什么重视员工的胜任力？

(2) 携程对员工的职业生涯发展有怎样的规划和行动？

第一节　职业生涯的概念和理论

一、职业生涯的概念

（一）职业生涯和职业生涯管理

1. 职业生涯的基本概念

"生涯"（career）一词来自罗马文的 viacarraria 及拉丁文的 carras，二者的含义均指古代的战车，后来引申为道路，即人生的发展道路。《辞海》将"生涯"定义为"一个人一生的事"；《牛津英语词典》认为"生涯"原来是"道路"的意思，后引申为"一个人一生所走的旅程"。而知名学者舒伯（Donald E. Super）在1976年提出的"生涯"的概念得到学术界的广泛认可。他认为，生涯是生活中各种事件的演进方向与历程，统合了个人一生中各种职业与生活的角色，由此表现出个人独特的自我发展形态。

从20世纪50年代末、60年代初正式出现"职业生涯"（career）的概念开始，学界有两种主流的关于"职业生涯"概念的界定。第一种是由美国学者罗斯威尔（Rothwell）提出来的，他将职业生涯界定为人的一生中与工作相关的活动、行为、态度、价值观、愿望的有机整体。第二种是由美国社会学家麦克法兰德（McFarland）提出来的，他认为职业生涯是指一个人依据理想的长期目标所形成的一系列工作选择，以及相关的教育和训练活动，是有计划的发展历程。

在国内，学者们从广义和狭义两个角度来定义职业生涯。广义的职业生涯是指从职业能力的获得、职业兴趣的培养、选择职业、就职，直到最后完全退出职业劳动这样一个完整的职业发展过程，可从0岁为起点开始。狭义的职业生涯则是指从职业学习开始，而后踏入社会从事工作，直到最后职业劳动结束即离开工作岗位为止的这段人生职业工作历程。根据学者们的总结，职业生涯具有以下四个特征。

（1）职业生涯是一个过程，是一生中所有与工作相关的连续经历，而不仅仅是指一个工作阶段。

（2）职业生涯可从外职业生涯和内职业生涯两个角度进行理解。外职业生涯表示职业生涯的客观特征，主要指个体的行为活动；而内职业生涯表示职业生涯的主观特征，涉及一个人的价值观、态度、需求、动机、气质、能力、发展取向等。

（3）职业生涯只表示一个人一生中在各种职业岗位上所度过的整个经历，并不包含对成功与失败或发展快慢的判断。

（4）职业生涯的形成是一个受到多方面因素影响的复杂过程。个人的个性特点及对职业发展的设想与规划、所服务的组织的特点与文化、行业特性以及社会发展的机遇等因素均会对个人的职业生涯形成影响。

2. 职业生涯管理的含义

从个人发展的角度出发，员工的职业生涯规划是指员工根据对自己的主观条件和客观条件的分析，确立自己的职业生涯发展目标，选择实现这一目标的职业，以及制订相应的工作、培训和教育计划，并按照一定的时间安排，采取必要的行动实现职业生涯目标的过程。从企业管理的角度出发，职业生涯管理是现代企业人力资源管理的重要内容之一，是企业帮助员工制订职业生涯发展计划并帮助其进行更好的职业发展的一系列活动。职业生涯管理具有以下四个特点。

（1）员工是职业生涯管理的主体，职业生涯规划是否成功取决于员工的个人情况与其所从事职业的匹配度。个人最终要对自己的职业发展计划负责，这就需要每个人都清楚地了解自己的兴趣、价值观、知识、技能、能力等。而且，员工还必须对职业选择有较深的了解，以便制定目标、完善职业生涯规划。

（2）企业是职业生涯管理的载体。企业的人力资源管理方式，包括聘用、培训、评估、晋升等具体方面，对员工的职业生涯规划具有很大影响。企业通过职业生涯管理，可以对员工进行指导，帮助员工更加充分地认识自我特点与现实需要，从而理性地选择职业发展的方向与路径。此外，企业应在员工的职业发展过程中提供如设计职业发展路径、组织相关的培训以及提供更多元化的发展机会等的帮助。

（3）职业生涯管理应紧密结合企业和员工共同的利益与目标，实现双赢。一方面，企业应从自身战略目标实现的需要出发，结合员工的个人诉求进行职业生涯管理；另一方面，员工在进行自身的职业生涯规划时，也应该充分考虑企业的需求。

（4）职业生涯管理是一个动态的过程，应根据企业内外部环境以及员工个人情况的变化进行适时的调整。

（二）职业生涯管理的意义与原则

1. 职业生涯管理的意义

职业生涯管理可使企业与员工建立共同的目标，真正地实现双赢。员工通过职业生涯规划和管理，可以提升个人的综合能力，使个人的利益和幸福感得到兼顾。而企业也可以更好地吸引、激励、开发及保留优秀的人力资源，获得竞争优势，从而有助于企业战略目标的实现。具体而言，职业生涯管理对员工和企业的价值主要体现在以下两个方面。

（1）对员工而言，职业生涯管理有助于促进员工自身工作技能的提升，使个人获得更好的就业和职业发展机会，从而使员工实现自我价值的不断提升和超越。另外，员工也可以更好地实现自己的人生目标，平衡家庭、工作以及个人爱好之间的需求。

（2）对企业而言，职业生涯管理有利于提升人力资源管理的有效性，从而更好地实现企业的战略目标。一方面，职业生涯管理有利于开发员工的职业潜能，并不断提升员工的绩效水平，做到人尽其才、人尽其用。对员工进行职业生涯管理的结果之一，就是在企业内部形成业绩驱动的机制，并通过与企业的职业发展通道相结合，将最优秀的员工提升到更高层次，使他们能够发挥更大的作用。另一方面，成功的职业生涯管理可以为员工提供广阔的职业发展空间，在最大程度上激发员工的潜能，最终实现企业与员工的共同发展，这将大大提升员工对企业的忠诚度，并降低离职倾向。相对于人员更迭频繁的企业，一个员工相对稳定的企业能更专注于事业发展，工作效率更高。

2. 进行职业生涯管理的原则

（1）双赢原则。企业在进行员工的职业生涯管理时，应注重整合员工利益与组织利益，以实现双赢为原则。企业应寻找个人发展与组织发展的结合点，而员工应认可组织的目标与价值观，并使自身的发展路径与组织发展的方向保持一致。

（2）公平、公开原则。在职业生涯管理方面，企业在提供有关职业发展的各种信息以及教育、培训的机会时，应当公开其资格、条件和选拔标准，保证信息的高度公开和透明化。

（3）沟通原则。企业在进行职业生涯管理的各项活动时，应注意与员工进行充分沟通，组织与员工双方应共同参与到活动中。

（4）动态调整原则。企业的内外部环境是动态变化的，员工的个人情况如兴趣爱好、家庭需求等也是变化的，因此，企业应根据实际情况的变化不断对职业生涯管理进行调整。

（5）时间梯度原则。由于个体在不同的人生发展阶段和职业生涯阶段具有不同的特点，企业对员工的职业生涯管理应分解为若干个阶段，并划分到不同的时间段内完成。在每一个时间阶段又应设置"起点"和"终点"，即"开始执行"和"实现目标"两个时间坐标。如果没有明确的时间规定，可能会使职业生涯管理陷于空谈。

（6）全面评价原则。为了对员工的职业生涯发展状况和企业的职业生涯管理工作的进展有正确的了解，需要组织、上级管理者、员工个人、家庭成员以及社会的有关部门对企业的职业生涯管理进行全面的评价。在评价中，要特别注意下级对上级的评价。

二、职业发展阶段

（一）舒伯的职业发展阶段理论

舒伯的职业发展阶段理论是目前学者们普遍接受的一种理论。舒伯提出，个体都有一个职业周期，其中包括几个发展阶段。职业发展的本质是个体的自我概念与外界的现实环境合为一体的过程，而驱动这一过程的根本动机，就是个体自我概念的实现与完成。据此，他把个体可能经历的主要职业过程分为成长期、探索期、建立期、维持期和衰退期五个阶段，见表8-1。

表8-1　舒伯的职业发展阶段

阶　段	年　龄	主要任务
成长期	0～14岁	（1）幻想期：0～10岁，以需求为主，尝试各种可能 （2）兴趣期：11～12岁，以喜好为主，形成自我观念 （3）能力期：13～14岁，以能力为依据对职业进行明确选择，了解工作的目的和意义
探索期	15～24岁	（1）了解并接受有关职业选择的信息 （2）了解自己的兴趣和能力，以及它们与工作机会的关系 （3）认清与自身能力和兴趣相一致的工作领域 （4）接受训练以培养技能和便于就业，或开始从事与兴趣和能力相统一的职业
建立期	25～44岁	（1）从经验或训练中获得足够的工作能力 （2）强化和改善职业地位
维持期	45～65岁	（1）通过在职进修或在职培训保持工作技能 （2）开始制订退休计划，如退休后的收入来源
衰退期	65岁以后	（1）逐步退出，结束职业 （2）处理资产以维持独立

（1）成长期（0～14岁）。在这一阶段，个体通过对家庭成员、朋友、老师的认同以及与他们之间的相互作用，逐步建立起自我的概念。在这一阶段，个体开始考虑自己的将来，逐渐具备一定的生活控制能力，获得胜任工作的基础，并且在该阶段的末期，个体开始对可能选择的职业进行现实性的思考。

（2）探索期（15～24岁）。在这一阶段，个体将开始认真探索各种可能的职业选择。个体通过各种途径深化对职业和工作的认识，将学习成果和实践经验沉淀结晶，开始将自己的职业偏好具体化，并初步实施。

（3）建立期（25～44岁）。在这一阶段，个体开始确定自己在整个职业生涯中的位置，并开始增加作为家庭照顾者的角色。这个阶段是大多数人工作生命周期的核心阶段，人们在不断的挑战中保持工作的稳定，并学会在家庭和事业之间进行平衡。

（4）维持期（45～65岁）。在这一阶段，个体已经找到了适合的工作领域，并努力保持在这个领域的成就。与前一阶段相比，这个阶段发生的变化主要是岗位和单位的变化，而不是职业的变化。个人主要致力于巩固已有的地位并力争有所提升。

（5）衰退期（65岁以后）。该阶段的重心逐步由工作向家庭和休闲生活转移。该阶段的主要任务是安排和开始退休生活，在精神上寻求新的满足点。

（二）现代企业中员工的职业生涯发展阶段

综合施恩（Edgar H. Schein）的职业生涯周期理论、格林豪斯（Jeffrey H. Greenhaus）的职业生涯理论以及现代企业员工的发展特点，可将员工的职业生涯发展阶段划分为职业生涯发展初期、职业生涯发展中期以及职业生涯发展后期三个阶段。

1. 职业生涯发展初期

在职业生涯发展的初期，员工处于从学生向职业人转变的阶段，其在该阶段的关键任务是成功融入组织并初步探索职业发展的道路。在该阶段，员工应积极响应组织及岗位的要求，检验自己的知识储备和技能水平是否满足该需求；并在工作岗位上继续学习与工作相关的知识，提高工作能力和绩效水平。此外，员工也应该学习组织规范，学会与同事协作与共处，逐步形成自己的职业发展形象，并开始确立理想的职业发展道路。

对处于职业生涯发展初期的员工，企业承担着非常重要的职业生涯管理任务。企业需要通过对新员工进行有效的评估、培训、辅导等措施，帮助员工顺利满足组织与岗位的需求。并且在这一阶段，企业应开始与员工进行积极有效的沟通，使新员工逐步确立起与组织目标相一致的个人职业生涯发展目标，以确保在未来的发展中实现企业与员工的双赢。

2. 职业生涯发展中期

职业生涯发展中期是一个时间跨度长（一般为30～50岁）、变化较多的阶段。

在这一阶段，员工的职业技能日趋成熟，工作经验也逐步丰富，在企业内部一般拥有较多的职业发展机会，也面临着较多的挑战，极有可能获得职业发展的成功，也有可能出现职业生涯发展的危机。此外，这一阶段是员工的个人生命周期、职业生涯周期和家庭生命周期完全重叠的阶段。员工在各方面都承担着较为繁重的任务，因此可能需要面对随之而来的如工作与生活的失衡、个人职业发展的实际情况与规划的偏差、职业发展出现停滞等各种问题。

在这一阶段，员工个人应保持乐观进取的精神状态，积极面对职业生涯发展中出现的机会与危机，平衡好职业发展、自我发展与家庭生活三者之间的关系。在企业内部，员工个人应该逐步发挥更大的积极作用，不断提升自身的业绩水平，也应关心年轻员工的职业发展，帮助他们进行职业生涯管理。

对待处于职业生涯发展中期的员工，企业应提供良好的培训开发、内部晋升等机制，帮助员工提高绩效水平，拓宽职业发展道路，促进员工的职业生涯向顶峰发展。此外，针对员工可能出现的职业生涯中期发展危机，企业应进行有效的预防与应对。

3. 职业生涯发展后期

在职业生涯发展后期，员工已经进入其职业生涯的最后阶段（50～60岁）。在这一阶段，员工的个人生命周期和职业生涯周期都面临着较大的变化，如身体功能的衰退、个人职业发展能力的降低等。在员工职业生涯的最后10年，企业与员工需要共同努力，一方面要继续发挥员工对企业的积极作用，另一方面企业要帮助员工顺利实现从职场人士到退休人士的转变。

在这一阶段，员工个人应继续认真对待工作，并注重将自己在职业发展过程中积累的丰富经验与年轻的同事分享，帮助企业培养接替人，实现企业内部知识的有效传递与日常工作的有效衔接。此外，员工也应该树立正确的观念，逐步做好心理建设，接受自己即将退出职场生活的现实，并做好各项准备。

而如何发挥员工的潜能和余热，帮助员工顺利度过这个阶段，并最终实现从职场到退休的重大转变，是企业义不容辞的责任。因此，企业对处于职业生涯发展后期的员工仍负有重要的职业生涯管理任务。一方面，企业应实施接替人培养计划，将处于职业生涯发展后期的员工的经验与知识保留下来，并促进企业人力资源新旧交替的顺利实现。另一方面，企业应关怀即将退休的员工，并开展退休咨询活动，制订如根据员工个人意愿选择的提前退休计划或试退休政策等人性化政策。有的企业为员工提供退休咨询服务，帮助员工在心理健康、生活安排、财务分配等多个方面更好地迎接退休的到来。还有的企业采取"渐进式退休"的政策，允许打算退休的员工逐步减少工作时间，直至正式办理退休手续。这些都是企业帮助员工适应退休这一人生重大转折的有效措施。

三、职业选择的相关理论

(一) 个性—职业匹配理论

个人因素在员工的职业生涯发展中起着基础作用,决定着员工的职业发展方向和前景。个人因素包含性别、健康、人格、兴趣、价值观、职业倾向、能力等要素。在这些与个人相关的影响因素中,个性对个体的职业选择起着重要的作用。个性(personality)又称人格,最初来源于拉丁语 person,最开始是指希腊、罗马时代戏剧演员在舞台上所戴的面具,用来代表剧中人的身份,后来指演员——一个具有特殊性格的人。通俗而言,个性是一个人相对稳定的思想和情绪方式,是其内部和外部可以测量的特质。在职业生涯管理的相关理论中,约翰·霍兰德(John Holland)的个性—职业匹配理论是阐述个性与职业选择之间的关系的最重要的理论。

霍兰德是美国约翰斯·霍普金斯大学的心理学教授,美国著名的职业指导专家。他于1959年提出了具有广泛社会影响的职业兴趣理论。该理论认为,人的个性(包括动机、需求和价值观等)是决定一个人选择职业的重要因素。如果一个人选择的工作与其个性匹配,则可以提高员工的工作积极性,使员工积极地、愉快地、主动地从事该职业,提高事业成功的可能性。该理论的前提假设有三点:①个体之间在个性方面存在本质差异;②工作具有不同的类型;③当个体的个性与工作协调一致时,会产生更高的工作满意度和更低的离职率。具体而言,个性—职业匹配理论提出,可将个体分为社会型、企业型、常规型、实际型、研究型和艺术型六种个性类型。

1. 社会型

个性特点:喜欢与人交往、不断结交新的朋友、善言谈、愿意教导别人。关心社会问题,渴望发挥自己的社会作用。寻求广泛的人际关系,比较看重社会义务和社会道德。

职业特点:通过命令、教育、培训、咨询等方式帮助人、教育人、服务人。

适合的职业:教育工作者(如教师、教育行政人员),社会工作者(如咨询人员、公关人员)等。

2. 企业型

个性特点:追求权力、权威和物质财富,具有领导才能。喜欢竞争、敢冒风险、有野心、有抱负。为人务实,习惯以利益得失、权力、地位、金钱等来衡量做事的价值,做事有较强的目的性。

职业特点：要求具备经营、管理、劝服、监督和领导的才能，以实现政治、社会及经济目标。

适合的职业：项目经理、销售人员、营销管理人员、政府官员、企业领导、法官、律师等。

3. 常规型

个性特点：尊重权威和规章制度，喜欢按计划办事，细心、有条理，习惯接受他人的指挥和领导，自己不喜欢谋求领导职务。喜欢关注实际和细节情况，通常较为谨慎和保守，缺乏创造性，不喜欢冒险和竞争，富有自我牺牲精神。

职业特点：喜欢要求注意细节、精确度高、系统性强、有条理的职业，以及需要记录、归档、按特定要求或程序组织数据和文字信息的职业。

适合的职业：秘书、办公室人员、记事员、会计、行政助理、图书馆管理员、出纳员、打字员、投资分析员等。

4. 实际型

个性特点：愿意使用工具从事操作性工作，动手能力强，做事手脚灵活、动作协调。偏好于具体任务，不善言辞，做事保守，较为谦虚。缺乏社交能力，通常喜欢独立做事。

职业特点：喜欢需要使用工具、机器，需要基本操作技能的工作。对要求具备机械方面的才能、体力，或从事与物件、机器、工具、运动器材、植物、动物相关的职业感兴趣。

适合的职业：技术性职业（如计算机硬件人员、摄影师、制图员、机械装配工），技能性职业（如木匠、厨师、技工、修理工、农民、一般劳动者）等。

5. 研究型

个性特点：思想家而非实干家，抽象思维能力强，求知欲强，肯动脑，善思考，不愿动手。喜欢独立的和富有创造性的工作。知识渊博，有学识才能，不善于领导他人。考虑问题理性，做事喜欢精确，喜欢逻辑分析和推理，不断探讨未知的领域。

职业特点：喜欢抽象的、需要智力分析的、独立的定向任务，要求具备智力或分析才能，并将其用于观察、估测、衡量、形成理论，最终解决问题的工作。

适合的职业：科学研究人员、教师、工程师、电脑编程人员、医生、系统分析员等。

6. 艺术型

个性特点：有创造力，乐于创造新颖、与众不同的成果，渴望表现自己的个性，实现自身的价值。做事理想化，追求完美，不重实际。具有一定的艺术才能和个性。善于表达，怀旧，心态较为复杂。

职业特点：喜欢的工作要求具备艺术修养、创造力、表达能力和直觉，并将其用于语言、行为、声音、颜色和形式的审美、思索与感受。不善于从事事务性工作。

适合的职业：艺术方面（如演员、导演、艺术设计师、雕刻家、建筑师、摄影家、广告制作人），音乐方面（如歌唱家、作曲家、乐队指挥）及文学方面（如小说家、诗人、剧作家）的工作。

根据霍兰德的这一理论，大多数人都并非只属于一种职业人格类型，而是可能同时具备以上六种人格在几个方面的特征。霍兰德认为，这些个性成分越相似，个体在选择职业时所面临的冲突就越少，职业发展成功的概率也就越高。为了描述这种情况，可将这六个职业的个性类型通过正六边形表示出来（见图8-1）。图中的两种个性类型越接近，则它们的相容性就越高。如果某个个体包含的几个职业个性类型是相互对立的，那么此个体在进行职业选择时可能会面临更多的矛盾。

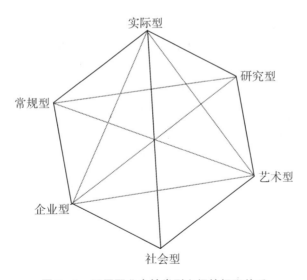

图8-1 不同职业个性类型之间的相互关系

（二）职业锚理论

职业锚（又称职业定位）理论是由美国著名的职业指导专家施恩提出的。施恩认为，职业锚是一个人"自身的才干、动机和价值观的模式"，也是一种职业自我观。只有当一个人对自己的天赋、能力、动机、需要、态度以及价值观等有了清晰的认知，并积累了一定的社会阅历后，他才会意识到自己的"职业锚"。

施恩对由麻省理工学院斯隆管理学院的44名MBA（工商管理硕士）毕业生组成的一个小组进行了长达12年的职业生涯研究，通过面谈、跟踪调查、公司调查、人才测评、问卷等多种方式，最终分析总结出了职业锚理论。1978年，施恩提出的职业锚理论包括五种类型：自主/独立型职业锚、创造型职业锚、管理型职业锚、技术职能型职业锚、安全/稳定型职业锚。到了20世纪90年代，施恩又增加了三种类型的职业锚到该理论中，分别是挑战型职业锚、生活型职业锚及服务型职业锚。以下是八种类型的职业锚的具体含义。

（1）自主/独立型（autonomy independence）。自主/独立型的人希望随心所欲地安排自己的工作方式和生活方式。他们渴望能够施展个人能力的工作环境，希望最大限度地摆脱组织的限制和约束。他们宁可放弃提升职业或扩展工作的机会，也不愿意放弃自由与独立。

（2）创造型（entrepreneurial creativity）。创造型的人希望使用自己的能力去创建属于自己的公司或创建完全属于自己的产品或服务，而且愿意为此去冒风险，并克服可能面临的障碍。他们想向世界证明公司是他们靠自己的努力创建的。创造型的人可能会在其他公司工作，但同时他们会学习并评估即将到来的机会，一旦察觉时机到了，他们便会走出去，创建自己的事业。

（3）管理型（general managerial competence）。管理型的员工致力于追求工作晋升，倾心于全面管理，希望独自负责一个部分。他们可以跨部门整合其他人的劳动成果，并愿意承担整体的责任。对管理型的个体而言，具体的技术/功能性工作仅仅被视为通向更高、更全面的管理型工作的必经之路。

（4）技术职能型（technical functional competence）。技术职能型的人，追求在技术/职能领域的成长和技能的不断提高，以及应用这种技术/技能的机会。他们对自己的认可来自他们的专业水平，喜欢面对来自专业领域的挑战。此类型的个体不喜欢从事一般的管理工作，因为这意味着放弃在技术/职能领域的专业成就。

（5）安全/稳定型（security stability）。安全/稳定型的人追求工作中的安全与稳定感。他们追求稳定安全的前程，偏好有保障的工作、体面的收入以及可靠的未来生活，例如较高的退休金和良好的退休计划。尽管有时他们可以达到一个较高的职位层次，但他们并不关心具体的工作内容。

（6）挑战型（pure challenge）。挑战型的人喜欢解决看上去无法解决的问题，战胜强硬的对手，克服看似无法克服的困难障碍等。对他们而言，在工作中完成各种看似不可能完成的任务是最大的乐趣。而如果事情非常容易，他们就没有兴趣去做。追求变化和挑战困难是他们的终极目标。

(7) 生活型（life style）。生活型的人喜欢允许他们平衡个人的需要、家庭的需要和职业的需要的工作环境。他们希望将生活的各个主要方面整合为一个整体。正因为如此，他们需要一个能够提供具有足够弹性的职业环境，以使他们实现这一目标。对于生活型的个体而言，职业的成功只是人生成功的一部分，他们甚至可以牺牲职业发展如晋升机会等某些方面来降低工作压力，从而实现工作与生活的平衡。

(8) 服务型（service dedication to a cause）。服务型的个体追求他们认可的核心价值，例如帮助他人、改善人们的安全状况、通过新的产品消除疾病等。他们一直追寻这种机会，这意味着即使需要离开当前的公司，他们也不会接受阻碍他们实现这种价值的工作。

近年来，职业锚理论在企业的人力资源管理中获得了一定的应用。企业可以为员工提供多样化的工作经历，如通过工作轮换让员工意识到自己的职业锚。此外，企业也可以根据不同员工的职业锚类型为其设计不同的职业发展路径。

四、职业发展通道模式

职业发展通道是指企业为内部员工设计的自我认知、成长和晋升的管理方案，是企业内部员工可能的职业发展方向和机会，企业内的每位员工均可沿着企业的职业发展通道变换工作岗位。企业员工的职业发展通道主要有以下四种模式。

（一）纵向职业发展通道

纵向职业发展通道是指员工沿着组织的等级层次跨越等级边界，获得职位的晋升。这种模式将员工的发展限制在一个职能部门内或一个组织单位中，员工的职位发展通常是由员工在组织中工作的年限和表现来决定的。在这种模式下，员工必须一级接一级地向上晋升，不断获得自身发展所需要的知识和技能，以实现最终职业目标。例如，一家酒店的餐饮部管理者的纵向职业发展通道如图 8-2 所示。纵向职业发展通道能让员工清楚地了解自己向上发展的特定职位序列。这种通道的不足之处在于：员工的纵向职业发展通道很容易因为高一层级的岗位有限而受阻。

（二）横向职业发展通道

横向职业发展通道是指跨越职能边界的调动。例如，员工由一线的对客服务部门转到二线的人力资源部门、财务部或总经理办公室等。这种职业发展通道能够为员工提供多样化的工作机会，促使员工保持不断学习的状态以迎接新的挑战。横向的职业变换虽然没有晋升和加薪，但员工可以扩展专业知识和经历，有利于员工的职业发展并增加对组织的价值。特别是在组织结构扁平化的今天，企业往往没有足

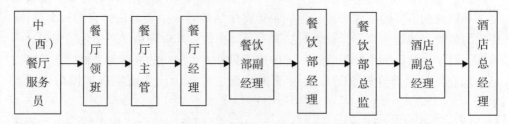

图 8-2　某大型酒店餐饮部管理者的纵向职业发展通道

够多的高层次岗位让员工实现纵向发展，而提供横向发展通道来促进员工职业发展的多样化，是留住员工的重要策略。例如，工作轮换就是横向职业发展通道的具体应用。

（三）行为职业发展通道

行为职业发展通道是一种建立在工作分析基础上的职业发展通道设计。企业可通过工作分析明确各个岗位的素质、技能和行为要求，在此基础上，将具有相同要求的工作岗位归为一类，成为簇。接着，企业可以以簇为单位进行职业发展设计。这种职业发展通道为员工提供了更多样的职业发展机会。当员工在某一部门的职业发展机会较少时，可以根据自己的兴趣，去从事相似部门的工作，实现自己的职业目标。例如，图 8-2 中提到的酒店餐饮部经理，可以选择直接去康体娱乐部做经理或晋升为康体娱乐部总监。同时，这种职业发展通道也有益于增强组织的应变性，即当企业环境发生变化或需要调整战略时，企业能够顺利实现人员的转岗安排，以保持整个企业的稳定性。

（四）多样化的职业发展通道

多样化的职业发展通道主要是为了解决专业技术领域的员工职业发展的问题。开设多样化的职业发展通道，可在将部分专业技术人员提升到管理岗位的同时，为其他专业技术人员提供专业技术方面的发展空间。部分专业技术人员可能不适合担任管理职务，但可以通过技能的提升在专业技术发展通道中实现晋升，并获得加薪等待遇。以酒店中的厨师为例，在多样化的职业发展通道模式下，部分文化水平相对较高、具备管理者素质的厨师可逐步晋升为管理人员，而其他厨师则可通过提升厨艺逐步发展为技术骨干。

第二节　各阶段的职业生涯规划

员工的职业生涯规划是由员工、企业共同参与的整体性活动，其最终目的是通过帮助员工确立并实现个人职业发展的目标，以达到实现企业目标的最终目的。职业生涯规划使企业发展目标与员工个人发展目标协调一致，建立企业与员工双赢的关系，进而结成利益乃至命运共同体。

在职业生涯管理中，企业肩负重大的责任。值得注意的是，由于员工在不同职业发展阶段的个人需求、任职状态以及职业行为等方面均存在较大的差异，企业需要根据每位员工不同职业生涯发展阶段的个人特征，确定其每个阶段职业生涯管理的具体任务与职业发展内容。以下将对新员工、处于职业生涯中期的员工以及处于退休前期的员工这三类员工的职业生涯规划策略进行详细分析。

一、新员工的职业生涯规划

（一）新员工社会化

在员工职业生涯的早期阶段，企业承担着非常重要的职业生涯管理的责任。企业需要通过提供新员工的入职导向与培训等措施，帮助员工尽快适应企业与岗位的需求。对新员工实施职业生涯规划，对于企业留住新招聘的人才意义重大。员工离职呈现"二三二"的特点，即员工离职的三个高峰期分别是开始就职的前两周、前三个月和前两年。由此可见，新员工的稳定性较差，离职的可能性较大。为了让新员工顺利度过这三个离职危险期，企业需要帮助员工顺利完成"社会化"（socialization），即新员工进入企业后努力学习企业的规范和价值观、调整工作态度、展现正确的行为以及满足企业的要求。此外，为了应对第三个离职高峰期，企业需要为员工做出令其信服的职业发展规划并提供更多的职业发展机会。

新员工具有较为鲜明的特点，主要表现为：工作经验不足，但较有创造力，对工作富有热情。加入企业后，新员工往往非常关注工作环境是否令人满意、招聘时的承诺能否实现以及自己能否被组织接纳。因此，企业应为新员工提供入职导向（orientation），帮助员工熟悉工作环境并了解企业的基本信息，例如企业的产品、工资的发放形式、工作的设施和条件、同事的基本信息等。

此外，企业还应该提供完整的新员工入职导向培训，以减少新员工入职初期的紧张不安，并应对可能感受到的冲击。一般应由人力资源管理专家向新员工介绍企业的基本情况、发展历史与现状、组织发展的战略目标、企业文化等，帮助新员工明确企业的要求并培养归属感。当员工被分配到部门的具体岗位后，可以由主管、资深同事等继续对其进行上岗引导，包括介绍工作内容与工作流程等，进一步帮助他们了解工作岗位的要求和企业文化的特殊性。

（二）企业对新员工的职业生涯规划

除了提供入职导向，企业还应针对新员工的特点因势利导，满足新员工的心理需求，有效地开展职业生涯规划活动。孙妍（2008）提出，根据新员工在企业内部的成长节奏，可以分为价值认定阶段、价值开发阶段和价值评估阶段三个阶段，对新员工进行职业生涯规划。

（1）价值认定阶段。这一阶段主要解决新员工的定位问题。一方面，企业要对新员工的职业发展路径进行规划；另一方面，个人也需要找到自己在团队或部门中的定位。在此阶段，企业应向员工介绍企业的愿景与战略发展目标，帮助员工根据企业的需要确立自身的职业发展愿景，并帮助其初步设计具体的职业发展路径。

（2）价值开发阶段。这一阶段一般从新员工工作一年以后开始，其重点在于挖掘和培养员工在综合素质与专业素养等方面的潜力。在这个阶段，企业可通过充分的授权和职业通道、任职资格体系的建设，鼓励员工充分发挥潜力，提升工作技能。企业根据设立的职业发展通道，帮助员工进一步确立或调整适合自身情况的职业发展方向，并依照所选定的职业发展通道的能力等级标准，为其能力提升提出要求。对于职业发展方向尚不明确的员工，企业可以考虑为其提供岗位轮换的机会，以获得不同岗位的工作体验，进而选择适合自己的职业发展方向。

（3）价值评估阶段。这一阶段一般在价值开发阶段之后进行，其重点在于做好对员工能力与素质的评估。企业首先要评估员工包括沟通技巧、工作方法、工作态度、人际关系能力、管理能力等的综合素质，以确定员工是否具有在管理通道发展的潜力。其次要评估员工的专业素养和专业能力。根据对员工的评估情况，可以基本判断出员工适合的职业发展通道，并为后续的岗位配置与培训方案制订提供依据。

二、职业生涯中期的职业发展规划

职业生涯中期是员工职业发展中最重要的一个阶段。在这一时期，员工的个人生命周期、心理特质、工作能力等都会发生显著的变化，具有明显的阶段性特征。一方面，这一阶段通常也是个人生命周期中最重要的一个阶段。由于家庭和子女的存在，个人需要承担相应的家庭责任并处理复杂的家庭关系。另一方面，处于这一时期的员工已经积累了较为丰富的工作经验，工作能力获得了一定的提升，各方面都趋于成熟。但与此同时，员工也会逐步体会到个人梦想与现实情况的差距，往往容易产生焦虑感。此外，随着年龄的增长，员工职业发展的可能性逐步减小，并且可能面临后来者的竞争压力，这些因素促使员工需要竭力保持领先地位，而这又有可能导致更大程度的冲击和焦虑。

因此，在这一阶段，为了实现企业的战略目标，企业必须强化其职业生涯管理的职能，实施促进员工职业中期发展的措施，帮助其向事业的最高峰冲刺，同时也要帮助员工克服职业生涯发展中期出现的问题，做好预防、应对职业发展危机的管理方案和措施，加强对员工的职业生涯管理。

（一）晋升和调动

一般而言，处于职业生涯中期的员工已经对组织环境和工作要求非常熟悉。特别是在固定的岗位上工作时间超过5年以后，员工往往对工作失去了新鲜感，很有可能对工作产生"疲钝效应"，从而可能失去进取心和创新精神。为了应对上述可能出现的危机，企业应该从晋升与调动两方面着手，提高员工的工作积极性。

1. 晋升

为了提供更多的晋升机会，企业应加强内部晋升机制的建设，特别是基层与中层的管理岗位，应尽量在内部员工中进行选拔并晋升。企业应重视处于职业生涯中期的员工，对其进行相应的评估与考核，并根据评估结果制订晋升计划。

首先，对于具备晋升潜力但尚未达到晋升标准的员工，应有针对性地制订培养计划，加大人力资本投资。根据员工的具体情况，企业可采取不同的培训开发方式，帮助员工提升素质和能力，以尽快达到晋升的标准。

其次，对于已经达到晋升标准的员工，应尽快实施晋升的决策。对于刚刚晋升的员工，企业应与其进行深入的沟通，进一步确认其职业生涯发展方向，并根据员工的要求和组织的需要，为其制订近期与中期的培训开发计划，以保证员工能够胜任晋升后的岗位要求。

2. 调动

大多数的企业对人力资源的需求呈金字塔型。随着组织结构扁平化的潮流不断发展，中层和高层的管理岗位数量变得更加有限。如何在这种情况下为处于职业生涯发展中期的员工提供良好的职业发展机会，是企业能否留住人才的关键。企业可以从以下几个方面入手。

（1）开辟新的业务领域与发展项目，以增加新的管理岗位。

（2）建设多样化的职业发展通道，避免员工都在管理岗位这一"独木桥"上竞争。有的企业设置了专业通道，对于无法晋升到管理岗位或对管理岗位不感兴趣的员工而言,他们可以根据专业技能水平的提升,逐步在专业发展通道上晋升。多样化的职业发展通道有效地解决了管理岗位晋升机会有限的弊端,将极大地提升员工的激励水平。

(3) 通过多样化的形式认可员工的工作成绩,给予他们一定的荣誉。有的企业设置了"导师制",让进入职业发展中期但又无法获得职业晋升的员工担任后辈员工的导师,以传递经验和智慧。类似的举措不但有利于企业新生力量的培养,也为资深员工提供了展示自己的机会,有利于发挥其长处,调动其工作积极性。

(4) 进行岗位轮换,为员工提供丰富的职业发展机会,最大程度地满足员工的成长发展需求。通过这一举措,企业可以为员工提供学习新技能的机会,刺激其对工作岗位的新鲜感和兴趣,激发员工的工作动力,以便为企业做出更大的贡献。

(二) 中期职业生涯高原现象

20世纪70年代,西方社会经济发展速度放缓,企业中也出现了组织结构扁平化、精简化等潮流,加之越来越多在生育高峰时期出生的人进入职业生涯中期,更多的人在更低的组织层级上更早地进入了职业生涯停滞期 (career stagnation)。在此背景下,费伦茨 (Ference, 1977) 等提出了"职业生涯高原"的概念,并很快受到了组织管理学家和人力资源管理实践者的关注,该概念成了职业生涯管理中一个非常重要的研究内容。

西方学者主要从晋升和流动这两个角度来定义职业生涯高原现象。学者们认为,职业生涯高原不仅包括晋升的可能性小(垂直流动的停滞),而且还包括水平流动(横向运动)的停滞。处于职业生涯高原的员工长期处于某一职位,从而使得员工无论是垂直流动还是水平流动的可能性都变得很低,并且也不可能承担更大或更重要的责任(谢宝国、龙立荣,2005;Veiga, 1981;Feldman & Weitz, 1988)。

研究表明,职业生涯高原现象为员工及企业都带来了显著的负面效应。遭受职业生涯高原的员工往往变得愈加愤怒、沮丧、烦躁,不能专心工作。此类员工还容易出现不能很好地服务顾客、故意旷工等诸多问题,从而对所在部门或团队的绩效产生负面影响。

面对职业生涯高原现象,企业应该与员工共同面对,以顺利地应对这一危机。首先,企业可以加强对此类员工的职业生涯管理工作,帮助员工分析出现职业生涯高原的原因,并引导员工重新对自己的各方面情况进行客观的评估,以进行下一步的调整。对于无法适应组织发展需要的员工,企业可以帮助员工进行新的职业道路选择,以避免此类员工对组织绩效的损害。此外,企业可以进一步改进组织内部的晋升机制、岗位轮换机制和工作设计方案,以帮助此类员工重新激发职业发展的活力。

三、退休前期的职业发展

对于企业而言,员工的退休意味着部分人力资源的流失,但同时也带来了人力资源的更新换代,这有利于企业的正常新陈代谢,为后辈员工提供更多的晋升与发展机会。而对于员工而言,退休意味着职业生涯的终止,是其人生中的一个重大转折,员工可能面临着巨大的心理冲击。因此,企业仍需要对即将退休的员工加强职业生涯管理,确保员工与企业都能够顺利实现这一重大转变。企业可从以下几个方面着手:

(1) 充分发挥即将退休人员的"余热",做好新老员工的工作衔接。首先,即将退休的员工积累了大量宝贵的工作经验,企业应做好知识管理工作,将此类员工所积累的与工作相关的知识及时保存下来,以便在员工中进行传递与发展。其次,企业需要提前做好接替人员的培养计划,并由即将退休的员工通过多种形式对接替员工进行培训,以提升接替员工的工作能力,实现工作的顺利交接。最后,对于部分对企业发展仍具有较大价值的退休员工,企业也可以进行返聘或将其雇用为兼职工作者,这种方式可以最大程度地发挥这部分员工的价值。

(2) 开展退休引导和咨询,切实帮助员工做好退休的各项准备。企业可以借助内部人力资源管理人员和外部专家的力量,为即将退休的员工提供包括财务、家庭、法律等多个方面的咨询和帮助。有的企业提供了包括多个项目如退休后的生活咨询、财务与投资咨询、健康咨询、心理咨询、再就业咨询等的退休工作咨询。其中,帮助员工做好心理建设,树立正确的面对退休的理念尤为重要。企业应引导员工客观地认识到自己的职业发展已经达到顶点,而在学习能力和体力开始下降的情况下,他们需要进入人生的下一个阶段。这可以帮助员工减少因退休而导致的失落感,提高他们的心理健康水平。

(3) 企业应开展针对即将退休员工的系列活动,帮助员工更好地实现人生这一重大转折。一方面,企业可以开展递减工作量、试退休等活动,帮助员工提前适应退休生活,逐步接受退休这一事实。此外,企业可以在内部成立即将退休员工的团体,并组织相关的集体活动,帮助此类员工通过相互交流克服心理困难,达到广交朋友、增进身心健康的目的。另一方面,企业也可与当地社区合作,如鼓励他们进入老年大学、安排社区服务等,帮助即将退休的员工安排退休初期的生活。

第三节 旅游企业员工的职业生涯规划

一、旅行社员工的职业生涯规划

在大部分的旅游企业中，员工职业生涯规划仍处于初级阶段，普遍存在对这一方面的重视程度不足、思路不清晰、实践不规范等问题。下文将以旅游业中的旅行社和酒店为例，阐述旅游企业员工的职业生涯规划。

(一) 旅行社在员工职业生涯规划方面的现状

1. 对员工的职业生涯规划不重视

目前，大多数旅行社，特别是中小型旅行社普遍忽视员工的职业生涯规划问题。很多旅行社的管理人员认为，企业最重要的任务是服务好顾客，而员工的成长和发展是次要的。因此，在这类旅行社中，人力资源部门管理工作的重点是提升员工的技能水平，以更好地服务顾客，而与员工职业生涯发展相关的规划很少。即使有部分管理者意识到了员工职业生涯管理的重要性，但是由于缺乏专业知识与管理经验，并没有具有可行性的员工职业生涯管理方案出台。

2. 员工的职业发展通道相对狭窄

大多数旅行社仅为员工提供纵向和横向的职业发展通道。以导游员为例，在纵向的职业发展通道中，基层的导游可能晋升为部门经理，再逐步晋升到总经理。而在横向的职业发展通道中，导游员可能转换部门，转岗为计调员。这样的职业发展通道设计相对较为狭窄。此外，旅行社大多采用扁平化的组织设计，也缺乏足够的管理职位为员工提供晋升机会。

职业发展通道较为狭窄，职业生涯发展前景不明朗，导致旅行社员工对工作的认同感较低。许多员工仅将目前的工作作为一个临时的跳板，而不是将其视为可以为之奋斗终生的事业。因此，旅行社应该转变理念，高度重视员工的职业生涯管理工作，并设计出具有可行性的管理方案加以实施，以留住那些经验丰富、综合素质优秀的员工。

下面，我们将以旅行社企业中的核心员工——导游员为例，分析旅行社员工职业生涯管理的关键要点。

（二）导游员的职业生涯规划和管理

1. 导游员职业生涯初期管理

旅行社应在导游员的职业发展初期导入职业生涯规划，使导游员对自己所从事的职业形成客观理性的认识，坚守职业信念，并对未来的职业发展充满信心与期待。因此，旅行社的管理者可以从新导游员的入职培训开始，将职业生涯规划的理念及相关的工作安排向新导游员充分地宣传，并与新导游员进行沟通，指导新导游员开始进行有效的职业生涯规划。

首先，旅行社应该帮助新导游员加深对旅游行业以及导游这一职位的了解，帮助他们形成理性客观的认识。在进行新导游员的入职培训时，企业应做好职业描述，详细介绍这一行业和职位的特点。例如，导游员直接面向游客进行服务，而游客的需求是复杂多变并且个性化的，因此导游员这一职位极富挑战性，需要导游员建立并保持良好的职业心态，并持续学习，以提升职业技能。

其次，企业应引导新入职的导游员确立职业发展目标、制定职业生涯发展策略。旅行社大多采用扁平式的组织结构设计，管理岗位相对较少。因此，旅行社的管理者应引导导游员进行纵向和横向的双通道职业发展。具体而言，旅行社可为导游员提供跨越职能边界的学习机会，以扩大导游员知识技能的宽度。特别是对于处在职业生涯发展初期的导游员而言，他们对工作充满了好奇心与激情，企业可以充分激发他们的工作积极性和创造力，为其安排具有挑战性的、超越日常工作范围的工作。据调查，导游员在旅行社中可以承担包括导游讲解、票务预订、委托代办、收银、销售等多样化的工作安排，这些工作为导游员的职业发展提供了更多的选择方向。

目前，大多数旅行社对员工的职业生涯规划尚处于起步阶段，但也有部分企业已经开始践行并取得了初步成效，如知名的旅行社广州广之旅国际旅行社股份有限公司（简称广之旅）就构建了良好的导游员培养机制。在广之旅，管理者着重帮助新导游员建立起对这一职位发展前景的信心，并且注重为他们提供多样化的培训机会（包括专家授课、实地考察等），以提高他们的技能水平。此外，广之旅根据导游员的服务技能、经验水平等对其进行分类管理，为每个导游员设计个性化的个人职业生涯发展方案，为其提供广阔的职业发展空间，即导游员可横向发展为部门经理、导游培训师、营销人员等。通过对导游人才队伍的建设，广之旅进一步提升了企业的核心竞争力，使其得以在市场竞争中立于不败之地。

2. 导游员职业生涯中期管理

步入职业生涯中期阶段以后，导游员已经积累了一定的工作经验，在导游方面的工作技能趋于成熟。在此阶段，导游员的个人生命周期、婚姻家庭生活周期以及职业生涯发展周期均进入关键时期，旅行社在引导导游员的职业生涯规划方面责任重大。企业应根据导游员的个人特点、工作绩效以及企业需求等因素，帮助员工进一步明确职业发展的方向，破除"导游员是吃青春饭的"的错误观念，促使员工坚定职业发展的信心。具体的举措可包括以下几个方面。

（1）旅行社应建立顺畅的职业发展通道，帮助有潜力的员工及时得到晋升。对于处于职业发展中期的导游员，职业晋升成为他们的主要诉求。旅行社管理人员应制订和落实晋升计划，促使导游员向管理岗位、更高级的技术职位等方向发展。除了提升为行政及管理人员外，旅行社还可根据导游员的初级、中级、高级以及特级的技术职务，提供与技术职务相匹配的薪酬待遇。

（2）旅行社应为进入职业生涯发展中期的导游员提供更多的培训和发展机会，促使其更新知识技能。进入职业生涯发展中期的导游员具有较为丰富的工作经验，但也存在着知识陈旧、职业倦怠等问题。企业可为导游员提供工作轮换的机会，以消除员工的职业倦怠感，丰富工作内容，激发员工的进取心和创新精神。企业也可为员工安排如语言培训、新兴旅游产品培训以及游客心理学培训等多样化的培训机会。此外，旅行社还可以鼓励此类员工担任新员工的导师，在日常工作中传授自己的宝贵经验，使他们获得更多的成就感。

（3）旅行社应强化对处于职业生涯发展中期的导游员的薪酬激励，提升其工作积极性，留住人才。旅行社之间竞争激烈，企业面临着巨大的生存压力；而处于这一时期的员工在家庭中承担着较大的责任，也面临着较大的经济压力。因此，旅行社应充分结合企业与员工的双重需要，尽力提升经营业绩，以改善导游员的薪酬待遇。

（4）旅行社应帮助员工解决工作和家庭的冲突，实现工作—家庭生活的平衡。由于导游工作的特点，导游员与大部分人的休假时间不一致，并且在旅游旺季过于繁忙，无法履行家庭责任，从而带来较大的工作与家庭之间的矛盾。为了解决这些问题，旅行社应通过设计弹性工作制、假期轮休制等制度，尽可能地帮助员工平衡自己在工作和家庭生活中的双重责任。

3. 导游员职业生涯后期管理

由于中国旅游业发展较晚，目前进入职业生涯后期的导游员相对较少。因此，对于旅行社而言，企业在管理处于职业生涯后期的导游员方面的经验更加缺乏。旅行社可借鉴其他行业的经验，通过开展退休咨询与心理辅导、请即将退休的导游员担任年轻员工的导师/培训师以及返聘为兼职工作人员等方式，帮助员工逐步适应退休状态，顺利实现这一人生的重大转折。

二、酒店员工的职业生涯规划

在酒店业的人力资源管理中，员工流动率过高一直是棘手的难题。根据原国家旅游局培训中心的相关统计数据，北京、上海、广东等发达地区的酒店员工的平均流动率在 30% 左右，有些酒店则高达 45%，一些酒店甚至为 50%～60%。其中，高学历人才的流动率最高。酒店行业的员工流动率远高于其他行业 5%～10% 的水平，为酒店的经营管理带来了如招聘及培训新员工的成本居高不下、员工缺乏经验导致服务质量下降、顾客投诉率上升等诸多问题与挑战。

酒店业员工流失如此严重的原因包括工作强度大、薪酬待遇不理想等多方面，其中，员工对自己在本酒店乃至酒店业的发展失去信心是一个重要方面。例如，调查表明，酒店行业中年轻的（25 岁以下）基层员工的流动率最高，他们往往在加入酒店 3 年以内就选择离职，而且其中大部分人选择彻底离开酒店行业。

为了降低员工流失率，更好地留住人才，酒店业应改善人力资源管理，特别是加强员工的职业生涯规划管理。通过有效的职业生涯规划管理，企业可以帮助员工树立在酒店行业发展的信心，这对于留住处于职业生涯发展初期的年轻员工尤为重要。下文将根据酒店行业中男性员工和女性员工的不同特点，有针对性地提出适应其特点的职业生涯发展策略。

（一）男性员工的职业生涯发展规划

在酒店业中，员工是提供服务的主体，员工的态度和行为直接决定着所传递的服务的质量，从而决定顾客的满意度和忠诚度。因此，酒店业往往严格约束和管理员工的行为表现，要求员工在工作场所展现积极的情绪及压抑愤怒、委屈等不良情绪，以更好地服务顾客。而这与中国传统文化中对男性普遍认可的"粗犷、大气、自我"的形象产生了较大的矛盾。在传统的性别角色理论中，男性被定义为追求成功、拥有自信，并且通常与专业性强、技术性强的职业相关联。而在社会观念中，以酒店业为代表的服务业被认为是具有高度女性化色彩的工作，并不应该由男性从事。因此，酒店业中的男性员工，尤其是处于职业生涯发展初期的基层员工，往往难以认同自己在酒店行业中的角色。

基于以上背景，酒店业中的男性员工，特别是处于职业生涯发展初期的基层男性员工，具有较大的流失风险。多项研究表明，酒店业的男性员工流失率普遍高于女性员工。为了应对这一问题，酒店业的管理人员可以在男性员工的职业生涯发展规划方面注意以下几点。

（1）酒店业的管理者应帮助新员工进行职业生涯规划，使员工充分了解自己在酒店业中可能的晋升通道与发展前景，以帮助员工树立信心、建立希望。此外，酒店业的管理者还应该与员工充分沟通本行业的特点，帮助员工理性认识酒店业特有的困难及挑战，使员工做好思想准备，避免短时期内的人员流失。此外，酒店应为员工提供多样化的培训机会，帮助员工提升专业技能与综合素质，为其将来的职业生涯发展奠定良好的基础。特别值得注意的是，酒店可以对男性员工进行关于服务管理、情绪管理以及性别角色等方面的培训，帮助男性员工摆脱传统性别偏见的束缚，正确认识服务行业的特点。

（2）在中国的传统观念中，男性应追求事业的成功，并且是家庭经济责任的主要承担者。对于处于职业生涯发展中期的男性员工而言，由于其职业发展周期与生命周期、婚姻生活周期的重叠，他们将面对着较大的事业发展与家庭财务的压力。为了满足男性员工追求事业发展、提升财务状况的需求，酒店的管理者应注重为其提供发展机会与晋升机会，并提供较高的薪酬福利。对于承担核心岗位的男性员工，酒店应提供与其贡献相匹配的薪酬福利，并适当增加每一岗位对应的薪酬宽度，保证员工在无法晋升的情况下也可以随着工作年限的增长与绩效的提升来获得更高的收入。

酒店还应该为男性员工提供转岗、轮岗的机会，通过交叉培训的方式，提升员工在不同岗位的适应能力与学习能力。通过轮岗，酒店可以帮助男性员工提升跨职能的协调能力与沟通能力，为未来可能承担的其他工作职责打好基础；同时，也可以避免男性员工对已经达到熟练工作水平的岗位产生厌倦，以提高其工作积极性。对于连锁型酒店而言，企业也可以通过跨酒店、跨区域调动的形式，为男性员工提供更多样化、更宽阔的职业发展道路。以万豪国际集团为例，员工可选择调动到新开业的酒店，以获得更多的晋升机会。

（二）女性员工的职业生涯发展规划

1. 目前酒店业中女性员工职业生涯管理存在的问题

（1）酒店管理者对女性员工的特点认识不足，无法通过有效的职业生涯管理帮助女性员工获得理想的职业发展。研究显示，在性格特点方面，女性具有更高的外向、友好、亲和、善解人意的倾向，这些特点可以帮助女性员工更好地了解、领会顾客的需求，并在服务的过程中与顾客保持良好的互动。此外，研究发现女性具有良好的自我调节能力，这一特点使得女性员工能够在高强度的工作中保持较为乐观的工作态度，并且使她们能够在面对顾客的误解等需要"忍气吞声"的情境中迅速调节情绪，保持良好的心态。由于女性员工独特的工作素质高度契合酒店业的需要，因此酒店业中的女性员工占比较高。然而，目前大部分酒店管理者并未充分结合企业的发展需要，对女性员工的职业生涯发展进行有效的规划。特别是对处于职业生涯发展初期的年轻女性员工，酒店管理者往往更关注其外表、气质等浅层次的职业素质，而忽略了对决定其长远职业发展的深层次素质的开发与培养。

（2）在酒店业中，女性员工的职业发展存在着"玻璃天花板"的现象。很多管理者对女性员工的独特优势认识不足，不太重视酒店中占多数的女性员工的职业生涯发展，往往仅有少数女性能进入酒店的高层管理团队。大部分酒店的基层及中层管理者中女性较多，并且她们的工作经验、受教育水平显著高于同等岗位级别的男性管理者。然而，在高层管理团队中，往往没有或者只有少数女性领导，而且这些少数派通常也就职于如财务部门或人力资源部门等非核心业务部门。出现这种现象的原因是多重的。一方面，酒店管理者对女性员工的职业生涯发展的认识不足，甚至存在一定的职业歧视现象。受传统性别角色观念的影响，酒店内部存在部门岗位分割，女性员工较少在保安部、厨房及工程部门工作，这在一定程度上影响了女性员工职业发展的范围。另一方面，酒店行业中的部分女性员工也存在着对自身职业发展信心不足、重视程度不高的问题。受传统的儒家思想的影响，部分女性往往认同"男主外，女主内"的思想，因此在事业发展方面缺乏足够的动力，特别是在婚育之后，这一特点表现得尤为明显。此外，由于女性往往被认为是家庭责任的主要承担者，她们常常面对着更大的家庭与事业的冲突。研究表明，一部分女性员工在被提拔到中层管理层以后，就会选择离开酒店。因此，相对于男性，女性更容易在完全实现自己的潜能之前选择离职，而主要原因在于她们认为自己难以获得进一步的提升，或无法平衡家庭和事业的冲突。

因此，基于上述分析，女性员工具有与酒店行业的特点高度契合的独特优势，酒店的管理者应该着重帮助女性员工制订科学合理的职业生涯发展规划，推动女性员工建立具有挑战性的工作目标，不断提升绩效水平以实现较好的职业发展。下面将介绍酒店管理者进行女性员工的职业生涯规划和管理的几个要点。

2. 酒店业中女性员工的职业生涯规划和管理

（1）酒店业管理者应充分认识并发挥女性员工的独特优势。由于女性员工特有的工作素质，她们的工作方式可能与男性员工不同，女性管理者的管理模式也可能与男性管理者不同。然而，在目前的酒店业中，被普遍使用的绩效评估工具、晋升评估机制等决定员工晋升的标准往往来源于传统的以男性为主导的评估模式，而这可能并不适用于女性员工。酒店管理者应鼓励女性员工探索并发展她们自己的管理风格，并且深度挖掘自身可以对业务发展产生积极影响的特质。通过这些做法，酒店可以促进女性管理者的行为被正确地认知和对待，并最终使得企业受益于女性领导力的独特优势。

（2）酒店管理者应为女性员工提供更富有弹性的职业发展通道。由于男女生理特征的差异，女性员工与男性员工的职业生涯发展节奏也存在不同。以30岁左右的酒店员工为例，这一阶段的男性员工大多处于职业生涯发展的黄金时期，有很大概率可以实现职业的发展与晋升。而对于女性员工而言，这个时期恰好与其婚育周期重合，处于此阶段的女性员工通常想要建立一个家庭、开始生育或者需要抚养年幼的孩子。因此，女性员工往往需要在家庭和工作之间做出艰难的抉择。即使女性员工选择坚持工作，但出于家庭责任的缘故，也有可能导致其事业发展暂时停滞，无法在此时期内实现事业上较大的进步。酒店的管理者应该结合女性员工的特点，帮助女性设计与男性员工不同的职业生涯发展道路。例如，酒店可以为女性提供更为弹性的职业发展道路，并充分考虑女性在婚育关键时期的短期停滞。此外，酒店可以考虑为相对年龄偏大的女性群体开启"高潜力"人才储备库，并建立具有弹性的准入和离开机制。这可以避免女性全盘放弃她们的职业发展。

（3）酒店管理者应打破酒店内部各个职能部门之间的性别区隔，拓宽女性员工的职业生涯发展通道。在我国目前的酒店中，普遍存在将酒店内部的岗位分割成男性岗位、女性岗位的现象。女性员工很少任职于如保安部、厨房工作和工程部等男性员工较多的岗位。而在这些部门工作的少数女性，也大多只是负责内部的资料整理、信息传递等支持性工作。与此同时，前厅客房部、行政部、餐饮部和人力资源部的工作岗位被认为是更加适合女性的岗位，是女性职业生涯发展的最佳路径。这种性别区隔的现象加大了女性在酒店行业的晋升困难，导致她们面临着更大的职业发展阻力。酒店管理者应发展更具开放性、全局性的思维，力争消除女性员工在职业生涯发展中面临的各种人为的性别区隔，为她们提供更多的职业发展机会，减少"玻璃天花板"现象的发生。例如，酒店管理者可推动打破酒店内部各个岗位的性别区隔，根据女性员工的个人意愿，使女性员工可以加入目前由男性主导的工程部、保安部等岗位。

三、旅游企业员工职业生涯规划和管理的焦点问题与解决策略

在旅游企业中，双职工问题是旅游企业管理者普遍需要面对的一个难题。一方面，旅游企业中的女性员工的比例较高，这部分员工组建家庭后，通常会形成双职工家庭。另一方面，由于中国女性在社会各个行业的劳动参与率水平都较高，因此，旅游企业中的男性员工同样面临双职工家庭的问题。

研究显示，工作与家庭的冲突是旅游企业员工，尤其是女性员工离职的重要原因。这与旅游企业的工作特点有紧密的联系。旅游企业的工作通常强度大、时间长，而且员工经常需要加班、超时工作。此外，旅游企业员工的工作时间不规律，员工经常需要在节假日上班。同时，由于顾客对旅游产品品质的要求越来越高，旅游企业员工对客服务的工作难度和压力增大，因而需要员工在工作中投入更多的时间和精力。这些特点导致员工在家庭中的责任履行受到影响，从而带来较大的工

作—家庭冲突,并引发其他家庭成员的不满。长此以往,酒店员工可能与家庭成员产生更多的矛盾,并感到自己难以平衡家庭与工作的双重需求,从而导致员工的身体健康、精神状态、工作绩效等多个方面都受到不良影响,这会导致员工选择离开旅游企业,甚至彻底离开旅游行业。为了留住人才,保证员工在旅游企业中职业生涯发展的连续性,旅游企业管理者应通过一系列的政策、机制帮助员工缓和工作与家庭的冲突,尽量使工作与家庭生活达到平衡。具体有以下几个方面的措施。

(1)旅游企业的管理者应革新理念,正确认识员工工作—家庭冲突的危害以及维持员工工作—家庭平衡的重要性。在我国目前的旅游企业中,管理者通常认为,"旅游企业需把服务好顾客放在首位,员工个人生活并不重要"。很多旅游企业管理者鼓励甚至推崇员工为了工作牺牲家庭的需求,很少倡导员工维持工作与家庭生活的平衡。显然,在旅游企业管理者看来,帮助员工更好地履行家庭责任是一种额外的照顾,而没有被视为员工的正常权利而进行制度化的安排。在现实中,很多旅游企业出台了帮助员工减少工作—家庭冲突的政策,然而,由于管理者的不理解与不支持,这些政策在实施中流于表面,甚至形同虚设。这些观念和行为使一线员工感到焦虑和紧张,甚至导致他们潜意识里将家庭责任视为工作的累赘。因此,旅游企业应推动各个层次的管理者革新理念,加强他们对工作—家庭平衡的理解。旅游企业需要对管理者进行相关培训,帮助他们深刻了解工作和家庭的冲突对员工和组织的负面影响,鼓励他们成为家庭支持型的管理者。研究表明,管理者的支持和帮助可以有效地强化企业相关政策和制度的有效性。

(2)旅游企业应建设家庭友好的企业文化,并通过多样化的政策与制度将此文化真正地落地实施。旅游企业可以实施弹性工作制,制定灵活的请假、休假制度,员工可以根据实际情况选择上班时间。旅游企业还可以制订儿童看护计划和老人护理计划,帮助员工从相关的家庭责任中适当解脱出来,更好地专注于工作。此外,旅游企业也可以制定家庭友好政策,如邀请员工的家庭成员参加企业的活动,帮助家庭成员强化对旅游企业员工工作的理解与支持,并且让他们感受到旅游企业管理者对于帮助员工实现工作与家庭平衡的决心。另外,研究表明,不同个性特征的员工在解决工作—家庭冲突方面的需求存在较大的区别,因此,旅游企业管理者可以根据下属的不同特点提供个性化的支持,竭力帮助员工更好地平衡在工作领域和家庭生活中的不同角色需求。

(3)旅游企业应着力提升员工应对工作—家庭冲突的能力。旅游企业应为员工提供相关的培训项目,帮助员工采取正确的态度与策略解决可能出现的工作—家庭冲突。以往的研究表明,良好的情绪控制能力、人际关系能力和自我效能感都有利于员工从工作和家庭两个方面去考虑问题,正视工作与家庭的矛盾,采取积极的方法应对,恰当地处理工作与家庭的冲突。对于员工来说,当繁重的家庭责任对工作产生了负面影响时,旅游企业员工如果具备良好的情绪调节能力、人际关系协调能力，就可以更好地处理工作场所内的工作责任，避免与家庭生活产生更多的冲突。

> **本章小结**

职业生涯有广义和狭义之分。狭义的职业生涯是指从职业学习开始，踏入社会、从事工作直到离开工作岗位为止的这段人生职业工作历程。对职业生涯进行管理有利于提升员工的自我价值，增强企业人力资源管理的有效性，实现员工和企业的双赢。

现代企业员工的职业生涯发展阶段可以划分为发展初期、发展中期以及发展后期三个阶段。职业选择与个人因素密切相关，霍兰德提出的个性—职业匹配理论和施恩提出的职业锚理论为员工进行职业选择及企业筛选员工提供了借鉴参考。

新员工、处于职业生涯中期的员工以及处于退休前期的员工处在不同的职业生涯发展阶段，企业需根据不同阶段的个人需求、任职状态及职业行为等确定相适应的职业生涯管理和发展内容。

目前，以旅行社和酒店为代表的旅游企业应设计可行的职业生涯管理方案，以留住高素质人才。

> **实务案例**

海底捞："草根"员工的职业发展

四川海底捞餐饮股份有限公司（简称海底捞）于1994年3月20日由张勇创立。海底捞创立初期为一家经营麻辣烫的小店，现已发展为以经营四川风味火锅为主，融汇各地火锅特色于一体的大型直营连锁企业。2017年，海底捞的全年收入为106.37亿元人民币，与上年相比增长36.2%，盈利为10.28亿元人民币。

海底捞定位为中高档火锅店，人均消费150~200元人民币。海底捞以周到的服务如店内免费提供围裙、橡皮筋、发夹等物品及托儿服务等著称。排队等位的顾客可享受免费擦鞋、美甲等服务。服务员不但提供如帮客人剥虾壳等服务，表演拉面、唱歌等节目，还会主动制造惊喜，例如发现客人过生日则会送上蛋糕和礼物。店内的服务员来自全国各地，顾客还可以指定老乡服务员为其服务。

在海底捞，顾客感到宾至如归，有一种到朋友家做客的亲切感，而这种感觉的产生应归功于每一个将海底捞视作自己的"家"的员工。海底捞的服务员常说："海底捞的生意好了，我们就好了！"可见，员工已经真正将海底捞视为自己的"家"，将海底捞的事当作自己的事，已经用行动在实践着"利益共同体"的朴素道理。这种"家"的承诺在员工的流动率方面得到了很好的体现:海底捞的流动率一直保持在10%左右的低水平,这在平均流动率超过30%的中国餐饮业实属凤毛麟角。

海底捞是如何留住员工的?董事长张勇认为,要留住员工,就要让员工看到希望,要让员工在海底捞能看见自己的成长及未来。海底捞把"双手改变命运"的文化理念深深根植于员工心中,绘成员工的愿景、梦想和目标,激励着员工的职业成长。

1. 三条职业发展通道

海底捞为员工提供了三条职业发展通道,如图8-3所示。

(1) 管理通道。在海底捞,员工可以选择管理通道进行发展。从新员工开始,经过层层考核逐渐成为合格员工,然后晋升为一级员工。优秀的一级员工可被评为优秀员工,然后可逐步晋升为领班、大堂经理、分店经理。表现特别优秀的分店经理,有可能被提拔为区域经理、大区总经理,甚至是副总经理。

(2) 技术通道。除了管理通道外,海底捞的员工也可以根据自身的特点选择技术通道进行发展。新员工在晋升为合格员工、一级员工、先进员工后,可以不选择向领班这一管理通道的职位进行晋升,而是逐步向技术通道的职位晋升,即标兵员工、功勋员工。通过在技术通道的晋升,海底捞的员工即使不担任管理职务也可以实现工资和福利待遇的增加。事实上,海底捞的功勋员工可与分店店长的待遇相同。技术通道的实施,克服了管理通道狭窄的问题,极大地激励了大多数员工。

(3) 后勤管理通道。新员工在晋升为合格员工、一级员工、先进员工后,除了管理通道与技术通道,还可以选择后勤管理通道进行发展,到办公室、财务部、采购部、技术部、开发部等管理支持部门工作,在这些部门中逐级晋升。

海底捞的"底",就是指基层;海底捞的"捞",就是从基层发现和培养管理人员。在管理人员的任职方面,海底捞坚定地实施内部晋升制度。除了技术总监、财务总监与物流经理等少数岗位从外部招聘以外,其他所有的干部,包括领班、分店经理、厨师长、大区经理等都必须从内部选拔。所有的管理人员必须从最基层的服务员做起,根据业绩公平晋升。通过三条职业生涯发展通道的建设,海底捞可以保证所有的员工都可以根据自身特点和企业发展的需要,找到最适合自己的职业发展通道。特别是技术通道与后勤管理通道的建设,极大地拓展了员工的职业生涯发展空间,让所有的员工都看到了职业发展的希望和未来。

2. 树立职业发展范例

在海底捞内部,管理者善于通过向员工宣传成功的职业发展范例来鼓励基层员工,提升士气。以现任海底捞董事的袁华强为例,他于1980年出生在四川农村,自幼家境贫寒。1999年中专毕业后,袁华强进入海底捞工作,任职的第一份工作是洗碗。后来,他从传菜员、门童又转做会计,后来又转做领班,继而被晋升为大

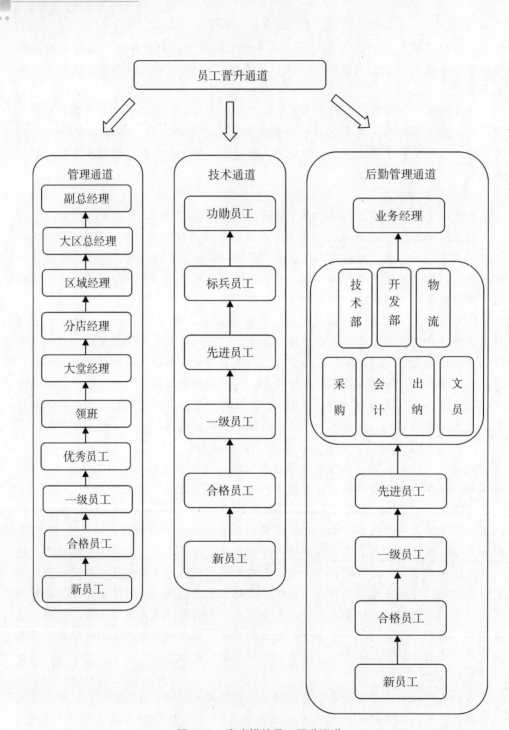

图 8-3 海底捞的员工晋升通道

堂经理、分店经理、大区经理等，几乎干遍了海底捞内部的所有职位。由于他业绩突出，一路升迁，并在 2009 年公司改制时拿到了部分股份，现已任公司董事，年薪在百万元以上。

[资料来源：①姬娇娇，乔志杰. 谈员工满意度对企业发展的重要性——以"海底捞"公司为例 [J]. 商业经济, 2012 (7): 80-81. ②余吉安，杨斌，王曼. 餐饮企业人力资源管理成功之道——以小肥羊和海底捞为例 [J]. 华东经济管理, 2014, 28 (11): 115-122.]

案例讨论题：
1. 海底捞是如何对员工进行职业生涯管理的？
2. 海底捞员工的职业发展路径对高员工流失率的酒店业有什么启示？

复习思考题

1. 职业生涯和职业生涯管理的概念分别是什么？
2. 职业生涯管理的意义和原则是什么？
3. 职业生涯发展初期、中期和后期的特点分别是什么？员工和企业应该如何应对？
4. 简述霍兰德的个性—职业匹配理论和施恩的职业锚理论。
5. 职业生涯高原现象是什么意思？企业应该如何处理？
6. 请针对导游员不同的职业发展阶段，提出相适应的职业生涯管理策略。
7. 请针对酒店行业中男性和女性员工的不同特点，提出相应的职业生涯发展策略。

本章参考文献

[1] 柏杨. 星级酒店女性员工职业生涯规划影响因素分析 [J]. 蚌埠学院学报, 2013, 2 (1): 41-46.
[2] 蔡晓梅，何瀚林. 如何成为男人？高星级酒店男性职员的性别气质建构：广州案例 [J]. 旅游学刊, 2017, 32 (1): 42-53.
[3] 陈方英. 酒店一线员工工作家庭冲突及其组织行为后果的实证研究 [J]. 北京第二外国语学院学报, 2011, 33 (5): 71-77.
[4] 李杰. 酒店员工工作家庭冲突中的沟通管理 [J]. 青岛酒店管理职业技术学院学报, 2010 (4): 45-50.
[5] 李志刚. 酒店人力资源管理 [M]. 重庆：重庆大学出版社, 2016.
[6] 林丽，张建民，陶小龙. 现代人力资源管理 [M]. 北京：机械工业出版社, 2018.

[7] 龙迪. 职业生涯高原成因与管理策略 [J]. 商业时代, 2009 (10): 46-47.

[8] 罗志勇. 论导游员的职业生涯管理 [J]. 中外企业家, 2010 (6): 211-212.

[9] 牛明铎. 旅游市场营销 [M]. 成都: 西南财经大学出版社, 2016.

[10] 诺伊, 霍伦贝克, 格哈特, 等. 人力资源管理: 赢得竞争优势 [M]. 刘昕, 译. 5 版. 北京: 中国人民大学出版社, 2005.

[11] 欧钟慧, 秀艳. 酒店业人才流失原因及对策探究 [J]. 现代商业, 2011 (5): 93-95.

[12] 钱振波. 人力资源管理: 理论·政策·实践 [M]. 北京: 清华大学出版社, 2004.

[13] 沈飞跃, 王中文. 试论酒店业员工职业生涯规划的现状与对策 [J]. 湖南工业职业技术学院学报, 2007, 7 (4): 50-51.

[14] 谢宝国, 龙立荣. 职业生涯高原对员工工作满意度、组织承诺、离职意愿的影响 [J]. 心理学报, 2008 (8): 927-938.

[15] 谢宝国, 龙立荣. 职业生涯高原研究述评 [J]. 心理科学进展, 2005, 13 (3): 348-355.

[16] 熊伟, 李绮华. 酒店女性管理者职业生涯规划的影响因素分析: 以广州市高星级酒店为例 [J]. 旅游研究, 2010, 2 (3): 72-79.

[17] 徐细雄, 淦未宇. 组织支持契合、心理授权与雇员组织承诺: 一个新生代农民工雇佣关系管理的理论框架——基于海底捞的案例研究 [J]. 管理世界, 2011 (12): 131-147, 169.

[18] 严伟, 戴欣佚. 旅游企业人力资源管理 [M]. 上海: 上海交通大学出版社, 2009.

[19] 杨云, 彭敏志. 中国酒店业员工岗位性别差异对薪酬的影响研究 [J]. 中国人力资源开发, 2016 (2): 35-42.

[20] 杨云. 酒店员工性别、薪酬差异对离职行为影响研究 [J]. 旅游学刊, 2014, 29 (4): 38-47.

[21] 于桂兰, 魏海燕. 人力资源管理 [M]. 北京: 清华大学出版社, 2004.

[22] 余琛. 职业生涯管理: 当知识型员工遭遇职业高原 [J]. 商场现代化, 2008 (26): 287-288.

[23] 张琦, 柳光露. 酒店员工职业生涯发展与规划研究 [J]. 中国商论, 2011 (26): 64-65.

[24] 张再生, 肖雅楠. 职业生涯发展理论及中国本土新现象: 隐喻视角分析 [J]. 东北大学学报 (社会科学版), 2008 (4): 319-326.

[25] 赵君, 肖素芳, 赵书松. 职业生涯高原研究述评 [J]. 管理学报, 2018 (10): 1098-1106.

[26] Feldman D C, Weitz B A. Career plateaus reconsidered [J]. Journal of management, 1988, 14 (1): 69-80.

[27] Ference T P, Stoner J A F, Kirby W E. Managing the career plateau [J]. Academy of management review, 1977, 2 (4): 602-612.

[28] Hall D T. Project work as an antidote to career plateauing in a declining engineering organization [J]. Human resource management, 1985, 24 (3): 271-292.

[29] Rotondo D. Individual-difference variables and career-related coping [J]. The journal of social psychology, 1999, 139 (4): 458-471.

[30] Veiga J F. Plateaued versus nonplateaued managers: career patterns, attitudes, and path potential [J]. The academy of management journal, 1981, 24 (3): 566-578.

第四篇

旅游企业人力资源利用

本部分包括第九至十一章。第九章介绍了绩效管理和绩效评估的概念、绩效评估技术、旅游企业绩效评估存在的问题及改善策略。第十章介绍了薪酬管理的相关内容，包括薪酬对员工的影响、薪酬体系设计、薪酬管理、员工福利和小费管理。第十一章介绍了劳资关系和健康安全管理相关知识，包括劳工立法和工会组织、旅游企业安全和健康管理，以及旅游企业员工偏差行为管理。

第九章　旅游企业绩效管理

【学习目标】企业绩效管理是人力资源管理中的重要内容。通过本章的学习，你应该能够：
（1）掌握绩效管理的概念和特征。
（2）掌握绩效管理和绩效评估的区别与联系。
（3）掌握旅游企业绩效管理的基础理论。
（4）了解旅游企业绩效管理的发展与演变历程。

【前期思考】旅游企业的绩效管理是什么？它对企业的发展起着怎样的作用？

【重点和难点】重点掌握旅游企业绩效管理的概念、特点，以及旅游企业绩效管理的方法。难点是掌握绩效管理的基本理论。

引导案例

目标联结，鼓励高效
——B集团以结果为导向的强考核绩效管理模式

B地产集团（简称B集团）是我国集地产、金融、健康、旅游及体育于一体的房地产公司，是我国房地产行业的标杆企业。B集团能取得如此显著的成就，与其采取的绩效管理模式有着密切的联系。

1. 重在考核，严在执行

B集团的高层管理者认为，绩效管理重在考核，严在执行。因此，"严格"成为B集团进行绩效管理的重要特征。B集团认为，只有用严格的制度管理，才能化解人为因素导致的风险，而贯彻"追求内部公平、鼓励高效工作、提倡优胜劣汰"的绩效考核原则，有助于保障企业稳健地发展。在"无情管理"理念的倡导下，B集团全面采取目标计划管理、绩效考核等一系列管理手段，以刚性的制度和强大的执行力推动绩效目标的实现。

2. 绩效考核全面而细致

在B集团，上到集团高管，下到普通员工，全体员工都需要参与到以实现战略目标为导向的绩效管理体系中。对于高层管理者而言，企业需要通过绩效管理来实施战略，达成企业目标；对于中层管理者而言，绩效管理可以有力地促进部门任务的完成；对于员工个人而言，绩效管理有利于达成工作目标、提高个人绩效、实现职业生涯的发展。

B集团的绩效考核周期分为月度和季度。月度计划执行考核内容来自组织的绩效目标，包括本部门计划完成率与各地区公司当月平均计划完成率；季度综合考评内容由综合素质（20%）、精神作风（40%）、工作业绩（40%）构成，每一个职位的每一项职责都有详细且对应的分值。

3. 绩效考核与奖金挂钩

B集团实施绩效考核和奖金紧密挂钩的政策，即员工绩效考核的结果是其月度和年度奖金分配的核心依据。其中，月度奖金基数由月薪资额50%的月浮动奖金及月薪资额30%～60%的额外奖金共同构成，而月度计划考核结果决定了奖金的发放额度。季度综合考评结果则决定了奖金发放的调节系数，绩效系数分为三个等级，即1.2、1、0.8，分别对应强制排序后的人数比率20%、60%、20%。同时，考核结果是双向激励的，即绩效考核存在倒扣机制，奖罚对等，重奖重罚，将个人绩效与组织绩效相联结，形成"心往一处想、劲往一处使"的格局。

综合上述分析可以得知，B集团的绩效管理重视目标的高效实现，考核内容以结果考核为主，考核周期较短，以月度考核为主，是以结果为导向的强考核绩效管理模式。选择此种绩效管理模式，与B集团自身公司战略、企业文化、企业发展阶段有密切的联系。

在公司战略方面，B集团采取成本领先战略，强调以最低的单位成本价格提供标准化的产品，产品以中低端为主，因此需要对员工的工作进程、产品的质量和成本费用进行严格把控。在企业文化方面，B集团的集权程度高，总部对各地区公司的对口部门进行垂直管理，将各项指标量化到岗位和个人，将计划和目标分解到较短的考核周期，有利于加强总部对地方的控制和管理。在公司发展阶段方面，B集团正处于迅速成长的阶段，致力于快速抢占市场，为满足自身快速扩张的需求，B集团强化总部管理模式，考核各项目的实施计划，严格管控员工的工作绩效，因此以结果为导向对员工进行考核。

B集团以结果为导向的强考核模式操作简易，业绩导向明确，见效较快，适应自身的发展战略、企业文化和发展阶段。然而，这种绩效管理模式强调的"无情管理""严格执行""优胜劣汰"在一定程度上有可能忽视了对员工的人文关怀，导致员工工作压力大，提高员工的流失率，因而需要企业拥有极高的知名度和薪资条件才能吸引并留住人才。

［资料来源：冯熠，刘娅. 标杆房企绩效管理创新：以恒大、万科和龙湖为例［J］. 企业管理，2019（5）：70-74.］

阅读上述案例，请讨论以下问题：

1. 案例中的 A 集团的绩效管理有哪些特点？
2. 你认为 A 集团为什么要采用以结果为导向的强考核绩效管理模式？你赞成这种绩效管理模式吗？为什么？

第一节 绩效管理概述

一、绩效管理的概念

1. 绩效的定义

绩效（performance）是素质、行为和结果的统一，是指在一定的时间内，投入知识、技能等，通过与组织目标相关的、可测量的、具有评价要素的工作行为和方法实现某种结果的过程。绩效包括员工绩效、部门绩效和组织绩效三个层次。一方面，员工绩效是部门绩效和组织绩效的基础，部门绩效和组织绩效建立在员工绩效之上；另一方面，部门绩效是员工绩效的整合，组织绩效是部门绩效的整合。

2. 绩效管理的定义

绩效管理（performance management）是指组织按照一定的绩效目标和标准，采取比较科学的方法收集和绩效有关的信息，定期对员工的绩效水平做出评价和反馈，以确保员工的工作活动和结果与组织的要求相一致，进而保证组织目标实现的管理手段与过程。绩效管理能够把员工的努力与组织的战略目标联系在一起，通过提高员工的个人绩效来提高企业的整体绩效，从而实现组织的战略目标。

3. 绩效考核与绩效管理

绩效考核（performance appraisal）也称为绩效评价、绩效评估，它是指考核主体对照绩效目标、绩效标准，采取科学的考评方法，对员工的素质、工作行为和工作结果进行全面、系统、科学的分析与评估，并传递考核结果、处理结果申述的过程。对应绩效的层次，绩效考核也分为员工、部门和组织三个层次，并以员工的绩效评价作为企业绩效管理的基础和重点。

在传统的管理理论与实践中，人们通常把绩效管理等同于绩效考核。而随着人力资源管理的发展，绩效管理的理念逐步深入人心，绩效考核成了绩效管理的一个组成部分，但代表不了绩效管理的全部。完整意义上的绩效管理是由绩效计划、绩效监控、绩效考核及绩效反馈这四个部分组成的一个系统。绩效管理与绩效考核的具体区别见表9-1。

表9-1 绩效管理与绩效考核的区别

区别点	绩效管理	绩效考核
关注点	员工绩效水平的持续提升	对员工绩效结果的评价
管理方式	事前沟通、事中沟通、事后提高	事后控制
管理者的角色	教练、导师	裁判、法官、警察
时间维度	过去、现在、未来	过去
沟通与参与	共同参与、持续沟通	上级分配、下级实施
具体内容	绩效计划的制订和实施、绩效评估、绩效反馈、绩效结果的应用	评价的原则、方法、步骤,评价方案的制订、实施和反馈
表现形式	共同奋斗、持续提升	评定绩效、论功行赏

二、绩效管理的内容

在绩效管理的过程中,管理者对员工进行指导和支持,与员工持续进行沟通、反馈等活动。根据时间的先后顺序,可将绩效管理划分为绩效计划、绩效监控、绩效考核及绩效反馈这四个阶段,如图9-1所示。

(1) 在绩效计划阶段,管理者以组织的战略目标为基础,与员工共同商讨并确定本绩效周期(一般为半年或一年)内的具体绩效目标、绩效标准及相应的行动计划。管理者与员工还需将沟通的结果落实为正式的书面协议——绩效计划和评估表,它是管理者和员工双方在明晰责、权、利的基础上签订的一个内部协议。

(2) 在绩效监控阶段,管理者对下属的绩效进行持续的观察、记录与总结,并及时与员工进行沟通反馈。特别是发现员工在工作中的问题后,管理者需及时与员工探讨,并为员工提供相应的指导与建议。

(3) 在绩效考核阶段,管理者根据在绩效计划阶段确定的绩效目标与绩效标准,对员工的绩效表现进行评价。

(4) 在绩效反馈阶段,管理者应与员工进行正式的绩效反馈,一般通过面谈的形式,将员工在此绩效周期内取得的最终绩效结果告知员工,并制订相应的解决措施与未来的行动计划。

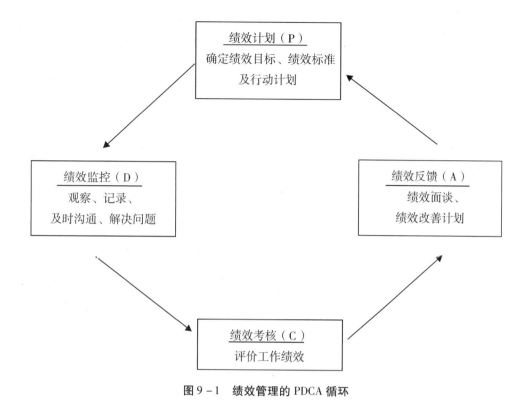

图 9-1 绩效管理的 PDCA 循环

三、绩效管理的意义

绩效管理作为组织人力资源管理中的重要内容，对于组织、管理者以及员工个人都具有重要的意义。

首先，绩效管理对于组织具有重要的意义。通过绩效目标的设立，企业可将组织的战略目标逐层分解到各个业务单位与员工。组织通过绩效管理，可以保证所有员工都向着组织的战略目标努力，从而促进组织战略目标的有效实现。另外，建立高效的绩效管理系统，有助于形成持续改进、追求卓越的良好组织氛围。实施绩效管理系统，也是组织学习的过程。在此过程中，有效的做事方式被保留下来，无效的被淘汰，从而持续提升组织整体工作的有效程度与绩效水平。

其次，建立有效的绩效管理系统也是组织管理者的需要。对于管理者而言，绩效管理是一个有效的管理工具：组织目标传递到团队、分解到个人后，可促进员工的工作行为和努力方向保持一致。另外，通过绩效管理体系的建立，管理者可将自己的工作标准及对员工的工作期望以清晰、正式的方式传递给下属。在绩效管理的过程中，管理者可以及时观察员工的工作表现，发现下属的发展潜力与需要改进之处。另外，绩效管理的结果也可为管理者做出薪酬调整、职位晋升等决策时提供客观的依据。

最后，有效的绩效管理体系同样有益于员工个人的发展。一方面，员工需要了解自己的绩效表现。从事工作活动后获得反馈，体会到被认可的感觉并获得成就感，这是个体的基本心理需要。这种心理需要被满足后，可以有效地激励员工更加努力地投入工作。另一方面，帮助员工持续提升绩效是绩效管理的最终目标。通过实施绩效管理，员工可以得到管理者的指导与建议，并不断提高自己的绩效水平，从而有益于员工长期的职业发展。

四、绩效管理的原则

绩效管理作为组织管理的一种有力工具，确保了企业总体战略的逐步实施和年度工作目标的实现，并且有利于在企业内部形成一种以绩效为导向的企业文化。为了更好地实施绩效管理，组织应该注意以下原则。

（1）与组织发展战略相一致的原则。保证企业总体发展战略目标的实现是组织绩效管理的最终目的之一，因此，绩效管理的实施应该紧密围绕企业的发展目标。如在绩效计划的制订阶段，应根据总体战略目标，自上而下逐层进行目标分解，确保"事事有人做，人人有事做"。

（2）客观公正原则。实施绩效管理的过程中，应保持透明化，建立公平、客观的绩效管理系统。特别是在绩效评价与绩效反馈阶段，企业务必保证评价的过程公正、评价结论的准确、评价结果的应用合理。

（3）流程系统化原则。绩效管理是人力资源管理的重要内容，与其他管理模块有着紧密的联系。高效的绩效管理系统的建立，需要与人力资源管理的其他模块有机结合。

（4）沟通与参与原则。绩效管理的有效实施，需要每一位员工的参与与承诺。从绩效计划阶段开始，就应充分发挥员工的积极性，使其参与到绩效目标与行动计划的制订过程中来，以增加员工对绩效目标的承诺度，提升绩效目标实现的可能性。在绩效监控、绩效评价与绩效反馈的过程中，管理者也应该与员工保持充分的沟通，及时发现问题并解决问题，帮助员工更好地达成绩效目标。

（5）激励原则。绩效管理应该成为促使企业员工持续追求更高的绩效水平的助力器。因此在绩效计划阶段，所制定的绩效目标应具有一定的挑战性，促使员工付出努力以达成更高的目标。在绩效结果的应用方面，绩效评价结果与薪酬及其他非物质奖惩等激励机制应紧密相连，拉大绩效突出者与其他人的薪酬差距，打破平均主义，做到奖优罚劣，激励先进、鞭策后进，营造追求卓越、突出绩效的企业文化。

第二节 绩效计划

一、绩效计划的定义

绩效计划是对整个绩效管理过程的指导和规划，是一种前瞻性的思考。绩效计划作为绩效管理过程的开端，这一阶段的主要任务是制订绩效计划，即通过管理者与员工的共同讨论，确定出员工的绩效考核目标和绩效考核周期。

企业在制订绩效计划时，应注意由员工和管理者共同参与。例如，应由双方共同确认绩效目标，以提升员工的承诺度。此外，在实施绩效管理的过程中，应根据外界环境和企业战略的变化对绩效计划进行相应的调整，不可墨守成规。

二、绩效计划的主要内容

完整的绩效计划应包含以下几个方面的内容。第一，绩效计划应该包括考核周期内的绩效目标体系，即绩效目标（含绩效指标和绩效标准）与绩效考核周期等内容。第二，员工为实现最终目标应完成的工作和采取的措施。第三，对绩效管理的其他三个阶段，即绩效监控阶段、绩效考核阶段和绩效反馈阶段的工作进行前瞻性的规划。下文主要对绩效管理目标体系的构建和考核周期的确定两部分内容进行阐述，第三个部分的内容将会在其他环节对应的章节进行介绍。

（一）绩效目标

绩效目标是对员工在绩效考核期间的工作任务和工作要求所做的界定，由绩效内容和绩效标准两个部分组成。

1. 绩效内容

绩效内容界定了员工的工作任务，即员工在绩效管理周期内应该做的事情，它包含了绩效项目和绩效指标两个部分。绩效项目是指绩效的维度，即从哪些方面对员工的绩效进行考核。常见的绩效项目有三个：工作业绩、工作能力和工作态度。而绩效指标则是对上述绩效项目的分解和细化。以工作能力这一绩效项目为例，其可以细化出计划能力、组织领导能力、文字表达能力、沟通协调能力等多个具体的绩效指标。

在制定绩效指标时，应注意以下几个问题。第一，绩效指标应当依据职位说明书来确定，以有效地涵盖员工的实际工作内容，既不能缺失部分工作内容，也不能涵盖其职责范围以外的工作内容。第二，绩效指标应当具体、明确地指出考核内容，不能过于笼统，也不能存在对指标含义的多种理解，否则就无法真正地实施考核。例如，对于"对客服务设施完好率"这一指标，应当明确对客服务设施的范围，避免在实施考核时出现争议。第三，绩效指标应当具有差异性，即应根据员工职位的不同制定不同的考核指标，即使有部分相同的指标，权重也应当不一样。例如，酒店前厅部经理的绩效指标就应当和人力资源部门经理的绩效指标有所不同。第四，绩效指标应当具有可调整性。在不同的绩效周期，绩效指标的内容及比重应该根据工作任务的变化而进行调整。例如，当酒店需要重点解决顾客投诉的问题时，应当提升"投诉解决率"这一指标的比重，以促使员工更好地完成这一工作任务。

2. 绩效标准

绩效标准是对员工工作要求的进一步明确，是绩效指标所应该达到的标准，即员工应当怎么样来做或者做到什么程度。根据绩效指标的不同特点，绩效标准可以分为以下几种类型。一是数值型的标准，例如"餐厅的营业额达到100万元""住店客人的有效投诉件数不超过20件"等。二是百分比型的标准，例如"每次培训的满意率为95%以上""仪容仪表检查的合格率为98%以上""菜品出新率为40%以上"等。三是时间型的标准，例如"在2小时以内解决客户的投诉""在2个工作日内回复应聘者的求职申请"等。四是行为描述型的非量化型的标准，一般用于工作能力和工作态度等不可量化或者量化成本比较高的指标。表9-2是某公司对员工"客户第一"这一价值观指标给出的五个等级的描述。

表9-2 "客户第一"的绩效标准

价值观	得分	标准
客户第一	1分	尊重他人，随时随地维护公司
	2分	微笑面对投诉和委屈，积极主动为客户解决问题
	3分	与客户交流的过程中，积极解决问题，即使不是自己的责任也不推诿
	4分	站在客户的角度思考问题，提高客户对公司的满意度
	5分	具有超前服务意识，防患于未然

3. 绩效目标的 SMART 原则

企业在设计绩效目标时，应遵循"明智（SMART）原则"，其具体含义如下：

S（specific）：明确的、具体的。绩效目标要清晰、明确，让管理者与员工都能够准确地理解。

M（measurable）：可衡量的。绩效目标必须是可衡量的，即绩效目标必须有明确的衡量指标，并且员工的实际绩效表现与绩效目标之间的衡量是可以比较的。

A（attainable）：可实现的。所设置的绩效目标和考核指标都必须是员工付出努力就能够实现的，既不能过高也不能过低。比如对销售经理的考核，在各方面的条件都变化不大的情况下，要求销售经理把销售收入从去年的 2000 万元提升到今年的 1.5 亿元，这就是一个完全不具备可实现性的考核指标。绩效指标的目标值应该结合个人的情况、岗位的情况、过往历史的情况来设定，过高的目标会使员工认为没有努力的必要，而过低的目标则会导致员工失去努力的动力。

R（relevant）：相关的。管理者与员工共同制定的目标，必须与企业的整体战略、部门的目标息息相关，绩效目标不能孤立存在。

T（time bound）：有时限性的。在设置绩效目标的考核内容的同时，也需要确定实现这一目标所需的时间。如仅仅制定 2000 万元销售额的考核目标是没有意义的，还必须规定在多长时间内完成 2000 万元的销售额，这才是完整的目标设置。

（二）绩效考核周期

绩效考核周期，也叫绩效考核期限，即企业间隔多长时间对员工进行一次绩效考核。合理的绩效考核周期应兼顾准确性与经济性的原则。一方面，所制定的绩效考核周期不能过长，应保证绩效考核的准确性，以促进员工工作绩效的及时改进；另一方面，绩效考核周期也不能过短，避免频繁考核带来的人力、物力等资源的过度耗费。具体来说，企业在制定绩效考核周期时，要考虑以下三个因素。

第一，职位的性质。一般来说，如果职位的工作绩效对企业整体绩效的影响比较大，考核周期的设定则应相对较短，这样有助于企业及时发现问题，并帮助员工进一步提升工作绩效。例如，销售类职位的考核周期就应当比行政部的支持类职位的考核周期要短。

第二，绩效内容的性质。一般来说，如果工作业绩指标是比较容易考核评定的，应考核得更为频繁一些。另外，性质稳定且提升相对缓慢的绩效考核内容，考核周期相对要长一些；相反，性质多变且提升较快的绩效指标，考核周期则应设置得短一些。例如，员工的工作能力相对于工作业绩而言更为稳定，提升起来也需要更长的时间，因此，对工作能力的考核周期相对于工作业绩而言要长一些。

第三，绩效标准的性质。企业应当根据员工达到所设置的绩效标准所需要的时

间来设定绩效考核的周期。例如，对于"顾客满意度由60%提升到80%以上"这一绩效标准，按照经验通常需要3个月的时间才能达到，因此，将考核周期定为3个月较为合理。如果将考核周期设置为1个月，员工难以完成，这样就失去了考核的意义。

三、绩效计划的工具

自20世纪50年代以来，绩效管理逐渐发展成为人力资源管理理论研究的重点，学者们先后研究并提出了目标管理法、关键绩效指标法、平衡计分卡、目标与关键成果法等工具。其中，以目标管理法、关键绩效指标法与平衡计分卡为基础构建的绩效考核指标体系，由于可操作性强，并且能够结合企业的战略目标与员工的考核指标，成了企业界较受欢迎的绩效计划工具。

（一）目标管理法

1. 目标管理的定义

目标管理（management by objectives，MBO）源于美国管理专家彼得·德鲁克（Peter Drucker）的著作《管理的实践》。德鲁克在这本书中首先提出了"目标管理和自我控制"的主张。"目标管理"这一概念可以从以下几个方面进行定义：①目标管理是一个全面的管理系统。②它是一个通过科学地制定目标，依据目标进行考核评价来实施组织管理任务的过程。③它运用系统的方法，结合许多关键的管理活动，以高效率地实现个人目标和企业目标。

德鲁克认为，并不是先有工作才有目标，而是相反，有了目标才能确定每个人的工作。所以，"企业的使命和任务，必须转化为目标"。如果一个领域没有特定的目标，这个领域必然会被忽视。如果没有方向一致的分目标指示每个人的工作，则企业的规模越大，人员越多，专业分工越细，发生冲突和浪费的可能性就越大。企业里的每个管理人员和员工的具体工作目标即为分目标，是企业总目标分解到个人层面的体现。只有实现每一个分目标，企业总目标才有实现的希望。

目标管理法是以相信人的积极性和能力为基础的，企业各级领导者对下属人员的领导，不是简单地依靠行政命令强迫下属去工作，而是运用激励理论，引导员工自己制定工作目标、自主进行自我控制、自觉采取措施实现目标、自动进行自我评价。目标管理法通过引导来启发员工自觉地去工作，其最大的特征是通过激发员工的工作潜能、提高员工的工作效率来促进企业整体目标的实现。

2. 目标管理的特点

目标管理既是对目标进行管理，也是依据目标进行管理，其特点主要是：

（1）目标管理运用系统论的思想，通过目标体系进行管理。上级与下级共同制定目标，让目标的实现者同时成为目标的制定者。

（2）目标管理是一种民主的、强调员工自我管理的管理制度，即"自我控制"。

（3）目标管理强调成果，实行"能力至上"的准则，促使领导权力下放。

（二）关键绩效指标法

1. 关键绩效指标法的含义

关键绩效指标，又称 KPI（key performance indicators），是对组织运作过程中关键成功要素的提炼和归纳。KPI 是组织中"计划、行动、测量"管理循环中的重要组成部分。它强力支撑组织愿景、战略的实现，促进组织核心竞争力的提升，并能够帮助组织优化运营流程。KPI 是通过对组织运作过程的关键成功因素进行开发、分析、提炼和归纳，用以衡量绩效的一种目标式量化管理指标。

关键绩效指标法是广泛被组织使用的一种绩效评估技术，其核心要点在于依据组织总体的 KPI，将总 KPI 逐步分解到各个部门，再由部门分解到各个职位，依次采用层层分解、互为支持的方法，确定各部门、各职位的关键绩效指标，并通过定量或定性的指标确定下来。采用关键绩效指标法进行绩效评估，具有较大的优势。一方面，关键绩效指标法可将公司的愿景、战略与部门及个人的工作内容紧密连接；另一方面，关键绩效指标法可将内外部客户的价值连接。此外，关键绩效指标法的考核内容少而精，可控制性强，对员工的指导作用大。当然，关键绩效指标法也存在一些缺点，如对简单的工作制定标准难度较大、缺乏一定的可量化性。此外，绩效指标只是一些关键的指标，对于其他非关键内容缺少评估。

2. 关键绩效指标法的实施流程

建立 KPI 指标的要点在于流程性、计划性和系统性，其实施步骤主要是：

（1）明确企业的战略目标。首先应该明确企业的战略目标，并在企业会议上利用头脑风暴法和鱼骨分析法等方法找出企业的业务重点，也就是企业价值评估的重点。然后，再用头脑风暴法找出这些关键业务领域的关键业绩指标，即企业级 KPI。建立企业级 KPI 的过程可见图 9-2。

（2）确定部门的评价指标体系。各部门的主管需要依据企业级 KPI 建立部门级 KPI，并对相应部门的 KPI 进行分解，确定相关的要素目标，分析绩效驱动因素（技术、组织、人力），确定实现目标的工作流程，分解出各部门级的 KPI，以便确定评价指标体系。

（3）确定个人的关键工作内容和评价指标体系。各部门的主管和部门的员工

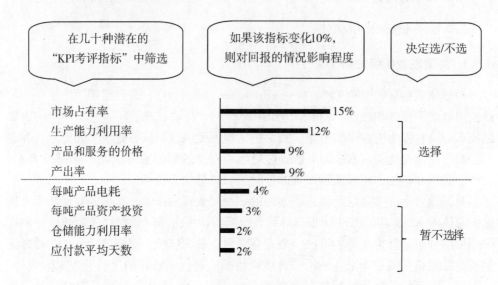

图9-2 关键绩效指标法的实施流程

一起再将部门级 KPI 进一步细分，分解为更详细的 KPI 及各职位的业绩衡量指标。这些业绩衡量指标就是员工考核的要素和依据。KPI 体系的建立和评估过程本身，就是统一全体员工朝着企业战略目标努力的过程，也必将对各部门管理者的绩效管理工作起到很大的促进作用。

（4）指标体系确立之后，还需要设定评价标准。指标指的是从哪些方面衡量或评价工作，解决"评价什么"的问题；而标准指的是在各个指标上分别应该达到什么样的水平，解决"被评价者怎样做，做多少"的问题。

（5）对关键绩效指标进行审核。比如，对以下问题进行审核：多个评价者对同一个绩效指标进行评价，结果是否能取得一致？这些指标的总和是否可以解释被评估者 80% 以上的工作目标？跟踪和监控这些关键绩效指标是否可以操作？审核主要是为了确保这些关键绩效指标能够全面、客观地反映被评价对象的绩效，而且易于操作。

（6）定期对关键绩效指标进行考核。确定了关键绩效指标和考核标准后，定期的考核是最重要的。在考核的过程中，要注意识别被考评者的工作业绩，通过记录的数据和事实等信息，正确有效地识别员工的工作产出，然后对照关键绩效标准进行考核。

（7）及时反馈关键绩效考核的结果。考核结果是考核工作得以发挥作用的关键。绩效考核的目的在于改进员工的工作业绩。如果没有及时的反馈，那么关键绩效考核就流于形式了。许多旅游企业绩效评估的运作效果不好，其中一个重要原因就是企业没有进行有效的绩效考核，尤其是没有对关键绩效考核的反馈。

（三）平衡计分卡

1. 平衡记分卡的发展

（1）平衡记分卡的提出与发展。

平衡记分卡是从财务、客户、内部运营、学习与成长四个角度，将组织的战略落实为可操作的衡量指标和目标值的一种新型绩效管理体系。平衡记分卡是哈佛大学财会学教授罗伯特·卡普兰与复兴方案公司总裁戴维·诺顿在积累了大量实践经验的基础上，建立的一套革命性管理系统。与之前的绩效管理理念不同，平衡记分卡作为一种新兴的绩效管理体系，除了评价传统的财务业绩之外，还提出了三个新的需考核的领域：客户、内部运营和学习与成长。这在很大程度上革新了传统的绩效管理理念，从四个角度更加平衡地衡量组织绩效的情况，以保证企业战略得到有效的执行。平衡记分卡的具体内容见图9-3。

从1992年卡普兰与诺顿在《哈佛商业评论》发表的第一篇关于平衡计分卡的文章到2000年《战略中心型组织》一书的出版，平衡计分卡已从最初的业绩衡量体系转变为用于战略执行的新绩效管理体系，平衡计分卡的应用和研究也已取得了重大的突破。2004年，卡普兰与诺顿又出版了一本关于平衡计分卡的新书——《战略地图》。《战略地图》阐述的是如何将组织的战略可视化，该书通过战略地图来描述将组织的无形资产转化为有形成果的路径，提出了"战略准备度"这一新的概念，即系统地评估无形资产与企业战略协调一致的程度。

平衡记分卡这一具有划时代意义的管理工具引起了企业界实践的热潮。根据权威机构的调查，世界500强企业中有80%的企业引入了平衡记分卡，《财富》排名前1000的公司中有55%以上的公司已经实施了平衡记分卡。2002年，《哈佛商业评论》将平衡记分卡评为"75年以来最有价值和影响力的十项管理工具之一"。

（2）平衡记分卡的优势。

与传统的以财务指标为核心的考核技术相比，平衡记分卡具有诸多的优势。一方面，平衡记分卡有助于克服财务评估方法的短期行为。此外，平衡记分卡还有利于保持组织所有的资源协调一致，并服务于战略目标，能有效地将组织的战略转化为组织各层的绩效指标和行动，这在一定程度上解决了企业战略规划操作性差的缺点。另一方面，平衡记分卡有利于各级员工对组织目标和战略的沟通与理解，保证

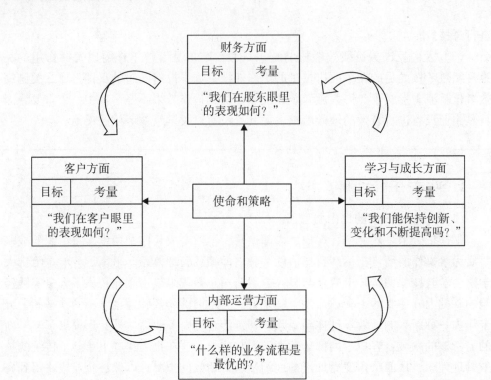

图 9-3　平衡记分卡的四个方面

了组织的年度计划和组织的长远发展方向得到有效的结合。另外,平衡记分卡还有利于组织和员工的学习成长和核心能力的培养。

顾名思义,平衡记分卡最重要的优势在于其"平衡性"。平衡记分卡的"平衡作用"具体体现在以下四点:

第一,财务与非财务的平衡。平衡计分卡源自为了解决单一财务指标的弊端,它要求从财务和非财务的角度去思考公司的战略目标及考核指标。财务指标只是一种滞后的结果性指标,它只能反映公司过去发生的情况,不能告诉企业应该如何改善业绩。财务与非财务的平衡强调的是企业不仅要关注财务绩效,更要关注对财务绩效产生直接影响的非财务因素。

第二,短期和长期的平衡。平衡计分卡既关注短期的经营目标和绩效指标,也关注长期的战略目标与绩效指标。也就是说,平衡计分卡既关注了企业近期目标的完成,也关注了企业的长期发展,有效结合了企业的战略规划和年度计划,保证企业的年度计划和企业的长远发展方向保持一致。

第三,内部与外部的平衡。平衡计分卡将评价的视线范围由传统上的只注重企业内部评价,扩大到企业外部,包括股东、顾客,关注了公司内外的相关利益方,能有效地实现外部(如客户和股东)与内部(如流程和员工)衡量之间的平衡。

第四，前置与滞后的平衡。平衡计分卡中强调的前置与滞后的平衡主要涉及两个层面。一方面，平衡计分卡强调企业不仅要关注事后的结果，更要关注影响结果的因素和过程。另一方面，其强调企业不仅要关注那些能反映企业过去绩效的滞后性指标，也要关注能反映、预测企业未来绩效的领先指标。

2．平衡计分卡的应用

（1）实施平衡计分卡的条件。

自平衡记分卡问世以来，其在全球的学术界和实践界都掀起了热潮。很多企业都跃跃欲试，希望能够引入平衡记分卡。然而，实际上，企业需要具备以下四个条件，才有可能在平衡记分卡的应用方面取得较好的效果。

第一，企业应以目标、战略为导向。平衡计分卡的成功之处就在于将企业战略置于绩效管理的中心。因此，企业要应用平衡计分卡，必须做到将战略作为企业的导向。平衡计分卡的成功引进，还可以帮助企业重新认识和制定企业的战略。

第二，企业需面临较大的竞争压力，并且这一压力被企业的管理者和员工所感知。经济全球化的一个直接影响是所有企业面临着不断加剧的竞争，竞争的压力是企业谋求发展的动力，这正好是平衡计分卡得以实施的重要原因。在企业的管理者和员工均能感知到企业面临着较大竞争压力的情况下，平衡记分卡在企业内部的各个层面才能得到有效的实施。

第三，企业的成本管理水平较高。实施平衡计分卡的企业应具备较高的成本管理水平，原因是平衡计分卡中有些量化的指标如客户盈利率等在传统的成本管理方法下难以得到所需的有效信息。

第四，企业需要具备良好的基础管理。企业只有已经具备良好的基础管理，实施平衡记分卡才有可能取得良好的效果。企业的基础管理包括人力资源管理、战略管理、质量管理、生产管理、成本管理、采购管理、营销管理等，对这些领域的良好管理可以保证平衡记分卡四个方面的有效实施。

（2）实施平衡记分卡的要点。

实施平衡记分卡的要点是指标的设置。

在引入平衡计分卡的初期，很多企业都会存在困惑，例如，平衡记分卡上应有多少衡量指标？不同层面的衡量指标所占的比例是多少？卡普兰曾指出，根据经验，平衡计分卡中应有20～25个衡量指标。这20～25个指标在四个方面上的典型分配如下：财务方面的指标应有5个左右（约占比22%），如总资产报酬率、投资报酬率、净资产收益率、销售增长率、销售利润率等；客户方面的指标应有5个左右（约占比22%），如市场占有率、新客户获得率、客户满意度、客户盈利率、客户投诉率等；内部运营方面的指标应有8～10个（约占比34%），如新产品的市场情况、产品质量、服务质量、成本状况、企业的生产技术能力、企业的运营和流程综合能力、创新程度、效率状况等；学习与成长方面的指标应有5个左右（约占比22%），如员工培训率、信息吸收和更新率、员工对企业决策的参与状况、员工内部晋升率、员工满意度等。

根据 Best Practices 公司在1998年所做的一项独立研究，他们分析了32家成功导入平衡计分卡的组织，最后发现了与上述相似的指标分配方式。由于内部运营指标是财务与客户成果的重要绩效驱动因素，因此，企业一般在这一方面设置较多的指标。此外，平衡计分卡上应有80%的指标是非财务性的。

第三节　绩效监控与绩效考核

一、绩效监控

在绩效计划阶段之后，管理者与员工在绩效目标方面已经达成了一致。为了帮助员工获得最终的优秀绩效，管理者需要对员工的工作行为进行持续的监督管理，这就是绩效监控。在绩效监控期内，管理者应当采用恰当的领导风格，积极指导下属的工作，与下属进行持续的绩效沟通，预防或解决实现绩效目标的过程中可能发生的各种问题，以更好地完成绩效计划。下文将对绩效监控阶段的关键点进行简要的介绍。

1. 与员工持续沟通

管理者与员工之间的持续沟通是贯穿绩效监控阶段的核心部分。在沟通时，管理者应重点关注的内容有：员工目前的工作进展如何？员工和团队是否在正确的达成绩效目标和绩效标准的轨道上运行？如果有偏离方向的趋势，应该采取什么行动以扭转局面？哪些工作进展较好，哪些工作遇到了障碍与困难？为了解决困难，员工需要哪些资源的支持？管理者与员工在哪些方面已经达成一致，在哪些方面还存在分歧？

一般来说，管理者与员工的持续沟通可以通过多种沟通方式实现。正式的沟通方式有：周报、月报、季报、年报、工作日志、工作邮件、正式的面谈与会议等的书面报告；非正式的沟通方式更为多样，常见的非正式沟通有：非正式的面谈、走动式管理、开放式办公室、休息时间的沟通等。与正式的沟通相比，非正式的沟通往往效果更好：在轻松的氛围中，员工更容易真实地表达自己的想法。因此，管理者应该充分利用各种非正式的沟通方式，以达到更好的沟通效果。

通过充分的、持续的沟通，管理者可以为员工提供丰富的信息，为员工绩效计划的完成打好基础。管理者还可以根据现实情况及时调整相应的措施，以保证员工的工作在正确的轨道上运行。此外，管理者也可以从沟通中获得更多的信息，以便日后对员工的绩效进行客观有效的评估。

2. 辅导与咨询

绩效管理的根本目的是通过改善员工的绩效来提高企业的整体绩效。只有每个员工的绩效得到了提升，组织整体的绩效才有可能提升。因此，在绩效监控的过程中，管理者应当针对员工在实施绩效计划的过程中出现的问题及时地提供辅导与咨询，以帮助员工改善绩效，最终更好地达成企业的绩效目标。

管理者对员工进行辅导的具体过程是：①确定员工实现绩效目标所需要的知识与技能，为其提供持续发展的机会，并帮助员工掌握相关技能；②确保员工理解与接受持续学习的必要性；③管理者应与员工探讨学习的范围与员工偏好的学习方式；④让员工知道如何管理自己的学习，并明确需要帮助的环节；⑤鼓励员工完成自我学习计划；⑥在员工需要时，及时地提供指导。

3. 收集绩效信息

在绩效监控阶段，管理者需要对员工的绩效表现做出观察和记录，收集与其绩效表现相关的信息，为下一阶段的绩效评估做好准备。管理者可以采用的收集与绩效相关的信息的方法有：①观察法。管理人员可以直接观察员工在工作中的表现，并如实地记录下来。②工作记录法。员工某些工作目标的完成情况可以通过其工作记录体现出来，如顾客投诉日志、会议纪要等。③他人反馈法。他人反馈法指从与员工在工作中有交往的个体处获得信息，包括顾客、同事、其他部门的联系人等。例如，顾客满意度调查就是一种典型的他人反馈法。

通过收集员工的绩效信息，管理者可以为下一阶段的绩效考核提供客观的事实依据，有助于对员工的绩效进行更为客观、科学的评价。此外，管理者也可以更好地帮助员工改善绩效。日常绩效信息的记录，为员工的绩效改善提供了具体事例，管理者可以用这些记录更好地向员工说明他们需要在哪些方面进行进一步的提升与改进。

二、绩效考核

绩效考核是依据绩效计划阶段所确立的标准，根据绩效执行过程中以及结束后收集的数据，对绩效考核周期内的员工绩效水平进行评估的过程。常见的绩效考核方式有以下几种。

（一）个体评价方法

1. 图尺度评价法

图尺度评价法也称为图解式考评法，是最简单，也是运用得最普遍的工作绩效评价技术之一。它列举出一些组织所期望的绩效构成要素（如质量、数量、个人特征等），并列举出跨越范围较宽的工作绩效等级（从"不令人满意"到"非常优异"）。在进行工作绩效评价时，首先针对每一位下属员工，从每一项评价要素中找出最能符合其绩效状况的分数。然后，将每一位员工所得到的所有分值进行汇总，即得到其最终的工作绩效评价结果。

这一测评方法有很多种变形，比如通过对指标项的细化，可以测评具体某一职位人员的表现。指标的维度来源于被测对象所在职位的职位说明书（job description），从中选取与该职位最为密切相关的关键职能领域（key functional area，KFA），再进行总结分析出关键绩效指标，然后为各指标项标明重要程度，即权重。表9-3即为图尺度评价量表举例。

表9-3 图尺度评价量表举例

评价指标	权重（%）	优秀（5）	良好（4）	满意（3）	尚可（2）	不满意（1）	得分
工作数量	15						
服务质量	25						
专业知识水平	15						
合作精神	10						
创造性	10						
顾客满意程度	15						
工作纪律	10						
总得分							

2. 强制选择法

强制选择法要求考核者从一系列陈述中选择与被考核者的特征最接近的陈述。这些陈述通常是成对出现的，它们分别标志着员工完成工作的成功与否。而哪句话表明员工的绩效更高，考核者事先并不知道。例如，一些强制选择的陈述如表9-4所示。

表9-4 强制选择陈述举例

陈述一	1a. 努力工作 1b. 迅速工作
陈述二	2a. 对顾客负责 2b. 表现出首创精神
陈述三	3a. 产出质量差 3b. 缺乏良好的工作习惯

我们可以看出，这种考核方法中给出的选项，很可能与被考核者的特征都有差距，这样，考核者就必须反复揣度每一对陈述中到底哪一句与被考核者更接近一些。这样自然带来一个问题：考核的准确性问题。真正的强制选择陈述必须是行为科学专家结合企业实际、针对各个岗位的工作要求制定出来的，而且其分析、整理都要求具有很高的科学性。在这样的基础上，虽然每对陈述中的两个选项都可能与被考核者的实际表现相差比较大，但是将很多选项放在一起的组合，就可以通过系统化的分析方法，得出被考核者工作绩效的实际结果。

企业要想使用这种方法，必须在绩效考核方面花大力气，严格坚持科学性。强制选择法广泛适用于不同的工作，且容易标准化。但是，这种方法与具体工作的联系不紧密，限制了它改进员工表现的作用。采用此方法，考核者并不知道哪一组描述句会最终导致较高（或较低的）测评，所以无法对某个人的测评表示偏袒或贬低。员工在每一组考核中只被选择了一项，会感到有的方面被轻视。因为提供不了许多有益的反馈，所以，考核者和被考核者都不太喜欢这种考核方法。

3. 评述评估法

评估者以一篇简洁的记叙文的形式来描述员工的业绩。这种方法集中描述员工在工作中的突出行为，而不是日常每天的业绩。不少管理者认为，叙述法不仅简单，而且是最好的一种评估方法。然而，叙述法的缺点在于评估结果在很大程度上取决于评估者的主观意愿和文字水平。此外，由于没有统一的标准，不同员工之间的评估结果难以比较。

4. 关键事件法

关键事件法是由美国学者诺格（J. Flanagan）和伯恩斯（R. Baras）在1954年共同创立的，它是由上级主管记录员工在平时工作中的关键事件：一种是做得特别好的事件，一种是做得不好的。在规定的时间内，通常是在半年或一年之后，利用所积累的记录，由主管与被考核者讨论相关事件，为员工的绩效考核提供依据。

关键事件法的主要优点是研究的焦点集中在职务行为上，因为行为是可观察的、可测量的。但是，这个方法也有两个主要的缺点：一是费时，需要花大量的时间去搜集每个员工的关键事件，并加以概括和分类；二是关键事件的定义是显著的对工作绩效有效或无效的事件，但是，这就遗漏了平均绩效水平。而对工作考核来说，最重要的一点就是要描述"平均"的职务绩效。利用关键事件法，难以涉及中等绩效的员工，因而全面的绩效分析工作就不能完成。

5. 行为锚等级评价法

行为锚等级评价法是一种试图将关键事件法和量化评价技术结合在一起的工作绩效评价技术，它是将定量的评价尺度与特定的优良绩效或劣等绩效的相关事件描述结合在一起，形成的一种新的绩效评价方法，并得到了广泛的应用。

建立行为锚等级评价表通常要求按照以下五个步骤来进行。

（1）获取关键事件。首先要求对工作较为了解的人员（通常是工作的承担者及其主管）对一些代表优良绩效和劣等绩效的关键事件进行描述。

（2）建立绩效评价等级。然后由这些人将关键事件合并成为数不多的几个绩效要素（如5个或10个），并对绩效要素的内容加以界定。

（3）对关键事件重新加以分配。这时，由另外一组同样对工作比较了解的人来对原始的关键事件进行重新排列。他们首先会得到已经界定好的工作绩效要素以及所有的关键事件，接着他们需要做的就是将所有这些关键事件分别放入他们自己认为最合适的绩效要素中去。通常情况是，如果就同一关键事件而言，第二组中某一比例以上（通常是50%~80%）的人将其放入的绩效要素与第一组人将其放入的绩效要素是相同的，那么，这一关键事件的最后位置就可以确定了。

（4）对关键事件进行评定。第二组人会被要求对关键事件中所描述的行为进行评定（一般是采用7点或9点等级尺度评定法），以判断它们能否有效地代表某一工作绩效所要求的绩效水平。

（5）建立最终的工作绩效评价体系。由此，对于每一个工作绩效要素来说，都将会有一组关键事件（通常每组中有6~7个关键事件）来作为"行为锚"。

6. 行为观察评估法

行为观察评估法（behavioral observation scales，BOS）是在行为锚等级评价法的基础上发展起来的一种变异形式，也是从关键事件中发展而来的一种绩效评估方法。行为观察评估法与行为锚等级评价法的不同点主要表现在以下两个方面。

一是行为观察评估法并不剔除那些不能代表有效绩效和无效绩效的大量非关键行为；相反，它采用了这些非关键事件中的许多行为来更具体地界定构成有效绩效（或者会被认为是无效绩效）的所有必要行为。

二是行为观察评估法并不是要评估哪一种行为最好地反映了员工的绩效，而是要求管理者对员工在评估期内表现出来的每一种行为的频率进行评估，然后再将所得的评估结果进行平均之后得出总体的绩效评估等级。

行为观察评估法容易将高绩效与低绩效区分开来，能够维持客观性，便于提供结果反馈，便于确定后期的培训需求，易于使用。行为观察评估法示例表如表9-5所示。

表9-5 行为观察评估法示例

```
克服变革的阻力
● 向下属描述变革的细节
    1：几乎从来不；  2：偶尔；   3：有时；  4：经常；  5：常常如此
● 解释为什么必须进行变革
    1：几乎从来不；  2：偶尔；   3：有时；  4：经常；  5：常常如此
● 与员工讨论变革会给员工带来何种影响
    1：几乎从来不；  2：偶尔；   3：有时；  4：经常；  5：常常如此
● 倾听员工的心声
    1：几乎从来不；  2：偶尔；   3：有时；  4：经常；  5：常常如此
● 在使变革成功的过程中请求员工的帮助
    1：几乎从来不；  2：偶尔；   3：有时；  4：经常；  5：常常如此
● 如果有必要，会就员工关心的问题定一个具体的日期来进行变革之后的跟踪会谈
    1：几乎从来不；  2：偶尔；   3：有时；  4：经常；  5：几乎常常如此
总分数 = 很差      尚可       良好       优秀的      出色的
         6～10    11～15    16～20    21～25    26～30
分数由管理者确定
```

（资料来源：诺伊，霍伦拜克，格哈特，等. 人力资源管理：赢得竞争优势［M］. 5版. 刘昕，译. 北京：中国人民大学出版社，2001.）

（二）多人评估系统

1. 排序法

排序法是把一定职务范围内的员工的绩效，按照某一标准由高到低进行排列的一种绩效评估方法。其优点在于简便易行，完全避免趋中或严格/宽松的误差；缺点在于标准单一，不同部门或岗位之间难以比较。

2. 配对比较法

由于人情、面子在世界各地都是影响绩效考核的因素，因此，考核者往往不愿

意对被考核者给出比较低的评价，容易造成"居中趋势"及考核误差，以至于难以区分员工之间绩效的差别。为此，配对比较法应运而生。配对比较法就是将被考核者进行两两逐对比较，比较中被认为绩效更好的得1分，绩效不如比较对象的得0分。在进行完所有比较后，将每个人的所得分加总，就得到了这个人的相对绩效，并根据这个得分来评价出被考核者的绩效优劣次序。

虽然在避免趋中、强制排序方面，配对比较法具有一定的优势，然而当企业在需要同时评价很多员工的情况下，这样的方法需要进行相当多次数的比较：同时考核N个员工，就需要进行 $N(N-1)/2$ 次比较。所以，这种考核在同时考核的人数不多的情况下比较容易操作。而一旦超过20人，就相当费时、费力了。此外，配对比较法还有一个缺点：难以得出绝对评价，只能给出相对的位置。使用配对比较法时，有时还会造成循环：在三个人的绩效中，A优于B、B优于C、C又优于A，则每人都得1分，这样就无法进行后续评价了。而在这种方法的主观评价下，这种情况是有可能出现的。

3. 强制分布法

强制分布法是一种将限定职务范围内的员工按照某一概率分布划分到有限数量的几种类型上的方法。例如，假定所有员工的工作表现大致服从正态分布，评价者按预先确定的概率（比如，共划分五个类型，优秀占5%、良好占15%、合格占60%、稍差占15%、不合格占5%）把员工划分到不同的类型中。这种方法有效地减少了趋中或严格/宽松的误差。但这种方法的问题在于假设不符合实际，因为各部门中不同类型员工的划分概率一般不一致。

第四节 绩效反馈

绩效管理的目的是实现员工绩效的持续改进，并最终实现企业整体绩效目标，因此，管理者应当在绩效考核结束后向员工进行及时的绩效反馈，并制订相应的绩效改进计划。为了更好地实现绩效管理的目的，在绩效反馈阶段，管理者不仅需要通过绩效面谈的方式将绩效考核的结果反馈给员工，更重要的是要与员工共同探讨本考核周期内出现的问题，并制订相应的绩效改进计划，以进一步提升员工绩效。同时，企业还应合理应用绩效考核的结果，如以绩效考核结果为依据对员工进行升职、调薪等。本节将从绩效面谈和绩效结果应用这两个方面对绩效反馈这一环节进行阐述。

一、绩效面谈

1. 绩效面谈的组织安排

当绩效反馈的对象为普通员工时,绩效面谈一般由业务部门在企业人力资源部门的指导下自行组织安排,确定面谈人员、时间、地点等细节问题。组织安排绩效面谈时,首先要确定面谈的主持者和参与者。面谈的主持者应为部门的主要管理人员,员工的直接管理者、企业人力资源部门的人员等也应该一起参与。

面谈的组织者还应该选择合适的时间和地点。一般而言,应在绩效结果确认后,尽快安排绩效面谈,并挑选员工工作任务较少、相对较为放松的时段进行。在面谈的地点选择上,既可以选择办公室、会议室等较为正式的场合,也可以选择咖啡厅之类的休闲场所。

2. 绩效面谈的实施

在绩效面谈中,面谈者应当根据提前准备的面谈计划进行面谈,包括面谈内容、顺序和关键点等,把握好面谈的进度。面谈的主要内容应包括员工的本次绩效目标考核情况、绩效表现出现问题的原因以及今后提升绩效的方案等。谈话中,管理者应当注重以下三点。

(1)坚持客观中立的立场,就事论事。在指出员工在绩效表现方面的不足时,应坚持对事不对人的原则,将讨论的范围聚焦于工作,避免让员工觉得自己遭受了人身攻击。对员工自尊的维护,有助于使其保持积极的工作情绪,从而使面谈达到增强信任、促进员工提升绩效的目的。

(2)面谈者应当具体指出员工存在的问题,避免模糊的论断。例如,不能笼统地告诉员工"你的沟通能力不强",而是应当给出员工沟通能力不足的具体表现。更重要的是,在指出问题后,面谈者需要与员工一起探讨目前所存在的问题的原因,并有针对性地提出改进计划,帮助员工最终实现绩效的改善。

(3)在面谈结束后,组织者应当对面谈的信息进行全面的汇总记录,如实地记录在面谈中双方谈话的主要内容以及所达成的共识。

二、绩效结果应用

绩效结果的应用对于改进员工绩效、提升组织整体绩效和强化企业管理都具有重要的作用和价值。现实中,很多企业的绩效管理往往止步于绩效考核,对绩效考核结果的应用不够重视,这容易让员工认为企业的绩效管理只是流于形式,甚至认为企业的管理存在不公平之处。一方面，企业应当根据员工在绩效表现方面存在的问题，和员工共同制订绩效改进计划，以进一步提升员工的绩效。另一方面，企业应当根据绩效考核结果做出相应的人力资源管理决策。

1. 绩效改进

在获得绩效考核结果之后，管理者首先应当与员工共同分析绩效表现存在问题的原因，这是制订绩效改进计划的基础。一般而言，可以从员工的知识、技能、态度和环境四个方面分析员工绩效不佳的原因，也可以从员工自身和外部环境两个角度来探寻原因。

在管理者与员工就绩效不佳的原因达成共识后，双方还应当进一步制订相应的改进方案。针对每一项不良的绩效维度，首先可以确定个人可以采取的改进措施，如改善工作态度、避免迟到早退、在一个月的时间内学习某项技能等。另外，当员工需要通过在岗培训、脱产培训等其他方式提升技能时，企业应提供必要的资源支持，如为员工报名参加内部的培训课程、由管理者提供一对一的辅导、指定资深员工作为导师、为其报销脱产培训费用等。

2. 人力资源管理决策

为了更好地应用绩效管理的结果，企业还应当根据绩效考核结果做出相关的人力资源管理决策。常见的相关人力资源管理决策包括以下四点。

（1）员工培训。根据所制订的绩效改进计划，企业可以有针对性地为员工提供相关的培训，以帮助其提高知识和技能水平，使员工更好地提升在下一个绩效管理周期中的绩效表现。

（2）薪酬奖金的再分配。一般来说，大部分企业员工的薪资报酬有一部分是与绩效挂钩的，只是不同性质的职位在挂钩的比例方面存在不同。根据绩效考核的结果对员工与绩效相关的报酬进行调整，有助于鼓励员工保持企业需要的、积极的工作行为，并保持努力工作的动力。同时，也有助于减少员工的负面行为。

（3）职务或职位的调整。绩效考核的结果是员工职务或职位发生调整的重要依据。职务方面的调整主要指职位纵向的升降。一般来说，当员工的绩效表现非常突出时，可以考虑让其升职，承担更大的责任。职位的调整一般指横向的岗位轮换，例如在销售员岗位上表现不佳的员工，企业可以根据其特点将其轮换到与售后相关的岗位。

（4）员工的职业生涯规划。根据员工的目标绩效水平和一定时期内的绩效提高与培训过程，企业管理者应与员工共同协商，制订系统的、长远的绩效与能力改进计划，明确员工在企业中的职业发展路径。

第五节 旅游企业的绩效管理

一、旅游企业绩效管理的现状

从 20 世纪 80 年代开始，旅游企业由于其独特的服务特征，吸引了国内外学者对其人力资源管理进行专门的研究。主流人力资源管理理论和方法大量应用于旅游企业的人力资源管理实践活动，使得旅游企业人力资源管理成为一门较成熟的学科。在绩效管理方面，旅游企业和其他行业的企业类似，也经历了从单纯的考核到管理的转变。目前，旅游企业在绩效管理方面还存在着诸多问题，亟待解决。

二、旅游企业绩效管理中存在的问题

(一) 绩效管理体系设计的问题

1. 绩效管理缺乏系统性

（1）绩效管理与人力资源管理的其他环节相分离，对员工的激励与约束不对称，管理缺乏一致性。由于绩效管理没有系统性的支撑，造成了绩效管理"头痛医头、脚痛医脚"的局面，仅有的绩效考核也流于形式。由于缺乏将绩效结果与员工职业发展通道、薪酬管理等人力资源管理环节的结合，绩效管理对员工的激励作用无法实现。

（2）相当部分的旅游企业没有建立系统的绩效管理体制，通常只强调绩效考核的环节，却忽略了绩效计划、绩效监控与绩效反馈等环节。由于这些内容的欠缺，员工认为绩效管理就是定期进行的绩效考核，是企业用来监控自己，甚至是"秋后算账"的一种手段与工具。而旅游企业也落入了"为了考核而考核"的误区，将绩效管理简化为对一些评估表格的年初设计、年终的填报和认定工作，无法真正发挥绩效管理的作用。

2. 绩效指标的设定缺乏科学性

（1）绩效目标的设置不合理，导致员工绩效与组织绩效相分离。目前，很多旅游企业尚未从企业战略出发，没有通过逐层分解组织战略目标，来制定员工的绩效目标，而是设置较为简单粗放的绩效目标来考核员工。员工的绩效目标与企业的战略目标脱节，无法达到对员工日常工作的指引作用，也无法促进企业战略目标的

实现。

（2）除了与企业战略脱节外，旅游企业的绩效指标设置还存在其他问题。例如，一些旅游企业的绩效指标以财务性指标为主，忽略了其他非财务因素。还有一些企业将空泛的定性评议指标的权重设置得过大，定量的考核指标则使用得较少，并且将员工的素质评价与绩效评价混为一谈，以至于在员工的绩效指标中，对员工基本素质的考核占了相当大的比重。另外，不少旅游企业仍沿用传统的绩效考核方法，透明度不高，可操作性差。

（二）考核者（管理者）的问题

在旅游企业中，很多业务部门的管理者对自己在绩效管理中的角色认识不清，认为绩效管理仅仅是人力资源部门的工作，而并非需要所有部门、所有人员共同参与的事情。但事实上，绩效管理是一个复杂的系统工程，它需要多个部门、各级人员的通力协作。人力资源部门在绩效管理中所能完成的任务是与业务部门一起，将企业的发展战略、发展目标有效地分解到每个部门和每个员工，并负责制定绩效考核的原则、方针和政策，组织和协调各部门的考核工作。

各个部门与各级员工是绩效管理的最终实施者与完成者。在绩效管理的过程中，业务部门的管理者扮演着关键的角色。一方面，管理者需要与员工保持充分的沟通，这是绩效管理的核心和关键所在。在绩效计划阶段，管理者需与员工充分沟通，共同制定绩效指标；在绩效监控阶段，管理者需与员工及时沟通，对员工提供帮助与指导；在绩效反馈等阶段，管理者应及时向员工反馈考核结果，并共同制订绩效改进计划。另一方面，管理者应充分认识到绩效管理的价值与自己的关键角色，改变"绩效管理是人力资源部门的事情"以及"绩效管理给本人及部门的工作增加了负担"等不正确的认识。管理者应真正发挥绩效管理的积极作用，帮助员工持续提升绩效，从而持续提升本部门的绩效，最终达到组织战略目标的有效实现。

由于很多旅游企业的绩效目标和考核标准模糊，没有做到对具体岗位进行具体分析，定性化指标太多，难以准确量化，导致考核者在考核时往往以个人的主观感觉为主要判断标准，以致考核不公正、考核结果指导性不强，影响了绩效考核的科学性。

（三）绩效面谈中的问题

绩效面谈是绩效管理的核心环节，是绩效反馈的重要手段之一。绩效面谈直接关系到绩效管理体系能否良性运行、绩效改善的目标能否实现。然而，在很多旅游企业中，由于绩效管理体系的不完善，往往忽略了绩效面谈的环节，或者流于形式，没有真正重视绩效面谈的作用。这些企业往往认为绩效面谈过于耗费时间与精力，因此，仅仅通过书面形式告知员工绩效考核的结果。绩效面谈的缺失，导致企业错失了向员工当面反馈绩效结果并共同商讨绩效改进计划的良机，也可能会引发员工对绩效结果的困惑乃至不满。

在旅游企业中，管理者往往缺乏成功进行绩效面谈的技巧。一方面，管理者不了解提前做好充分准备的重要性，经常在有干扰的场所、随意与员工进行绩效面谈，使得双方没有良好的沟通环境，致使沟通效果大打折扣。另一方面，管理者由于准备不足，对员工的本次绩效表现、日常表现记录、员工本人的特殊情况等不够熟悉，导致对员工的绩效反馈针对性与客观性不强，难以令下属信服，自然也难以与员工共同制订出真正可行的绩效改进计划并获得员工的承诺。

三、旅游企业绩效评估改善策略

（一）树立以企业战略为导向的绩效管理理念

企业战略是企业在市场经济条件下，在总结历史经验、根据调查现状、预测未来的基础上，为谋求生存和发展而做出的具有长远性、全局性的谋划或方案。它是企业经营理念的具体体现，决定了企业的绩效目标和关键政策，是企业制订中长期计划的依据。因此，绩效管理必须以企业战略为导向。坚持战略导向的绩效管理有助于绩效管理与组织战略、组织目标及组织文化达成高度的一致，有助于员工对绩效管理形成认识上的统一，有助于我们在绩效管理的过程中树立超前意识、长远意识、全局意识、权变意识与创新意识。坚持绩效管理的战略导向性，要求我们在日常工作中养成战略性思维（strategic thinking），按企业战略的要求来制订绩效计划和绩效考核的标准，指导和监督员工的绩效行为，并且当旅游企业战略调整时，其导向性更应得到强化。例如，一家为在线客户服务的旅游企业，其绩效管理系统应与企业的核心能力如资深研发人员和客户关系部人员的流动率、团队的领导与合作、在线客户满意度等联系起来。

绩效管理系统不是一个封闭的系统，而是一个动态开放的系统，需要与市场动态、企业文化等环境因素进行良性的互动。绩效管理只有与企业特定的环境相吻合时，才能得以生存和发挥它的优势。旅游企业在实施绩效管理的过程中，需要对企业运行环境进行研究，根据运行环境的变化，对绩效管理系统进行调整，使得企业的绩效管理与旅游企业的实际发展情况相一致。

（二）建立系统的绩效管理体系

一个完整的绩效管理体系，应该包括绩效计划、绩效监控、绩效考核与绩效反馈四个环环相扣的方面，伴之以开放的、持续的、全过程的沟通，同时将绩效考评结果应用于员工的薪资分配、培训、职位变动、职务升迁等。具体来讲，企业在设计绩效目标和拟订绩效计划时，应该以旅游企业的战略为导向，根据企业的任务目标为员工设置绩效管理的目标。在设计绩效考核指标时，应采取定性指标与定量指标相结合的办法，因地制宜地对考核指标进行合理的取舍，防止绩效考核指标的设计不当造成绩效结果的误导性，并且应事先制定考核标准，要对可能出现的偏差进行必要的控制。绩效考核结束后，应及时将考核结果通过面谈的形式反馈给员工，同时将绩效考核的结果与员工的薪酬分配及职业发展规划相挂钩。

绩效考核只是绩效管理系统中的一个环节。为确保绩效管理系统的有效运行，必须认真对待绩效考核后的绩效反馈与绩效奖励等环节。绩效管理并不是以得出绩效考核结果为主要目的，而应将通过改进每位员工的工作绩效来提升企业的整体绩效作为最高目标。因此，绩效考核结束后必须认真安排、精心组织好绩效的反馈与沟通工作。这样既可以使员工了解自己的绩效状况，包括所取得的成绩与存在的不足，同时也可以将旅游企业的发展目标进一步传递给每位员工，使他们更加明确下一阶段的奋斗目标，从而为企业总体绩效的提升而努力。

（三）建立有效的、全过程的绩效管理沟通机制

如果说绩效管理的战略导向性和绩效管理体系的建立分别解决的是绩效管理的方向性问题和基础性问题的话，那么，绩效管理全过程的有效沟通则是绩效管理的核心和关键所在。有效的沟通包括三个方面的内容："讲什么""讲多少""怎么讲"。从旅游企业的管理现状来看，建立有效的绩效管理沟通机制，通过宣传向员工渗透绩效管理的理念、消除抵触情绪至关重要。

（四）改善绩效指标的制定，选择适合本企业的绩效管理工具

绩效指标的制定必须是在旅游企业发展战略的指导下，将企业的各项指标由企业到部门，由部门到个人，层层分解下去。首先，要根据个人的年度工作目标，结合岗位的工作内容、性质，初步确定该岗位绩效考核的各项要素。然后，要综合考虑个人在工作流程中扮演的角色、承担的责任以及同上、下游之间的关系，来最终确定各个岗位的绩效指标和考核标准。为了更好地制定科学的绩效指标体系与评价标准，旅游企业应根据企业的实际情况，选择适合本企业的绩效管理工具，如关键绩效指标法、平衡记分卡等。

（五）加强培训力度，提高管理者进行绩效管理的水平

我国旅游企业的绩效管理会出现前面所述的各种各样的问题，其中一个最主要的原因是各级人员的观念与技能的欠缺。旅游企业必须加大对绩效管理参与者的培训力度。培训的对象包括高层管理人员、人力资源部门员工、中层管理人员，甚至

普通员工。培训的内容应该包括绩效管理的理念、技能、工具和方法。只有向各级人员都提供绩效管理方面的培训，绩效管理体系才有可能顺利实施。培训可以提高旅游企业各级人员对绩效管理的认识，增强员工的自觉参与意识，激发他们在工作过程中的积极性和创造性，让旅游企业各个层面的人员都能够积极参与从企业发展战略的制定到绩效评估等的各个环节，并通过参与来提升整个企业的绩效管理水平，深化整个企业的绩效意识。

本章小结

绩效管理是管理者与员工就应达到的工作目标以及如何实现这些目标达成共识后逐步实现目标的一个持续性的过程，可分为绩效计划、绩效监控、绩效考核及绩效反馈四个阶段。

绩效考核的方式可分为个体评价方法（包括图尺度评价法、关键事件法等）和多人评估系统（包括排序法、配对比较法等）。

在绩效管理方面，旅游企业经历了从单纯的考核到管理的转变，但在绩效考核体系设计、考核者（管理者）和反馈面谈等方面仍存在许多潜在问题，企业应当予以重视，从企业战略、绩效管理体系、绩效管理沟通机制和员工培训等多方面对绩效管理进行改善。

实务案例

平衡计分卡在酒店集团的运用

平衡记分卡问世以后，全世界的优秀企业都掀起了引入平衡记分卡的热潮。在酒店行业中，也有很多酒店集团开始使用平衡记分卡，并取得了良好的效果。希尔顿酒店集团公司（简称希尔顿酒店）是酒店行业使用平衡记分卡的先驱与典范。1997年，希尔顿酒店率先引入了平衡记分卡系统，使其成为希尔顿酒店保证全球服务一致性的策略性工具。平衡记分卡在希尔顿酒店被运用到集团、酒店、部门的各个层面，并因此记录、跟踪和反馈了整个连锁酒店体系的财务表现、内部和外部客户的满意度以及员工的学习与成长。

以平衡记分卡为工具的酒店绩效评价，一方面评价了酒店的财务结果，另一方面也评价了酒店未来成长的潜力。此外，平衡记分卡帮助酒店从顾客、内部运营和社会关系的角度评价酒店的运营情况，将酒店的长期战略与员工平时的日常工作充分地联系起来，将愿景目标转化为系统的业绩评价指标。希尔顿国际酒店宾馆部总裁曾评价说："平衡记分卡已成为今天和明天的商业模式。它不仅使酒店战略具体化并为股东带来良好回报,还使酒店以其战略为中心团结起来,使用这个体系测量、奖励取得的业绩,推动公司更好地发展。"

希尔顿酒店认为,业绩评价指标体系的建立应以财务指标为落脚点,向影响企业经营成功的顾客、内部运营、创新学习与成长等方面拓展,全面评价影响与制约酒店长远发展和竞争力的内外部环境因素。在财务方面,希尔顿酒店制定了非开业前费用(exclusive of pre-opening expenses)、每间可用房收入、市场收入指数、利润增长率、成本降低率、低值易耗品节约率、竞争对手相对成本等一系列指标。在顾客维度,希尔顿集团设置了市场占有率、顾客满意度、顾客回头率、新客户的开发能力等指标。在内部运营维度,希尔顿酒店设置了资本计划实现、第三方公司质量调查、服务等待时间、顾客投诉率、客户付款的及时率、创新能力等指标。最后,在创新学习与成长维度,希尔顿集团从人力资源、组织架构和企业流程方面,评估员工的满意度、忠诚度和技能水平,主要指标包括每人每年接受的培训课时数、员工意见调查、员工流动率、信息的反馈与沟通等。

受益于平衡记分卡的应用,2001年年底,希尔顿酒店的市场收入指数从104%上升到106%,顾客满意度从6分上升到6.25分(满分为7分),顾客忠诚度上升了12%,平均客房收益(RevPAR)上升了2.7%,平均毛利率较同业高出3%。除了国际酒店连锁集团,我国本土品牌的酒店如深圳格兰云天酒店、如家酒店集团等也开始使用平衡记分卡,并收到了良好的效果。

[资料来源:阮晓明. 面向酒店平衡计分卡的KPI指标体系构建:以希尔顿酒店为例[J]. 商场现代化,2010(4):71-73.]

案例讨论题:
1. 希尔顿酒店是如何运用平衡记分卡进行绩效管理的?
2. 希尔顿酒店采用平衡记分卡进行绩效管理有什么优势?
3. 查找或实地调研其他高星级酒店的绩效管理方法,并与希尔顿酒店进行对比。

复习思考题

1. 绩效管理的概念、内容和意义是什么?
2. 绩效管理和绩效考核的区别与联系是什么?
3. 绩效考核的步骤是什么?
4. 有哪些个体考核方法?分别分析其优缺点。
5. 有哪些多人考核方法?分别分析其优缺点。
6. 目标管理法的含义和特点是什么?制定目标应遵循什么原则?

7. 关键绩效指标法的含义、优缺点和实施流程是什么？
8. 平衡记分卡的内容、优势、应用条件是什么？
9. 目前旅游企业的绩效管理中有哪些潜在问题？
10. 旅游企业绩效评估有哪些改善策略？

本章参考文献

[1] 曹书民，杜清玲．PDCA 循环在企业绩效管理系统中的运用［J］．价值工程，2008，27(6)：103－106．

[2] 陈滢．关键绩效指标与企业绩效管理［J］．商场现代化，2018 (12)：78－79．

[3] 高树龙．JZ 旅游集团员工绩效考核体系的优化研究［D］．成都：电子科技大学，2013．

[4] 郭化林，阮晓明，张炜熙．基于战略管理的业绩评价体系［J］．河北职业技术师范学院学报（社会科学版），2003 (4)：25－28．

[5] 何豆莎．平衡计分卡在酒店经营管理中的运用：以希尔顿酒店为例［J］．经贸实践，2015 (12)：332－334．

[6] 胡佐政．企业绩效管理的 KPI 方法及其实施［J］．工业技术经济，2003，22 (2)：103－104．

[7] 贾晓菁，杨剑．人力资源管理与企业绩效关系的研究现状及发展［J］．经济师，2005 (11)：150－151．

[8] 李海婴，姚志辉，翟运开，等．战略导向的企业绩效管理体系［J］．特区经济，2005 (7)：198－199．

[9] 李志刚．酒店人力资源管理［M］．重庆：重庆大学出版社，2016．

[10] 李宇庆．SMART 原则及其与绩效管理关系研究［J］．商场现代化，2007 (19)：148－149．

[11] 林丽，张建民，陶小龙．现代人力资源管理［M］．北京：机械工业出版社，2018．

[12] 刘纯，贾智勇，刘坤．关于饭店绩效管理体系的研究［J］．旅游科学，2003 (1)：28－30．

[13] 刘潇，陈学强，张宇．我国经济型酒店引入平衡计分卡的可行性分析［J］．中国商界，2009 (4)：69，71．

[14] 孟真．基于平衡积分卡的旅游景区关键绩效指标体系的构建与赋权研究：以 M 园区为例［J］．特区经济，2018 (1)：127－128．

[15] 牛成喆，李秀芬．绩效管理的文献综述［J］．甘肃科技纵横，2005，34 (5)：103．

[16] 诺伊，霍伦贝克，格哈特，等．人力资源管理：赢得竞争优势［M］．刘昕，译．5 版．北京：中国人民大学出版社，2005．

[17] 浦秀贤．试论旅游企业的目标管理［J］．旅游学刊，1989 (2)：38－41．

[18] 钱振波．人力资源管理：理论・政策・实践［M］．北京：清华大学出版社，2004．

[19] 容莉．平衡计分卡：酒店企业绩效管理的战略性工具［J］．商业研究，2004 (21)：

63 - 65.

[20] 阮晓明. 基于平衡计分卡及战略地图的酒店战略绩效管理研究：以希尔顿酒店为例[J]. 企业文化，2013（8）：108 - 109.

[21] 阮晓明. 面向酒店平衡计分卡的 KPI 指标体系构建：以希尔顿酒店为例[J]. 商场现代化，2010（4）：71 - 73.

[22] 吴金椿. 关键绩效指标与企业绩效管理[J]. 企业经济，2000（12）：63 - 64.

[23] 于桂兰，魏海燕. 人力资源管理[M]. 北京：清华大学出版社，2004.

[24] 臧德霞. 基于平衡计分卡的饭店企业经营绩效评价[J]. 北京第二外国语学院学报（旅游版），2006（9）：37 - 41.

[25] 张洪. 基于顾客维度的旅游企业绩效管理系统构建[J]. 商业时代，2007（10）：83 - 84.

[26] 赵晓翠. SD 酒店绩效管理体系设计[D]. 济南：山东大学，2010.

[27] 仲理峰，时勘. 绩效管理的几个基本问题[J]. 南开管理评论，2002，5（3）：15 - 19.

[28] Altin M, Koseoglu M A, Yu X, et al. Performance measurement and management research in the hospitality and tourism industry[J]. International journal of contemporary hospitality management, 2018, 30 (2): 1172 - 1189.

[29] Assaf A G, Oh H, Tsionas M. Bayesian approach for the measurement of tourism performance: a case of stochastic frontier models[J]. Journal of travel research, 2017, 56 (2): 172 - 186.

[30] Behn R D. Why measure performance? Different purposes require different measures[J]. Public administration review, 2003, 63 (5): 586 - 606.

[31] Chou J R, Shieh C J, Huang K P. A study of the performance on human resource management strategy in tourism industry with data envelopment analysis[J]. Pakistan journal of statistics, 2012, 28 (5): 735 - 741.

[32] Harris P J, Mongiello M. Key performance indicators in European hotel properties: general managers' choices and company profiles[J]. International journal of contemporary hospitality management, 2001, 13 (13): 120 - 128.

[33] Kaplan R S, Norton D P. The balanced scorecard: measures that drive performance[J]. Harvard business review, 1992, 70 (1): 71 - 79.

[34] Neely A. The evolution of performance measurement research: developments in the last decade and a research agenda for the next[J]. International journal of operations & production management, 2005, 25 (12): 1264 - 1277.

第十章　薪酬设计和管理

【学习目标】薪酬通常包括工资、津贴、奖金和福利等部分，是旅游企业激励员工的主要手段或重要工具。通过本章的学习，你应该能够：

（1）掌握薪酬管理的本质和影响因素。
（2）掌握薪酬设计的相关概念和实施步骤。
（3）了解旅游企业提供的员工福利和福利计划管理。
（4）了解旅游企业小费的管理。

【前期思考】旅游企业的薪酬管理是什么？它对引导员工实现企业发展目标，体现人力资本价值和社会性存在具有什么样的重要意义？

【重点和难点】重点掌握旅游企业薪酬管理的本质，以及旅游企业薪酬设计的方法。难点是掌握不同薪酬管理方法的组合决策。

引导案例

CR 酒店的薪酬体系设计

薪酬体系作为现代企业人力资源管理中的一项主要内容，应该包括金钱回馈和工作范围内提供的福利以及服务。要从根本上激发员工更好地参与到 CR 酒店的各项工作之中，就要结合酒店实际发展状况，建立一套较为系统的薪酬体系，并不断对其进行完善。

一、CR 酒店薪酬体系的设计原则

结合目前酒店薪酬体系设计的相关原则以及理念，综合分析和解剖 CR 酒店的实际发展状况，薪酬设计过程中要遵循以下四个原则。

1. 价值原则

所谓价值原则，就是结合工作岗位在公司的实际价值以及工作岗位的实际人岗匹配状况来对固定薪酬加以确定，从根本上提升员工能力，实现以岗定薪的目的。

2. 市场原则

将一般性的薪酬管理方法与外部市场薪酬水平相结合，以此作为 CR 酒店制定薪酬政策的理论基础，从根本上保证薪酬水平能够在人才市场中更具有显著的竞争优势。

3. 业绩原则

结合CR酒店公司整体业绩、部门业绩以及员工个人业绩来对可变薪酬加以确定，坚持薪酬的确定与实际业绩相挂钩的原则，以此引导员工提高绩效。

4. 分类原则

结合实际的岗位序列确定不同的薪酬水平和薪酬结构，明晰所有岗位的价值创造，鼓励员工实现自我价值。

二、CR酒店薪酬体系设计

1. 做好岗位分析工作

酒店薪酬体系的设计要坚持利用完整的岗位说明书。CR酒店的人力资源部门在前期工作阶段已经制定了部分岗位的说明书，但是，受到各种因素的影响，仍然有一些岗位未被涉及。因此，人力资源部门的工作人员应在原有的岗位说明书基础之上，再次通过实地观察以及问卷调查等方式对相关工作加以分析。具体而言，在编写岗位说明书时，要结合CR酒店阶段性的经营或者管理目标，对酒店的组织结构加以设置，进行岗位定员和定岗工作，并对相关岗位进行描述和分析，还要对各个工作岗位的权利、责任以及任职资格加以说明。在进行上述工作时，要注意根据酒店的实际发展战略，做好短期、中期以及长期的人力资源开发工作，实现人力资源的合理配置。

2. 绩效工资

CR酒店根据以下两种情况来确定绩效工资，即判断员工是酒店管理工作人员还是酒店普通工作人员，针对不同的人员会有不同的绩效标准。首先，酒店管理工作人员的薪酬等级大都超过了5级，对于这部分管理工作人员，酒店除了要保证其绩效工资能够与个人工作绩效实现关联之外，还要能够根据酒店的实际营业收入以及利润状况核发绩效工资。其次，对于酒店普通工作人员，他们的绩效工资不需要与酒店的实际经济效益相联系，绩效工资的发放只要结合个人的实际绩效考核结果来实施即可。

3. 奖金

奖金包括全勤奖、特殊贡献奖、创新奖、优秀团队奖以及年终效益奖等。全勤奖属于月度奖，特殊贡献奖和创新奖属于不定期奖，优秀团队奖以及年终效益奖则属于年度奖。全勤奖是对一个月之内未旷工、请假、迟到以及早退的员工的奖励，和员工的一般工资同时发放，每月100元。全勤奖适用于所有按照规定时间上下班的员工。特殊贡献奖主要是指嘉奖通过个人努力给公司的发展做出较大贡献的员工的奖项。特殊贡献包括员工利用个人资源给公司创造了较大的收益，或者解决了公司在发展过程中遇到的各种困难等。创新奖则是指嘉奖员工在实际工作过程中对各种工作方法加以改进、进行产品创新以及工艺改进，从而给公司的发展带来更多的潜在效益的奖项。优秀团队奖则是对年度工作成绩较为突出、带头模范作用显著、爱岗敬业的团队的一种奖励。创新奖和特殊贡献奖要求员工直接向上级进行申请，由总经理、副总经理或者主管来对相关奖励进行审核。年终效益奖需要根据企业和个人的绩效来确定，由人力资源部门对年终综合考核提出年终效益奖建议，由高层管理委员会或者总经理审核通过，继而实施奖励。

4. 工龄工资

工龄工资的设置主要是为了鼓励员工能够更好地为企业的发展服务。工龄工资是一种只能增加、无法减少的工资单元，因此，在设置工龄工资时，可以使用压缩递增法，避免可能出现的绝对值增长过快的现象。

5. 津贴

津贴包括通信津贴、误餐津贴、交通津贴及出差补贴。

6. 做好薪酬预算和控制工作

（1）薪酬预算。在明确薪酬调整以及调整比例时，要能够准确预算总体薪酬水平。通过实施准确有效的预算，能够保证 CR 酒店在未来一段发展时期内的实际支出得到有效的控制。

（2）控制薪酬总量。支付给员工的实际报酬是目前企业所需要承担的费用，但是，CR 酒店的支付能力相对有限，要尽可能控制薪酬增长速度，使其不超过酒店的实际承受能力。

（3）满足市场变化的需求。薪酬制度的建立需要较为稳定的市场发展条件，同时为了让薪酬水平、薪酬策略以及薪酬结构都能够根据市场薪酬水平以及企业经营状况的变化进行调整，薪酬制度还需要具有显著的弹性。酒店薪酬制度虽然不同于企业战略的制定，但是二者之间存在一定的联系。企业战略需要结合其发展环境而不断变化，当外部环境发生变化时，企业战略也要进行调整；在调整的过程中，酒店向员工发出有效的愿景信息，并通过薪酬管理来对与企业战略相一致的员工行为进行奖励。

酒店薪酬体系的设计作为人力资源管理工作中一项较为系统的工程，其设计过程必须对员工的实际状况、酒店的薪酬管理工作现状以及酒店的实际运行状况进行综合考虑，在确定设计原则、设计思路以及设计内容之后，实施正确的薪酬设计工作，从根本上提升酒店的薪酬管理水平。

[资料来源：张颢新. CR 酒店的薪酬体系设计工作 [J]. 企业改革与管理，2015（8）：81.]

阅读上述案例，请讨论以下问题：
（1）影响 CR 酒店薪酬体系设计的主要因素有哪些？
（2）CR 酒店的薪酬体系设计包括哪些内容？
（3）如何激励员工长期留在 CR 酒店工作？

第一节 薪酬和薪酬管理概念

旅游企业有效的薪酬管理能起到吸引和激励旅游人才的作用，并对旅游从业人员的工作态度、工作行为和工作绩效产生积极的影响。对员工而言，薪酬不仅是其收入的主要组成部分，是决定其生活质量的重要因素，更是其人力资本价值和社会性存在意义的具体体现。在旅游企业的管理实践中，员工对薪酬的满意度直接影响到员工对待工作的态度和对企业的忠诚度。

一、薪酬

（一）薪酬的概念和构成

美国著名薪酬专家乔治·T. 米尔科维奇（George T. Milkovich）把薪酬定义为员工作为雇用关系的一方所得到的各种货币收入、服务及福利之和。美国薪酬专家约瑟夫·J. 马尔托奇奥（Joseph J. Martocchio）将薪酬界定为员工因完成工作而得到的外在和内在的奖励，并将薪酬划分为外在薪酬和内在薪酬。刘善仕和王雁飞认为，薪酬是企业根据员工为企业所做出贡献（包括员工的业绩、付出的努力和时间、学识、技能、经验与创造等）的大小而支付给员工的相应回报。

长期以来，人们对薪酬的理解有广义和狭义之分。广义的薪酬包括外在报酬和内在报酬。在薪酬构成中，最主要的是外在报酬，它又包括直接报酬和间接报酬。直接报酬一般是货币上的概念，包括固定薪酬和可变薪酬。固定薪酬又称基本工资，是企业按照一定的时间周期、一定的薪酬设计定期向员工发放的固定工资。可变薪酬又叫可变工资，包括激励工资、奖金、股票期权、利润分享等，是基于员工出色的工作绩效或超额完成任务而计付的薪酬。间接报酬又叫福利，既包括经济福利，如津贴（对非绩效因素如高危工作、加班、出差等的补贴）、额外生活费用补偿、地区差异补贴、住房补助等，也包括非经济福利，如喜爱的工作、培训机会、办公环境、免费班车和住宿、免费或折价工作餐、带薪休假、保险计划、私人秘书等。内在报酬主要是指精神上的补偿，如归属感、成就感、决策参与度、个人发展机会、和谐的人际关系、工作自主性、授权等心理方面的报酬。而狭义的薪酬主要是指外在报酬，指个人获得的以工资、奖金等货币或实物形式支付的劳动报酬，也就是人们通常所指的薪酬。

现代人力资源管理提出了更为全面的薪酬管理思想，认为全面的薪酬结构包括薪酬、福利、工作本身、工作环境四个方面，如表 10-1 所示。

表 10-1　全面的薪酬结构

薪酬	福利		工作本身	工作环境
	法定福利	自愿定制福利计划		
基本工资 奖金 津贴 股票期权 小费	社会保险 失业保险 医疗保险与休假 养老保险 非工作时间付薪	带薪休假 健康关怀 人寿保险 补充失业福利 补充医疗保险 优先认购股权计划 ……	技能多样性 挑战性的工作 任务重要性 自主、成就感 反馈 学习与发展机会 继任计划 培训 ……	组织文化和政策 同事关系 上级、同事认可与内部地位 工作与生活的平衡 工作弹性（包括弹性工作时间、压缩工作周、工作分担、远程办公、兼职等）

（二）薪酬的功能

薪酬具有多方面的功能，具体表现在企业、员工和社会三个方面。

1. 企业方面的功能

薪酬对旅游企业的功能主要体现在支撑、激励、配置和协调四个方面。

（1）支撑功能。旅游企业依靠员工来运营，必须给员工支付薪酬。薪酬就是旅游企业购买劳动力的成本，但这本身也是一种对人力资本的投资，这种投资能够为旅游企业带来大于成本的预期收益。

（2）激励功能。旅游企业通过薪酬来激励员工的工作积极性，使员工的行为持续跟随企业战略的发展，从而提高企业绩效。

（3）配置功能。薪酬是旅游企业合理配置劳动力和提高效率的工具。在旅游企业内部，员工一般会愿意到薪酬较高的岗位或部门工作，因此，利用薪酬差别可以引导人力资源的流向，促进人力资源的有效配置。

（4）协调功能。旅游企业可以通过调整薪酬水平，将企业的绩效目标和管理者意图传递给员工，使员工行为与企业发展目标相一致；同时，企业可以通过合理的薪酬制度和薪酬结构，促使团队内部的员工之间相互协作，实现团队的绩效目标。

2. 员工方面的功能

对于员工来说，一个有效、完整的薪酬结构，应该具有保障、激励和调节功能。

（1）保障功能。生存工资理论认为，薪酬至少要满足员工的正常生活需要。薪酬可以保障员工的生理需要和安全需要，增强员工对预期风险的心理保障意识，增强员工对旅游企业的归属感。薪酬的变动直接对员工及其家庭的生活质量和发展状态产生重大的影响。

（2）激励功能。效率工资理论认为，较高的薪酬提高了员工的努力程度。较高的薪酬水平和合理设置的薪酬差异可以激励员工工作的积极性，并激发员工的潜能。具体表现为，员工倾向于努力工作，不断学习提升，用较高的工作绩效来回报旅游企业的认可和信任。

（3）调节功能。根据马斯洛需求理论，薪酬除了满足员工衣、食、住、行等基本生存需求外，还需要满足员工社交、娱乐、教育、自我学习与自我实现等方面的更高层次的需求。因此，旅游企业可以通过提供一些薪酬、福利以及服务的组合，让员工自由选择薪酬结构，各取所需，实现薪酬的调节功能。

3. 社会方面的功能

薪酬对社会的自由劳动力具有再配置的功能。薪酬作为劳动力价值的信号，调节着劳动力的供需和流向。例如，当某一地区的旅游企业劳动力供不应求时，薪酬水平就会上升，从而促进劳动力从其他区域、部门和职业流向旅游企业，使得该地区旅游企业劳动力供给增加，劳动力雇用价格下降，旅游企业的薪酬水平也随之降低并趋向稳定。

（三）薪酬管理的概念

薪酬管理是指企业在经营战略和人力资源发展规划的指导下，综合考虑企业的内外部各种因素的影响，确定自身的薪酬水平、薪酬结构和薪酬制度，并进行薪酬调整和薪酬控制的整个过程。其目的在于吸引和留住符合企业需要的员工，并激发他们的工作热情和各种潜能，最终实现企业的经营目标。

要全面理解旅游企业的薪酬管理，必须重视以下三个方面。

1. **薪酬管理与旅游企业战略紧密联系**

薪酬管理是旅游企业战略实现的重要保障,它为旅游企业战略服务;同时,旅游企业战略又影响着薪酬管理的具体内容,旅游企业战略发生变化,薪酬管理的内容也要相应调整。

2. **薪酬管理的目的是激励员工**

薪酬管理是连接旅游企业和员工的纽带,旅游企业通过薪酬管理来传递企业的文化价值导向,表达对员工的关怀,其目的是最大限度地激发和挖掘员工的潜力,发挥员工的创造性。因此,薪酬管理中的一切活动均应强调对员工的激励作用。

3. **薪酬管理是一个复杂的有机整体**

薪酬管理包括对薪酬体系的设计、实施、调整和控制等内容。薪酬体系设计又包括确定薪酬设计的依据(如岗位、能力、绩效)、薪酬水平、薪酬结构(如现金、股票、福利等)、薪酬政策和薪酬制度(如业绩时间维度、风险性和业绩整合层次等)等内容,这些内容密切相关,构成了一个复杂的有机整体。

二、薪酬管理的原则

有效的薪酬管理,应当遵循以下五项基本原则。

1. **合法性原则**

合法性原则是指旅游企业的薪酬管理政策和制度要符合国家法律和政策的有关规定,并根据新的法律法规条款进行及时调整,这是薪酬管理应当遵循的最基本原则。

2. **公平性原则**

美国学者亚当斯(Stacy J. Adams,1963)提出了公平理论,他认为,当员工因工作绩效而获得薪酬时,他不仅关心自己所获得报酬的绝对量,而且关心自己所获得报酬的相对量。员工会计算自己的付出和报酬之比,并将结果与他人的进行比较,以此判断自己所获得的报酬是否合理,比较的结果将直接影响到他今后工作的积极性。因此,公平是薪酬管理的基础,员工只有在认为薪酬系统公平的前提下,才能对相应的薪酬制度产生认同感和满意感,薪酬的激励作用才能够得到充分发挥。

3. 激励性原则

薪酬管理的最终目的就是激励员工，发挥员工的潜能。一个科学合理的薪酬体系对员工的激励是最持久，也是最根本的。简单的高薪并不能有效地激励所有员工，只有切实研究对员工产生激励的薪酬体系的构成和构成要素的比例关系，才能真正解决旅游企业如何通过薪酬激励员工的问题。

4. 经济性原则

经济性原则是指旅游企业支付薪酬时，应当在自身可以承受的范围内进行。虽然高水平的薪酬可以更好地吸引和激励员工，但是，薪酬毕竟是旅游企业最大的和最重要的开支，这要求企业在进行薪酬管理时必须考虑自身承受能力的大小，因为超出承受能力的过高薪酬支出必然给旅游企业造成沉重的负担。有效的薪酬管理应当在竞争性和经济性之间找到恰当的平衡点。

5. 及时性原则

及时性原则是指薪酬的发放应当及时。原因有两个方面：第一，薪酬是员工生活的主要来源，如果不能及时发放，势必影响员工的正常生活。第二，依照激励理论，薪酬作为一种重要的激励手段，只有及时兑现，才能够充分发挥其对员工的激励效果。

三、影响薪酬管理的因素

（一）外部因素

1. 政府政策及法律法规

全球各个国家和地区的技术水平、基础设施、生产制造水平造成了劳动力成本的差异，因此，各地政府依此制定的薪酬政策也不尽相同，企业必须按照当地的薪酬政策要求进行薪酬管理。例如，美国的《公平劳工标准法案》（Fair Labor Standards Act）规定了最低工资、最高工时、加班工资、公平工资、工资记录以及与童工相关的条例。例如，沃尔玛公司曾因没有向员工支付1.5倍的加班工资以及没有为员工提供足够的用餐休息时间等被起诉，按照《公平劳工标准法案》，沃尔玛需要支付6.4亿美元来解决这63起诉讼。中国的《中华人民共和国劳动法》及相关的劳动行政法规，对员工的最低工资、员工的所得税比例、对女职工的特殊保护、员工的保险等做出了相关规定。在对中国的旅游企业进行薪酬管理时，必须遵守《中华人民共和国宪法》《中华人民共和国劳动法》《中华人民共和国旅游法》以及相关的法律法规。

2. 当地经济发展水平

当地的经济发展水平直接关系到当地旅游企业的薪酬水平。通常情况下，当地的经济发展水平较高时，当地旅游企业员工的薪酬水平也会较高。反之，当地的经济发展水平较低时，当地旅游企业员工的薪酬水平也会较低。经济周期也会影响薪酬水平。在经济繁荣时期，市场就业充分，只有较高的薪酬才能留住优秀的员工；而在经济萧条时期，企业利润率低甚至亏损时，往往无法给予员工高工资，甚至会出现降低工资的情况。

3. 劳动力市场的供需情况

劳动力市场的供需情况与旅游企业的薪酬水平关系非常密切。当劳动力市场供给大于需求时，旅游企业的平均薪酬趋于下降；当劳动力市场供给小于需求时，旅游企业必须提高薪酬水平，才能招聘到一定数量和质量的员工。另外，随着物质水平的提高，年轻员工不仅会考虑薪酬水平，他们还会更加关注传递旅游企业文化的薪酬福利组合，看重奖金等可变薪酬在整体薪酬中的比例。

4. 当地生活指数

员工的薪酬与其生活水平息息相关。当旅游企业所在的区域生活指数较高时，旅游企业的薪酬水平也会相对较高。

（二）内部因素

1. 旅游企业的经营战略

薪酬管理应当服从旅游企业的经营战略。当旅游企业的经营战略发生变化时，其薪酬管理也应随之发生变化，如表 10-2 所示。

表 10-2　旅游企业不同经营战略下的薪酬管理

经营战略	经营重点	薪酬管理
成本领先战略	追求低成本和高效率 简单快捷的服务	重视与竞争对手的人力成本进行比较 强调制度和服务流程的执行力
顾客中心战略（即优质服务战略）	关注顾客满意度和忠诚度 为顾客提供优质服务 重视品牌形象	以顾客满意、顾客惊喜为奖励的基础 重视顾客对服务技能的评价 薪酬水平远高于行业平均

续表 10-2

经营战略	经营重点	薪酬管理
服务创新战略	不断创新产品和服务 引导顾客新消费	以服务创新为奖励的重要依据 薪酬水平远高于行业平均 员工的工作职责宽泛
成长战略	开拓新市场 提高企业竞争力	以市场占有率、市场增长率为奖励依据 薪酬水平高于行业平均 提供较为完善的激励计划

2. 旅游企业的经济效益和竞争力

旅游企业的经济效益和竞争力对薪酬管理产生重要的影响。一般而言，企业的经济效益越好，员工的薪酬收入也就越多。具有处于行业前列、掌握新技术、服务创新等更多竞争优势的旅游企业会更受员工青睐，这和这些企业提供的较高薪酬、舒适的办公环境、丰富的奖励以及广阔的职业发展机会密切相关。

3. 旅游企业的发展阶段

旅游企业应根据自身所处的发展阶段，来设计合适的薪酬体系。企业不同发展阶段的薪酬战略如表 10-3 所示。

表 10-3　企业不同发展阶段的薪酬战略

企业发展阶段		初创期	快速成长期	成长稳定期	衰退期	再造期
薪酬竞争性		强	较强	一般	较强	强
薪酬刚性		小	较大	大	较大	大
薪酬构成	基本工资	低	较高	高	较高	较低
	绩效奖金	较高	高	较高	低	较高
	福利	低	较高	高	高	低
	长期薪酬	高	较高	较高	低	较高

[资料来源：方正邦，陈建辉. 不同发展战略的企业薪酬战略 [J]. 中国人力资源开发，2004（1）：56-59.]

4. 员工的价值

对员工来说，薪酬是辛勤工作的回报。薪酬代表着工作成果水平以及企业对员工工作的认可度。当企业的薪酬设计是基于员工的工作绩效时，员工的薪酬将随着个人或企业的业绩变动而发生改变。当企业的薪酬设计是基于员工能力或创造性潜力时，企业会将员工的学历、职称、技能等因素作为员工价值的参考因素，并将这些因素纳入员工薪酬设计的考虑范围中。

四、薪酬管理的理论

随着经济学和管理学的发展，薪酬理论层出不穷，从早期的最低工资理论、工资差异理论、工资基金理论、需求层次理论、期望理论等到现代的人力资本理论、效率工资理论、利润分享理论、知识资本理论、代理理论、资源依赖理论、公平理论等，薪酬管理理论在不断发展变化。这些理论为薪酬体系的构建提供了一些依据，如表10-4所示。

表10-4 薪酬管理理论

理论类别	相关理论	讨论的主要问题
工资理论	亚当·斯密薪酬差异理论、李嘉图工资基金学说、劳动价值论、边际生产率理论、效率工资理论、保留工资论、信号工资理论、谈判薪酬理论、人力资本理论、战略管理理论等	工资受哪些因素影响、劳动力市场供需、工作的负面特征、工人的生产率、劳动力价值、效率工资与保留工资、企业的战略、工人与工会的谈判力量、人力资本因素等
激励理论	期望理论、公平理论、需求层次理论、代理理论、团队生产理论、最佳合约理论、寻租理论、资源依赖理论、契约理论、公司治理理论、比赛理论等	为什么给员工激励、如何给予激励以及激励中可能碰到的问题

［资料来源：姚先国，方阳春. 企业薪酬体系的效果研究综述［J］. 浙江大学学报（人文社会科学版），2005（2）：74-81.］

各种薪酬理论考虑的因素有所不同。工资差别理论认为，造成不同职业和员工之间工资差别的原因主要有职业性质和工资政策两类，其中，职业性质是现代职位和职位薪酬体系的基础。谈判薪酬理论认为，工资存在变动区间，在此区间内，劳动的供给方和需求方通过谈判确定实际的薪酬。人力资本理论和知识资本理论认为，员工的知识和技能差异是其收入差异的直接原因，这是能力薪酬体系设计的基本原则。需求层次理论中的赫茨伯格双因素理论说明了对像工资、福利等这样的物质薪酬需求的满足是非常必要的，没有它会导致不满，但是即使获得满足，它的激励作用也是有限的和不能持久的。要调动员工的积极性，不仅要注重薪酬和工作条件等保健因素，更要注重激励因素，如精神鼓励，表扬和认可，成长、发展和晋升的机会等。麦克利兰的成就需要理论解释了不同员工的工作绩效和薪酬存在差异的原因，他认为，具有强烈的成就需求的人渴望将事情做得更完美，为获得更大的成功，他们努力提高工作效率，且他们并不看重成功所带来的物质奖励，而是看重奋斗的乐趣以及成功之后的个人的成就感。奥德弗的 ERG 理论是"生存需要—关系需要—成长需要理论"的简称，该理论解释了人成长、岗位晋升的原因。在所有权制度安排和收益分配体制层面上强调利益相关者平等分享，年薪制、员工持股制、收益分享计划、利润分享计划、股票期权这些长期激励机制也成为重要的薪酬制度理论。契约理论和资源依赖等理论解释了高层管理人员的薪酬问题。根据期望理论和公平理论，高绩效的员工更倾向选择绩效薪酬体系。另外，团队薪酬是以团队业绩为基础的一种支付报酬的方式。

由于影响薪酬的因素众多，而且不同行业的薪酬体系如同不同商品一样各具特色，各种理论只是从某个角度解释了薪酬问题的某个方面。因此，在进行薪酬管理时，一方面需要综合各种理论全面解释薪酬体系，另一方面还需要发展针对不同行业的理论以解释行业薪酬体系的特色。

第二节 薪酬体系设计

薪酬体系是指企业以什么为基础来确定薪酬。目前，常见的薪酬体系主要有职位薪酬体系、绩效薪酬体系、能力薪酬体系三种类型。

旅游业是劳动密集型的企业，对劳动力的需求量大，而当前劳动力严重短缺，于是能体现公平性、能激励员工价值创造的薪酬体系设计更能保持旅游企业的核心竞争优势。因此，本书还构建了基于员工价值创造的薪酬体系。

一、职位薪酬体系

职位薪酬体系主要是按照员工在工作中的职位来确定薪酬等级和薪酬标准的一种基本薪酬制度。通常级别高的职位在企业内的价值较大，该职位的薪酬也相应较高。职位薪酬体系是一种传统的确定员工基本薪酬的制度。

职位薪酬体系将公平理论运用到企业薪酬管理实践中，能实现同岗同酬，内部公平性比较高。它将员工的薪酬与职位相关联，员工的薪酬随着职位的提升而增加，有利于激励员工努力工作，以争取晋升机会。但是，如果企业提供的晋升职位有限，员工即使工作越来越出色，也很难得到晋升，其收入也很难有较大幅度的提高，这时就有可能会影响到员工工作的积极性。

(一) 职位薪酬体系的设计流程

为了设计职位薪酬体系，必须进行以下工作：

1. 设立专门的机构

设计职位薪酬体系必须由专门的机构来完成。这个机构一般由人力资源部门牵头，邀请有关技术人员和经营管理人员以兼职的形式参与，并聘请有关专家对所有参与人员进行培训。

2. 进行职位梳理

建立职位薪酬体系的重要基础是确定企业职位的设置，即对企业所有的职位进行梳理、调整和优化，确定在未来一段时间内相对稳定的职位设置。这项工作主要由从事人力资源管理的专门人员来操作。

3. 进行职位评价和确定薪酬标准

这一点要求首先对未来相对比较稳定的职位进行工作分析，以确定各个职位的工作职责、工作内容、工作标准、工作范围，以及该工作和其他工作的关系，并确定任职者的资格要求。接着进行职位评价，以统一的标准对企业内部各个职位进行量化评定和估值，对职位进行分类和分级，从而确定各个职位的相对价值。最后，根据职位的薪酬总额、职位等级、职位数量计算出各个职位的薪酬标准，并做到与市场薪酬水平相平衡。职位薪酬标准确定之后，还必须结合市场薪酬水平的变化做出相应的调整。

4. 制定薪酬体系实施的细则并实施

薪酬标准确定后，还需要制定具体的实施细则并实施。职位薪酬体系实施细则包括薪酬标准的运用和调整、职位评价定期检查和更新等。

(二) 职位评价的方法

职位评价的目的是比较旅游企业内部各个职位的相对重要性，得出职位等级序列。其具体方法包括：

1. 职位排序法

职位排序法是根据一些特定的标准，例如对企业贡献的大小、工作的复杂程度、工作责任等，对各个职位的相对价值进行整体的比较，进而将职位按照相对价值的高低排列出一个次序的方法。

2. 职位要素比较法

职位要素比较法是选择多种与薪酬相关的要素，按照各种要素分别进行排序的方法。其具体的实施步骤是：首先选择和分析基准职位，发现一系列共同的薪酬要素，这些薪酬要素最好能体现出各职位之间的本质差异，如工作的自主性、工作的复杂程度、工作的难易、工作压力，以及工作对技能、经验和知识的要求等，然后按照薪酬要素分别对各个职位进行多次排序。最后，把每个职位在各个薪酬要素上的得分通过加权得出一个总分，并按照总分进行排序。

3. 职位分类法

职位分类法是将各个职位进行分类，并与事先设定的一个标准进行比较来确定职位的相对价值的方法。其具体的实施步骤是：首先，将职位按总体工作内容分为不同的工作类别，旅游企业通常会设定5～8种工作类别；其次，按照职位工作内容的复杂程度、难易程度将同一工作类别中的职位进行等级划分；最后，根据各个职位的工作内容，将不同的工作类别和工作等级进行比较，确定不同类别、不同等级的薪酬比率。在旅游企业中，因为各个部门工作性质和内容差异较大，采用职位分类法确定薪酬比率是比较适合的。

4. 要素分级计点法

要素分级计点法是选取若干个关键的薪酬因素，并对每个因素的不同水平进行界定和赋予一定的分值（这个分值也被称为"点数"），然后按照这些关键的薪酬因素对岗位进行评价，得到每个岗位的总点数，以此决定岗位的薪酬水平的方法。其具体操作步骤是：首先，将职位按类似工作同组归类，不同的工作内容则划分为不同的职位组，如管理职位、行政人员职位、服务员职位等。其次，根据各个职位的工作说明书，界定职位要素，并对职位要素进行分解和划分等级。旅游企业所涉及的典型的职位要素通常包括受教育程度、工作经历、语言能力、身体素质要求、对设备的责任、对其他人安全的责任、工作环境、沟通水平等。职位等级通常是根据工作的复杂程度来划分的。再次，确定各职位要素的相对价值和分值，如表10-5所示。表中各个职位要素总分为1500分，乘以各个要素的相对价值，就可以得到各个要素的分值，如工作负荷的相对价值为0.08，分值是120分，最高水平也是这个分值，其他层次的分值按照等差的形式类推。最后，把所得到的结果汇编成册，编写出职位评估手册，并将所有职位按照要素进行评估以确定其分值和薪酬等级，如表10-6所示。

表 10-5　职位要素等级划分、相对价值与分值

职位要素	要素细分	级数	等级 1	等级 2	等级 3	等级 4	分数	相对价值
工作责任	职权	4	25	50	75	100	700	0.47
	责任轻重	4	25	50	75	100		
	指导监督	4	25	50	75	100		
	工作复杂性	4	25	50	75	100		
	工作方法	4	25	50	75	100		
	协调沟通	4	25	50	75	100		
	计划组织	4	25	50	75	100		
工作负荷	工作压力	3	20	40	60	—	120	0.08
	工作时间特征	3	20	40	60	—		
工作环境	工作地点	4	10	20	30	40	120	0.08
	舒适程度	4	10	20	30	40		
	危险性	4	10	20	30	40		
任职资格	学历要求	4	20	40	60	80	560	0.37
	知识范围	4	20	40	60	80		
	工作经验	4	20	40	60	80		
	资格证书	4	20	40	60	80		
	体能要求	4	20	40	60	80		
	语言要求	4	20	40	60	80		
	技能要求	4	20	40	60	80		

（资料来源：李志刚. 旅游企业人力资源开发与管理［M］. 北京：北京大学出版社，2019：181.）

表 10-6　职位等级的要素分布和薪酬范围示例

职级	要素分值	薪酬范围（元）	职级	要素分值	薪酬范围（元）
1	400 分以下	2000～3000	10	801～850	7001～7500
2	401～450	3001～3500	11	851～900	7501～8000
3	451～500	3501～4000	12	901～950	8001～8500
4	501～550	4001～4500	13	951～1000	8501～10000

续表 10-6

职级	要素分值	薪酬范围（元）	职级	要素分值	薪酬范围（元）
5	551～600	4501～5000	14	1001～1050	10001～12000
6	601～650	5001～5500	15	1051～1100	12001～15000
7	651～700	5501～6000	16	1101～1150	15001～20000
8	701～750	6001～6500	17	1151～1250	20001～30000
9	751～800	6501～7000	18	1250以上	30000以上

（三）宽带薪酬

宽带薪酬是一种新型的职位薪酬模式，它将职位薪酬设计中的多个薪酬等级及薪酬变动范围进行重新组合，从而形成只有相对较少的薪酬等级和相对较宽的薪酬变动范围。宽带薪酬通常只有不超过4个等级的薪酬级别，每个薪酬等级的最高值与最低值之间的区间变动比率为100%以上，有些甚至在200%～300%之间。而在传统的职位薪酬体系薪中，薪酬区间的变动比率通常只有40%～50%。图10-1描述了传统薪酬与宽带薪酬的差别。

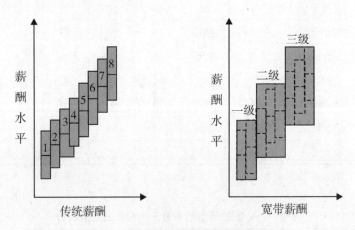

图 10-1 传统薪酬与宽带薪酬的比较

宽带薪酬适应组织扁平化和工作多样化的发展趋势。在宽带薪酬体系中，员工不是沿着企业中唯一的职位等级层次垂直往上走，而是横向流动，员工可以在他们职业生涯的大部分甚至是全部时间里只处于同一个薪酬宽带之中。当他们获得新的技能、承担新的责任、在原有的职位上不断改善工作绩效时，他们就能够获得更高的薪酬，即使是被安排到低层次工作职位上，他们依然有机会因为自己出色的工作而获得较高的薪酬。这种薪酬模式是在职位薪酬体系的基础上更多地考虑员工的工作绩效。

从发展趋势上来看，基于职位的薪酬体系是没有长久生命力的，因为它无视相同职位上的员工的差异，忽视不同的人在同一职位发挥的作用可能是不同的这一事实。赫尼曼（Heneman，2003）建议用市场价格和胜任能力来决定工作的价值，以此替代传统的工作职位分类与评估的方法。

二、绩效薪酬体系

绩效薪酬体系主要是依据绩效考核的结果来确定员工的报酬，薪酬随着某种衡量个人或者企业的业绩标准的变动而发生改变。这种薪酬体系将员工的收入与企业确定的特定绩效目标相联系，与员工个人的工作目标完成情况相联系，使个人所得与个人的贡献相挂钩，让员工感觉很公平，激励效果比较明显。绩效薪酬体系包括个人绩效薪酬、团队绩效薪酬、企业绩效薪酬三种类别。其中，个人绩效薪酬是指与某个人绩效相联系的薪酬形式，主要有计时或者计件工资制、年薪制、提成制和奖金制等；团队绩效薪酬是指与某一个团队绩效相联系的薪酬形式，如收益分享计划、团队奖励计划等；企业绩效薪酬是指与组织整体绩效相联系的薪酬形式，通常有利润分享计划、综合绩效薪酬激励计划和长期股权激励计划等不同形式。

（一）绩效薪酬体系设计

绩效薪酬体系设计对于实现旅游企业薪酬管理的战略性激励目标具有最直接、最关键的决定意义。绩效薪酬体系的设计程序与职位薪酬体系的设计过程类似，它以工作绩效为分析和评价对象，根据绩效的完成程度决定薪酬的高低。绩效薪酬体系设计的操作流程如图10-2所示。

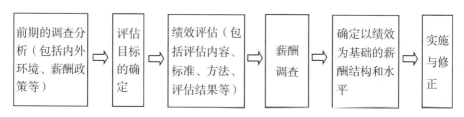

图10-2 绩效薪酬体系设计流程

1. 前期调查分析

在进行绩效薪酬设计前，要充分考察旅游企业的性质和特征、发展阶段、企业

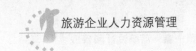

文化和员工需求等要素，以使绩效薪酬能与旅游企业战略、内外环境和国家的薪酬政策保持一致。

2. 评估目标的确定

绩效薪酬体系是将个人、团队和企业的业绩与薪酬明确联系起来，因此，在前期调查分析完成之后，要首先确定绩效薪酬体系是针对不同职能部门和业务类别的员工个体来设计的，还是基于团队绩效、企业长期绩效提升目标来设计的。基于员工个体和团队绩效目标来进行设计，容易造成部门或者团队内部成员之间不正当的竞争，造成员工更倾向于个人至上主义，导致企业难以形成知识共享、团结一致的企业文化。然而，基于企业绩效目标来设计的绩效薪酬体系，在具体操作上又有较大难度。因此，在评估目标的确定上最好能兼顾个人、团队和企业的绩效目标，使薪酬体系对内具有公平性，对外具有竞争性，使员工对绩效薪酬具有较高满意度。

3. 绩效评估

绩效薪酬体系的核心内容是绩效评估，绩效评估做不到客观公正，就很难起到激励作用。绩效评估是一个系统的工作过程，包括评估内容、评估标准、评估方法选择、结果的运用等。绩效评估的关键环节是绩效目标及衡量标准的确定。如果设置的绩效目标不太合理或设置的绩效目标根本实现不了，就会导致员工没有明确的努力方向，这样的薪酬体系也起不到对员工的激励作用。贝克（Baker，2000）指出，绩效薪酬体系能否发挥作用，很大程度上取决于绩效衡量标准的公正性。

4. 薪酬调查

薪酬调查的目的是保证旅游企业的薪酬水平具有竞争力。旅游企业在确定薪酬结构和水平时，应该参考当地劳动力市场的薪酬水平。薪酬调查的对象，最好是选择与自己有竞争关系，或是拥有相同职位或者具有相同类型技术要求职位的旅游企业。

薪酬调查可以通过电话、访谈、问卷调查或者网络信息搜集等方式来实现，当前还有许多旅游企业选择购买专业薪酬调查机构的调查报告以了解旅游行业的平均薪酬及竞争对手的薪酬信息。所有的薪酬调查信息可以汇集成薪酬调查报告，包括职位特征及具体描述、薪酬调查对象、行业、地域、企业性质、职位薪酬构成、薪酬水平等内容。

5. 绩效薪酬结构和薪酬水平的确定

绩效薪酬体系设计的关键环节是确定薪酬结构和薪酬水平。在绩效薪酬结构方面，需要确定不同工作绩效之间的薪酬差距，长短期绩效薪酬的比例关系，以及个人、团队绩效薪酬的形式。在绩效薪酬水平方面,需要根据市场薪酬调查的结果来确定企业支付给员工的平均薪酬。旅游企业所支付的薪酬水平的高低,无疑会直接影响企业在劳动力市场上获取劳动力能力的强弱,进而影响企业的竞争力。

6. 实施与修正

绩效薪酬体系设计的最后环节是薪酬体系的有效实施。由于旅游企业内外部情况的变动,原有的绩效薪酬结构和薪酬水平在实施过程中,可能不能适应薪酬管理的需要,因而很有必要酌情调整绩效薪酬结构和薪酬水平。

(二)绩效薪酬体系的主要类型

根据时间维度划分,绩效薪酬体系可分为短期奖励和长期奖励两种类别;根据奖励对象划分,绩效薪酬体系可分为个人绩效薪酬、团队绩效薪酬、企业绩效薪酬三种类别。

1. 个人绩效薪酬

个人绩效薪酬是针对员工个人工作绩效的薪酬计划,只要员工通过个人努力提高了工作绩效,就会得到相应的物质报酬。个人绩效薪酬可以细分为以下四种。

(1)计时或者计件工资制。计时工资制是按照员工的技术熟练程度、劳动繁重程度和工作时间长短来计算和支付工资的一种分配形式。工资的高低主要取决于工资标准和实际工作时间。计件工资制是按照员工完成的合格产品的数量或完成的一定工作量,根据一定的计件单价计算劳动报酬的一种工资形式。工资的高低主要取决于劳动定额、计件单价和合格产品的等级等。

(2)年薪制。年薪制是以年度为考核周期,把经营者的工资收入与企业经营业绩挂钩的一种工资分配方式,通常包括基本收入(基本薪酬)和效益收入(风险收入)两部分。员工薪酬收入中的很大一部分取决于本人的工作绩效以及企业经营状况,因此具有较大的风险性和不确定性。

(3)提成制。提成制是指旅游企业在盈利后或营销业务发生后支付给员工报酬的一种工资分配方式。提成制无论对基层业务员或销售人员,还是对中高层管理者都具有较为明显的激励效果。

(4)奖金制。奖金制是一种不计入基本工资的绩效奖励制度。它具有灵活性和及时性的特点,可以根据旅游企业的实际业绩情况进行调整。旅游企业的月奖、季度奖和年终奖都是奖金制的典型形式。例如,万豪国际集团设置了"关爱生意""关爱员工""关爱客人"的称号和奖金,来奖励在销售业绩、同事关怀和服务质量上有杰出成就的员工。

2. 团队绩效薪酬

（1）收益分享计划。收益分享计划是旅游企业让员工分享因生产率提高、成本节约、质量改善所带来的收益的一种团队奖励计划。收益分享计划是由部门或团队的工作绩效决定的，员工按照设计好的收益分享标准，根据团队或部门的工作绩效获取奖金。

（2）团队奖励计划。团队奖励计划是适合于小工作群体的一种奖励计划。旅游企业为了开拓新业务，往往会设定特定的职位、项目小组或者部门试行团队奖励计划。员工所获得的奖金依据小工作群体的业绩来确定。团队奖励计划不太适合于团队成员不稳定或者团队成员绩效差距较大的情况，因为在这些情况下容易产生人际冲突或者引发员工的不公平感，从而削弱奖励对团队的激励作用。

3. 企业绩效薪酬

（1）利润分享计划。利润分享计划又称为利润分红，是指旅游企业在每年年终时，首先按比例提取一部分企业总利润构成"分红基金"，然后根据员工的工作业绩确定分配数额，最后以红利形式发放的劳动收入。利润分享计划着重引导员工关注旅游企业的利润实现，在实际应用中，需要配合其他反映企业长期发展指标的完成情况来进行。

（2）综合绩效薪酬激励计划。综合绩效薪酬激励计划是指旅游企业以综合绩效指标作为经营目标，当企业经营业绩超过经营目标就对所有员工进行绩效奖励的计划。综合绩效薪酬激励计划能激励员工创造更多的价值，促进旅游企业整体绩效的提升。综合绩效薪酬激励计划的关键是根据旅游企业的核心业务流程确定3～5个关键绩效指标，当各部门通过努力超越上一绩效周期（通常为一年）内所达到的关键绩效指标时，就应实施奖励计划。

（3）长期股权激励计划。长期股权激励计划是指旅游企业为了吸引、保留和激励员工，通过让员工持有股票，使员工享有剩余索取权的利润共享，并通过持股拥有经营决策权的激励计划。长期股权激励计划又可分为员工持股计划、股票期权计划、虚拟股份奖励计划和延期支付计划。①员工持股计划本质上是一种福利计划，适应于旅游企业的所有员工，由旅游企业根据员工的工资级别或工作年限等因素赠予员工一定数量的股票（现有股票或新增股票）。员工持股计划将员工利益和股东利益更紧密地联系在一起，使员工更注重股东价值和公司的长远发展。②股票期权计划是一种主要针对中高层管理者的长期绩效激励计划。该计划是指旅游企业与管理者签订合同，授予管理者在未来以签订合同时约定的价格购买企业一定数量普通股的选择权，且管理者有权在一定时期后出售这些股票，获得股票市价和行权价之间的差价，但是在合同期内，管理者的期权不可转让，管理者也不能得到股息。股票期权计划被认为是上市公司的股东以股票期权方式来激励管理者实现预定经营目标的一套有效的制度。③虚拟股份奖励计划是指旅游企业的经营者在名义上享有一定数量的股票,经营者在实现预定经营目标后,能获得这些股票的收益,但不享有旅游企业实际的所有权利益。虚拟股份奖励计划是一种纯激励方式,经营者持有股票期权,可以在特定时期内行权,在行权时,如果股票溢价,持有人就能获得差价收益,放弃行权则没有任何收益。④延期支付计划是指旅游企业将管理者的部分薪酬,特别是年度奖金、股权激励收入等按照企业股票市场价格折算成股票数量,存入企业为管理者单独设立的延期支付账户,在既定的期限后或在该管理者退休后,再以公司股票的形式或根据期满的股票市场价格以现金方式支付给管理者。

三、能力薪酬体系

能力薪酬体系是以评价员工的知识、技能、能力和心理素质(比如责任心、工作态度等)为基础的薪酬体系。能力工资不是以工作为基础,而是以人为本,这种强调员工能力的薪酬体系适用于鼓励员工获得与工作相关的能力、知识和技能。能力工资以人为基础,它弥补了职位工资的一些缺陷。职位工资要求企业有明确的职位职责,然而在实践中,对于工作内容不可精确测量的服务业和工作边界模糊的知识型企业,其工作弹性大,职责的界定困难,因此很难有非常明确的职位说明,也就很难提供准确的职位工资。能力薪酬就不存在这个问题,它只关注员工拥有的能力,不需要界定工作的内容和职责,操作更为灵活。奇拉和本杰明(Cira & Benjamin, 1998)认为,能力薪酬体系是一种激励员工与推动企业变革的有效方法。摩曼和莱德福(Mohrman & Ledford, 1992)指出,在《财富》1000强企业中,运用能力工资的企业从1987年的40%上升到1993年的60%。2001年,美国薪酬协会对1844家企业做了调查,发现371家企业已经使用了能力模型,886家企业正开始或已经在研究能力模型,576家企业正在考虑运用能力模型,7家企业已经研究但没有用能力模型,4家企业曾经推行能力模型但目前并未应用。企业运用能力模型来进行员工管理,将促进企业在薪酬管理中更多地采用能力薪酬体系。

知识工资和技能工资是能力工资的两种基本形式。知识工资方案是基于员工所拥有的与工作生产力相关的知识来决定其薪酬的方案,适用于专业的知识性人才;技能工资方案是基于员工所拥有的与工作生产力相关的技能来决定其薪酬的方案,适用于专业的操作性技术人才。总的来说,这两种方案是依据知识的广度和深度以及技能的等级来确定能力薪酬水平。

(一)能力薪酬体系的设计

能力薪酬体系是基于员工的能力来确定其薪酬水平。能力薪酬体系设计的基本流程如图 10-3 所示：

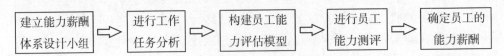

图 10-3　能力薪酬体系设计流程

1. 建立能力薪酬体系设计小组

设计能力薪酬体系通常需要建立两个小组，一个是指导委员会小组，另一个是设计小组。设计小组具体负责能力薪酬体系设计，指导委员会小组负责在设计小组遇到各种技术问题时提供帮助。

2. 进行工作任务分析

能力薪酬体系设计的第一步是对工作进行分类，描述职能群体的主要工作任务，划分出职位类别与层级。然后，根据主要工作任务确定各职位的一系列有关知识、技能和行为方式的要求。

3. 构建员工能力评估模型

根据工作任务分析的能力要求，旅游企业多从工作年限、学历、专业技术职称、岗位综合知识、岗位综合技能和员工职业素养等要素来构建员工能力评估模型。表 10-7 列出了某酒店的员工能力评估模型。

表 10-7　某酒店的员工能力评估模型

项目	1分	2分	3分	4分	5分	6分
工作年限	2年以下	2～3年	3～4年	4～5年	5年以上	
学历	初中	高中	中技/中专	大专	本科	硕士以上
专业技术	初级	中级	高级			

续表10-7

项目	1分	2分	3分	4分	5分	6分
岗位综合知识	对该岗位有少量的知识和较少的认识	具备了胜任该岗位所要求的一部分知识，还有部分知识有待进一步学习和提高	基本具备了胜任该岗位所要求的大部分知识，但还需巩固	具备了胜任该岗位所要求的大部分知识，而且有些方面比较出色	完全具备了胜任该岗位所要求的各方面的知识，而且非常出色	
岗位综合技能	掌握了最简单的几项技能，但还不能有效胜任该项工作	掌握了胜任该岗位所要求的部分技能，还有部分技能有待进一步提高	基本掌握了胜任该岗位所要求的大部分技能，但还需巩固	掌握了胜任该岗位所要求的大部分技能，而且有些方面比较出色	完全掌握了胜任该岗位所要求的各方面技能，而且非常优秀	以卓越的技能和优秀的成果给酒店带来了直接的经济效益或社会效益
员工职业素养	职业素养偏低，自我控制能力较弱，经常出现背离酒店要求的行为	职业素养一般，比较自我，需要进一步提高	职业素养一般，基本能按照酒店要求实现自我控制和管理	具备了良好的职业素养，经常得到他人的夸奖	具备优秀的职业素养，作为榜样影响身边的人	以优秀的人格魅力影响酒店的每个人

4. 进行员工能力测评

为了保证员工能力测评的客观性，旅游企业需要对员工的能力进行多维度评价。员工的能力评价由自我测评、直接上级测评、下属（同事）测评三个部分组成，其中自我测评部分占20%，直接上级测评部分占40%，下属（同事）测评部分占40%，将各维度得分乘以对应比例后相加即为该员工的能力评价得分。然后，根据员工的能力评价排序构建出旅游企业的员工能力工资层级。某酒店基于表10-

7所示的员工能力评估模型,构建出员工能力工资层级,如表10-8所示。

表10-8　某酒店员工能力工资层级

能力工资层级	能力评价分数区间
1等	25分以上
2等	20～25（含25分）
3等	15～20（含20分）
4等	10～15（含15分）
5等	5～10（含10分）
6等	5分以及5分以下

5. 确定员工的能力薪酬

要确定旅游企业某个员工的能力工资,首先要将每一个能力工资层级转换为货币值,在转换货币的过程中,需考虑周边同类型旅游企业的薪酬水平、内部员工的薪酬满意度以及旅游企业薪酬的可承受度等。然后,根据员工的能力工资层级,确定其薪酬。

（二）能力薪酬体系的优缺点

可以说,能力薪酬体系在人力资源管理中意义重大,因为旅游企业借助能力薪酬体系向员工传递了他们的知识、技能、持续行为是被高度关注的,薪酬会随着他们与工作相关能力的提高而提高的这一理念。

能力薪酬体系会引起员工对自身发展的重视,使员工对自己的职业生涯有更多的控制力,为旅游企业推行扁平化的组织结构和帮助员工实现自我管理奠定了基础。因为员工知道,如果要想获得工资的增加,就必须获得一些新的能力,因此,员工会不断地、自主地学习与旅游企业发展相匹配的技能和知识。

但是,在某些情况下,员工并不能及时地将所掌握的知识和技能转化为实际的工作绩效,因此,企业基于员工能力提供的高薪酬并不能换得企业整体绩效的飞跃;对员工能力的高低评估也因企业的类型不同存在明显的差异;此外,该体系还存在着评估带有主观性、评估成本较高等诸多实际问题。

四、基于员工价值创造的薪酬体系

员工价值反映的是员工为企业创造的价值和收益。理想的薪酬体系必须使薪酬与员工价值相结合，使员工价值在薪酬体系中得到充分体现。

基于员工价值创造的薪酬体系以员工价值为基础，按照员工为企业创造价值的大小来分配薪酬。该体系的实施首先需要综合评价员工的职位价值、员工绩效、员工能力三个方面的价值。具体做法为：一是通过职位分析确定员工职位在企业中的基本价值，生成职位价值序列和职位价值表。假设第 i 个职位价值用 PV_i 表示。二是对员工绩效表现进行评估，从员工的行为和服务效果两方面入手，员工绩效反映了在同样工作职位上，不同员工的表现是不同的。假设员工绩效系数用 P 表示，则 P = 员工实际绩效得分/职位合格绩效分。三是以职位胜任能力为基础，首先从知识、技能、能力和心理素质（比如责任心、工作态度等）这几个方面确定职位对能力的要求等级和相应的期望值。如第 i 个职位对第 j 个能力的要求为 3 级，3 级能力取值范围为 56～70，期望值一般设为相应等级分值的中间值，则该职位对第 j 个能力的期望值 E_{ij} =（56+70）/2=63。根据员工素质模型中确定的职位核心能力和职位对能力要求的重要程度确定第 i 个职位的第 j 个能力权重 a_{ij}。对员工所具备的能力进行测评时，假设第 i 个职位上员工的第 j 个能力的得分用 C_{ij} 表示，员工的综合能力系数记为 C，则有：

$$C = \sum (a_{ij} \times C_{ij}) / \sum (a_{ij} \times E_{ij})$$

公式中，C 反映了同一职位上不同员工的能力。

为了实现对员工价值的全面动态衡量，按照系统理论，需要构建员工对企业价值的评价模型。员工价值评价的数学模型可表述为：

$$\text{Employee Value} = f(\text{Post}, \text{Competency}, \text{Performance}) = PV_i \times (\alpha P + \beta C)$$

其中，$\alpha + \beta = 1$，α 和 β 分别为员工的能力和绩效在计算员工价值时所占的比重，可以根据企业的激励方向和工作性质进行调整；PV_i 为第 i 个职位的价值；P 为员工绩效系数；C 为员工的综合能力系数。

构建模型后，需要分析员工价值构成要素与薪酬组成要素之间的内在关系，即按照员工为旅游企业创造价值的大小来确定员工的薪酬。

综合考虑员工的职位价值、员工绩效和员工能力三方面的价值，并依据员工价值创造原则构建的薪酬体系，表现出职位在旅游企业的贡献越大，员工的绩效和能力越高，那么员工的价值就越大，薪酬也就越高，这充分体现了薪酬的激励性和公平性原则。

第三节　薪酬管理

要发挥好薪酬体系激励员工努力工作、提升工作绩效的作用，不仅要对薪酬体系进行科学合理的设计，还要对薪酬进行科学有效的管理。薪酬管理是指对薪酬体系的制定和执行进行管理与控制，包括薪酬战略的制定、薪酬水平的确定、薪酬结构管理、薪酬调整、薪酬支付管理、薪酬沟通管理等。

一、薪酬战略的制定

在薪酬管理的活动中，薪酬战略起着方针指导作用。选择合适的薪酬战略将是企业经营战略和企业人力资源管理战略得以顺利执行的保障。

薪酬战略是企业根据外部环境中存在的机会与威胁及自身的条件所做出的具有总体性、长期性、关键性的薪酬决策。薪酬战略是随着企业战略、企业成长阶段变动而相应调整的。表10-9是根据国内学者的研究整理出的薪酬战略与企业经营战略、发展阶段匹配的主要特点。

表10-9　薪酬战略与企业经营战略、发展阶段的匹配

企业发展阶段	初始阶段	成长阶段	成熟阶段	衰退阶段
企业经营战略	成长战略为主	成长战略为主	稳定战略为主	收缩战略为主
风险水平	高	中	低	中-高
人力资源管理重点	创新，吸引各个核心业务的关键人才	重视招聘和培训，不断增加新员工	建立高绩效人力资源管理系统，重视奖励，保持员工队伍稳定	减员管理，强调人力成本控制
薪酬战略	高弹性薪酬战略	高弹性薪酬战略	平衡性薪酬战略	高稳定性薪酬战略
基本工资薪酬	低于市场工资率①	与市场工资率相当	等于或高于市场工资率	低于或相当于市场工资率

① 市场工资率，即劳动力的均衡价格，是指作为商品的劳动力，其愿意供给的数量和需求的数量相等时的那个价格。

续表 10-9

企业发展阶段	初始阶段	成长阶段	成熟阶段	衰退阶段
短期激励薪酬	高业绩奖励，红利	高业绩奖励，现金	利润分享，业绩奖励，现金	业绩奖励，成本控制奖励
长期激励薪酬	股票奖励，股票期权（全面参与）	股票期权（有限参与）	员工持股，股票期权购买	无
福利	低于市场水平	等于市场水平	等于或高于市场水平	低于或等于市场水平
薪酬激励重点	吸引留住关键人才	创新人才，市场开拓人才	全体员工	留住核心人才

（资料来源：张正堂，刘宁. 薪酬管理［M］. 北京：北京大学出版社，2016.）

（1）高弹性薪酬战略，与企业成长战略相匹配。该薪酬战略侧重于短期业绩激励，奖励、红利所占比例较大，基本工资薪酬、福利薪酬所占比例较小。员工的薪酬主要取决于绩效，短期激励功能强。为了降低企业的经营风险，高弹性薪酬战略也重视长期股权激励，让员工共担风险以及共享企业未来的成功。

（2）高稳定性薪酬战略，与企业收缩战略相匹配。该薪酬战略主要是依据员工的资历、能力和企业经营状况等方面的综合评价来制定的，基本工资薪酬所占比例较大，保险、福利水平较高，奖金、红利等激励薪酬在不同员工之间的差异较小，员工收入与个人绩效的相关性较低，薪酬的激励功能较低。

（3）平衡性薪酬战略，与企业稳定战略相匹配。该薪酬战略主要是根据员工的价值创造和企业经营状况等方面的综合评价来制定的，该战略将长期激励形式（股权、期权）与短期激励（如奖金）结合起来，使其既有较强的激励功能，又有相对的稳定性，让员工既有安全感，又能鼓励他们从自身利益出发关注自己的工作业绩和企业的长远发展，因此，该战略是一种比较理想的薪酬战略。

二、薪酬水平的确定

薪酬水平是指企业支付给不同职位员工的平均薪酬。薪酬水平侧重于分析企业之间的薪酬关系，是相对于其竞争对手的企业整体的薪酬支付实力的表现。一个企业所支付的薪酬水平高低无疑会直接影响它在劳动力市场上获取劳动力能力的强弱，进而影响企业的竞争力。

薪酬水平的外部竞争力，实际上是指一家企业的薪酬水平的高低，以及由此产生的企业在劳动力市场上的竞争能力的大小。薪酬的外部竞争力应当落实在不同企业的类似职位或类似职位族上，而不能简单地停留在企业的平均薪酬，这是因为不同企业各个职位的内部薪酬差距是不一样的。

（一）薪酬水平的作用

1. 吸引、保留和激励员工

薪酬水平反映了企业薪酬相对于当地市场薪酬行情和竞争对手薪酬绝对值的高低。如果企业支付的薪酬水平过低，企业将很难招聘到合适的员工，而且即使企业勉强招聘到一些员工，其质量和数量也不能尽如人意。不仅如此，过低的薪酬水平还可能导致企业原有员工的忠诚度降低，离职率攀高。目前，旅游企业的薪酬水平与其他行业相比偏低，这导致旅游企业招聘新人和留住员工都很困难。相反，企业较高的薪酬水平不仅能吸引优秀人才加入，而且还能更好地留住核心员工，使企业保持在产品和服务上的竞争优势。

此外，较高的薪酬水平有助于避免员工的机会主义行为，激励员工努力工作，同时降低企业的监管费用。这是因为，一旦员工偷懒或者消极怠工，或者做出其他一些对企业不利的行为被企业发现，并因此而被企业解雇的话，该员工很难在市场上找到其他能够获得类似薪酬水平的新职位。

2. 控制劳动力成本

薪酬水平的高低将影响企业的总成本，特别是在旅游企业这类劳动密集型的企业和采取低成本竞争战略的企业，因为薪酬支出是这些企业最主要的成本之一。薪酬水平越高，企业的薪酬支出就会越高，其劳动力成本也会越高，那么提供相同或类似的产品或服务的成本也就越高，产品或服务成本的偏高会导致产品或服务的价格也偏高。在产品差异很小的情况下，消费者显然会选择相对更便宜的产品。在这种情况下，劳动力的成本控制对于企业来说就显得非常重要。旅游企业往往通过精简人员，而不是降低薪酬水平来控制劳动力成本。

3. 塑造企业形象

薪酬水平对企业形象的塑造意义重大，这是因为薪酬水平不仅显示了企业在劳动力市场中对自己的定位，而且体现了企业对人力资源的态度及支付能力。企业支出较高的薪酬，不仅有助于建立自己在劳动力市场上的良好形象，而且有益于企业在产品市场上进行竞争，因为消费者更愿意购买具有良好形象企业的产品。

(二) 薪酬水平的选择

薪酬水平的选择是企业为了增加竞争力、吸引人才而确定薪酬水平的战略手段。企业在确定薪酬水平时会受到来自外部劳动力市场和产品市场的双重压力，但是仍然有一定的选择余地，即确定薪酬水平是高于行业平均薪酬水平，还是恰好等同于或略低于行业平均薪酬水平。下面将介绍几种常见的薪酬水平定位策略，如图 10-4 所示。

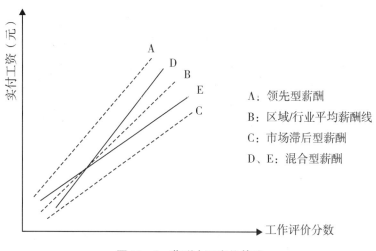

图 10-4 薪酬水平定位策略

1. 领先型薪酬策略

领先型薪酬策略是指在同行业或者同区域市场上保持竞争优势的薪酬水平。这类薪酬策略是高薪酬水平方案，其优势可以体现在对员工的吸引和保留方面，并有助于将员工对薪酬的不满降低到一个较低的程度。实施这种策略的企业的特征是：经济效益好、企业资金实力雄厚、处于快速成长期。

2. 市场追随型薪酬策略

市场追随型薪酬策略也称为市场匹配策略，是竞争者最常采用的策略形式，实质上就是根据市场平均薪酬水平来确定本企业薪酬水平的一种策略。这种策略力求本企业的薪酬成本与竞争者的薪酬成本相接近，本企业对新员工的吸引能力与竞争对手对新员工的吸引能力相接近。市场追随型薪酬策略能使企业避免在产品定价或保留高素质人才方面处于劣势地位，但是不能使企业在劳动力市场上处于优势地位。

3. 市场滞后型薪酬策略

市场滞后型薪酬策略是指在同行业或同区域市场上保持较低的薪酬水平。一般而言，实施这种薪酬策略的企业有以下几种情况：企业处于衰退期或企业遇到财务危机、注重其他形式的补偿（如高福利）、注重长期报酬激励等。市场滞后型薪酬策略会削弱企业吸引和保留员工的能力，但是如果这种做法是以提高未来收益作为补偿的，反而有助于提高员工对企业的组织承诺，培养他们的团队意识，进而改善企业绩效。

4. 混合型薪酬策略

混合型薪酬策略是指企业根据职位的类型或者员工的类型来分别制定不同的薪酬水平决策，而不是对所有的职位和员工采用相同的薪酬水平定位。混合型薪酬策略的最大优点是其灵活性和针对性，具体表现为，对于劳动力市场上的稀缺型人才以及企业希望长期保留的关键职位上的人才采取领先型薪酬策略，对于劳动力市场上的富余劳动力以及鼓励流动的较低职位上的员工采取市场追随型或市场滞后型策略，这样既有利于企业保证自己在劳动力市场的竞争力，又利于合理控制企业的薪酬成本开支。

三、薪酬结构管理

薪酬结构是指企业内部的不同职位或不同能力等级之间薪酬水平的比例关系。薪酬结构强调职位或能力等级的数量、不同职位或能力等级之间的薪酬差距以及用来确定这种差距的标准。一般来说，薪酬结构管理包括三个方面的内容：薪酬等级数量、同一薪酬等级内部的薪酬变动范围、薪酬等级之间的重叠区域。

1. 薪酬等级数量

薪酬等级是根据工作的复杂程度和责任大小等，对员工薪酬进行的等级划分，其数量多少没有绝对的标准。等级较多、级差较小的等级化薪酬结构和等级较少、级差较大的扁平化薪酬结构都是可行的。薪酬等级较多，需要薪酬管理更加制度化、规范化，否则将增加管理的难度和成本。薪酬等级较少，相应的灵活性较高，但容易使得薪酬管理失去控制以及导致薪酬激励的效果降低。

2. 同一薪酬等级内部的薪酬变动范围

薪酬变动范围又称为薪酬区间，是指薪酬标准中同一薪酬等级的上下限之间的跨度。薪酬变动范围与薪酬等级数量之间有着密切关系，通常等级越多，则各等级幅度越小；等级越少，则各等级幅度越大。薪酬变动范围可以利用薪酬变动率来确定，薪酬变动率是指同一薪酬等级内部的最高值与最低值之间的比率，也可以用最高值和中值之差与中值的比率来确定。前面提到的宽带薪酬采用的薪酬变动率数值比较大。

3. 薪酬等级之间的重叠区域

在薪酬结构中，相邻两个薪酬等级之间常常会出现交叉与重叠的关系。相邻两个薪酬等级之间没有交叉重叠或者交叉重叠很少，意味着相邻两个薪酬等级的区间薪酬水平差异过大。这样，一旦员工获得晋升，其薪酬水平就会比原来高出很多。而相邻两个薪酬等级之间交叉重叠区间较大，意味着不同薪酬等级之间的中值差异较小，薪酬等级没有很好地反映不同职位之间的差异。因此，薪酬结构管理必须重视薪酬等级之间的重叠区域的设置。

四、薪酬调整

薪酬调整是保持薪酬关系动态平衡、实现企业薪酬目标的重要手段，是薪酬管理的重要工作。在薪酬管理的过程中，如果企业外部因素，如国家有关法律法规政策、市场物价、主要竞争对手薪酬战略和薪酬水平、劳动力市场供需关系和市场工资率等因素变化，或者企业自身经营战略、业务流程、经营业绩等内部因素发生了很大的变化，就必须及时对薪酬进行调整。薪酬调整包括薪酬调整制度的制定、薪酬水平的调整和薪酬结构的调整。

1. 薪酬调整制度的制定

制定规范的薪酬调整制度和调整流程，可以使薪酬调整有章可循，避免薪酬调整中因随意性和主观性而产生矛盾纠纷，带来不必要的损失。在薪酬调整制度的制定过程中，要确定调整规则并选择科学的薪酬调整方式，保证薪酬调整能达到预期的效果。

2. 薪酬水平的调整

薪酬水平的调整是旅游企业为了适应经营发展的需要，更好地激发员工的工作积极性而进行的薪酬调整。因为薪酬增长具有刚性的特征，薪酬水平的调整是必然会发生的。旅游企业可以采取以下方式进行薪酬水平的调整：

（1）生活指数性调整。这种调整主要是弥补通货膨胀导致实际薪酬下降所带来的损失，给员工加薪以保持其实际生活水平不下降或少下降。旅游企业较为普遍采用这种薪酬调整方式。

（2）奖励型调整。这是旅游企业为奖励员工优异的工作绩效，强化激励机制而给员工加薪的薪酬调整方式。奖励型调整的对象通常是部分表现优异的员工。

（3）效益型调整。这是根据旅游企业经济效益的变化状况，全体员工从中分享利润或者共担风险的薪酬水平调整方式。这种调整往往是浮动式和非固定式的。许多旅游企业会根据员工职位的重要性、相对价值、贡献大小、员工能力等不同情况，确定不同的薪酬调整比例来激励所有员工，特别是优秀员工。

3. 薪酬结构的调整

薪酬结构的调整的目的是保持薪酬的内部公平性，更好地发挥薪酬的激励作用。薪酬结构的调整常常和薪酬水平调整相结合，尤其是在薪酬总量不变时调整薪酬水平，那么也必然会对薪酬结构做出相应的调整。薪酬结构的调整主要包括对薪酬纵向结构和横向结构的调整。其中，薪酬纵向结构的调整方法是增加或减少薪酬等级，扩大或缩小薪酬等级幅度。薪酬横向结构的调整方法是调整固定薪酬和变动薪酬的比例、调整短期奖励和长期奖励的比例、调整薪酬组合形式等。

五、薪酬支付管理

薪酬支付管理主要是对薪酬支付的方式和时间进行管理，例如是采取短期薪酬还是长期薪酬、是重视奖励现在还是奖励未来等的选择。处于不同发展阶段的旅游企业，其薪酬支付方式应有所不同，如处于成长期的旅游企业可能会支付较低的短期工资和较高的长期薪酬，而处于成熟期的旅游企业则主要是用短期薪酬激励来吸引新的兼职员工。旅游企业需要随着自身的发展，选择和调整其薪酬支付方式，合理使用延期支付，最大化地发挥薪酬的激励作用。

旅游企业对不同员工也应采取不同的薪酬支付方式。对高层管理者，无论其在企业的哪个职位上，企业都应向其支付行业内最具竞争力的薪酬，并以长期激励和年薪制为主。而对于基层员工和兼职人员而言，其固定薪酬比例应比变动薪酬比例高，并以经济报酬、短期激励为主；对于中、基层管理者来讲，除了采用经济报酬激励外，还应重视向他们提供职业发展的机会。

六、薪酬沟通管理

薪酬沟通管理是薪酬管理中的重要组成部分，有效的薪酬沟通管理可以紧密连接企业和员工，对薪酬战略的实施至关重要。旅游企业薪酬沟通管理的目标，在于通过员工的建议和决策参与来调整原有薪酬方案、薪酬理念和薪酬管理方法，从而改变员工的工作态度和工作行为，使得员工的目标和企业战略目标相一致。

有效的薪酬沟通可以让员工正确理解企业的薪酬体系所要传达的信息以及企业鼓励的行为、态度和绩效结果，促使员工进行自我激励，主动提高工作绩效以获得较高的薪酬。旅游企业要强化薪酬沟通对员工的积极促进作用，加强企业凝聚力，发挥薪酬管理的最大价值。

薪酬沟通管理贯穿薪酬体系制定、调整和实施的全过程。在薪酬体系优化和调整前，需要进行员工薪酬满意度调查，听取员工对薪酬体系改革的建议，并积极采纳；在薪酬体系设计和制定的过程中，应积极吸引员工代表参与，给予员工代表发表意见的机会。由于薪酬体系经过调整后，其薪酬总额有所变动，因此，在执行薪酬体系调整前，旅游企业高层管理者、人力资源管理人员要与各部门员工进行切实有效的沟通，交流薪酬市场信息及解释薪酬体系调整的原因，使员工意识到薪酬体系调整的必要性及了解薪酬调整的策略。在新的薪酬体系实施的过程中，企业应组织开展员工座谈会，全面地介绍和解释新薪酬体系的特点，并对员工关于新薪酬体系的困惑进行答疑。另外，在薪酬体系实施的沟通过程中，还必须在薪酬的公开与保密之间进行权衡，如将薪酬政策性信息和薪酬技术性信息公开，而薪酬分配结果信息则保密。

第四节　员工福利管理

员工福利是企业依据国家的强制性法令及相关规定，以企业自身的支付能力为依托，向员工提供用于改善其本人及家庭生活质量的各种以非货币工资和以延期支付形式为主的补充性报酬与服务。它是现代社会薪酬体系的重要组成部分，也是社会福利的一部分。员工福利体现了企业文化和企业价值观，有利于维系员工，吸引并保留企业的核心人才。企业重视员工福利，就是重视对员工的关怀。当企业把这部分福利转化为现金发放给员工时，员工薪资的提高意味着员工也需要支付更高的个人所得税，因此，员工福利从一定程度上也起到了税负减免的作用。

一、员工福利的类型

（一）法定福利

法定福利是企业根据国家政策、法律和法规的规定和要求必须向员工提供的各项福利。法定福利是基本福利，只要企业创建并存在，就有义务、有责任且必须按照国家统一规定的福利项目和支付标准，向员工提供法定福利。在中国，法定的员工福利主要是指法定社会保障和休假制度等。

1. 法定社会保障

在中国，法定社会保障简称为"五险一金"，包括失业保险、基本养老保险、基本医疗保险、工伤保险、生育保险和住房公积金，是国家法律规定的由企业和员工共同缴纳的保险基金。

（1）失业保险。失业保险是当劳动者因非本人意愿中断就业而失去经济来源时，按法定时限和标准给予其物质援助的社会保险项目。享受失业保险待遇的条件为：所在单位和本人按规定履行缴费义务满1年，非本人意愿中断就业，已办理失业登记并有求职要求。同时具备以上三个条件者才有申请资格。在市场经济条件下，失业现象不可避免，对失业者予以适当的救助，可以使社会上保持一定数量和素质的劳动力资源，也有利于社会安定。

（2）基本养老保险。基本养老保险是针对退出劳动领域或无劳动能力的老年人实行的社会保护和社会救助措施。基本养老保险主要是指由社会保险机构按照一定的计算基数与提取比例向企业和员工统一征收养老费，这些养老费形成由社会统一管理的养老基金，当员工缴费年限累计满15年，退休后社会保险经办机构依法按月或一次性以货币形式向其支付养老金等待遇，从而保障其基本生活。

（3）基本医疗保险。基本医疗保险是指由国家立法，通过强制性社会保险原则和方法筹集医疗资金，保证人们平等地获得适当的医疗服务的一种制度。基本医疗保险金由用人单位和员工共同缴纳，用人单位缴费费率应控制在员工工资总额的6%左右，其中的30%计入个人账户；员工的缴费费率一般为员工工资收入的2%。当员工患病就诊时，医疗保险机构会提供部分医疗费用报销，退休后的员工也可以享受医保的优惠政策。

（4）工伤保险。工伤保险是通过社会统筹的方法，企业集中缴纳工伤保险费，建立工伤保险基金，当员工在工作期间遭遇意外伤害或职业病并由此造成死亡、暂时或永久丧失劳动能力时，员工或其遗属可以从国家和社会获得物质帮助的一种社会保险。这种补偿包括医疗费用、护理康复费用和基本生活保障费用或补贴。工伤保险需要判断是否因工受伤，之后根据伤残和职业病等级来确定其补偿金额。工伤保险由企业全额承担，且无论工伤事故的责任归于企业还是员工个人或第三者，企业均应承担保险责任。

（5）生育保险。生育保险是在女员工因怀孕和分娩而暂时中断劳动时，由国家和社会提供医疗服务、生育津贴和产假的一种社会保险。我国劳动法相关政策规定，"企业不得在女职工怀孕期、产期、哺乳期降低女职工的基本工资或解除劳动合同"。生育保险政策保障了女员工可以在生育之后顺利返回工作岗位。2017年后，我国部分试点地区将生育保险和医疗保险合并起来，员工可以将产检等费用和其他医疗费用一起报销。

（6）住房公积金。住房公积金是由企业和员工共同缴存的长期住房储金，是住房分配货币化、社会化和法治化的主要形式。住房公积金实行专户存储，归员工个人所有，专门在员工购房、装修、建房、租房时提取使用。

2. 休假制度

（1）公休假期。公休假期是劳动者工作满一个工作周之后的休息时间。国家实行劳动者每日工作时间不超过 8 小时、平均每周工作时间不超过 40 小时的工时制度。因工作性质或生产特点的限制，不能实行每日工作 8 小时、每周工作 40 小时标准工时制度的，可以实行其他工作和休息办法，如不定时工作制、综合计算工时制、轮班制等，还可以灵活安排周休息日。

（2）法定节日休假。员工在法定节日享受有薪休假，目前包括元旦放假一天、春节放假三天、清明节放假一天、"五一"国际劳动节放假一天、端午节放假一天、中秋节放假一天、国庆节放假三天和中秋节放假一天。对部分员工适用放假的节日及纪念日有：妇女节，女员工放假半天；青年节，青年员工放假半天等。除了国家规定的节假日外，企业可以根据实际情况，在和员工协商的基础上，决定放假与否及加班工资多少。

（3）带薪年休假。世界上很多国家都通过法律规定了带薪年休假制度，但是带薪年休假的天数却相差很大。比如，法国的员工可以享受每年 40 天的休假时间，美国的员工年休假时间是 14 天。中国企业的员工累计工作已满 1 年不满 10 年的，年休假 5 天；已满 10 年不满 20 年的，年休假 10 天；已满 20 年的，年休假 15 天，且国家法定休假日、休息日不计入年休假的假期。但是在中国，带薪年休假政策非强制规定，各单位可根据具体情况，并考虑员工本人意愿，统筹安排员工年休假。

（4）其他假期。在员工福利中，通常还有病假、探亲假、婚丧假、产假和配偶生育假等。病假是指员工因病无法上班时，企业仍然继续给他们支付薪酬的一种福利计划。员工因患病或非因工负伤，需要停止工作、进行医疗时，企业根据员工实际参加工作年限和在本企业工作年限，给予 3 个月到 24 个月的医疗期。对于医疗期在 180 天以内的，发放 70% 病假工作工资；医疗期超过 180 天的，发放 60% 病假工作工资。探亲假是指在企业工作满 1 年的员工，如果与父母或配偶不居住在同一地区，未婚员工享有每年探望父母一次的 20 天的假期，已婚员工享受每年探望配偶一次的 30 天的假期；如因工作需要每两年探望一次，可合并使用，延长至 45 天；已婚员工还有每 4 年探望父母一次的假期，假期为 20 天。员工结婚享有 3 天有薪假期。女员工产假不少于 98 天，其中产前休假 15 天；难产的，增加产假 15 天；多胞胎生育的，每多生育一个婴儿，增加产假 15 天。员工直系亲属死亡时，可有 3 天的丧假期。这些其他假期一般会将公休假日和法定节日计算在内。

（二）企业自愿提供的福利

企业自愿提供的福利是指企业根据自身的发展需要和员工的需要选择提供的福利项目。旅游企业为了吸引和留住人才，会自愿提供多种多样的福利。常见的有：

（1）加班福利。例如，加班加薪、值班费、加班餐饮补贴、加班交通补贴等。

（2）日常生活福利。例如，制服洗衣服务、购物券、餐券、免费或低价的员工用餐、食品代购、节日休假和补贴、物价补贴、降温取暖津贴等。

（3）住房福利。例如，提供免费或低租金的员工宿舍，提供廉租房，提供住房免息或低息贷款、购房补贴等。

（4）通勤福利。例如，通勤补贴、个人交通工具贷款补贴、交通工具保养补贴等。

（5）培训福利。例如，提供学习资料和免费的在线学习、培训和进修的补贴、语言等技能的考试补贴等。

（6）健康福利。例如，员工体检、疫苗注射、药品补贴、健康疗养优惠等。

（7）退休与离职福利。例如，长期贡献奖励、离职补贴或遣散费等。

（8）金融福利。例如，信用储金、优惠贷款利率、困难救急补助等。

（9）工会活动福利。例如，竞赛、晚会等团队建设活动、健身房等文体服务设施、旅游补贴、奖励旅游等。

（10）其他生活性福利。一些旅游企业会结合本行业的特点为员工提供免费洗澡、免费理发、发放生日礼物（礼金）、定期体检等其他生活福利。

表10-10反映了海底捞各类员工能享受的薪酬和福利待遇的种类。

表10-10　海底捞各类员工的部分薪酬和福利待遇

员工级别	基本工资	加班工资	奖金	话费补贴	员工住宿	假期	级别工资	工龄工资	分红	荣誉奖金	员工股票	父母补贴
新员工	✓	✓	✓	✓+20元	✓	✓+12天						
二级员工	✓	✓	✓	✓+50元	✓	✓+12天	✓+40元	✓+40元				
一级员工	✓	✓	✓	✓+50元	✓	✓+12天	✓+60元	✓+40元	✓			

续表 10-10

员工级别	基本工资	加班工资	奖金	话费补贴	员工住宿	假期	级别工资	工龄工资	分红	荣誉奖金	员工股票	父母补贴
劳模员工	✓	✓	✓	✓+50元	✓	✓+12天	✓+60元	✓+40元	✓	✓		
大堂经理	✓	✓	✓	✓+500元	✓	✓+12天	✓+60元	✓+40元	✓	✓		
门店经理												
店长						✓						✓+800元
区域经理												✓+800元
奖金：先进员工+80元；标兵员工+80元；劳模员工+280元；功勋员工+500元												
分红：一级以上员工（含一级员工）共同分红所在分店纯利润的3.5%												

二、自助餐式福利计划

不同的员工对福利有不同的需求。当企业提供固定不变的福利时，总是不能满足部分员工的需要，也就起不到激励作用。因此，让员工自主灵活地选择福利方案是维系员工的良好方法。自助餐式福利计划又叫菜单式福利，是指员工在企业核定的福利额度内，从企业提供的不同类型和水平的福利项目中，根据自己的需求和偏好自由选择，从而建立自己专属的福利组合计划。

自助餐式福利计划的操作流程是：首先，企业通过问卷、访谈等形式向员工询问其期待的福利方案，了解员工的福利需求。之后，按照企业福利成本划定福利总资金数量，换算为企业总的"福利点数"。接着，为每个员工确定"福利点数"，即根据员工的工龄、工作职位、工作绩效等维度或直接按照固定的福利占薪酬比例，来评定员工在薪酬周期内可用的"福利点数"，员工可用"福利点数"选择"点数价格"不完全相同的福利项目。"点数"可以存储，供员工在其他时段兑换其他福利。企业可规定"点数"限时兑换，来保证专款专用。选择"点数"概念来衡量福利是因为存在着诸如休假、生活服务等无法用金钱数额直接衡量的福利，"点数"的转换必定会存在主观性，企业需要公开"点数"转换规则和福利计划细则。最后，根据员工的意愿，提供让其满意的福利项目。

有些旅游企业为了让自助餐式福利计划操作更简单，直接由企业提供多种固定的福利项目组合，员工只能自由地选择某种福利组合，而不能自己进行组合。

三、员工福利管理的内容

旅游企业提供的福利反映了企业的目标、战略和文化，因此，福利的有效管理对企业的发展至关重要。旅游企业员工福利管理主要涉及福利的目标、福利的成本核算、福利沟通、福利调查以及福利的实施等内容。

1. 福利的目标

旅游企业实施员工福利管理，首先要明确福利的目标。企业制定的福利目标主要是：符合政府制定的政策法规、符合企业的长远目标、符合企业的薪酬政策、满足员工的眼前需要和长远需要，能激励大部分员工。

2. 福利的成本核算

成本核算是福利管理中的重要内容。福利的成本核算主要是确定企业的福利总费用和主要福利项目的预算。旅游企业在确定企业福利总费用时，既要考虑外部福利标准，特别是竞争对手的福利标准，又要考虑自身的营业收入和利润，在满足福利目标的前提下尽可能降低福利支出成本。做出福利项目预算是制订福利项目计划的基础，福利项目预算有助于控制福利项目的费用支出。

3. 福利沟通

福利沟通的目的是让福利项目最大限度地满足员工需要，因为提供让员工满意的福利更能激发员工的工作积极性。研究表明，员工对福利的满意程度与对工作的满意程度呈正相关关系。

4. 福利调查

福利调查是福利管理的一项必要工作。制定福利项目前的调查，主要是了解员工对某一项福利项目的态度、看法与需求；员工福利反馈调查，主要是调查员工对某一项福利项目实施的反应，企业据此考虑是否需要进一步改进福利项目、是否要取消福利项目等；员工福利年度调查，主要是了解在一个财务年度内，员工享受了哪些福利项目、各占比例多少、满意度如何等。

5. 福利的实施

福利的实施是福利管理的一个重要环节。实施中应注意：按照各个福利项目的计划有步骤地实施，努力实现福利的目标；预算要落实，但是尽量不要超支；定期检查实施情况和员工对福利的满意程度。

第五节 小费管理

一、小费的特点和作用

在西方国家的服务业，顾客给予提供服务的员工小费，是一种常见现象。小费制度源于18世纪的英国伦敦。那时，当地酒店的餐桌上一般都摆着写有"To Insure Promptness"（保证服务迅速）的碗。顾客落座后，将少量零钱放入碗中，就会得到服务员迅速而周到的服务。这种做法不断延续扩大，逐渐演变成一种固定的用来感谢服务人员的报酬形式。上面几个英文单词的头一个字母联起来，就成了"TIP"，即小费。由于经济的迅速发展以及消费观念的成熟，小费制逐渐成为世界上许多国家的服务业普遍奉行的制度。

（一）小费的表现形式和特点

小费被定义为顾客给服务人员的合理报酬，含有礼节性，表现了顾客对服务人员劳动成果的尊重和感激以及顾客本人的良好修养，是一种社会文明的体现和传承（Bodvarsson et al.，1999；Lynn，2005）。张五常（Cheung，1969）从合同承担的角度指出，如果企业需要很大的成本才能监督消费合同的执行，或服务质量对消费者很重要时，小费就是对高质量服务的一种补偿和奖励方式。贾跃千等（2005）从管理学和经济学的角度出发，认为小费就是服务人员不确定性劳动的价格标签，是对消费者和服务人员之间间接经济关系的价格反映。李军（2007）对导游小费的解释为，导游小费是导游与游客之间心理契约的一种价格，是游客对遵守心理契约的导游人员付出的报酬。

小费在西方国家比较普遍，虽然除法国外的大多数国家并未以成文法的形式确定其合法性，但小费制作为一种类似于习惯的非正式制度是被官方和民间所共同认可的。根据美国学者的相关研究,在美国有 35 个服务行业需要支付小费,西班牙有 29 个,加拿大有 25 个,印度有 25 个,意大利有 24 个,丹麦和瑞典各有 10 个。在小费支付额上,通常是支付账单上的 10%～25%。在美国,餐馆业每年小费的收入总数达 1600 万美元。表 10-11 列出了一些国家或地区收取小费或服务费的情况。

表 10-11　一些国家或地区服务行业收取小费或服务费的情况

国家或地区	小费或服务费大致比例	小费或服务费说明
美国	15%～20%	小费形式,但通常不包含在账单中
法国	12%～15%	小费形式,通常包含在账单里
英国	10%～12%	服务费形式,通常包含在账单里
日本	10%～20%	服务费形式,通常包含在账单里,给小费并不常见
德国	10%～15%	服务费形式,通常包含在账单里,额外支付少量小费是一种习惯
中国香港	10%～15%	小费现象普遍存在于各种服务业中
印度尼西亚	10%	服务费形式,通常包含在账单里,客人有时会给额外小费
意大利	10%	大部分服务都有小费
马来西亚	10%	一般只对行李员或客房服务员支付小费
墨西哥	10%	大部分服务都有小费
菲律宾	10%	大部分服务都有小费

[资料来源:仲建兰,陈雪琼. 国内外旅游企业小费制度的比较 [J]. 饭店现代化,2008 (4):53-56.]

小费的特点主要是:

(1) 小费是服务人员维持正常生活的必要收入,具有薪酬性质。欧美服务人员的底薪非常低,小费是主要收入,甚至占到工资的 80%。小费得到欧美服务人员的高度认可。

(2) 小费是顾客自愿给的,是支付给服务人员而不是企业。小费是顾客对服务人员高质量服务的认可和肯定,从某种意义上说,顾客花钱购买优质服务,服务员获得相应的报酬,双方在人格上平等,而不是顾客对服务人员的施舍和服务人员接受施舍。这对服务人员向顾客提供更好服务、提高服务质量有一定的激励作用,同时可以降低服务人员的流动率,达到企业、顾客和员工"三赢"的效果。此外,服务人员与顾客的互动(包括服务员的自我介绍、肢体接触、问候语等)对顾客支付小费的行为有积极的影响。

(二) 小费的作用

(1) 小费是服务人员薪酬收入的重要组成部分。小费是服务人员无须纳税的收入,顾客的小费构成企业服务人员的一部分薪酬,这不仅增加了服务人员的实际收入水平,还降低了企业投入服务的成本,是一种灵活度很高的薪酬制度形式。

(2) 小费在某种程度上具有奖励和激励作用。现在的服务企业都提倡个性化服务,服务人员必须根据企业的要求,自己决定对不同的顾客提供差异化服务。服务企业非常强调过程质量。小费制将对服务质量和对服务人员工作态度的判定权交给顾客,顾客因感到满意而支付小费,这也就同时对服务人员产生了激励或奖励。当异质性和同一性导致服务质量难以标准化时,小费制反而顺利解决了企业难以建立质量监督和激励方法的难题。以旅行社为例,导游带顾客出游,旅行社往往无法跟进整个旅程,并对导游的服务质量进行监督。那么顾客支付小费,就是对导游提供好的服务的激励,而无须企业额外监督。

(3) 在小费流行的国家 (地区) 和行业,支付小费是消费者一种成熟的行为表现。一般来说,是否支付小费与消费者的生活、工作经历和性格有较大关系。

二、旅游小费在中国的发展

中国的服务业受到外国服务企业的影响较大,服务人员的观念也在变化,他们希望通过自己的努力尽力为客人提供优质服务的同时,也希望客人以一种特定的方式,如浙江省某旅游企业推出的打赏旅游模式 (即小费),对他们的辛勤工作予以肯定。

早在 2004 年,广东省中国旅行社 (以下简称广东中旅) 首次将导游小费制引入国内游,广东中旅向"VIP 系列团"的游客建议,"如果服务满意,请支付导游每天 20 元小费"。该社负责人指出,对"VIP 系列团"的游客推出付小费的建议,针对的人群主要是白领阶层。小费不是给广东中旅,而是给地接旅行社的导游,以增加其收入,保障 VIP 团的服务质量,减少许多地接导游为了增加收入,私自与购物点"合作",通过带游客购物赚取回扣的行为。广东中旅把小费作为游客激励导游提供优质服务的一种手段,但是由于中国人重面子,导游微表情丰富,中国出现了"必须给"小费的局面,小费制度没有达到预期激励的目的。

随后,浙江一家旅行社也提出试行导游小费制,试行的办法是:为旅游团配备高素质的导游,这些导游被旅行社称为"金导游";旅行社将原本不公开支付的小费单独列成一项,提前告知游客;旅行社在衣食住行等各个环节上提供更加优良的服务。小费的基本标准是每人每天 20 元,但游客可以自愿支付,可多可少也可不给。试行的对象是标准较高的国内游团队。这一建议表面上看起来是好的，但会让人质疑，对于不用付小费的普通团来说，团员得到的服务是不是就没有保障了呢？因此，最好的小费制度应该是面向所有消费者，建立消费者支付小费的社会文化，杜绝导游主动索要小费的行为。

在接待国际顾客的中国酒店，小费是餐厅员工、酒吧员工以及礼宾部员工收入的重要组成部分。在广州的一家接待外国客人较多的五星级酒店，员工都希望努力赚取小费，小费甚至占到礼宾部员工工资的10%～20%。酒店的餐饮部大多采取小费上交给部门，由部门员工统一使用的方式。例如，一位酒水部员工提到，他们的小费一般是放入小费箱，然后利用这些小费，部门员工每一个月可以出去聚餐。大家觉得这种方式比较公平，员工能更加团结，这比直接分钱的方式好很多。

小费是一种"隐性奖金"，是旅游企业员工无须纳税的收入，在一定程度上缓解了员工工资偏低的问题。但在我国，人们还没有形成支付小费的习惯。国内游客支付小费的情况比较少。未来可以继续尝试向游客明示小费的制度，使游客自愿支付小费。

在当前小费支付还没有得到消费者认同的情况下，旅游企业可以采用对提供卓越服务的员工给予一定物质奖励的方式来进行激励。例如，凯悦酒店对每获得一位顾客通过点名形式表扬或表扬信形式表扬的员工，都会给他们一张"Hyatt Star"的奖励证明，当奖励证明达到一定数量，员工就会获得相应的奖励。如一名员工因奖励证明获得了1200元消费券，可以选择在酒店的自助餐厅就餐3～4次。

本章小结

薪酬是企业对员工为企业所做贡献支付的相应回报。薪酬既是企业经营的一项重要的成本，也是企业吸引人才、激励员工的重要手段。

薪酬体系可分为职位薪酬体系、绩效薪酬体系、能力薪酬体系和基于员工价值创造的薪酬体系等类型。

薪酬管理是指对薪酬体系的制定和执行进行管理与控制，包括薪酬战略的制定、薪酬水平的确定、薪酬结构管理、薪酬调整、薪酬支付管理、薪酬沟通管理等。

福利是企业提供给员工的一种额外工作报酬。员工对福利的需求多种多样，旅游企业很难用统一的福利计划去满足员工的多样化需求。让员工自由选择的自助餐式福利计划能满足员工在福利需求方面的差异。提供让员工满意的福利模式，能使福利达到总效用最大化。

小费是旅游企业的一种"隐性奖金"，在一定程度上缓解了员工工资偏低的问题。在顾客不会给予员工小费的旅游企业中，企业可以采用对提供卓越服务的员工给予一定物质奖励的方式来进行激励。

> **实务案例**

武汉导游人员的薪酬构成

人才是旅游业发展的关键因素。一个行业的薪酬待遇水平对其人才队伍建设有着重要的影响，甚至会影响该行业后续能否持续健康发展。在2003—2004年完成的武汉中文专职导游人员收入调查的基础上，课题组对武汉旅行社业，并以其代表性工种——导游为例进行了摸底调查。两次调查间隔的十年里，武汉旅行社业导游的薪酬是否有较大改善呢？这次调查给出了一些答案。

一、武汉旅行社导游人员薪酬调查及取样情况

2013年，课题组花费了半年时间，以访谈、网络发放调查表等形式，抽取了35家旅游公司来调查武汉旅行社从业人员的薪酬状况。其中，课题组面谈了5人，对象为旅行社的总经理或分管招聘用人工作的副总经理，主要了解旅游企业的员工薪酬政策、各岗位的具体薪酬结构和水平；网络访谈了10人，对象为一般从业人员，主要了解旅行社各岗位的具体薪酬结构和水平；课题组还面向20家旅游公司的20位从业人员发放网络调查表，调查表内容为各主要业务岗位的薪酬结构和薪资标准，获反馈调查表14份，网络调查的反馈率为70%。虽有几份网络反馈调查表中个别调查项信息空缺，但不影响其他调查项数据在分析中的可用性。最终取得涉及23家武汉旅游公司的71条不同岗位的薪酬信息。获调查反馈的旅游公司23家，占拟调查的35家旅游公司的65.7%，占武汉277家旅行社企业的8.3%，包括5家全国著名品牌旅游公司的在汉子公司、5家本土知名旅游公司和3家外地新秀旅游公司的在汉子公司等13家出境游组团社。71条薪酬信息中，有20条导游岗位信息，占比28.2%，导游岗位为信息反馈比例最大的岗位。下文就是基于这71个样本的薪酬信息的整理和分析。

二、武汉旅行社导游人员薪酬的总体情况和主要指标

截至2013年2月，武汉市277家旅行社企业和导游服务中心有持IC卡导游7934人。调查发现，相当一部分旅行社并不是面向单一的业务流程设置岗位，尤其是小旅行社，很少有专职导游，他们对员工的要求是多面手，可以胜任一岗多职。调查涉及的23家旅行社中，12家存在外联销售、计调、门市接待等兼任导游的情况。大旅行社或旅游集团及其跨省设立的分公司对岗位设置则分工较细、更强调专业化，导游、计调、外联销售等业务岗位设置明晰。

（一）武汉旅行社导游人员薪酬的总体情况

武汉旅行社导游人员的薪酬可以用一个公式概括："薪酬＝基本工资＋带团补助＋带团佣金及小费＋销售业务提成＋奖金＋工作补贴＋社保"。武汉旅行社中，以带团为主的导游人员的收入构成以基本工资、带团补助和带团佣金为主。基本工资和带团补助等为导游的显性收入，带团补助由公司带团补助标准和导游带团天数决定。武汉旅游的旺季有7个月以上，导游旺季每月一般带团20天以上，淡季每月带团多在10天左右，但随着旅游产品丰富化和互补性增强，如炎炎夏日的漂流和避暑游、寒冬腊月里泡温泉和避寒游、四季皆有选择的出境游等，"淡季不再淡"，即便保守一点估算，武汉也有7个旺季月和5个淡季月。带团佣金和小费为导游的隐性收入，有很大的不确定性，佣金主要来自游客购物、加景点或项目等的佣金，一般武汉地接团、省外长线团、出境团都会分到一定的佣金，佣金多少主要由团队人数和消费水平决定。五六天的行程，导游可拿到的佣金少则300～500元、多则800～1000元，导游带出境团则可得2000～5000元，但带省内短线团则佣金较少。至于小费，武汉导游拿得很少，即便是接待入境游客的外语导游，小费收入也微不足道。除了个别旅行社的导游，大多导游兼职完成的外联销售业绩也有相应的销售利润提成。多位受访者表示，一年完成1万元的销售提成也并非很难，但提成因个人客户积累和个人能力差异而有高有低。近年来，对于由于出境游井喷发展而转型为以出境领队为主的导游，他们带团频繁而无暇兼顾外联销售，销售提成就少一些。奖金则视不同公司政策、经营效益和部门及个人任务完成情况而定，调查反馈的奖金包括年终奖、业绩单项奖、过节费、全勤奖、卫生奖等，年终奖一般为1000～3000元，过节费、全勤奖等奖项多数为100～200元。导游一年的奖金和工作补贴等收入多在3000～5000元的水平，所占比例不大。而社保，是指旅行社为员工缴纳"五险一金"的情况。为员工办理缴纳公积金的旅行社较少，办理缴纳"三险（医疗、养老、失业）"的旅行社较多，有15家旅行社为导游人员购买了社保，占调查的旅游公司数量的65.2%。未发现武汉旅行社导游人员无劳动合同、无基本工资、无社会保险的"三无"现象。

由于旅游业淡旺季明显，年收入指标更能反映从业人员的薪酬水平，在同行和非同行之间更具有可比性。本次调查信息显示，武汉导游的年收入高的有7万元以上，低的仅3万多元，平均年收入47136元，折算平均月收入为3928元。

（二）武汉旅行社导游人员的基本工资

导游岗位的20条薪酬信息中，除一条未提供基本工资信息，导游的月基本工资低于1000元的有2家，占总数的10.5%，最低的仅800元；1000～1500元（不含1500元）的有13家，占68.4%，其中11家集中在1000～1300元的水平，占57.9%，基本工资介于1000～1300元之间的是主流；1500～2000元（不含2000元）的有3家，占15.8%；2000元及以上的仅1家，占5.3%，即最高的2200元。

(三) 武汉旅行社导游人员的带团日补助额

另一项导游较为稳定的主要收入为带团补助，这相当于很多单位的差旅补贴，其主要衡量指标是带团日补助额。导游岗位的 20 条薪酬信息中，18 条反馈了市内地接、省内短线、省外长线的带团日补助额，11 条反馈了出境领队的带团日补助额。日补助额最高的为 200 元，最低的为 50 元。大多数旅行社的带团日补助额因旅游行程等因素不同而有区分，可归为市内地接、省内短线、省外长线、出境领队四种情况，一般行程跨度大的带团日补助额就高一些，但也有 5 家旅行社市内地接的带团补助高于其他团标准，还有 1 家旅行社省内短线的带团补助高于其他团标准。此外，有 3 家旅行社明确规定门市部长、公司业务主管、部门经理等人的兼职带团补助高于一般导游人员，1 家旅行社则反过来规定门市部长、公司业务主管、部门经理等人的兼职带团补助低于一般导游人员，还有一些旅行社对行程中有爬山计划的导游当天的补助增加 30～50 元。

从调查统计来看，旅行社自聘导游的带团日补助额主要在 100 元上下，出境领队的补助整体上略高一点。但有 2 家出境社的出境领队是没有带团补助的，只通过佣金获得报酬，占总数的 18.2%，而且其中 1 家出境领队还要向旅行社按旅游团人头缴纳人头费。具体见表 10-12。

表 10-12 武汉导游带团日补助额分布情况

（单位：家）

团队类型	反馈此项信息样本数	带团日补助额分档样本数及比例			
		50 元及以下	50～100 元（不含 100 元）	100～150 元（不含 150 元）	150 元及以上
市内地接	18	3	5	6	4
		16.70%	27.80%	33.30%	22.20%
省内短线	18	1	10	5	2
		5.50%	55.60%	27.80%	11.10%
省外长线	18	3	5	8	2
		16.70%	27.80%	44.40%	11.10%
出境领队	11	2（零补助）	2	7	0
		18.20%	18.20%	63.60%	0

而旅行社从公司外聘请的兼职导游（包括自由职业导游）的带团补助一般高于公司内部的导游，日补助额大多为 150～200 元，地接导游日补助额则在 200 元

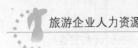

及以上,节假日外聘的导游补助额不低于300元,日韩等小语种导游日补助额则不低于500元。

三、武汉旅行社导游人员薪酬的趋势

通过比较,武汉旅行社导游人员的薪酬近十年来明显提高,尤其是高铁开通以来,导游的稀缺使得旅行社不得不提高薪酬以吸引或留住导游人员,政府主管部门也加大了对旅行社导游薪酬制度的引导和支持力度。此外,调查还发现,出境社的导游收入水平要高于其他旅行社的导游人员,外地驻汉旅行社从业人员的收入高于本土旅行社的导游人员。

(一)武汉旅行社从业人员的薪酬逐年提高,整体向好

根据业界反馈和相关调查,2003—2005年期间,武汉旅行社导游人员的薪酬抱怨较为突出,当时武汉导游的基本工资为300~500元,月收入在800~1000元的水平,这与导游的劳动付出是不对等的,与当时华东地区、沿海地区的导游收入相比,他们的月收入也偏低,与其他行业的从业者收入相比更低,因而当时武汉导游中普遍存在"收入太少""待遇偏低""劳动报酬没保障"之类的感叹,以致导游频繁跳槽乃至转行。当时野心勃勃、气势正旺的武汉东星国际旅行社有限公司为加快扩张和抢占市场,开出1000元的导游基本工资,迅速吸引了一批各旅行社的精英跳槽加盟,这也从侧面验证了当时的情形。形势从北京举办奥运会的2008年开始好转。笔者从武汉多所高校的旅游院系了解到,从2008届开始,它们明显感觉到旅游管理类毕业生的业内就业率提高了,而且1~2年内的旅游从业人员流失率也有所下降。旅游行业对人才的需求旺盛导致导游待遇好转、武汉市旅游局重视导游队伍建设等是重要原因。据测算,湖北旅行社每年人才总需求在3500人以上,其中武汉人才需求占近1/3,而武汉高铁旅游的快速发展又加剧了导游的稀缺。据报道,2010年4月武汉市旅游局向湖北省旅游局求助,需要急训400多名省内地接导游以解燃眉之急,这无疑倒逼旅行社提高导游薪酬。此外,武汉市从2008年起,对导游实行"挂星上岗",导游被分成5个星级,并对他们实行动态管理、一年一评,三、四、五星级的导游可享受政府津贴一年,标准分别为400元/月、500元/月、800元/月。以五星级导游来看,一年总共可享受9600元的政府津贴。这一政策不仅使导游获得了认同感和增强了归属感、荣誉感,也享受到了收入增加的实惠。

10年前,武汉导游的月基本工资最高的有1000元,最低的只有200元,300~500元之间为主流,占65%;带团日补助额在30元及以下的占65%,最低的10元,最高才60元。而现在,月基本工资最高的有2200元,最低的有800元(相当于10年前的高工资),1000~1500元为主流,占68.4%;带团日补助额在100元及以上的占52.3%,最高达200元,最低的也有50元。各项指标对比都增长了2~3倍,对应的年收入也大幅提升。根据武汉统计局公布的数据,2011年、

2012 年武汉市城镇非私营单位在岗职工平均工资分别为 45643 元、48942 元，本次调查得到的武汉旅行社导游人员的平均年收入为 47136 元，收入差距已经大大缩小。

（二）出境社的导游人员收入高于其他旅行社的同类人员

本次调查中，在 13 家出境游组团社中，包括 5 家全国著名品牌旅游公司的在汉子公司、5 家本土知名旅游公司和 3 家外地新秀旅游公司的在汉子公司，共得到经营出境旅游业务旅行社的 7 条导游、9 条计调、12 条外联销售、7 条主管级人员的薪酬信息。需要说明的是，以"收客"即外联销售为主的 8 家外地企业驻汉子公司的岗位设置不是那么全面，因而除了外联销售以外的其他岗位，反馈样本要少一些。据统计，出境社的导游平均月收入为 4756 元，比其他旅行社导游的平均月收入 3454 元高出 1300 元，月收入差距超过 1000 元。据了解，出境社导游的日带团补助额普遍较高，佣金也较为丰厚，因而导游根据是否从事出境游业务，其收入差别就比较大。

（三）外地驻汉旅行社从业人员的收入高于本土旅行社的导游人员

在上述 5 家全国著名品牌旅游公司的在汉子公司和 3 家外地新秀旅游公司的在汉子公司共 8 家外地驻汉旅游公司（子公司）中，涉及 4 条导游、5 条计调、7 条外联销售、3 条主管级人员的薪酬信息。通过分析发现，外地旅行社在汉子公司从业人员的收入也都高于本土旅行社的同类岗位人员。据统计，外地驻汉旅行社、本土旅行社的导游平均月收入分别为 4856 元、3571 元，也相差近 1300 元。

导游人员被誉为"民间大使"，是旅游业的代表工种。加强旅行社薪酬管理，合理提高导游人员薪酬和各项福利待遇，让其更多一份回报和保障，更多一份荣誉和尊严，从而增强其成就感和归属感，进而激发其工作热情，不仅可以惠及导游人员或导游群体，也有利于增强旅游企业的竞争力，促进旅游行业健康发展。武汉市应发挥旅游主管部门的引导、协调功能，引导旅行社高层管理者重视导游队伍建设，制定激励旅行社优化导游薪酬的政策，推动旅游企业将员工纳入社保体系，提升本土旅行社企业的薪酬管理水平。

［资料来源：黄美忠，周耀进. 武汉旅行社导游人员薪酬构成及水平：基于武汉高铁旅游发展的调查 ［J］. 武汉商学院学报，2015，29（2）：17－20.］

案例讨论题：

1. 概括武汉市旅行社导游人员薪酬体系的特点。

2. 查找相关年代其他行业的薪酬统计数据，分析旅行社导游人员的薪酬收入在吸引优秀人才方面是否有竞争优势。

3. 实地调研本地旅行社导游人员的薪酬收入，与本案例做对比，看看有什么差异。

复习思考题

1. 全面薪酬是什么？它的主要功能有哪些？
2. 职位评价的方法有哪几种？试比较各种方法的优缺点。
3. 薪酬管理的影响因素有哪些？
4. 职位薪酬体系应该如何设计？
5. 宽带薪酬的定义和优缺点是什么？
6. 基于员工价值创造的薪酬体系应该如何设计？
7. 薪酬结构的构成要素是什么？如何进行薪酬水平和薪酬结构的调整？
8. 薪酬长期激励的类型有哪些？
9. 旅游企业可以向员工提供哪些福利？
10. 简要分析小费在旅游企业的重要性。

本章参考文献

[1] 杜江. 旅行社经营与管理 [M]. 天津：南开大学出版社，2003.

[2] 贺伟，龙立荣. 基于需求层次理论的薪酬分类与员工偏好研究 [J]. 商业经济与管理，2010（5）：40–48.

[3] 贺伟，龙立荣. 薪酬体系框架与考核方式对个人绩效薪酬选择的影响 [J]. 心理学报，2011，43（10）：1198–1210.

[4] 纪花. 扬州导游薪酬体系研究与设计 [J]. 对外经贸，2012（12）：118–120.

[5] 刘昕. 薪酬管理 [M]. 4版. 北京：中国人民大学出版社，2014.

[6] 诺伊，霍伦贝克，格哈特，等. 人力资源管理：赢得竞争优势 [M]. 刘昕，译. 5版. 北京：中国人民大学出版社，2005.

[7] 彭剑锋. 人力资源管理概论 [M]. 上海：复旦大学出版社，2011.

[8] 王平换，刘城，戴聪文. 以员工价值为基础的薪酬体系设计 [J]. 中国人力资源开发，2011（1）：37–40.

[9] 伍晓奕，汪纯孝. 组织公平性：薪酬管理工作的重要原则 [J]. 旅游科学，2005，19（2）：7–9.

[10] 武保勤. 从小费看中西方价值观差异：兼论对中国旅游业的影响 [J]. 怀化学院学报，2016，35（1）：115–118.

[11] 邢剑飞. 杭州市导游薪酬体制研究与设计 [J]. 经济论坛，2010（4）：105–106.

[12] 徐细雄，淦未宇. 组织支持契合、心理授权与雇员组织承诺：一个新生代农民工雇佣关系管理的理论框架：基于海底捞的案例研究 [J]. 管理世界，2011（12）：131–147，169.

[13] 杨欢. 薪酬管理公平性对员工满意度影响文献综述 [J]. 现代商贸工业，2013（8）：88–90.

［14］ 杨鹏. 从制度到文明：以中国旅游小费为例［J］. 价格理论与实践，2006（11）：67–68.

［15］ 杨云. 国外接待业人力资源管理研究评述［J］. 旅游学刊，2006，21（2）：82–88.

［16］ 杨云. 近期国外旅游业人力资源管理研究进展［J］. 旅游科学，2005（6）：11–20.

［17］ 姚先国，方阳春. 企业薪酬体系的效果研究综述［J］. 浙江大学学报（人文社会科学版），2005（2）：74–81.

［18］ 殷开明，刘柳. 金融危机下酒店引入员工能力工资的思考：以深圳长丰酒店为例［J］. 中国商贸，2011（10）：79–80.

［19］ 张金山. 人力资本、薪酬制度与企业绩效关系研究［D］. 长春：吉林大学，2008.

［20］ 仲建兰，陈雪琼. 国内外旅游企业小费制度的比较［J］. 饭店现代化，2008（4）：53–56.

［21］ 周春梅，张成心. 管理层权力、高管–员工薪酬差距与旅游企业绩效［J］. 旅游学刊，2014，29（9）：101–109.

［22］ 祖伟，龙立荣，赵海霞，等. 绩效工资强度对员工薪酬满意度影响的实证研究［J］. 管理学报，2010，7（9）：1321–1328.

［23］ Balkin D B, Montemayor E F. Explaining team-based pay: a contingency perspective based on the organizational life cycle, team design, and organizational learning literatures［J］. Human resource management review, 2000, 10（3）: 249–269.

［24］ Banker R D, Lee S Y, Potter G, et al. Contextual analysis of performance impacts of outcome-based incentive compensation［J］. Academy of management journal, 1996, 39: 920–948.

［25］ Bettencourt L A, Gwinner K P, Meuter M L. A comparison of attitude, personality, and knowledge predictors of service-oriented organizational citizenship behaviors［J］. Journal of applied psychology, 2001, 86（1）: 29–41.

［26］ Cadsby C B, Song F, Tapon F. Sorting and incentive effects of pay for performance: an experimental investigation［J］. Academy of management journal, 2007, 50: 387–405.

［27］ Cheung S. Transaction costs, risk aversion, and the choice of contractual arrangements［J］. Journal of law and economics, 1969（12）: 23–42.

［28］ Cho S, Woods R, Jang S, et al. Measuring the impact of human resource management practices on hospitality firms' performances［J］. International journal of hospitality management, 2006, 25（2）: 262–277.

［29］ Cira D J, Benjamin E R. Competency-based pay: a concept in evolution［J］. Compensation and benefits review, 1998, 30（5）: 21–28.

［30］ Heneman R L, Fisher M, Dixon K E. Reward and organizational systems alignment: an expert system［J］. Compensation and benefits review, 2001, 33（6）: 18–29.

［31］ Merriman K K, Deckop J R. Loss aversion and variable pay: a motivational perspective［J］. International journal of human resource management, 2007, 18: 1026–1041.

［32］ Milman A, Ricci P. Predicting job retention of hourly employees in the lodging industry［J］. Journal of hospitality and tourism management, 2004, 11（1）: 28–41.

［33］ Milman A. Hourly employee retention in small and medium attractions: the central Florida example [J]. International journal of hospitality management, 2003, 22 (2): 17 - 35.

[34] Walsh K, Taylor M. Developing in-house careers and retaining management talent [J]. Cornell hotel and restaurant administration quarterly, 2007, 48 (2): 163 - 182.

[35] Yang Y. Gender and engineering career development of hotel's employees in China [J]. Systems engineering procedia, 2011, 1: 365 - 371.

[36] Zhang X M, Bartol K M, Pfarrer M D, et al. CEOs on the edge: earnings manipulation and stock-based incentive misalignment [J]. Academy of management journal, 2008, 51: 241 - 258.

第十一章 劳资关系和健康安全管理

【学习目标】劳资关系和健康安全管理是企业人力资源管理的重要模块。通过本章的学习,你应该能够:

(1) 掌握公平就业机会的概念与发展历史。
(2) 了解企业进行员工健康与安全管理的必要性与举措。
(3) 掌握企业中常见的员工及主管偏差行为及解决措施。

【前期思考】企业为什么要对员工的健康和安全进行管理?

【重点和难点】重点掌握旅游企业中常见的员工及主管偏差行为是什么,以及它对企业的发展有什么影响。

引导案例

丽思卡尔顿:为绅士和淑女服务的绅士和淑女

丽思卡尔顿是全球首屈一指的奢华酒店品牌。从19世纪创建以来,丽思卡尔顿一直遵从着高端奢华的风格,致力于为顾客提供个性化的高品质服务,被称为"全世界的屋顶",受到了社会名流的青睐。

1988年,丽思卡尔顿的总裁和首席运营官为员工树立了一条个人座右铭:"我们以绅士淑女的态度为绅士淑女们忠诚服务"。而后这一座右铭融入了丽思卡尔顿的经营哲学中,并成为行业内的一段佳话。这一座右铭打破了服务业中"顾客就是上帝"的认知,强调了顾客与员工既不是主人与仆人的关系,也不是上帝和凡人的关系,而是主人与客人的关系,两者关系是平等的。丽思卡尔顿认为,只有将员工视为绅士与淑女,才能培养员工对工作的使命感并看重自己的价值,从而以最真诚的态度为顾客服务。因此,当遇到行为不端(如轻视或辱骂员工)的客人时,丽思卡尔顿会站在员工的立场,保护自己的员工,将客人拒之门外。

丽思卡尔顿是如何尊重自己的"绅士淑女",培养他们在工作中的使命感和成就感的呢?首先,在员工培训方面,丽思卡尔顿为每位员工提供超过100个小时的年度服务技能培训,以确保其能够掌握岗位所需要的技能和知识。充分的培训不仅提升了员工的工作能力,也让员工充分感受到了自身的重要性。

通过培训，丽思卡尔顿成功地将"黄金标准"，即"永远做行业的第一"的标准（包含信条、员工承诺、座右铭、优质服务三步骤和十二条服务信念），内化为员工的最高行为准则。"黄金标准"不但促使员工认识到为顾客提供关怀和舒适的服务是品牌的最高使命，同时也让其感受到自己是行业内的优秀人才，有助于员工提高对组织的归属感并肯定自身价值。

丽思卡尔顿还有一个闻名遐迩的规定：任何一位基层员工，无论是门童、行李员还是客房服务员，都被授予2000美元的额度以更好地满足顾客需求。这一政策保证了员工具有一定的自主决策权，能够帮助员工更好地处理各种突发状况，从而提高服务质量与顾客满意度。更重要的是，这一政策使员工感受到酒店的充分信任以及对自身价值的肯定。丽思卡尔顿的高级领导力总监布莱恩曾表示："我们的员工非常珍惜酒店给予他们的权力，大家致力于在不花钱或少花钱的情况下，努力让客人得到最极致的服务，在客人遇到问题时负起第一份责任并立刻解决。"

在员工关系方面，丽思卡尔顿强调平等、包容、开放的氛围，尊重员工提出的建议，重视员工的心理感受，致力于建设雇主与员工的良好关系。丽思卡尔顿定期举办"让我们宠爱你""让我们与你一起成长"等员工感谢周系列活动，营造独特的"家庭氛围"，提升员工对酒店的归属感。

丽思卡尔顿提供的优质服务为其培养了一群高质量的忠诚顾客。数据表明，丽思卡尔顿酒店的忠诚顾客终身人均消费高达120万美元。这意味着，按照每间客房500美元/晚的价格来计算，平均每位客人要在酒店住上2400晚。如果顾客每个月都在这里住2晚，也要连续住上100年。丽思卡尔顿为什么能够如此成功？或许正是因为丽思卡尔顿有着一群"为绅士和淑女服务的绅士和淑女"，而他们为顾客提供了堪称传奇的服务。

阅读上述案例，请讨论以下问题：

1. 你如何理解丽思卡尔顿酒店提出的个人座右铭："我们以绅士淑女的态度为绅士淑女们忠诚服务"？

2. 丽思卡尔顿酒店在构建与员工的良好关系方面有哪些举措？请评价这些举措的实施效果。

第一节 劳工立法和工会组织

一、劳工立法回顾

(一) 美国有关公平就业机会的法律

1. 公平就业机会的含义

美国社会比较公认的公平就业机会的定义为"所有的人都有以业绩、能力和潜力为基础去工作和发展的权利"。其中的"所有人"既包括特殊群体（女性、残疾人、少数民族等），也包括非特殊群体。因此，公平就业机会意味着既要尽可能地消除歧视，又要尽量避免反向歧视的发生，推动真正公平的就业机会的实现。中国在 2007 年颁布的《中华人民共和国就业促进法》中也对公平就业机会进行了定义，明确指出："劳动者依法享有平等就业和自主择业的权利。劳动者就业，不因民族、种族、性别、宗教信仰等不同而受到歧视。"

公平就业机会包含着丰富的内容。根据国际劳工组织的第 111 号建议书，公平就业机会的目的在于使所有人在以下多个方面不受歧视地享有平等机会和平等待遇：得到职业指导和分配工作的服务、有机会自己选择需要的培训和就业机会、根据个人的能力和绩效水平得到晋升、就职期限的保障、同工同酬，以及劳动条件，包括工作时间、休息时间、带薪假期、职业安全、卫生措施以及同就业相关的社会保障措施、福利津贴等。

2. 美国公平就业机会法案产生的背景

20 世纪 60 年代，美国社会普遍存在着对女性、黑人及其他少数民族群体的歧视现象。女性与少数民族群体的经济地位低下，在劳动市场上无法获得与白人男性均等的就业机会。在 1964 年以前，只有约 50% 的黑人男子能够从事稳定的全职工作，其失业人数超过白人 3 倍。其他少数民族群体如拉美裔、亚裔等也处于同样的境地。这些问题导致社会矛盾激化，美国社会开始认识到种族平等对于国家稳定和发展的重要性，美国国会也因此开始重新审视劳动雇用方面的法律。此外，当时的美国社会已经初步接受了价值胜于特权的思想，从而要求在法律上保证人人具有平等的发展机会，确保所有人都可以通过自身的努力而非种族、出身、性别等其他因素获得社会的认可与重视。

另外，当时的美国经济增长迅速，进入了被称为"黄金时代"的发展时期，企业家亟须各类人才参与到企业中来，以赚取更多的利润。企业家们发现，仅有白人男性在企业中服务是不够的，其他种族、女性等以往被忽视的群体中也存在着大量人才。这些人才如果也可以为企业贡献才智，就可以帮助企业获得更快、更好的发展。因此，当时的企业家希望能够通过制定法律来保障自己获取这些宝贵的人力资源的权利。

3. 美国公平就业机会系列法案的产生过程及具体内容

为了治理当时出现的贫穷、犯罪、吸毒、治安混乱等社会问题，促进社会经济的进一步发展，美国政府开始积极地参与公平就业机会法案的制定，改变了以往完全由企业自由决定用工的情况。"公平就业机会"法案的主要内容由1964年颁布的《民权法案》第七章及1972年、1991年和1994年对第七章的修订版，以及4个联邦立法和2个总统政令构成。下文将简要介绍这一系列法案中的主要内容。

(1)《民权法案》第七章。

1964年颁布的《民权法案》在第七章中对公平就业机会做出了明确的规定：不能因种族、肤色、宗教信仰、国籍等因素对员工进行歧视，不能在雇用、解雇、提升、调动、薪酬管理、培训等任何一个就业的方面对员工进行歧视。法院明确定义：针对被歧视对象的有意识的行为（差别性对待）和无意识的行为（差别性影响），均构成非法的就业歧视。

在这一法案中，还将对女性的性骚扰认定为性别歧视的一种类型。此外，该法案明确提出反对宗教歧视、反对针对少数民族的歧视。

1991年，由当时的总统布什签署修订了《民权法案》第七章的内容，主要是通过提供一些纠正措施以消除性骚扰和有意识的就业歧视，同时更加严厉地界定差别性对待和差别性影响的概念，并扩大了修订之前"公平就业机会法案"的相关法规条款的适用范围。这一修订更加强化了美国公平就业机会法案实施的力度。

(2) 联邦立法中关于公平就业机会的内容。

1963年颁布的《公平报酬法案》规定，企业雇主不能在要求相同的技能水平、努力程度和工作责任的条件下，对从事相同工作岗位的员工因性别不同支付不同的报酬。这一法案主要是为了反对男女员工同工不同酬的现象。

1967年颁布的《雇用年龄歧视法案》规定，40岁以上的雇员不应因为年龄而遭受就业歧视。由于雇用老员工的成本较高，当时很多企业优先考虑辞退老员工，因此，该法案有效地保护了这部分人群的公平就业机会。

1978年颁布的《怀孕歧视法案》规定，严禁雇主在提供假期、病假以及健康保险等福利方面歧视怀孕的妇女，雇主必须允许孕妇根据自我的意愿，工作到确定会影响工作绩效时才暂停工作，并允许她们在分娩后回到原岗位工作。

1990年颁布的《美国残疾人法案》规定，禁止雇主因为残疾而歧视符合工作资格的残疾人，禁止歧视的范围包括工作申请、雇用决策、职业发展、解雇、薪酬、培训及其他与就业有关的条款。美国法院认定为残疾的身体损伤包括视力和听力损伤、癌症和艾滋病；精神损伤包括抑郁、精神分裂与个性失调等。

(3) 两个"总统政令"关于公平就业机会的规定。

1965年的美国总统第11246号政令及1969年的美国总统第11478号政令进一步明确了联邦政府的承包商、分包商、与联邦政府签订建设性合同的雇主以及联邦雇主均不可因种族、肤色、宗教、性别、国籍等因素而对雇员进行就业歧视。

(二) 中国劳动相关法律

中华人民共和国成立后至1978年改革开放前，我国在劳动方面的法律法规长期处于不规范、不完善的状态。当时主要通过宪法对劳动相关问题做出规定，并以行政机制代替法律手段来协调和管理劳动关系。1978年以后，我国开始全面进行劳动法律制度的改革和建设。随着劳动关系日趋多元化、市场化，我国的人力资源法律体系也逐步建立并完善起来。20世纪80年代中期，我国开始试行劳动合同制度。到了90年代，《中华人民共和国劳动法》正式确立了劳动合同制度。2007年颁布的《中华人民共和国劳动合同法》及此后出台的《中华人民共和国劳动合同法实施条例》，进一步完善了劳动合同制度，明确用人单位和劳动者的权利和义务，对劳动合同的订立、履行、变更、解除或者终止以及相应的法律责任做出了明确规定；同时，针对劳动用工形式多样化的发展趋势，对劳务派遣和非全日制用工等行为专门进行了规范。经过不断完善，目前劳动法已逐步趋于成熟，形成了以劳动法、公务员法为基础，以劳动合同法、就业促进法、劳动争议调解仲裁法为主体，其他单项法律和行政法规为重要组成部分的人力资源开发法律体系，以对企业和员工双方进行统一规定和制度化管理。

在保障劳动者的平等就业权利方面，我国自1988年以来先后颁布了《中华人民共和国残疾人保障法》《中华人民共和国妇女权益保障法》《中华人民共和国未成年人保护法》和《女职工劳动保护规定》《禁止使用童工规定》《残疾人就业条例》等法律和行政法规。此外，在2008年颁布实施的《中华人民共和国就业促进法》中的"公平就业"一章中，规定劳动者就业不因民族、种族、性别、宗教信仰等不同而受歧视，并特别指出农村劳动者进城就业享有与城镇劳动者平等的劳动权利。

此外，为公正、及时地解决劳动争议，我国于2007年颁布了《中华人民共和国劳动争议调解仲裁法》，明确了劳动争议调解和仲裁的范围、程序、组织机构、人员与处理机制。目前，我国建立了由政府部门、工会组织、企业组织共同协调劳动关系的三方机制，通过调节、仲裁与司法救济等关键环节，妥善处理劳动争议，维护当事人的合法权益。此外，我国还颁布实施了《劳动保障监察条例》，明确了劳动保障监察的职责，为维护劳动者的合法权益提供重要的法律保障。

（三）旅游业的相关立法情况

2003年，我国颁布了《中华人民共和国旅游法》，以保障旅游者和旅游经营者的合法权益，规范旅游市场秩序，保护和合理利用旅游资源，促进旅游业持续健康发展。该法律明确规定了旅行社等旅游经营企业与旅游行业劳动者之间的权利和责任，包括旅行社与劳动者订立劳动合同、支付劳动报酬、缴纳社会保险费用等方面的规定。这些规定有利于规范旅游行业的劳动市场，保护旅游经营企业和旅游从业人员的权益。

二、工会的组织机构及其管理

1. 我国关于工会的立法

1990年，我国加入了国际劳工组织公约，正式确认以政府、资方和员工代表的三方协商原则为劳动争议处理的基本原则，并于1996年正式建立了劳动争议仲裁的三方机制。与此同时，我国重点建立了平等协商和集体合同制度，以维护员工的合法权益。

2001年，我国颁布了《中华人民共和国工会法》修正案，突出了工会维护员工合法权益的职责和义务，强化了员工参加和组织工会权利的法律保障，建立了工会干部对员工负责的组织体制，推动了工会组织的民主化。

2. 我国工会的性质与作用

（1）我国工会的性质。根据《中华人民共和国工会法》的规定，"工会是职工自愿结合的工人阶级的群众组织"。此外，该法律还规定："在中国境内的企业、事业单位、机关中以工资收入为主要生活来源的体力劳动者和脑力劳动者……都有依法参加和组织工会的权利。"根据该法律的规定，在社会主义制度下的中国，工会在工人阶级政党的指导下，代表并组织群众参加国家的建设和管理，维护工人阶级的根本利益，为工人阶级的彻底解放、为实现共产主义而奋斗。与西方国家的行业性工会组织不同，我国的工会多采用企业内工会的组织形式。员工加入一家企业后，通常就自然成为工会成员。

（2）我国工会的主要任务。根据《中华人民共和国工会法》的规定，我国工会的主要任务有：代表并组织职工参加国家社会事务管理和参加企事业单位的民主管理；维护职工的合法权益；代表和组织职工实施民主监督；协助政府开展工作，巩固人民民主专政的政权与支持企业行政的经营管理；动员和组织职工参加经济建设；教育职工不断提高思想政治觉悟和文化技术素质。

三、集体谈判

集体谈判（collective bargaining）起源于西方资本主义国家，是劳资双方确定雇员劳动条件的博弈机制。它是西方市场经济国家中员工进行工会运动的一种基本形式和国际惯例，是西方市场经济国家处理劳资关系的主要手段和方式，也是其对日常劳动关系问题，特别是利益划分问题进行经常性调整的一项重要制度，其目的是调解劳资冲突，促使劳资关系趋于缓和与稳定。

集体谈判具有很多优势。首先，集体谈判是一个很有弹性的决策机制，可以满足各种行业和职业的需要；此外，集体谈判由劳资双方在法律的框架内协商决定，形式灵活。其次，集体谈判将公平和社会公正引入工业社会和劳动力市场，具有较强的公平性。集体谈判为员工参与企业经营管理提供了一条有效的渠道，促使劳资双方更好地了解对方的立场和目标，以达到比较接近双方目标的共同协议。最后，集体谈判还具有稳定性和有效性的优点。集体谈判的结果是在劳资双方平等公正协商的基础上达成的，这保证了双方履行协议的承诺度，也保证了双方执行协议中各项规定的稳定性。

基于集体谈判的优点，以及随着我国改革开放的深化以及在全球化经济发展中的深度参与，逐步建设符合中国国情的集体谈判制度对于我们解决劳资冲突、维护劳动者合法权益有一定的借鉴意义。下文将以西方发达国家的集体谈判机制为主，简要介绍集体谈判的内容与程序。

（一）集体谈判的内容

1. 集体谈判的参与方

（1）企业方。企业可以以多种形式参与集体谈判，其中单个企业协议是最常见的形式。单个企业协议是指单个企业的代表与工会代表接洽并进行谈判。在西方国家，一个企业可能需要应对代表不同员工群体的多个工会，在这种情况下，企业的代表需要与各个工会进行不同的谈判。在某些行业，由于单个企业相对于工会力量而言比较弱小，多采用多企业协议的形式。由企业聚集起来组成企业协会，由协会代表入会的企业与工会进行谈判。

（2）工会。在西方国家，工会组织是集体谈判制度的首创者与推进者。作为集体谈判中的劳方代表，工会组织一般具有较为成熟的运作机制。在工会内部有专门从事集体谈判的人员，包括工会组织的负责人和负责劳工事务的人员，其中不乏律师、经济学家和财务人员等专业人士。他们不仅熟知法律，对行业也有深刻的了解，熟悉企业生产经营管理和员工的实际生活。

（3）第三方。通常情况下，只有劳资双方参与集体谈判。然而，当劳资双方的谈判陷入僵局或谈判一方或双方感到另一方没有诚意进行协商时，将引入第三方加入谈判。在美国社会，集体谈判的第三方一般包括联邦劳工关系委员会、联邦机构小组、联邦调解部等。在我国，第三方可以是政府指定的相关部门。

2. 集体谈判的协商内容

在西方资本主义国家，通常由与劳动相关的法律规定集体谈判的类别，包括自愿谈判项目、强制谈判项目和非法谈判项目。自愿谈判项目既不是强制性的，也不是非法的，只有在企业和工会双方都同意的情况下才能成为谈判的一部分。强制谈判项目是国家法律所特别规定的属于谈判范围的项目。在美国社会，法律规定了70个基本项目属于强制谈判项目的范畴，包括工资、休息时间、工时、解雇、福利等。而非法谈判项目是法律所禁止的项目，如违背公平就业机会的相关规定。

（二）集体谈判的程序

1. 谈判准备阶段

通常企业和工会的代表都需要花费大量的时间和精力来进行谈判的准备工作。在此阶段，谈判双方往往会全面收集关于行业和企业的薪酬、福利、工作条件、工会权利等方面的资料。一般工会会与企业提前沟通，要求提供谈判相关资料，而企业则配合提供相应的信息。此外，双方还应完成初始方案，确定初始要求。在这一阶段的气氛是紧张还是平和，将为此后双方的谈判风格定下基调。

2. 谈判进行阶段

在这一阶段，集体谈判的双方开始进行谈判。在谈判过程中，双方都试图了解对方最看重的要点和底线，并通过各种方式尽量促成最佳交易。通常企业必须充分考虑工会的诉求，包括特别看重的方面以及有可能放弃的诉求等。根据双方提出的条件和诉求，双方都应迅速反应并进行调整，准确地评估由薪酬、福利和其他条件变动引起的费用预算。为了推动集体谈判的进行，谈判双方应派出具有决策权限的谈判人。

3. 达成协议并签订合同

谈判双方的代表在拟定了初步的协议后，通常需要将协议内容反馈给他们各自所代表的群体，听取各方面的意见并确定初步协议能否为大多数人所接受。在经过反复协商和多次修改后,即可进入正式批准阶段。正式批准指的是工会成员通过投票来确定合同条款是否被最终认可的程序。在启动正式批准程序之前,工会谈判小组首先应向工会成员解释协议的内容,然后再进行正式的投票表决。如果投票通过,协议即成为正式的合同。

4. 谈判僵局阶段

在谈判进行后,部分谈判能够达成协议并最终签订合同,然而也有可能出现双方暂时无法达成一致协议的情况。当双方都坚持自己的诉求而不愿意让步时,就出现了谈判僵局。在这种情况下,可以考虑邀请第三方进行调解、斡旋和仲裁。

5. 谈判调解/斡旋/仲裁阶段

在谈判僵局出现的情况下,中立的第三方可能会促使谈判双方重新启动谈判并寻求解决方案。在调解的情况下,第三方试图使双方继续谈判以便共同寻求可能解决问题的方案,但通常第三方并不直接提出方案。在斡旋的情况下,第三方在讨论中,除了对谈判双方予以协助以外,一般还会帮助双方提出解决问题的方案。但不论是调解还是斡旋,第三方都不会将解决方案强加于任何一方。

当调解和斡旋都无法解决谈判僵局时,一般通过仲裁的方式来解决争议。仲裁是指谈判的双方将有争议的问题交给第三方,由第三方来做出决定。仲裁可由一个人来进行,也可由仲裁小组来进行。

6. 罢工与停止经营阶段

如果第三方的调解、斡旋或仲裁都不能解决谈判僵局时,工会有可能转入罢工状态。罢工指工会成员以停止工作的方式向企业施加压力。通常参加罢工的工会成员会组成罢工管理小组,以阻止部分员工继续工作,并通过游行等公众活动来扩大罢工的影响力。而企业方也有可能组织工会成员继续工作,以避免企业的设施遭到破坏并且保护那些愿意继续工作的员工。

第二节　旅游企业安全和健康管理

一、旅游企业的安全问题及管理

为了保障员工在工作场所的身体与心理健康,旅游企业应建立全面的劳动安全管理制度,包括安全卫生责任制度、安全卫生技术措施计划管理制度、安全卫生教育制度、安全卫生检查制度、安全卫生监察制度、伤亡事故报告和处理制度、职业病预防和处理制度等。下文将重点关注旅游企业中突发意外事故管理、传染病等疾病管理及职场性骚扰管理等三个问题。

（一）突发意外事故管理

在旅游企业中，员工普遍工作时间长，劳动强度大，在工作中有可能会遇到一些突发意外事故，如导游在带团的过程中可能会遭遇交通事故、自然灾害导致的事故等。酒店行业的员工也有可能在操作酒店的各种设施中遇到各种意外事故。为了尽量降低工作场所意外事故的发生频率，旅游企业可以从以下四个方面进行安全管理。

（1）旅游企业应建立完善的安全管理制度。包括安全服务程序、安全工作标准、安全服务要点、安全监察制度、安全设施建设等。随着各种设备与器械的应用越来越多，旅游企业应制定相应的安全操作要求。后台应用的各种技术设备，如锅炉房、配电间等，也应根据有关部门的规定，制定相应的安全操作标准。另外，旅游行业应注重安全设施的建设，如在工作场所应设置安全通道，并保持通畅；露天工作场所应安装避雷装置、准备处理意外事故的急救设备等。

（2）旅游企业应加强关于安全工作的培训。从新员工的入职导向开始，企业就要将与安全工作相关的制度列入培训的内容。在培训员工学习工作岗位所需要的技能时，应特别强调保障安全的各项措施，帮助员工建立"安全第一"的理念，养成良好的安全工作及安全操作的习惯。企业也应该为员工安排与急救相关的培训，帮助员工掌握基础的生命急救的方法，以提高员工的安全保障水平。

（3）旅游企业应提高安全防范意识，保护员工免受各种意外人为事故的伤害。一方面，旅游企业不应该仅关注顾客满意度，也应该注重员工在提供服务过程中的安全保障。当员工遭到或者可能遭到顾客的不良行为的伤害时，旅游企业应及时处理，协助受到伤害的员工撤离现场，免遭更多的攻击，并尽快通知安保人员据情处理。由于旅游企业的部分员工经常在夜间工作，企业应为上夜班、下晚班的员工做好安排，如提供晚间班车和宿舍等，避免夜间意外的发生。另一方面，旅游企业应加强对安保人员的培训，并在企业内部做好报警设备的安装与维护工作。在重要的工作场所，可安装闭路电视监视器，进一步保障工作场所的治安。

（4）旅游企业应为员工提供各种类型的工伤保险，保障员工的权益。首先，旅游企业可为员工提供因工负伤保险待遇。根据《中华人民共和国劳动保险条例》的规定，职工因工负伤产生的医疗费用和住院时的膳食费全部由用人单位负担。治疗期间，企业应按照原标准为员工发放工资。其次，旅游企业还应该为员工提供因工致残保险待遇。员工因工负伤患病治疗结束后，经劳动鉴定委员会鉴定，确认为残疾的，应按照其残疾程度发放工伤残疾登记证书并依法为其提供伤残待遇。另外，根据《中华人民共和国劳动保险条例》及其实施细则的规定，员工因工死亡后，用人单位应发放按照员工平均工资计算的3个月工资作为丧葬费，并每月另外向其供养的直系亲属支付抚恤费，抚恤费的金额根据供养人数、员工的工资水平等因素决定。

（二）传染病等疾病管理

由于旅游行业的特殊性，员工通常需要接触大量的顾客。然而，顾客的来源广泛，具有较大的未知性，并且在当前全球化的趋势下，顾客可能来自世界各地。这些特点导致旅游行业的员工面临着较大的感染传染病的风险。为了保障员工的身体健康，避免传染病的侵袭，旅游企业应加强传染病防控机制的建设。旅游企业可以从以下三点着手，进行传染病防控机制的建设。

（1）旅游企业应设置防病机构，并进行科学合理的人员配备。在大多数的旅游企业中，一般由人力资源部或行政部等部门承担卫生防病的工作职责，卫生防病负责人也由这些部门的员工兼职担任。但是，这些员工大多不具备医学相关的教育及工作背景，并不符合卫生防病负责人的任职资格。为了更好地进行卫生防病工作，旅游企业应建立医务室，并招聘具有医学相关学历的专职或兼职工作人员担任负责人。

（2）旅游企业应加强对员工的培训，提高员工对传染病的识别能力。在当前的旅游企业中，普通员工通常在传染病方面的知识储备较少，对于常见的食物中毒、消化道和呼吸道等传染病缺乏了解。旅游企业应定期向员工提供相关的培训项目，并注重培训内容的实用性，切实帮助员工了解常见的传染病及可能爆发的传染病症状，提高其识别能力和自我防护能力。

（3）旅游企业应提高对传染病的防控和应对能力。一方面，旅游企业应加强与疾控相关部门的联系，确保顺畅的沟通。在常规的监测工作、出现疫情后的管理工作等方面，疾控部门均可以提供较为专业的咨询与指导。另一方面，旅游企业应建立传染病的发现与应对机制，在员工或顾客出现发热、腹泻、皮疹、四肢伤口化脓等症状时，应高度关注，帮助病人及时就医。以酒店为例，客房服务人员应注意收集顾客的健康状态，一旦发现异常，应根据酒店的制度及时向上汇报。旅游企业内部应形成完善的"工作人员—主管—经理—卫生防病负责人"的逐级上报机制。此外，在食品卫生、公共场所卫生、填写传染病疫情报告等其他方面，旅游企业也应制定严格的制度，并确保执行到位。

（三）职场性骚扰管理

1. 职场性骚扰的定义

职场性骚扰是指在工作场合中员工感知到的他人违背其意愿，表现出与性相关的行为的现象。这些行为对受害者而言是无礼的，超过了受害者的承受能力，并有可能对受害者的工作表现造成负面影响。

职场性骚扰的来源是多重的，包括上级、同事以及顾客等群体。职场性骚扰主要包含四个维度：①性别骚扰（gender harassment），指带有性别歧视的言论或基于性别的区别对待；②粗鲁的行为（crude behavior），指粗鲁的性言论、带有性暗示的肢体语言以及展示或传播与性有关的资料；③非礼行为（unwanted advances），主要包括色眯眯的眼神、性抚摸以及不受欢迎的抚弄意图；④交换式性骚扰（sexual coercion），指施暴者向受害员工提出性要求，并根据其配合程度来做出是否雇用、晋升和解雇等与工作有关的决定。前两个维度并不一定针对具体的对象，但会形成一种对于某个性别（以女性为主）的有敌意的工作环境；而后两个维度一般针对具体的对象。

2. 职场性骚扰的危害

不论是在国内还是在国外，职场性骚扰都是一个普遍存在的现象。在日本，根据某妇女协会对日本各地1万余名职业妇女所做的调查，高达八成的接受调查者承认遭受过程度不等的"性骚扰"（唐若水，2012）。在我国，受"潜规则文化"的影响，性骚扰现象也是屡见不鲜。尽管性骚扰的受害者多为女性，但男性也可能是性骚扰的受害者。

从行业来看，旅游业是职场性骚扰高发的行业之一。例如，欧洲工作健康与安全委员会（EU-OSHA，2010）与国际劳工组织（ILO，2003）发布的正式报告均提出，职场性骚扰在旅游业的发生率显著高于其他行业。这一现象的发生主要有以下三个方面的原因：①在旅游业中，顾客被誉为组织的生命线，其满意度和忠诚度直接决定着企业的收入增长、盈利率和股价，"顾客是上帝""顾客永远是对的"成为服务业组织普遍的政策和原则。在这种顾客与员工在服务交互过程中权力不对等的情况下，有的顾客往往会做出违背社会规范的行为。②很多旅游业的企业都要求员工在夜间工作，这增加了职场性骚扰发生的概率。③基于顾客期望理论和性别差异理论，旅游业更倾向于录用女性员工作为一线服务人员，并对服饰、妆容、仪态姿势等进行规范化以展示或凸显其女性特质，这在一定程度上也是产生职场性骚扰的重要因素之一。

对职场性骚扰这一议题的研究在国外已经发展了几十年，相关的理论和实证研究表明，职场性骚扰会对受害员工的身心健康（情绪耗竭和工作压力）、工作态度（工作满意度、组织承诺和离职倾向）和工作行为（工作绩效和组织公民行为）等造成十分消极的影响，进而削弱组织的效能。也有研究表明，职场性骚扰降低了旅游行业员工的服务绩效。为了保护员工，降低职场性骚扰对员工和组织的双重负面影响，旅游企业应出台一系列的避免职场性骚扰的措施。

3. 旅游企业应对职场性骚扰的举措

（1）旅游企业的管理者应该纠正自身关于职场性骚扰的态度。研究显示，许多旅游企业的管理者并不认为职场性骚扰是一个非常严重的伦理问题。很多管理者认为，与性相关的笑话等是无伤大雅的小问题，不值一提，而如果要解决职场性骚扰的问题，却需要很高的成本，对企业而言是不经济的。因此，为了减少职场性骚扰的发生率并降低其危害性，旅游企业的管理者首先应该正视这一问题的严重性，并积极应对，这是旅游企业能够推行、实施反对职场性骚扰的举措的前提和基础。

（2）企业应该制定和实施一系列反对职场性骚扰的政策和举措。一方面，旅游企业应成立专门的反对职场性骚扰的部门，专门处理相关事件，并直接向高层管理人员汇报，避免其他人员的干预。另一方面，企业应出台清晰的反对职场性骚扰的政策，如定义职场性骚扰的范围，确定处理流程、惩罚措施等。此外，旅游企业还可以设立反对职场性骚扰的专用热线或邮箱，为受害者提供通畅的渠道以报告相关的事件，保证企业及时地处理相关问题，避免对员工以及组织造成更大的伤害。

（3）在企业内部充分地宣传反对职场性骚扰的相关政策。在很多旅游企业中，虽然也出台了反对职场性骚扰的相关政策，然而大多数员工都对这些政策不甚了解。因此，旅游企业应通过多种措施加强政策宣传，如在办公场所及电梯里大量地张贴海报、为员工提供相关的培训课程等。在此过程中，旅游企业可以重点宣传员工特别关心的问题，例如，如何保证处理职场性骚扰事件过程中的隐私性与公正性，如何公布对职场性骚扰实施者的处罚措施等，以增加员工对企业政策的信任度。

二、旅游企业的健康问题及管理

（一）企业健康管理的含义与目的

1. 企业健康管理的含义

健康管理的理念最早起源于美国。在美国社会，传统的医疗卫生系统是以诊断与治疗为主体，导致占据人口大多数的非患病人群难以获取医疗资源。为了减少非患病人群的健康风险因素以降低医疗卫生系统的压力，美国社会发现对这一人群的健康进行管理势在必行。健康管理是对个体和人群的健康风险进行全面控制的过程，是旨在提高社会健康意识、改善健康行为、提高个体生活质量的有计划、有组织的系统。

受到社会上健康管理理念的影响，很多现代企业开始进行员工健康管理。员工健康管理是一项企业管理行为，它是通过企业自身或借助第三方的力量，应用现代医疗和信息技术从生理、心理角度对企业员工的健康状况进行跟踪、评估，系统维护企业员工的身心健康的行为，旨在降低医疗成本支出，提高企业整体生产效率。

员工健康管理体现了企业现代化的人力资源管理理念。随着知识经济的深入发展，"人"的重要性日益凸显，企业的经营管理者发现，人力资本逐渐成为企业最为重要的资本。因此，现代企业的人力资源管理核心从以"经济人""商品人"理论为核心的雇用管理模式向以"知识人"理论为核心的人力资本运营模式进行转变。而员工健康管理则从本质上体现了企业对员工的人文关怀，体现了对人的尊重和对人力资本的重视。

2. 企业进行员工健康管理的意义

（1）企业进行员工健康管理是现实的需要。现实中，很多员工都处于亚健康状态，而经济发达地区的情况更为严峻。而在旅游企业中，由于长期奉行"顾客是上帝"的理念，员工普遍承受着服务顾客的较大压力。此外，旅游行业的员工还需要面对工作时间长、作息不规律、人际关系复杂等问题，这些会导致员工出现情绪衰竭、失眠、抑郁等各种健康问题。

（2）企业进行员工健康管理，可以降低员工的健康风险。保护员工的身心健康，可以避免出现健康问题导致的缺勤问题、工作绩效问题；针对高层管理者提供的健康管理计划，更可起到保护企业核心资源的作用。例如，杜邦公司在引进员工健康管理之后，其员工缺勤率下降了14%，效益/费用比达到1.42∶1。此外，科学合理的企业员工健康管理项目设计，可以有效帮助企业优化与健康相关的成本结构，降低医疗保险支出。

（3）企业实施员工健康管理，可以让员工感受到企业的关怀，有利于提升员工的工作动机与意愿，进而提升其敬业度、努力程度，最终提高工作绩效。美国人力资源管理协会在2016年进行的福利策略系列调研结果显示，将健康项目与员工满意度及敬业度的激励策略相结合后，74%的企业人力资源部门肯定了员工健康管理对员工敬业度与工作积极性的正面效应。此外，员工健康管理还有利于提升员工对企业的认同感和归属感，提高企业的凝聚力。未来数年内，随着人口结构的老龄化进一步加剧，员工健康管理策略将会得到更多的重视，成为企业吸引和保留人才的有力工具。

（二）企业健康管理的举措

（1）企业应建立专门负责员工健康管理的部门或机构，设置负责员工健康管理的相关岗位，以保证员工健康管理真正落实到企业的日常管理工作中。很多世界500强企业都设立了健康顾问的岗位，专门对公司员工的身体健康和心理健康进行监督和管理。

(2) 企业应重视员工的心理健康问题,实施员工援助计划 (employee assistance program, EAP)。EAP 指企业以解决员工的各种心理和行为问题为目的,借助专业人员的力量,对企业员工提供的系统性的诊断、辅导、咨询和培训等服务。目前,世界 500 强中的大多数企业都已经建立了 EAP,如宝洁公司、可口可乐公司等。而旅游行业中的企业,包括外资品牌与本土品牌,也有很多企业开始推行 EAP。

EAP 主要包括初级预防、二级预防和三级预防三个方面的内容。初级预防的主要作用在于消除诱发问题的来源,包括预防任何导致职业心理健康问题的因素,并建立一个积极的、支持性的和健康的工作环境。例如,企业可以通过工作再设计给予基层员工更多的自主权,以提升其心理成就感。二级预防旨在帮助员工了解职业心理健康的知识,包括心理健康问题的表现及应对措施等。企业可向员工提供一系列培训课程,来提高他们应对心理健康问题的意识和能力。而三级预防是指由专业的心理咨询人员向员工提供一对一的心理辅导服务,以解决他们的各种心理和行为问题。

(3) 加强员工健康管理的企业文化建设。从企业文化的角度来看,员工健康管理实际上是"以人为本"的企业文化在人力资源管理领域的具体体现。因此,如果只是为员工办理医疗保险、定期对员工进行体检,并不意味着企业真正实施了员工健康管理。"以人为本"的企业文化强调员工在企业发展中的主体地位,一切从人性和人的需求出发,尊重员工的选择,满足员工的多样化需求,为员工提供更大的发展舞台和更充分的发展条件,并努力实现人的价值的最大化。只有实现了人的价值的最大化,才有可能实现企业价值的最大化。而企业实施员工健康管理,是将员工的身心健康置于举足轻重的地位,通过一系列的预防和诊治行为提高员工的健康水平,体现了企业对员工的人文关怀,同时也为员工价值最大化创造了更好的条件。因此,员工健康管理与"以人为本"的企业文化密不可分。离开企业文化谈员工健康管理,犹如无源之水、无本之木。

第三节　旅游企业员工偏差行为管理

一、员工偏差行为概述

(一) 员工偏差行为的含义及分类

员工偏差行为 (employee workplace deviance) 是指员工对组织其他成员、组织的生存及其规则有着明显危害的主观行为，既包括撒谎、骗取病假、早退、工作不认真等轻微行为，也包括破坏、偷窃、欺诈等严重行为。研究和实践都表明，员工偏差行为在旅游业企业中普遍存在，并损害员工的服务绩效、组织绩效以及组织的有效性，为企业带来实质性的、高额的财务损失。例如，有研究者发现，在美国的餐饮行业中，每一年由员工偷窃引起的财务损失高达30亿～60亿美元。

目前，学术界公认的对员工偏差行为的分类方式是由学者鲁滨孙和贝奈特（Robinson & Bennett，1995，2000）提出的。根据危害对象的不同，可将员工偏差行为分为组织偏差行为和人际偏差行为。组织偏差行为指那些以危害组织的利益为目的的偏差行为，如故意降低工作效率、损坏组织的设施以及偷窃组织的物品等。而人际偏差行为则以伤害组织中的其他员工为目标，包括粗鲁对待同事甚至对同事实施暴力行为等。

此外，这两位学者还根据行为对象（人际的/组织的）和行为性质（轻微/严重）两个维度将员工越轨（偏差）行为分为四类：财产型越轨、生产型越轨、人际型越轨和政治型越轨。财产型越轨是较严重的侵害组织利益的行为，指员工在未经授权的情况下，获取或侵害组织有形财物的行为。生产型越轨是较轻微的损害组织利益的行为，主要指员工减少产量、降低工作质量等违反组织规则的行为。人际型越轨是较严重的侵害他人权益的行为，指以不友善的、攻击性的方式侵害他人的行为。政治型越轨是较轻微的损害他人权益的行为，指通过人际互动使他人处于个人或政治上的不利地位的行为。

（二）员工偏差行为出现的原因

研究表明，员工实施偏差行为的原因可以归纳为三个方面：个人原因、工作任务原因以及组织原因。

1. 个人原因

部分员工由于个人的生理和心理特点导致了偏差行为。研究发现，具有高水平的神经质、攻击性、敌意归因偏见等个性特点的员工更容易表现出偏差行为。而本身道德水准较低的员工也比较容易出现偏差行为。

2. 工作任务原因

工作任务本身的特点也有可能导致员工的偏差行为。以服务业为例，其普遍存在的工作任务的模糊性、员工与顾客之间的接触式交往等特点均有可能导致员工偏差行为的产生。在服务业中，员工与顾客之间的交往大多为接触式的，交往双方互不了解，未来再次接触的可能性也很小，因此，员工有可能通过相对隐蔽的方式对顾客实施一些偏差行为，如刻意隐瞒产品的部分信息等。此外，在服务业的交易中，常常涉及员工、顾客以及第三方，如供货商等。这种三方关系提供了三者中任何两方可以串通起来骗取第三方利益的机会。在管理机制不完善的情况下，这种三方关系很容易引发财产型越轨行为，例如，业务员与顾客串通拿回扣；分公司与销售商合作，通过做假账、转移库存等手段，虚报销售额，以侵占公司的利润。

在旅游企业中，一线员工往往需要长时间服务顾客，并需要在服务过程中展现积极正面的情绪，压抑真实的负面情绪，导致大量的、可能超出员工承受范围的情绪劳动。而这样的工作性质与劳动强度容易导致员工积累大量的负面情绪，并导致情绪衰竭、抑郁等负面的情感状态。因此，这些员工往往通过实施组织与人际偏差行为来释放压力、宣泄不良情绪。

3. 组织原因

组织中存在着诸多可能引发员工越轨行为的因素，包括组织内的不公平、辱虐型的管理者、职场性骚扰等在组织内部发生的其他负面经历。研究表明，当员工感受到组织的不公平对待时，很有可能通过参与故意损坏企业设备、偷窃等偏差行为来报复组织，以平衡自己内心的愤怒感。此外，当员工在工作场所遭遇到辱虐管理、性骚扰等负面的事件时，往往无法通过正规的渠道表达不满，因此常常通过对其他更加弱小的同事实施偏差行为来宣泄自己压抑的负面情绪，如粗鲁对待同事、刻意散布谣言等。此外，通过实施人际偏差行为，这些员工还可以获得一种重新控制周围环境的满足感。

此外，也有研究发现，员工所感受到的组织文化和氛围对员工偏差行为的包容程度也会在很大程度上影响员工是否会实施偏差行为。如果一个组织对逃税、虚报工资和费用、缺勤、怠工等行为习以为常，并不施以严格惩戒，员工就会认为本组织对偏差行为具有很高的容忍度，从而认为即使自己做出了不当行为，也不会带来太严重的后果。因此，员工实施偏差行为的可能性就大大增加了。

二、员工偏差行为的管理

（1）企业应完善组织制度建设与文化建设，在组织层面降低员工实施偏差行为的可能性。一方面，企业应完善财务管理制度、设备管理制度等管理制度，减少管理机制的漏洞，防止员工利用这些漏洞做出偏差行为。例如，任务标准化流程能高效率地避免员工偏差行为，从源头上杜绝其出现的可能。企业可以将每名员工的所有工作分解成若干步骤，而后分析每一步骤中可能产生的偏差行为。在此基础上，企业可进一步提出正确的操作方法或预防措施。此外，企业应对员工之间的人际交往进行规范与引导，让员工明确在企业内部符合规范的人际交往的范围，以及触犯企业红线的人际交往行为的特征。另一方面，企业应加强组织文化建设，建立诚信、正直、公平、友善的核心价值观，并宣扬以人为本的理念，倡导员工之间互相尊重的人际交往准则。建立强企业文化可以让员工内化企业的核心价值观，在日常工作和与同事的人际交往中自然而然地展现出符合组织规范的行为。企业的管理者要更加重视以人为本的思想，在追求企业目标的同时，创造良好的工作环境，采取更加人性化的领导方式，尊重员工的生理和心理需求。例如，企业应努力培养管理者对员工的关怀意识，营造以员工为导向的组织文化。只有员工感受到了领导的关心和重视，才不会轻易做出违背职场规范的行为（如人际偏差行为）。

（2）加强企业的监控机制建设。企业应加强监控，关注可能引起员工偏差行为的问题并及时解决，避免造成进一步的危害。例如，企业应建设员工报告通道，保证员工在遭遇到辱虐管理、职场性骚扰、职场排斥等负面事件后能够通过组织的正规渠道得到帮助，避免通过其他不良的方式来报复组织。此外，旅游企业的管理者应该改变仅仅"以顾客为上帝"的传统服务理念，重视员工的心理健康，在员工遭遇顾客的无礼对待时及时支持员工，帮助员工缓解在服务顾客方面的压力。

（3）企业应通过科学的面试和选拔程序关注候选人的人格特质，特别是与实施偏差行为有高相关性的个性特点。例如，企业可以通过心理测试检测候选人在敌意归因偏见、报复心理等心理特征方面的水平。此外，有研究表明，自我控制水平高的员工即使感受到了巨大的工作压力，也能很好地控制自己的情绪，不会采取报复或攻击行为；而对于自我控制水平较低的员工，一旦感受到工作压力，则倾向于实施针对主管或同事的攻击行为，即职场人际偏差行为。因此，员工的自我控制和调适能力非常重要，企业可以在招聘甄选的过程中加强对这一特质的测试。此外，还可以有针对性地为自控水平低的员工进行心理疏导和培训，帮助其提高自我控制能力，更好地缓解工作压力并适应组织生活。

三、管理者负面行为的管理

在企业中，由于管理者具有奖励、惩罚等组织赋予的法定权力，又掌握着较多的资源并决定资源在员工中的分配，因此，他们对员工具有较大的影响力。然而，管理者对员工的影响可能是积极的，也有可能是消极的。研究和实践表明，当管理者表现出负面行为时，下属会受到较大的消极影响。管理者的负面行为包括不公平行为、辱虐行为、破坏性行为、不道德行为等。下面，将重点介绍管理者对下属实施的辱虐管理行为（abusive supervision）。

（一）辱虐管理行为的含义及危害

1. 辱虐管理行为的含义

辱虐管理行为指员工知觉到的管理者持续表现出的怀有敌意的言语和非言语行

为，具体可表现为辱骂下属、以解雇的方式恐吓下属、公开批评嘲弄下属、对待下属粗鲁无礼、不履行对下属的承诺、对下属漠不关心、怒视下属以及轻视和贬低下属、不搭理下属、对下属大发雷霆、羞辱下属、对下属使用侮辱性的称谓等。

辱虐管理行为有三个核心特征。第一，下属感知到的辱虐管理行为是一种持续表现出的负面领导行为，而不是一次性的。管理者实施的一次性或偶然表现出的负面行为不能被认为是辱虐管理行为。辱虐管理行为的长期性和持续性可能是由于管理者较高的权力和地位导致的。第二，辱虐管理行为只包含怀有敌意的言语和非言语行为，而不包括身体方面的接触。此外，辱虐管理指的是行为本身，而不是行为的意向，仅仅表现出行为意向或动机，不能够称之为辱虐管理行为。第三，下属对辱虐管理的感知是一种主观性的判断，同一管理者表现出来的行为，有的下属认为是辱虐管理行为，有的则认为不是；在一种情境下被认为是辱虐管理行为，在另一种情境则可能被认为不是。

2. 辱虐管理行为的危害

（1）辱虐管理行为会危害下属的心理健康，并对其工作态度造成负面影响。有的研究发现，辱虐管理行为导致员工的紧张状态和情绪衰竭，从而危害其心理健康。此外，遭受主管辱虐的员工能够知觉到主管对自己的不尊重和不信任。由于管理者是组织的代言人，其言行也就代表了组织对员工的态度，因此，遭受主管辱虐的员工会降低自身对组织的情感依附程度和认同程度，进而导致员工的工作满意度、生活满意度和组织承诺水平显著下降。

（2）辱虐管理行为会降低员工的工作绩效。辱虐式管理者伤害下属的自尊，滥用惩罚，不能提供有效的信息反馈，因此会降低下属的角色内绩效。此外，辱虐管理行为与下属周边绩效（人际乐群性和工作奉献）之间也呈负相关关系。有的研究发现，遭受主管辱虐的下属还会减少角色外行为，如组织公民行为：下属会通过减少自己的组织公民行为来平衡因遭受辱虐而产生的不公平感，并提高自我控制感。

（二）辱虐管理行为的管理措施

在企业中，管理者担任着十分重要的角色，其行为对员工、部门和组织都会产生极大的影响。在我国的一些企业中，由于受到社会权力距离较大这一文化价值观的影响，管理者对下属的管理方式主要由管理者决定，较少顾及下属的需求，客观上易于滋生辱虐管理。在这些企业中，管理者滥用手中权力，对员工肆意进行诋毁、辱骂、指责等现象层出不穷，由此给员工和组织带来的危害应当引起足够的重视。企业应努力从制度与文化建设等多方面着手来建立有效的干预机制。

（1）建立以员工为导向的组织文化（employee-oriented culture）。企业应该宣传以人为本的理念，强调管理者与下属之间互相尊重的人际交往理念。企业还应该强调人际和谐，构建支持性的友好环境，通过和谐文化的建设以感染和教育偏好辱虐管理的管理者，减少辱虐管理行为的发生频率。当企业过于强调结果导向的高绩效文化时，容易导致管理者过于极端地追求员工的高绩效结果。因此，当管理者面对低绩效的下属时，辱虐管理行为可能是其采取的工具性反应策略。有的管理者甚至相信实施辱虐管理行为可以促使下属付出更多的努力，以激发下属的高绩效。企业应该让这些管理者认识到这种观念和行为是错误的，并建立健康可持续的绩效文化。

（2）建立员工意见反馈机制，加强组织上下级之间的沟通，减少辱虐管理的发生。一旦检测到辱虐管理行为的存在，企业应及时干预，督促管理者改善自己对待下属的态度和行为，并对员工提供支持和帮助，避免进一步的危害发生。

（3）企业要通过严格的面试和选拔程序，杜绝有"辱虐倾向"的个体被提拔到管理者的岗位上。例如，有的研究发现，独裁式领导风格与辱虐管理行为有强相关关系。情绪处于抑郁状态的管理者更倾向于对下属表现出敌意行为，这可能是由于他们对外部环境更加敏感，比较易怒，并且更容易迁怒于他人。基于这些研究发现，企业应该对那些具有显著的独裁式领导风格、处于情绪抑郁状态的管理者或管理者的候选人保持警惕，避免这些人表现出辱虐型管理行为。

四、员工纪律管理

（一）员工纪律制定的原则

员工纪律是企业所规定的员工在工作过程中必须遵守的规则，是保障员工按照规定的时间、程序、方法和质量完成自己所承担的生产任务或工作任务的行为准则。

1. 合法性

企业员工纪律的制定必须以合法为前提，凡是违法的内部规章制度一律无效。因此，企业在制定员工纪律时，首先要对国家相关法律进行了解和学习，避免制定出违反国家法律的无效的员工纪律。例如，有些企业规定员工在劳动合同期间不能结婚生育、上下班要搜身检查、员工如果在试用期期间辞职不发放工资等，这些规定严重侵犯了员工的合法权益，均属于无效的企业员工纪律。

2. 符合企业的具体情况

企业在制定员工纪律时，需要考虑企业所处的行业、发展阶段等特点。由于员工纪律是员工规范言行的基本准则,企业在制定员工纪律前需要广泛征求员工的意见和建议,这样制定出来的规则才更具操作性,也可以提升员工对遵守纪律的承诺度。在员工纪律规则制定的过程中,应该发动全体员工积极参与,通过民主程序来制定。例如,通过企业工会组织、职工代表大会选派员工代表来参与。员工纪律制定完成后,企业应组织员工进行学习,确保贯彻实施。

3. 合理性

在劳动法或相关法律没有规定的情况下,企业制定员工纪律时要坚持公平、合理、科学的原则,既要考虑员工的利益,又要考虑企业的利益;既要考虑对员工劳动行为的规范和制约,又要考虑对员工劳动积极性的保护。

(二) 员工纪律的内容及实施

企业制定的员工纪律一般包括以下四个方面。

(1) 员工的道德规范。比如维护公司信誉、爱护公物、不得泄露公司机密等行为规范。

(2) 员工的考勤制度。包括工时制度、上下班的规定、打卡规定等。

(3) 员工的加班值班制度。包括需要加班的情况、加班的报酬规定、值班的安排等。

(4) 休假请假制度。包括法定假期、年休假、婚假、产假、病假、丧假、工伤假、私事休假等。

企业在实施员工纪律规则时,应注意坚持公平、公开的原则,依法实施,注意把握处分的力度与范围。此外,如果员工的行为触犯法律,应交由司法机关依法惩处。

本章小结

在我国,公平就业机会指劳动者依法享有平等就业和自主择业的权利,劳动者就业不因民族、种族、性别、宗教信仰等不同而受到歧视。为维护劳动者的权益,我国在劳动方面的法律法规正在不断规范和完善。

我国的工会是职工自愿结合的工人阶级的群众组织,在工人阶级政党的指导下,代表和组织群众参加国家的建设与管理,维护工人阶级的根本利益和切身利益。

集体谈判起源于西方的劳资双方确定雇员劳动条件的博弈机制,具有弹性、公平性、稳定性和有效性的优点,对于我国解决劳资冲突、维护劳动者合法权益有一定的借鉴意义。

对员工进行安全和健康管理，既是出于改善企业员工亚健康状态的现实需要，也有利于增强员工对企业的认同感和归属感，进而提高员工工作绩效，对企业的长远发展具有重要意义。因此，企业应重视员工的安全和健康问题，采取相应的措施加强员工的安全和健康管理。

员工偏差行为不但会降低企业绩效，而且会造成实质性的财物损失，给企业带来巨大的危害。企业应通过完善组织制度建设和文化建设、加强监控机制建设、建立科学的面试及选拔程序等措施来预防和杜绝员工的偏差行为。

辱虐管理行为是管理者负面行为的一种，会危害下属的心理健康和工作态度，降低下属的工作绩效。企业应通过建立以员工为导向的组织文化、加强上下级之间的沟通、严格选拔管理者等措施以避免辱虐管理行为的发生。

实务案例

万豪国际集团的员工健康管理

万豪国际集团（Marriott International）是一家跨国酒店管理公司。万豪国际集团（以下简称万豪）由 J. Willard Marriott 在 1927 年创立，现由总裁兼首席执行官 Tony Capuano 领导。万豪在 2016 年 9 月 23 日正式宣布已完成对喜达屋酒店及度假村国际集团的并购，自此成为全球最大的酒店集团。随着并购的完成，万豪在亚洲和中东及非洲地区的市场规模将扩大一倍以上，在全球 122 个国家拥有超过 5700 家酒店（万豪 4300 家，喜达屋 1270 家），119 万间客房，酒店品牌也扩张至 30 个。万豪的总部位于美国华盛顿特区，全球员工超过 15 万人。

在万豪，创始人 J. Willard Marriott 的一段话深入人心："只要公司很好地照顾员工，他们也会很好地对待客人，客人便会不断地光顾万豪。"因此，如何善待好每一位员工，是万豪每一位管理者重视的问题。万豪亚太区首席人力资源官 Regan Taikitsadaporn 表示："照顾我们的员工是万豪自 1927 年成立以来的文化中不可或缺的一部分。""我们非常荣幸能够获得万豪对员工福利的重视，并帮助他们过上更健康的生活。"在酒店行业，万豪以出色的员工健康管理闻名。为帮助员工在健康管理中发挥主动作用，万豪先后推出了"健康与你""每日健康选择"等员工健康管理项目。通过这些项目，万豪提供了一系列福利计划，包括压力管理、锻炼和健身、营养和体重管理、戒烟和财务福利等。为了鼓励员工关爱个人健康，万豪定期从员工中选拔健康冠军，还建立了健康酒店认证计划，以公开表彰那些为其员工创造健康的工作环境的酒店。

值得关注的是，从 2016 年开始，万豪开始在全球以更大的力度推广"关怀计划"(take care)的理念,践行"呵护"文化。这一理念可分为三个层次:第一个层次是号召员工关心自己,包括关心自己的身心健康、财务安全及事业发展。第二个层次是关心与同事的关系。如果只照顾好自己,而与同事关系不好,工作上也会感到孤立、不开心。第三个层次就是关心公司。这是在前两个层次都做好的基础上,鼓励员工关注公司的发展和建设,以增强员工的自豪感。万豪要求其位于全球的各个酒店从这三个层面出发,呵护员工各方面的健康和发展,帮助他们快乐工作。为了切实实现每一个层次的"呵护",万豪推出了一系列措施。例如,在万豪的员工餐厅,会提供天然、健康的菜肴,还会组织厨师来教员工如何做菜,提醒他们注意健康饮食。同时,也会请酒店总经理亲自带领员工一起做瑜伽、打太极,加强体育锻炼;还会定期举行公益讲座,向员工教授处理工作压力的方法。此外,万豪还会聘请专业的理财专家为员工讲解如何规划一生的财务情况,以平稳地度过人生的每个阶段。

万豪在员工健康管理方面的努力获得了员工与社会的高度认可。2015年,全美健康商业集团将万豪评为健康生活方式最佳雇主奖PLATINUM的获奖者。作为酒店业唯一的获奖者,万豪因其卓越的工作场所福利计划和努力改善员工的健康与生活质量的项目而获得认可。此外,美国心脏协会授予万豪PLATINUM Fit-Friendly工作场地和工作场所创新奖,以表彰其为员工提供健康工作场所的坚定承诺。特别是在推出"关怀计划"以后,万豪于2016年获得了在全球范围内评估和表彰最佳雇主的最权威机构——Aon Hewitt的认可。基于在员工参与度指数、领导力指数、绩效文化指数与雇主品牌指数四个指标方面的卓越表现,万豪在亚太的11个国家(澳大利亚、中国、印度、印度尼西亚、日本、马来西亚、菲律宾、新加坡、韩国、泰国和越南)均获得由Aon Hewitt评定的国家级最佳雇主奖,并获得全球Aon最佳雇主奖。

[资料来源:①廖君,腾丹,董帅. 万豪国际酒店管理集团关爱员工文化探析[J]. 人力资源开发,2017(18):149-151. ②美通社. 万豪荣获Aon亚太地区最佳雇主奖,关键一年又获圆满成功[EB/OL]. (2016-12-08)[2021-07-28]. http://www.myzaker.com/article/5848dc861bc8e01005000001.]

案例讨论题:

1. 万豪国际集团是如何进行员工健康管理的?

2. 了解其他知名酒店的员工健康管理措施,并分析目前我国的酒店在员工健康管理方面存在的问题与有效的解决措施。

复习思考题

1. 公平就业机会的定义是什么？
2. 企业进行员工健康管理的必要性和措施是什么？
3. 员工偏差行为的含义、分类是什么？其对企业有什么影响？
4. 如何避免员工的偏差行为？
5. 管理者辱虐行为的含义、特征和危害是什么？
6. 如何避免管理者辱虐行为的发生？

本章参考文献

[1] 郭宁，谢朝武. 高星级酒店员工身体健康状态研究[J]. 旅游世界：旅游发展研究，2012（6）：44-49.

[2] 郭淑梅. 工作压力源与中国饭店业员工健康关系的实证分析[J]. 人力资源，2011（7）：78-82.

[3] 李佳楠. 丽思卡尔顿集团塑造的企业文化[J]. 企业文化，2017（8）：44-45.

[4] 李晓. "最佳雇主"的成功之道：以万豪国际集团为例[J]. 中国人力资源开发，2011（10）：57-60.

[5] 廖君，腾丹，董帅. 万豪国际酒店管理集团关爱员工文化探析[J]. 人力资源开发，2017（18）：149-151.

[6] 刘文彬，井润田. 组织文化影响员工反生产行为的实证研究：基于组织伦理气氛的视角[J]. 中国软科学，2010（9）：118-129.

[7] 刘小禹，刘军，关浩光. 顾客性骚扰对员工服务绩效影响机制的追踪研究：员工传统性与团队情绪氛围的调节作用[J]. 管理世界，2012（10）：107-118.

[8] 诺伊，霍伦贝克，格哈特，等. 人力资源管理：赢得竞争优势[M]. 刘昕，译. 5版. 北京：中国人民大学出版社，2005.

[9] 钱振波. 人力资源管理：理论·政策·实践[M]. 北京：清华大学出版社，2004.

[10] 孙晶. 万豪坚持以人为本[J]. 魅力中国，2016（19）：123-124.

[11] 孙俊才，乔建中. 情绪性工作的研究现状[J]. 心理科学进展，2005，13（1）：85-90.

[12] 唐贵瑶，胡冬青，吴隆增，等. 辱虐管理对员工人际偏差行为的影响及其作用机制研究[J]. 管理学报，2014，11（12）：1782-1789.

[13] 唐若水. "性骚扰"在日本[EB/OL].（2012-09-29）[2021-07-28]. http://www.ycwb.com/ePaper/ycwb/html/2012-09/29/content_1503604.htm.

[14] 吴隆增，刘军，刘刚. 辱虐管理与员工表现：传统性与信任的作用[J]. 心理学报，2009，41（6）：510-518.

[15] 许灏颖，杜晨朵，王震. 道德领导对员工越轨行为的影响：道德调节焦点和道德认同的作

用［J］. 中国人力资源开发, 2014（11）: 38-45.

［16］于桂兰, 魏海燕. 人力资源管理［M］. 北京: 清华大学出版社, 2004.

［17］于静静, 赵曙明, 蒋守芬. 不当督导对员工组织承诺、职场偏差行为的作用机制研究: 领导-成员交换关系的中介作用［J］. 经济与管理研究, 2014（3）: 120-128.

［18］张辉, 牛振邦. 特质乐观和状态乐观对一线服务员工服务绩效的影响: 基于"角色压力—倦怠—工作结果"框架［J］. 南开管理评论, 2013（1）: 110-121.

［19］朱月龙, 段锦云, 凌斌. 辱虐管理的概念界定与影响因素及结果探讨［J］. 外国经济与管理, 2009, 31（12）: 25-32.

［20］祝庆, 李永鑫. 职场性骚扰与离职意向、权力距离感［J］. 中国心理卫生杂志, 2014, 28（7）: 541-544.

［21］Lyu Y, Zhu H, Zhong H J, et al. Abusive supervision and customer-oriented organizational citizenship behavior: the roles of hostile attribution bias and work engagement［J］. International journal of hospitality management, 2016, 53: 69-80.

［22］Nadinloyi K B, Sadeghi H, Hajloo N. Relationship between job satisfaction and employees mental health［J］. Social and behavioral sciences, 2013（84）: 293-297.

［23］Office of Applied Studies. Depression among adults employed full-time, by occupational category［R］. The NSDUH report. Washington, D. C.: U. S. Department of Health and Human Services, 2007.

［24］Trivellas P, Reklitis P, Platis C. The effect of job related stress on employees' satisfaction: a survey in Health Care［J］. Social and behavioral sciences, 2013（73）: 718-726.